V&R

Lutherjahrbuch

Organ der internationalen Lutherforschung

Im Auftrag der Luther-Gesellschaft herausgegeben von
Helmar Junghans
Professor an der Universität Leipzig

64. Jahrgang 1997

Vandenhoeck & Ruprecht in Göttingen

ISBN 3-525-87429-4
ISSN 0342-0914

Layout: Institut für Kirchengeschichte
der Theologischen Fakultät Leipzig
Gesamtherstellung: Hubert & Co., Göttingen

Anschriften

der Mitarbeiter: Wissenschaftlicher Mitarbeiter Dr. Michael Beyer, Pfarrhaus, D-04668 Schönbach; Oberkirchenrat i. R. Dr. Siegfried Bräuer, Nordendstraße 61, D-13156 Berlin; Wissenschaftliche Assistentin Dr. Angelika Dörfler-Dierken, Goethestraße 24, D-69493 Hirschberg-Leutershausen; Studiendirektor i. R. Dr. Hans Düfel, Zanderstraße 10, D-91054 Erlangen; Wissenschaftlicher Assistent Dr. Hans-Peter Hasse, Kurt-Frölich-Straße 5, D-01219 Dresden; Professor Dr. Scott H. Hendrix, Lutheran Theological Seminary, 61 N. W. Confederate Avenue, Gettysburg, PA 17325 USA; Professor em. Dr. Helmar Junghans, Ludolf-Colditz-Straße 22, D-04299 Leipzig; Professor Dr. Gottfried Krodel, 302 Sunflower Drive, Valparaiso, IN 46383-2444 USA; Professor Dr. Heribert Smolinsky, Albert-Ludwigs-Universität Freiburg, Institut für Biblische und Historische Theologie, Postfach, D-79085 Freiburg; Professor Dr. Joachim Track, Augustana Hochschule, Postfach 20, D-91561 Neuendettelsau; Dr. Markus Wriedt, Karl-Sieben-Straße 2 B, D-55268 Nieder-Olm; Professor Dr. Karl-Heinz zur Mühlen, Marienburger Str. 108, D-53340 Meckenheim;

für Rezensionsexemplare, Sonderdrucke, Mitteilungen sowie Anfragen: Theologische Fakultät, Institut für Kirchengeschichte, Abt. Spätmittelalter und Reformation, Emil-Fuchs-Straße 1, D-04105 Leipzig (Tel. 0341-9735431, FAX 0341-8616821);

der Luther-Gesellschaft: Krochmannstraße 37, D-22299 Hamburg (Tel./FAX 040-5141150).

Die *Abkürzungen* der »LUTHERBIBLIOGRAPHIE 1996« werden im ganzen »Lutherjahrbuch« verwendet. Den Abkürzungen für die *Lutherausgaben* liegt »Kurt ALAND: Hilfsbuch zum Lutherstudium. 3. Aufl. Witten 1970« zugrunde; StA verweist auf »Martin LUTHER: Studienausgabe. B; L 1979 ff«; BSLK auf »DIE BEKENNTNISSCHRIFTEN DER EVANGELISCH-LUTHERISCHEN KIRCHE/ hrsg. vom Deutschen Evangelischen Kirchenausschuß im Gedenkjahr der Augsburgischen Konfession 1930. 2 Bde. GÖ 1930« und Nachdrucke.
Die Abkürzungen für *biblische Bücher* und die *Zeichensetzung bei Stellenangaben* folgen dem »NOVUM TESTAMENTUM GRAECE« von Eberhard Nestle.
Die *Anordnung der Rezensionen* folgt der Systematik der »Lutherbibliographie«.

In memoriam Erwin Iserloh

Von Heribert Smolinsky

Am 14. April 1996 verstarb in Münster der Kirchenhistoriker Prof. Dr. Erwin Iserloh. Er war am 15. Mai 1915 in Duisburg-Beeck geboren. Ab 1935 studierte er katholische Theologie in Münster, wo ihn der Kirchenhistoriker Joseph Lortz (1887-1975), der Philosoph Peter Wust (1884-1940) und der Dogmatiker Michael Schmaus (1897-1993), aber auch in der Evangelisch-Theologischen Fakultät der spätere Bischof Wilhelm Stählin (1883-1975), beeinflußten. Mit der Preisarbeit »Der Kampf um die Messe in den ersten Jahren der Auseinandersetzung mit Luther«, die er 1937 ablieferte, war für ihn ein Thema gegeben, das ihn lange Zeit nicht loslassen sollte.

Nach der Priesterweihe am 14. Juni 1940 konnte Iserloh weiterstudieren und 1942 mit »Die Eucharistie in der Darstellung des Johannes Eck« (MS 1950) promovieren. Zusammenstöße mit der Gestapo, die sein Engagement in der kirchlichen Jugendarbeit mißtrauisch beobachtete und Maßnahmen gegen ihn plante, sowie Erfahrungen als Soldat ab 1942 bestimmten sein weiteres Leben bis zum Ende des Krieges. Die Arbeit für den »Jugendbund Neudeutschland«, der besonders die studierende Jugend erfaßte, hat Iserloh auch nach dem Krieg intensiv weitergeführt. Ab 1947 bereitete er – von Hubert Jedin gefördert – während eines dreijährigen Aufenthaltes im römischen Campo Santo Teutonico, dem deutschen Kolleg im Vatikan, seine Habilitation vor und habilitierte sich 1951 mit »Gnade und Eucharistie in der philosophischen Theologie des Wilhelm von Ockham: ihre Bedeutung für die Ursachen der Reformation« (Wiesbaden 1956). Hierin kam eine Verbindung zwischen Geschichte und Systematik zum Ausdruck, die für Iserlohs Themenwahl und -behandlung mitbestimmend blieb.

Die weitere wissenschaftliche Karriere läßt sich so zusammenfassen: Wintersemester 1952/53 und Sommersemester 1953 Lehrstuhlvertretung in Münster; Professor an der Theologischen Fakultät Trier von 1954 bis 1964; Professor für Ökumenische Theologie 1964 in Münster; 1967 bis zu seiner Emeritierung 1983 dort Inhaber des Lehrstuhls für Mittlere und Neuere Kirchengeschichte. Neben der Lehr- und Forschungstätigkeit nahm Iserloh zahlreiche Funktionen wahr und erhielt vielfache Ehrungen: Vorsitzender der Kommission für kirchliche Zeitgeschichte in der Diözese Münster; Berater der Kommission für Ökumenische Fragen der Deutschen Bischofskonferenz; Mitglied des Ökumenischen Arbeitskreises evangelischer und katholischer Theologen, im Wissenschaftlichen Beirat der Kommission für Zeitgeschichte Bonn, im Wissenschaftlichen Beirat des Adam-Möhler-Instituts für Ökumenik in Paderborn, des Beirats des Instituts für Europäische Geschichte, Abt. für Abendländische Religionsgeschichte Mainz; Vorstandsmitglied der Görres-Gesellschaft; 1972-1989 Vorsitzender der Gesellschaft zur Herausgabe des Corpus Catholicorum; ab 1971 Mitglied der Akademie der Wissenschaften und Literatur in Mainz; seit 1976 Domkapitular in Münster.

Das wissenschaftliche Werk Iserlohs bestimmte sich schwerpunktmäßig erstens vom Luthergegner Johannes Eck her. Seine Dissertation zeigte die Linie, die er in Zukunft verfolgte: kritischer Umgang mit Texten und – Lortz folgend – mit der spätmittelalterlichen Kirche im Blick auf die Reformation. Er wies auf, wie wenig überzeugend Eck auf Fragen und Anliegen seiner Gegner zu antworten vermochte. Eck ließ Iserloh nicht mehr los. Neben Arbeiten zu dessen Position im Bilderstreit der Reformation erschien eine Kurzbiographie (MS 1981), die jetzt den Polemiker des 16. Jh. in einem günstigeren Lichte erscheinen ließ. Schon von den ersten Anzeichen der kommenden Krankheit gezeichnet, leitete Iserloh schließlich im November 1986 in Ingolstadt ein Symposion aus Anlaß von Ecks 500. Geburtstages und veröffentlichte zwei Jahre später dessen Akten (MS 1988).

Bereits vier Jahre früher hatte er im Interesse einer besseren Kenntnis dieser oft zweitrangigen Kontroverstheologen, deren Wert Iserloh durchaus richtig einzuschätzen wußte und deren Erforschung er dennoch für das Verständnis der Reformation für unerläßlich hielt, die Reihe »Katholische Theologen der Reformationszeit« eröffnet. Sie wurde 1988 mit dem fünften Band abgeschlossen. Iserloh selbst behandelte Eck und Thomas Murner.

Über den Darstellungen vergaß Iserloh die Grundlagenforschung nicht, indem er als Vorsitzender der Gesellschaft zur Herausgabe des Corpus Catholicorum Editionen förderte. Von ihm selbst bearbeitet erschienen »Johannes Eck: Enchiridion. Faksimile-Druck der Ausgabe Augsburg 1533« (MS 1980); zusammen mit Peter Fabisch die Werke von »Johannes Eck: De sacroficio missae« (MS 1982), »Kaspar Schatzgeyer: Schriften zur Verteidigung der Messe« (MS 1984), Johannes Dietenberger OP »Phimostomus scripturariorum« (MS 1985) und die besonders wertvollen Bände »Dokumente zur Causa Lutheri« (MS 1988, 1991), die für die Reformationsgeschichte erstmals eine lückenlose Zusammenstellungen und akribische Kommentierung der zentralen Texte bieten und damit die Arbeit der Lutherforschung erleichtern.

8

War das Bemühen um die spätmittelalterliche Kirche das eine Anliegen Iserlohs, so widmete er zweitens zunehmend dem großen Wittenberger Reformator selbst eindringliche, wenn auch nicht immer unumstrittene Studien. Die Gründe dafür waren vielfältig. Einmal führte ihn die Beschäftigung mit Kontroverstheologen auf deren Gegner, zum anderen hatte die Arbeit über Ockham den Blick für Ursachen der Reformation und Luthers philosophisch-theologische Prägung geschärft. Unter dem Einfluß von Lortz sah Iserloh im ockhamschen Nominalismus und Konzeptualismus eine Art unkatholischen »Sündenfall« und vertrat demgegenüber einen scholastischen Begriffsrealismus, der für ihn selbst ein Stück leitender Funktion auch in der Beurteilung der Reformatoren einnahm. Die umstrittene These vom »unkatholischen Katholizismus«, den Luther bekämpft habe, dürfte Iserloh nie wirklich abgelegt haben. Er sah Luther als einen Anhänger des ockhamschen Nominalismus an, obgleich er als Reformator den theologischen Ockhamismus dezidiert bekämpft habe. Wieweit diese Sicht Iserloh den Blick auf Luther als den genuin und genial an der Bibel orientierten Theologen und die humanistischen Einflüsse auf diesen verstellte, wäre zu prüfen.

Mochten hier Grenzen seiner Lutherinterpretation liegen, so zeigte Iserloh auf anderen Feldern zukunftsträchtige Wege. Im Bemühen um Ökumene suchte er seit 1961 in wachsendem Maße, Luthers Anliegen deutlich positiv herauszuarbeiten und das »Katholische« in ihm zu zeigen, und zwar gerade auch dort, wo er im selben Jahr einen großen Streit entfachte, der unter dem Motiv stand: »Der Thesenanschlag fand nicht statt!« Mustergültig hat er einschlägige Texte gewichtet und historisch-kritisch einzuordnen gesucht. Er wollte damit Luthers zunächst seelsorglich orientiertes Anliegen in den 95 Thesen und das Versagen der Bischöfe beweisen. Die folgende intensive Diskussion, in der Iserloh scharfsinnig und hartnäckig seine Position verteidigte, hat die Lutherforschung lange beschäftigt.

Unter zahlreichen Studien zur Reformationsgeschichte ist das große Symposion zur CA und ihrer Confutatio hervorzuheben, das – von Iserloh mit organisiert – 1979 ökumenisch besetzt in Augsburg stattfand, und dessen Berichtsband er (MS 1980) herausgab. Für ein größeres Publikum schlugen sich seine reformationsgeschichtlichen Interessen und Kenntnisse in den von ihm verfaßten Kapiteln über Reformation und Gegenreformation im vierten Band des von Jedin herausgegebenen »Handbuches der Kirchengeschichte« (FB 1967) nieder, die auch als gesondertes Buch in mehreren Auflagen erschienen. Man kann zu Recht etwa die Darstellung des Erasmus von Rotterdam und die Bewertung des Humanismus darin kritisieren. Aber insgesamt bedeutete dieser eindringliche, die Negativa der römisch-katholischen Kirche des Spätmittelalters nicht schonende Überblick einen bedeutenden Fortschritt für die römisch-katholische Sicht der Reformation. Das gleiche gilt für seine Darstellung der reformatorischen Kirchen in der von ihm mitherausgegebenen Neuauflage der »Konfessionskunde« von Konrad Algermissen (PB 1969) im Vergleich zu den vorhergehenden Lehrbüchern.

Welche Bedeutung Iserloh der Reformationsgeschichte beimaß, belegt seine Abschiedsvorlesung »Die Reformationsgeschichte als Aufgabe des katholischen Kirchenhistorikers« vom 21. Juli 1983 in Münster. Dort macht er auf die grundlegende ökumenische Relevanz des überkonfessionell gemeinsamen Forschens aufmerksam, die er selbst betrieben hatte und die sich etwa in Dokumenten wie »Lehrverurteilungen – kirchentrennend?« niederschlug. In diesem Sinne mochte er, wenn auch mit unterschiedlichen Akzentuierungen im Laufe seines Lebens und nicht immer in verbindlich verträglicher Form, die eigene Arbeit auf diesem Feld verstanden haben. Eine entsprechende Würdigung blieb nicht aus. Iserloh konnte 1966 auf dem Dritten Internationalen Kongreß für Lutherforschung als erster Katholik einen Vortrag halten, und zwar zu dem Thema »Luther und die Mystik«. Während des folgenden Kongresses, 1971 in St. Louis, erhielt er die philosophische Ehrendoktorwürde der Saint Louis University.

Iserloh blieb nicht bei der Reformationsgeschichte stehen, sondern bearbeitete das ganze weite Feld der Kirchengeschichte des Mittelalters und der Neuzeit in Lehre und zahlreichen Publikationen. Es sei noch auf zwei Anliegen hingewiesen: die große Ketteledition in Verbindung mit der Mainzer Akademie der Wissenschaften und sein Interesse für die Begründung der Kirchengeschichte als theologisches Fach. Letzteres war ihm für sein Selbstverständnis und seine weithin geistesgeschichtlich orientierte Methode ein großes Anliegen. In seiner Erforschung des Sozialkatholizismus spielte auch ein persönliches Interesse für die Menschen mit, das sich bei ihm oft unter einer rauhen Schale verbarg. Streitbar und bereit, auch die Niederungen des Tagesgeschäftes auf sich zu nehmen – der mutige Streit um den »Heiligen Rock« in Trier 1959 wäre hier ein treffendes Beispiel –, betrieb Iserloh eine Wissenschaft, die immer Engagement verriet.

Er, den die Natur nicht mit der Gabe der Geduld ausgestattet hatte, ertrug das lange und quälend schwere Leiden einer tückischen Krankheit mit großer Kraft und einer Freundlichkeit gegenüber der Umwelt, die bewunderungswürdig war. Der Tod bedeutete für ihn unter diesen Umständen eine Erlösung.

BIBLIOGRAPHIE ERWIN ISERLOH/ zsgest. von Angela Antoni. In: Reformatio ecclesiae: Beiträge zu kirchlichen Reformbemühungen von der Alten Kirche bis zur Neuzeit = Festgabe für Erwin Iserloh/ hrsg. von Remigius Bäumer. PB; W; ZH 1980, 967-989.
Ein *Bila* findet sich in dieser Festgabe.

In memoriam Wilfried Joest

Von Joachim Track

In der Silvesternacht 1995/96 ist Wilfried Joest nach kurzer Krankheit im Alter von 81 Jahren in Erlangen verstorben. Er war einer der profiliertesten lutherischen Theologen der Nachkriegszeit. Joest war ein international anerkannter Forscher, nicht zuletzt im Bereich der Lutherforschung, und ein geschätzter theologischer Lehrer, der viele Generationen von Studierenden für die Sache der Theologie begeistert und geprägt hat.

Wilfried Joest wurde am 3. April 1914 als Kind einer Pfarrersfamilie in Karlsruhe geboren. Sein Vater Friedrich Joest (1883-1955) war zuletzt Dekan in Mannheim. Von 1933 bis 1938 studierte Wilfied Joest in Tübingen, Erlangen und Heidelberg. Sein Studium schloß er mit dem Examen und der theologischen Promotion bei Karl Heim (1874-1958) zum Zusammenhang des Verständnisses von Sünde und Tod ab. 1938 wurde er zum Militärdienst und danach zum Kriegsdienst eingezogen. Nach dem Ende des Krieges, aus dem er eine bleibende Verletzung der rechten Hand mitbrachte, legte er 1945 das Vikariat ab und war seit 1946 als Religionslehrer in Heidelberg tätig. In dieser Zeit habilitierte er sich 1948 bei Edmund Schlink (1903-1984) mit »Gesetz und Freiheit« und lehrte als Privatdozent an der Theologischen Fakultät Heidelberg. 1953 wurde er als Professor für Systematische Theologie an die Augustana-Hochschule Neuendettelsau berufen. 1956 wurde er Nachfolger von Paul Althaus (1888-1966) auf den Lehrstuhl für Systematische Theologie in Erlangen, den er bis zu seiner Emeritierung im Jahre 1981 innehatte. Einem Ruf nach Tübingen folgte er nicht. Mehrere Perioden war Joest Vertreter seiner Fakultät in der bayrischen Landessynode sowie langjähriges Mitglied im Theologischen Ausschuß der VELKD. Im Wintersemester 56/97 wurde ihm die Ehrendoktorwürde der Theologischen Fakultät Heidelberg und im Wintersemester 93/94 die der Augustana-Hochschule verliehen. Seit der Begründung der Zeitschrift »Kerygma und Dogma« im Jahr 1955 war Joest Miglied im Herausgeberkreis und als Schriftleiter (bis 1976) tätig. Er hat das Profil dieser Zeitschrift geprägt. Er war Gründungsmitglied der Wissenschaftlichen Gesellschaft für Theologie und Mitglied der Luther-Gesellschaft. Auch nach seiner Emeritierung war er weiter in Forschung und Lehre intensiv tätig. Bei ihm verbanden sich hohe Gelehrsamkeit, Entschiedenheit in der Sache, Güte im Umgang mit den Menschen und Bescheidenheit im persönlichen Anspruch. Dem entsprach es auch, daß er seinem Wunsch gemäß im engsten Familien- und Freundeskreis in Erlangen-Buckenhof beigesetzt wurde.

Joests Arbeiten zur Lutherfoschung sind inzwischen zu Standardwerken geworden. Joest gelingt es, differenzierte historische Sachkenntis, einfühlsame Interpretation der Theologie Luthers und gegenwärtige systematisch-theologische Fragestellungen zu verbinden. Seine Habilitationsschrift »Gesetz und Freiheit: das Problem des Tertius usus legis bei Luther und die neutestamentliche Parainese« (GÖ 1951) nimmt ihren Ausgang bei der Kontroverse zwischen Werner Elert (1885-1954) und Althaus einerseits und Karl Barth (1886-1968) andererseits. Joest fragt nach dem Geltungsanspruch des Gesetzes im Raum des Evangeliums. Er zeigt, daß bei Luther von einem usus practicus evangelii gesprochen werden kann. Christliche Freiheit, gegründet im Zuspruch des Evangeliums, bedarf der Orientierung durch das Gesetz, dem es in Freiheit gegenübersteht. Joest hat diese Thematik in einer Reihe von Aufsätzen aufgenommen und so zu einer differenzierten Sicht von Gesetz und Evangelium beigetragen. Die zur damaligen Diskussionslage eher querliegende Fragestellung in der Studie »Ontologie der Person bei Luther« (GÖ 1971) nach den Seinsaussagen Luthers im Bereich der Anthropologie bringt neue Klarheit in die Debatte. Luther, so zeigt Joest, übernimmt durchaus die klassischen philosophischen und theologischen Konstitutionsbeschreibungen des Menschen. Die entscheidende Differenz zu diesen Aussagen aber liegt darin, daß nach Luther über das Menschsein des Menschen nicht dadurch entschieden wird, daß die Vernunft in ihrer Seele und Körper leitenden Macht zur Geltung kommt und so ihrer schöpfungsgegebenen Ausrichtung auf Gott und Anteilhabe am göttlichen Sein entspricht. Wer und was ein Mensch ist, entscheidet sich an seinem ihn bestimmenden Selbstverständnis und Selbstverhältnis. Solches Selbstverständnis bestimmt sich aber in nichts anderem als in der Gottesbeziehung. Den Ort, an dem der Mensch durch seine Gottesbeziehung positiv oder negativ bestimmt wird, kann Luther »Herz« oder »Geist« nennen oder auch von einem geistlich oder fleischlich bestimmten Grundaffekt sprechen Der Mensch ist keine seiner selbst mächtige Instanz (oder Substanz), sondern ein Beziehungswesen, das sein Zentrum nicht in sich selbst hat. Diese hier nur angedeuteten Analysen zur Relationsontologie und zur responsorischen, exzentrischen und eschatolgischen Bestimmung der Existenz bei Luther sind als bleibende Einsichten in die Lutherforschung und in allen mir bekannten evangelischen theologischen Anthropologien der Gegenwart aufgenommen worden.

Joest hat hier nicht nur der Lutherforschung einen entscheidenden Impulsl gegeben, sondern auch das ökumenische Gespräch vorangebracht. Er war Mitglied des Jäger-Stählin-Kreises und des dann später sich konstitiuierenden Ökumenischen Arbeitskreises evangelischer und römisch-katholischer Theologen. Er hat über Jahre hinweg gemeinsam mit seinem Erlanger Kollegen Bernhard Klaus (*1913) pro Semester eine gemeinsame Tagung mit Heinrich Fries (*1911) durchgeführt. An diesen Tagungen hat auch Karl Rahner (1904-1984) wiederholt teilgenommen. Joest versuchte sowohl im persönlichen Gespräch als auch in seinen Arbeiten zur römisch-katholischen Rechtfertigungslehre sowie zum Kirchen- und Amtsverständnis, falsche Alternativen auszuräumen, ohne die unterschiedlichen Zugänge und Differenzen in der Sache zu verschweigen (Gott will zum Menschen kommen: zum Auftrag der Theologie im Horizont gegenwärtiger Fragen. GÖ 1977). Das hat es erlaubt, im Geiste der Reformation und des II. Vaticanums nach neuer Gemeinsamkeit im Glauben zu fragen.

In seiner »Fundamentaltheologie« (S 1974) bietet Joest einen Neuansatz in der theologischen Prinzipienlehre. Sie stellt einen wichtigen Beitrag zur wissenschafts-theoretischen Diskussion in der Theologie dar. Joest vermittelt hier zwischen Barths Position und der älteren und neueren lutherischen Tradition. So gelingt es ihm, die Wahrheitsmomente beider Seiten aufzunehmen und in eine fruchtbare Perspektive zu bringen. Die gegenwärtige philosophische Diskussion wird ebenso berücksichtigt wie die Ergebnisse der Human- und Gesellschaftswissenschaften. Joest geht davon aus, daß der Glaube sich einer in Gottes Versöhnungshandeln in Jesus Christus eröffneten Gewißheit verdankt. Solche Gewißheit aber will sich im Dialog mit den Wissenschaften in ihren Erfahrungen und Gründen ausweisen, sich der wissenschaftlichen Kritik stellen. So ist die "Fundamentaltheologie" ein Beispiel einer dialogorientierten und konstruktiven systematisch-theologischen Arbeit.

Neuzeitliche Entwicklung ist gekennzeichnet durch das Aufkommen der historisch-kritischen Forschung, des damit verbundenen Bewußtwerdens des hermeneutischen Problems als Problem des Verstehens und der Geltung. Joest hat sich diesen Fragen in der Fundamentaltheologie und seinen Aufsätzen zum Schriftverständnis, zur Kanonsfrage und zum hermeneutischen Problem entschlossen gestellt. In seinen hermeneutischen Überlegungen hält Joest in aller historischen, hermeneutischen und allgemein wahrheitstheoretischen Relativierung daran fest, daß nach der Intention eines Autors, eines Textes zu fragen ist. Das erfordert die Treue zur Sache. Die einzelnen Aussagen der Heiligen Schrift sind in ihrem Zusammenhang von einer Sinnmitte her zu verstehen. Das gilt auch für die Schrift als ganze. Hier bleibt Joest in seiner Hervorhebung der Mitte der Schrift Luther verbunden. Die biblische Botschaft ist in die Sprache der Gegenwart zu übersetzen, aber nicht durch Einsichten der Zeit zu ersetzen. Das kann auch eine Kritik von Aussagen der Schrift von der Mitte der Schrift her, von Einzelaussagen in der Ethik im Lichte des Liebesgebotes einschließen. Solches theologische Urteil ist zu wagen und und zu verantworten.

Joests zweibändige Dogmatik ist ebenfalls zu einem Standardlehrbuch geworden. Joest gelingt es hier in übersichtlicher Form, die grundlegenden Einsichten der Tradition und die aktuelle Diskussion mit dem ihm eigenen Einfühlungsvermögen und der Bereitschaft, auch andere Auffassungen stark zu machen, zu erschließen. Die Entfaltung der eigenen Position am Schluß lädt zur eigenständigen Auseinandersetzung ein. Joest hat diese Dogmatik streng christozentrisch angelegt. In Jesus Christus wird uns Gottes Schöpferhandeln erschlossen, wird uns für Gegenwart und Zukunft Gottes Erlösungshandeln eröffnet. So erschließt sich uns das Handeln Gottes in seiner ganzen Tiefe und Weite.

Als letztes größeres Werk hat Joest eine Grundlegung der Ethik des Politischen und darin eine Verhältnisbestimmung von Frieden Gottes und Frieden auf Erden vorgelegt. Gottes Schöpfungs- und Erhaltungswillen fordert uns auf für die Bewahrung des Lebens die Gerechtigkeit und den Frieden einzutreten. Gottes erhaltendes Wirken ist von seinem Heilswillen nicht zu trennen, muß vielmehr gerade aus ihm heraus verstanden werden. Gottes Erhalten ist dynamisch zu verstehen, als ständige Gegenbewegung und Gegenwirkung seines Schöpferwillens gegen die zerstörende Macht der Sünde. Joest weiß sehr wohl, daß sich das Reich Gottes auf Erden nicht heraufführen und die Liebe, die dem Heilswillen Gottes entspricht, sich nicht verordnen und durch keine politische Ordnung verwirklichen läßt. Christen und Christinnen aber können dafür eintreten – das ist Joests Credo in allen Fragen des politischen Handelns –, daß die Verhältnisse in »Richtung einer besseren Entsprechung zu diesem Gebot [der Liebe] verändert werden« (79). Das heißt für ihn zuallerst, daß das Lebensrecht der Menschen und die Menschenwürde geachtet werden.

In Joests Wirken als theologischer Lehrer in Wissenschaft, Kirche und Gesellschaft wurde etwas spürbar von der Menschenfreundlichkeit unseres Gottes, die er in seiner theologischen Arbeit bezeugt hat.

BIBLIOGRAPHIE WILFRIED JOEST/ hrsg. von Burghard Krause. In: Zugang zur Theologie: fundamentaltheologische Beiträge; Wilfried Joest zum 65. Geburtstag/ hrsg. von Friedrich Mildenberger; Joachim Track. GÖ 1979, 215-219.
Ein *Bild* siehe: Sonntagsblatt: evang. Wochenzeitung für Bayern 52 (M 1996) Nr. 2 (14. Januar).

In memoriam Bernhard Lohse

Von Markus Wriedt

Bernhard Lohse wurde am 24. Mai 1928 als jüngstes von vier Kindern in Hamburg geboren. Sein Vater, Dr. Walther Lohse, war Oberstudienrat für Geschichte und neuere Sprachen. Seine Mutter, Dr. Mina Lohse, geb. Barrelet, arbeitete als Lektorin für Anglistik im Dienst der Universität. Früh wurde das philologische Interesse der Kinder geweckt und mit historischen Fragestellungen verbunden. Die Schule schloß er nach einer kurzen Unterbrechung infolge der Einberufung zur Wehrmacht 1944/45 mit dem Abitur an der ehemaligen »Gelehrtenschule des Johanneums« 1947 ab. Zum Sommersemester 1947 nahm Lohse das Studium der evangelischen Theologie in Heidelberg auf. Besondere Prägung erfuhr er durch den Kirchenhistoriker Hans von Campenhausen (1903-1989) und den Neutestamentler Martin Dibelius (1883-1947). Nach zwei Semestern wechselte Lohse nach Göttingen und studierte dort bei dem Neutestamentler Joachim Jeremias (1900-1979) und bei dem Kirchenhistoriker Hermann Dörries (1895-1977). 1949/50 ging er nach Bristol und von dort nach Cambridge/GB. 1951 schloß er seine theologischen Studien mit dem Ersten Theologischen Examen in Hamburg ab.

1952 reichte Lohse seine Dissertation »Das Passafest der Quartadecimaner« (GÜ 1954) – die er bei Jeremias begonnen hatte – im Fach Kirchengeschichte ein und wurde von der Theologischen Fakultät in Göttingen promoviert. Als wissenschaftliche Hilfskraft bei Dörries beeinflußte ihn dessen akzentuierte Betrachtung der Kirchengeschichte als Dogmen- und Theologiegeschichte, das Bemühen, umfangreiches Untersuchungsmaterial in größeren Einheiten zusammenzufassen und grundlegende Strukturen zu erkennen, sowie Ansätze zur Rezeptionsgeschichtsforschung nachhaltig. Trotz Angeboten zur akademischen Weiterarbeit trat Lohse 1953 als Vikar in den Dienst der Kirche Hamburgs. Die kirchliche Einbindung der geplanten wissenschaftlichen Tätigkeit war ihm außerordentlich wichtig. Nach dem zweiten theologischen Examen 1953 war Lohse ab 1954 Hilfsprediger an St.Martinus (Hamburg Eppendorf) und nahm zeitgleich eine Assistentenstelle bei Kurt Dietrich Schmidt (1896-1964) an. In dieser Zeit lernte er seine Frau Annelotte, geb. Streitel, kennen und heiratete 1955. Zwischen 1956 und 1962 wurden die drei Söhne Reinhard, Joachim und Andreas geboren.

1957 habilitierte sich Lohse mit »Ratio und Fides: eine Untersuchung über die Ratio in der Theologie Luthers« (GÖ 1958) in Hamburg. Diese Studie sucht die Bedeutung der menschlichen Vernunft für die Erkenntnislehre in Luthers Theologie zu beschreiben, wonach einerseits der Glaube die Vernunft zur wahren Erkenntnis Gottes befähigt, andererseits die Verabsolutierung der Vernunft immer wieder den korrigierenden Bezug auf das gnadenhafte Geschenk des Heiligen Geistes erfordert. Der Versuch, die paradoxalen Aussagen Luthers zueinander in Beziehung zu setzen, sowie das Verständnis dieser Beziehung als eines lebenslangen Prozesses, lassen die Eigenständigkeit der Lutherinterpretation Lohses besonders im Blick auf die historische Einbettung der Aussagen des Reformators erkennen. Beide Arbeitsfelder verband er mit »Mönchtum und Reformation: Luthers Auseinandersetzung mit dem Mönchsideal des Mittelalters« (GÖ 1963), das er als Privatdozent in Hamburg verfaßte. Darin zieht Lohse den Bogen von der altkirchlichen Begründung des Mönchtums bis in die Zeit seiner radikalen Bestreitung durch die Reformatoren aus.

Bevor Lohse am 2. April 1963 seinen Dienst als außerplanmäßiger Professor für Kirchen- und Dogmengeschichte in der Theologischen Fakultät Hamburg antrat, versah er 1958/59 die Vertretung des kirchenhistorischen Lehrstuhles in Göttingen und nahm 1961 eine Gastprofessur in Claremont, Calif. wahr. Den von dort erhaltenen Ruf lehnte er ab. Berufungen nach Göttingen und Berlin kamen nicht zustande. Der überzeugte Hanseat blieb in Hamburg – seit 1964 als Ordinarius – bis zu seiner Emeritierung nach dem Wintersemester 1991/92. Nur 1967 war er gastweise an der Yale University, New Haven, Conn. tätig.

Lohse war gegenüber jeder öffentlichen Selbstdarstellung außerordentlich kritisch. Er konzentrierte sich auf Forschung und Lehre. Der akademische Unterricht war ihm ein Anliegen. Bald genoß er den Ruf eines strengen, freilich auch unbestechlichen, integren und verläßlichen Universitätslehrers. Das verstärkte sich während der »Studentenunruhen«, als er 1968/69 das Dekanat der Theologischen Fakultät wahrzunehmen hatte. Er suchte, durch eine sachorientierte und emotionsfreie Diskussionsform berechtigten Forderungen der Studenten zu entsprechen ohne Auflösungstendenzen Raum zu lassen. Sein pädagogische Anliegen findet sich wieder in Schriften mit Forschungsüberblicken oder Sammelbänden zu kontrovers diskutierten Themen der Reformationsgeschichte. Besonders sind seine »Epochen der Dogmengeschichte« (S 1963, 8. Aufl 1994) hervorzuheben, die aus den Vorlesungen in den USA entstanden waren. Knapp und dennoch ohne schwerwiegende Auslassungen zeichnet Lohse die Lehrentwicklung der Kirche bis in die Gegenwart nach.

Die Summe seines wissenschaftlichen Lebens, eine Gesamtdarstellung der Theologie Luthers nahm Lohse in zwei Schritten in Angriff. Zunächst veröffentlichte er »Martin Luther: eine Einführung in sein Leben und sein Werk« (M 1981). Lohse faßt darin zentrale Forschungsergebnisse zusammen, benennt die wichtigen Kontroversen sowie weiterführende Literatur und läßt seinen eigenen Standort klar erkennen. Besonders erwähnt werden müssen der Überblick zur Entwicklung der Lutherforschung, die Werkübersicht sowie die bibliographischen Hilfen zu Lutherausgaben und Nachschlagewerken zur Reformationsgeschichte. Studenten und Lehrenden dient diese Einleitung als unentbehrliches Hilfsmittel. Lohse hat das Buch, das neben seiner Theologie Luthers und nicht als deren Zusammenfassung gelesen werden will, gründlich überarbeitet und in einer dritten Auflage 1997 wiederauflegen lassen. In »Luthers Theologie in ihrer historischen Entwicklung und in ihrem systematischen Zusammenhang« (GÖ 1995) entfaltete Lohse die Ergebnisse seiner fast 50jährigen Beschäftigung mit der Theologie der Reformation. Neben einer Fülle an detaillierten Korrekturen der Forschung und weiterer Entdeckungen ist besonders die Zweiteilung der Darstellung charakteristisch. Nach einem stärker historisch orientierten Durchgang, der die Schwerpunkte und theologisch relevanten Auseinandersetzungen im Leben Luthers nachzeichnet, wendet sich Lohse Luthers Werk unter systematischen Gesichtspunkten zu und skizziert in Form einer kleinen Dogmatik die zentralen Themen der Theologie Luthers. Stets bleibt sich der Verfasser der Vorläufigkeit dieses Verfahrens bewußt, lehnt er doch ein System für Luthers theologisches Denken ab. Wichtiger ist ihm dessen Entwicklung, also wie Luther seine Positionen in der konkreten Auseinandersetzung gewinnt, ausformt oder verändert.

Regelmäßig veröffentlichte Lohse stets gründlich aus den Quellen gearbeitete, aktuelle Forschungsbeiträge in Zeitschriften und Sammelbänden. Die altkirchlichen Arbeiten treten freilich seit den siebziger Jahren in den Hintergrund. Erst in jüngster Zeit nahm er den Faden mit mehreren Aufsätzen zur Kirchenväterrezeption bei Luther wieder auf. Wichtig sind auch seine Buchbesprechungen und biographischen Lexikonartikel. Übersetzungen seiner Studienbücher trugen zu seinem internationalen Ansehen bei.

Seine Mitarbeit in wissenschaftlichen Vereinigungen konzentrierte Lohse auf wenige Aktivitäten, wie etwa die Joachim-Jungius Gesellschaft der Wissenschaften in Hamburg. Seit seiner Studienzeit war Lohse Mitglied der Luther-Gesellschaft, wo er bis zu seinem Tode im wissenschaftlichen Beirat des Vorstandes sowie als Mitherausgeber der Zeitschrift »Luther« arbeitete. Weiterhin engagierte er sich im Continuation Commitee des Internationalen Kongresses für Lutherforschung zwischen 1956 und 1983. Er war Mitglied der Kommission zur Herausgabe der kritischen Gesamtausgabe der Werke Martin Luthers. In der Historischen Kommission des Deutschen Nationalkomitees des Lutherischen Weltbundes arbeitete er seit dessen Gründung 1970 bis zu seinem Tode mit. Seine Unbestechlichkeit und Integrität machten ihn zum gesuchten Teilnehmer ökumenischer Gespräche. So wirkte er seit den siebziger Jahren im Ökumenischen Arbeitskreis evangelischer und römisch-katholischer Theologen (Jaeger-Stählin-Kreis) mit und begleitete mit seinen Voten die Veröffentlichungen wachsender Übereinstimmung. In dieser Zeit berief ihn auch der bedeutende römisch-katholische Lutherforscher Joseph Lortz (1887-1975) in den wissenschaftlichen Beirat der Abteilung für Abendländische Religionsgeschichte des Instituts für Europäische Geschichte in Mainz. Als überzeugter Protestant loyal zu seiner evangelischen Kirche, aber mit der Offenheit und dem Realitätssinn des Historikers, begegnete er seinen römisch-katholischen Gesprächspartnern und suchte deren Anliegen und Argumente aus ihrem Entstehungsprozeß heraus zu verstehen. Ebenso klar formulierte er seinen Standpunkt. Zu Konzessionen war er bereit, wo Konvergenz historisch und sachlich geboten schien. Lohse bereitete die Berufung des römisch-katholischen Theologen Otto Hermann Pesch auf eine neu errichtete Professur für Systematische Theologie mit dem Schwerpunkt Kontroverstheologie bei kirchlichen und staatlichen Behörden vor und setzte sie mit der ihm eigenen hartnäckigen Korrektheit durch. Seit Mitte der siebziger Jahre beteiligte sich Lohse intensiv am Theologischen Arbeitskreis für Reformationsgeschichtliche Forschung, mit dem die Evangelische Kirche der Union innerhalb der DDR eine internationale Zusammenarbeit der Lutherforscher ohne staatlichen Einfluß ermöglichte.

Seit seiner Emeritierung 1992 konzentrierte sich Lohse auf die Verwirklichung seiner Veröffentlichungspläne. Die gewonnene Zeit wollte er gemeinsam mit seiner Frau für Reisen in die verschiedenen kulturellen Zentren der Welt nutzen, freilich beendeten gesundheitliche Schwierigkeiten frühzeitig diesen langgehegten Plan. Mit äußerster Disziplin konnte er dennoch seine Publikationen abschließen, bevor er am 29. März 1997 an den Folgen eines Herzinfarktes in Hamburg verstarb. Er wurde auf dem Friedhof in Hamburg-Blankenese beigesetzt.

Bibliographie: BIBLIOGRAPHIE BERNHARD LOHSE. In: Evangelium in der Geschichte: Studien zu Luther und der Reformation; zum 60. Geburtstag des Autors hrsg. von Leif Grane, Bernd Moeller und Otto Hermann Pesch. GÖ 1988, 412-430 [Fortsetzung folgt in DERS.: Evangelium in der Geschichte II: Studien zur Alten Kirche und ihrer Rezeption im Zeitalter der Reformation. GÖ 1998]
Ein *Bild* befindet sich LM 35 (1996), Heft 2, 13.

Luther und die heilige Anna[*]

Zum Gelübde von Stotternheim

Von Angelika Dörfler-Dierken

Die heilige Anna, die legendäre Mutter Marias und somit Großmutter Christi, ist zutiefst in einen der »großen und folgenreichen Bekehrungsvorgänge in der Geschichte der Kirche« verwoben.[1] »Hilff du, S. Anna, ich wil ein monch werden!«,[2] so habe er bei Stotternheim gelobt, gesteht Luther in einer Tischrede aus dem Jahre 1539. Aus unbekanntem Grund war der junge Student der Rechte mitten im Semester, Ende Juni 1505, nach Mansfeld zu seinen Eltern gewandert. Während der Rückreise nach Erfurt, sechs Kilometer nördlich vor der Stadt, am Tag Visitatio Mariae (am Mittwoch, dem 2. Juli), geschah das Wunder, das aus dem angehenden Juristen einen Augustinereremiten machte. Das Ereignis bei Stotternheim ist mehrfach Gegenstand historischer Untersuchung gewesen.[3] Dabei hat die heilige Anna keine Rolle gespielt; es heißt gemeinhin, Luther habe der »Modeheiligen« des ausgehenden Mittelalters, die auch seines Vaters Patronin gewesen sei, seine Reverenz erwiesen.[4] Wenn man das Verhältnis zwischen dem Reforma-

[*] Diese Untersuchung geht auf einen Vortrag zurück, den ich am 20. Januar 1995 auf Einladung von Prof. Dr. Bernd Moeller im Göttinger Graduiertenkolleg »Kirche und Gesellschaft im 15. und 16. Jahrhundert« gehalten habe und der zu lebhaften Diskussionen führte. Die Themenstellung ergab sich aus meiner Heidelberger Dissertation »Die Verehrung der heiligen Anna in Spätmittelalter und früher Neuzeit. GÖ 1992«, in der das Verhältnis zwischen Luther und der heiligen Anna nicht untersucht wurde.

[1] Martin BRECHT: Martin Luther. 2. Aufl. Bd. 1: Sein Weg zur Reformation. S 1983, 57 f.

[2] WA TR 4, 440, 9 f (4707), vom 16. Juli 1539.

[3] Leitend waren dabei im allgemeinen zwei Fragen: zum einen, ob das Gelübde im kirchenrechtlichen Sinne verbindlich war; zum anderen, ob es psychisch vorbereitet war. Die Diskussion beider Fragen ist für diese Untersuchung nicht notwendig.

[4] Da die Bergleute besondere Verehrer der heiligen Anna gewesen sein sollen und Martin Luthers Vater Hüttenmeister war, wird er gerne als Annenverehrer gezeichnet. Dies soll dann das Gelübde des Sohnes der väterlichen Patronin gegenüber erklären; vgl. etwa Julius KÖSTLIN: Martin Luther: sein Leben und seine Schriften. 5., neubearb. Aufl./ fortges. von Gustav Kawerau. Bd. 1. B 1903, 45 f. – Es leuchtet allerdings nicht ein, warum der Vater, wäre er denn wirklich Annenverehrer gewesen, die seinem Sohn widerfahrene Begebenheit bei Stotternheim einem »Gespenst« (vgl. dazu unten Anm. 109) und nicht der Güte seiner eigenen Patronin zugeschrieben haben sollte.

tor und der Großmutter Christi etwas näher beleuchten will, liegt es nahe, zu fragen, welche Formen der Annenverehrung Luther aus seinem Umfeld bekannt waren. Dann sind die Äußerungen des Reformators daraufhin zu sichten, welches Bild Luther von seiner Patronin in Todesgefahr hatte. Abschließend ist zu überlegen, wie sich die Erzählung von Luthers Gelübde vor dem Hintergrund seiner Kritik der Annenverehrung und seiner Theologie ausnimmt.

I Annenverehrung in Luthers Umfeld

Wann und wo Luther die Annenverehrung kennenlernte, kann nicht mit Sicherheit festgestellt werden.[5] Deshalb kann ich nur fragen, welche Zeugnisse der Annenverehrung dem Erfurter Jurastudenten zum Zeitpunkt seiner »Bekehrung« möglicherweise bekannt waren. Es liegt nahe, von den Orten auszugehen, an denen Luther bis 1505 gelebt hat – das sind Eisleben, Mansfeld, Magdeburg, Eisenach und Erfurt –, und zu fragen, welche Zeugnisse der Annenverehrung sich dort finden. In Eisleben genoß die heilige Anna scheinbar keine öffentliche Verehrung vor Luthers Klostereintritt; in Mansfeld hatte sie im Jahre 1503 zusammen mit ihren angeblichen Enkeln Simon Zelotes und Judas Thaddäus das Patronat eines neu errichteten Altares inne.[6] Als vierzehnjähriger Schüler sah Luther

Im übrigen war die heilige Anna an der Wende vom 15. zum 16. Jahrhundert nicht die Standespatronin der Bergleute. Sie wurde in Bergbaugebieten keineswegs intensiver verehrt als andernorts. Wenn es unter Hinweis auf das Gleichnis vom Schatz im Acker Mt 13, 44 zur Begründung eines Bergbaupatronates gelegentlich heißt, Anna habe Maria in ihrem Schoß getragen wie die Erde das Silber, so findet sich diese Allegorisierung nicht in der Literatur vom Ende des 15. oder Beginn des 16. Jahrhunderts. Die Lesung vom Schatz im Acker gehört zum »Commune de sancta non virgo«, wurde also am Feiertag einer jeden Heiligen gelesen, die Kinder geboren hat. Vgl. ausführlicher zum Bergbaupatronat der heiligen Anna Angelika DÖRFLER-DIERKEN: Vorreformatorische Bruderschaften der heiligen Anna. HD 1992, 32-37. 49-55. (Abhandlungen der Heidelberger Akademie der Wissenschaften: Phil.-hist. Klasse; 3: Jahrgang 1992).

Erikson hat die These aufgebracht, das ambivalente Verhältnis Luthers zu seinem Vater spiegele sich in seiner Haltung zur Annenverehrung: Luther habe seine Haßliebe dem Vater gegenüber auf dessen Patronin übertragen; vgl. Erik H. ERIKSON: Der junge Mann Luther: eine psychologische und historische Studie. M 1958, 65 f. 99. 131. Es wird zu überprüfen sein, ob Luther sich der Heiligen gegenüber tatsächlich ambivalent verhielt.

5 Nach einer späten Äußerung des Reformators kam die Annenverehrung auf, als er fünfzehn Jahre alt war; vgl. unten Anm. 10.

6 Vgl. Carl KRUMHAAR: Versuch einer Geschichte von Stadt und Schloß Mansfeld. Mansfeld 1869, 27 (12).

20

beim Singdienst im Magdeburger Dom eine Annenkapelle mit einem steinernen Altarbild der heiligen Anna.[7] Sicher hat Luther in Eisenach,[8] wo er von 1498 bis 1501 vier Jahre lang die Pfarrschule von St. Georg besuchte, beim Singdienst ein besonderes Offizium für den Festtag der heiligen Anna[9] – den 26. Juli – kennen-

7 Die Kapelle bestand vor 1494 unter dem Patronat Marias und Annas. Ursprünglich lag sie in der Vorhalle zwischen den Domtürmen (»altar BV Mariae et S. Annae sub turribus«), 1494 wurde sie an die südliche Umfassungsmauer in Höhe des Kanzelpfeilers verlegt; vgl. GERMANIA SACRA: die Bistümer der Kirchenprovinz Magdeburg; das Erzbistum Magdeburg. Bd. 1 I/ bearb. von Gottfried Wentz und Berent Schwineköper. B 1972, 37.

In Magdeburg gab es öffentliche Annenverehrung: Unmittelbar neben dem Chor der Heiliggeistkirche bestand 1455 eine Annenkapelle des Prämonstratenserklosters mit eigenem Friedhof; vgl. URKUNDENBUCH DES KLOSTERS UNSER LIEBEN FRAUEN ZU MAGDEBURG/ bearb. von Gustav Hertel. Halle 1878, 275 (287), vom 2. Januar 1455. An dieser Annenkapelle war in den Jahren 1500/01 eine Annenbruderschaft der Gewandschneider beheimatet. Laut freundlicher Auskunft von Herrn Dr. Hartmann, Landesarchiv Magdeburg, liegen Quittungen dieser Bruderschaft aus den Jahren 1500/01 vor. Im Leichenhaus dieses Klosters an der Südseite der Marienkirche befand sich schon im Jahre 1365 eine Annenkapelle, die 1455 wieder erwähnt wird; ebd, 201 f (224), 18. Oktober 1365; 275 (287), 2. Januar 1455.

In den letzten Jahren des 15. Jahrhunderts wurde das Magdeburger Heiliggeisthospital in Annenhospital umbenannt. Solche Patronatswechsel sind deutliche Hinweise auf den Aufstieg eines neuen Kultes. Vgl. die Belege für den schwankenden Namensgebrauch im URKUNDENBUCH DER STADT MAGDEBURG. Bd. 3: 1465-1513/ bearb. von Gustav Hertel. Halle 1896, 537 (915); 522 (907); 616 (1027); 685 (1189); 732 (1265); 779 (1394); 862 (1557). Zu diesem Hospital gehörte eine Kapelle oder Kirche, die wahrscheinlich unter dem Patronat der heiligen Anna stand. Das läßt jedenfalls die Erwähnung des »perner [Pfarrer] to S. Anna« vermuten; ebd, 625 (1042), 4. April 1497. Zudem befand sich in der Ulrichskirche im Jahre 1475 ein Annenaltar; ebd, 109 (235), 30. März 1475 und 143 (310), 27. April 1478. Ob Luther diese Annenpatrozinien bekannt waren, ist nicht festzustellen.

8 Unmittelbar am Außentor der Vorstadt St. Georg befand sich das Neue Spital mit einer Kapelle, die nach dem Bau einer Annenkirche in Annenkapelle umbenannt wurde und im Jahre 1506 unter ihren drei Altären einen Annenaltar hatte; vgl. BAU- UND KUNSTDENKMÄLER THÜRINGENS: Großherzogthum Sachsen-Weimar-Eisenach. Bd. 3: VERWALTUNGSBEZIRK EISENACH, AMTSGERICHTSBEZIRKE GERSTUNGEN UND EISENACH/ bearb. von Georg Voss. Jena 1917, 127. 272. 133. Ob Kapelle und Altar schon zu Luthers Zeiten dem Patronat der heiligen Anna unterstellt waren, war nicht festzustellen.

9 In Eisenach hatte der junge Luther eine herzliche Beziehung zu dem viel älteren Johannes Braun (1470-1516), einem Vikar des Marienstifts, der Kontakt mit Lehrern und Schülern der Georgsschule pflegte. Im Jahre 1499 bat einer der Korrespondenten Brauns, Johannes Opilio aus Baden-Baden, um eine Abschrift des in der Georgskirche gebrauchten Offiziums für den Tag der heiligen Anna. »Vnum te oratum id velim. Officium de sancta anna, quod ad diuum georgium est notatum in antiphonario mihi excribere vel saltem exscribi faceres Joannes schick repensam tibi facturus esset. Et is ad me post hijemem portaret: Ego (.si liceret tibi tempore.) et obsecrarem faceres, vbi meo tibi officio opus intelligis esse utere«; Hermann

gelernt. Da Luther selbst bekennt, als Knabe von 15 Jahren erstmals von der heiligen Anna gehört zu haben,[10] dürfte er also hier in Eisenach zum erstenmal die kirchliche Feier des Annentages, möglicherweise die Annenverehrung überhaupt, bewußt wahrgenommen haben. Knapp zwanzig Jahre zuvor, im Jahre 1481, hatte Papst Sixtus IV. (1414, 1471-1484) den Annentag in das römische Brevier aufgenommen; es dauerte aber einige Jahre, bis das Fest überall gefeiert wurde.[11]

Siebzehnjährig kam Luther im Jahre 1501 zum Studium nach Erfurt; hier sollte am Annentag nicht gearbeitet werden.[12] Darüber, wie der Festtag der Großmutter Christi gefeiert wurde, ist nicht viel bekannt. Da es zu Luthers Studentenpflichten gehörte,[13] den Dom aufzusuchen, dürfte er wohl eine von 1475 stammende

DEGERING: Aus Luthers Frühzeit: Briefe aus dem Eisenacher und Erfurter Lutherkreise; 1497-1510. Zentralblatt für Bibliothekswesen 33 (1916), 83.

10 WA 47, 383, 23-29, 23. Januar 1538: »Bej meinem gedencken ist das gross wesen von S. Anna auffkomen, als ich ein knabe von funffzehen jharen war. Zuvor wuste man nichts von ihr, sondern ein bube kam und brachte S. Anna, flugs gehet sie ahn, den es gab jederman darzu. Dohehr ist die hehrlich Stadt und kirche auff S. Annaberck ihr zu ehren gebauet worden, und wer nur reich werden wolte, der hatte S. Anna zum Heiligen. Solcher heiligen dienst hat dem Bapst gelts gnug getragen.« Zu Annaberg vgl. unten Anm. 23.

11 Beda KLEINSCHMIDT: Die heilige Anna: ihre Verehrung in Geschichte, Kunst und Volkstum. Düsseldorf 1930, 134. Drucke von Offizien für den Annentag sind von 1477 an belegt; ursprünglich wurde das Formular für eine sancta non virgo verwendet, dann entstanden eigene Formulare. Freilich enthielten noch nicht alle Neudrucke des »Breviarium Romanum« nach 1481 im »Proprium Sanctorum« ein Offizium für den Annentag, sondern nur diejenigen des Typs II und IId; vgl. GESAMTKATALOG DER WIEGENDRUCKE/ hrsg. von der Kommission für den Gesamtkatalog der Wiegendrucke. Bd. 2. L 1926, 318 f (1991-1993); 5. L 1932, 14-38 (5101-5123).

12 In Erfurt wurde der Annentag am 27. Juli (also abweichend von anderen Diözesen, die meist schon am 26. feierten) als festum fori – also mit Arbeitsruhe – mit einem mittleren Festgrad (duplex) begangen. So geht es aus einem »wohl« 1497 gedruckten Stundenbuch »Liber horarum canonicarum sex. Chorum eccl. b. marie Erfordensis 1497« hervor; Hermann GROTEFEND: Zeitrechnung des deutschen Mittelalters und der Neuzeit. Bd. 2 I. Hannover 1892, 40. 42; 2 II, 63. Der Augustinereremitenorden feierte den Annentag schon am 26. Juli mit dem Festgrad minus duplex, was aus einem Missale des Jahres 1491 erhellt; ebd 2 II, 2. 4.
Die spätmittelalterliche Frömmigkeit in Erfurt ist bislang kaum untersucht worden. Für die Frage der Heiligenverehrung unergiebig ist die Untersuchung von Ulman WEISS: Die frommen Bürger von Erfurt: die Stadt und ihre Kirche im Spätmittelalter und in der Reformationszeit. Weimar 1988.

13 Jedes Semester wurde im Dom der Rektor der Universität in Anwesenheit aller Studenten gewählt. Zudem gehörte es zu den üblichen Studentenpflichten, sich an den vom Dom ausgehenden Prozessionen zu beteiligen; vgl. Theodor T. NEUBAUER: Luthers Frühzeit: seine Universitäts- und Klosterjahre; die Grundlage seiner geistigen Entwicklung. Jahrbücher der Königl. Akademie gemeinnütziger Wissenschaften zu Erfurt NF 43 (1917), 21. 92 f.

hölzerne Anna selbdritt im Chorhals gesehen haben.[14] In Erfurt gab es weiterhin mehrere Annenkapellen und -altäre,[15] sowie auch eine breitere öffentliche Verehrung der Heiligen. Mindestens vier Bruderschaften hatten sich ihrem Patronat unterstellt: je eine am Augustinereremitenkloster,[16] am Franziskanerkloster,[17]

14 DIE STADT ERFURT. Bd. 1: DOM, SEVERIKIRCHE, PETERSKLOSTER, ZITADELLE/ bearb. von Karl Becker; Margarethe Brückner; Ernst Haetge und Lisa Schünenberg. Burg 1929, 262, Abb. 254 (200). – Eine Anna selbdritt befindet sich heute in einer vergitterten Nische des Triangels, des dreieckigen Eingangsbereichs zum Dom. Angeblich entstand die 65 cm hohe Statue zwischen 1320 und 1330, also früher als der Portalbau. Der Körper Annas ist aus Stein, die linke Hand Annas, auf der Maria sitzt, die wiederum das kleine Jesuskind auf ihrer Linken trägt, ist aus Holz gebildet; vgl. Alfred OVERMANN: Die älteren Kunstdenkmäler der Plastik, der Malerei und des Kunstgewerbes der Stadt Erfurt. Erfurt 1911, 16 (12). Schon die Gestaltung aus zwei Materialien spricht gegen die Datierung in das erste Drittel des 14. Jahrhunderts. Wahrscheinlich wurde eine weibliche Heiligengestalt nachträglich zu einer Anna selbdritt umgebildet. Wann dies geschah, ist aufgrund der Quellenlage nicht zu entscheiden.

Diese Annenstatue wurde gar als »berühmtes Gnadenbild« bezeichnet; vgl. BESCHREIBENDE DARSTELLUNG DER ÄLTEREN BAU- UND KUNSTDENKMÄLER DER STADT ERFURT UND DES ERFURTER LANDKREISES/ bearb. von Wilhelm Freiherr von Tettau. Halle a. d. S. 1890, 64. Hier heißt es weiter: »In früherer Zeit war es am Tage der h. Anna – dem 26. Juli – das Ziel zahlreicher Wallfahrer. Der darunter sichtbare Schlitz im Steine hatte die Bestimmung, deren Gaben aufzunehmen.« Von einem Schlitz ist im Zusammenhang der anderen Beschreibungen des Kunstwerks nicht die Rede. Zu einer ordentlichen Lade gehört übrigens nicht nur ein Einwurfschlitz für die Münzen, sondern auch ein Schloß. Über eine entsprechende Vorrichtung schreibt von Tettau nichts.

15 Am Peterskloster war 1469 eine Annenkapelle vorhanden, in der im Jahre 1476 die Orgel instandgesetzt wurde; Die Stadt Erfurt 1, 562 (125. 129). Die Kapelle wird auch 1481 erwähnt; vgl. Oswald HOLDER-EGGER: Monumenta Erphesfurtensia. Hannover 1899, 439, 22f (Chronicae S. Petri Erford: Appendix; 6). Diese Annenkapelle wurde 1493 instandgesetzt und ausgemalt; vgl. Die Stadt Erfurt 1, 563 (140. 497).

1503/04 wurden durch Weihbischof Johannes Bonemilch aus Lasphe († 1510) zwei neue Kapellen der Kartause geweiht und mit Ablaß begabt, von denen eine einen Annenaltar und einen Dreikönigsaltar enthielt; vgl. DIE STADT ERFURT. Bd. 2 II: BARTHOLOMÄUSTURM .../ bearb. von Ernst Haetge und Hermann Goern. Burg 1932, 335 (26), mit Hinweis auf Urkunde B X 221 im Staatsarchiv Magdeburg.

16 Vgl. Dörfler-Dierken: Vorreformatorische Bruderschaften ..., 86. Zur Annenbruderschaft am Augustinereremitenkloster ist zu ergänzen: Die Brüder erwarben im Jahre 1286 mit Genehmigung des Papstes Honorius IV. eine Annenkapelle, die ursprünglich auf dem Gelände des Deutschherrenordens lag, weil sie der Erweiterung des Augustinerklosters im Wege stand. Diese Annenkapelle wurde nach Bestätigung des Kaufs durch den Erzbischof Gerhard von Mainz und den Dekan Eckehard des Marienstifts im Jahre 1291 abgebrochen. Zu diesem Zeitpunkt war sie verlassen. Der nach dem Abbruch erfolgte Einspruch des Deutschen Ordens wurde 1293 durch einen Vergleich geregelt: in der Kirche sollte später ein neuer Annenaltar errichtet werden; URKUNDENBUCH DER ERFURTER STIFTER UND KLÖSTER. Bd. 1: 706-1330/

an der Pfarrkirche St. Georg[18] und bei den Augustinerchorherren[19]. Über das von diesen Bruderschaften gepflegte Brauchtum ist nichts bekannt, so daß unklar bleiben muß, mit welchen Feierlichkeiten sie den Tag ihrer Patronin begingen, – ob sie etwa Prozessionen außerhalb der Kirche oder Bruderschaftsmähler abhielten.[20] Fraglich ist überdies, ob der Student Luther solch frommes Brauchtum überhaupt wahrgenommen hätte.

Vielleicht hat Luther vor seiner »Bekehrung« von der Annenverehrung des sächsischen Kurfürsten Friedrich III., des Weisen (1463, 1486-1525), gehört.[21] Der Fürst erwirkte im Jahre 1496 von Papst Alexander VI. (1431, 1492-1503) ein Breve, den Annentag in seinem Land als Feiertag[22] zu halten, und bewahrte in seiner Reliquiensammlung auch einen Daumen der Heiligen.

bearb. von Alfred Overmann. Magdeburg 1926, 475. 560. 667 f. 689. – Während der Klosterjahre Luthers ist in der Augustinerkirche kein Annenaltar belegt. Über von Staupitz war vom Jahre 1498 an das Augustinereremitenkloster Mitglied der überregionalen Annenbruderschaft in dem kleinen Dorf Baisweil; vgl. Dörfler-Dierken: Vorreformatorische Bruderschaften ..., 58. Luther äußert sich später nie über diese Annenbruderschaften und ihr Brauchtum.

17 Vgl. ebd, 86. Zu ergänzen ist: Zu unbekanntem Zeitpunkt befand sich am Franziskanerkloster eine Annenkapelle; noch im Jahre 1604 sind Zinsen von einer Bruderschaft »in S. Annen Kapellen« eingekommen. Ob es sich hier um die alte Annenbruderschaft handelt, ist unklar. Die Annenkapelle wird noch 1823 erwähnt; vgl. Die Stadt Erfurt. Bd. 2 I: Allerheiligenkirche, Andreaskirche, Augustinerkirche, Barfüßerkirche/ bearb. von Ernst Haetge. Burg 1931, 155 (22).

18 Diese Annenbruderschaft wurde im Jahre 1500 errichtet sowie durch Rektor und Provisoren der Kirche und von Erzbischof Bertold bestätigt; vgl. Gustav Kawerau: Caspar Güttel: ein Lebensbild aus Luthers Freundeskreise. Zeitschrift des Harzvereins für Geschichte und Altertumskunde 14 (1881), 33-132. 50.

19 Sie wird für das Jahr 1502 erwähnt; ebd, 50.

20 Beispiele für die Gestaltung des Annentages durch Annenbruderschaften bei Dörfler-Dierken: Vorreformatorische Bruderschaften ...

21 Im Jahre 1493 hatte dieser eine Singmesse zu Ehren der heiligen Anna für jeden Dienstag in seine Schloßkirche gestiftet; vgl. Ingetraut Ludolphy: Friedrich der Weise: Kurfürst von Sachsen, 1463-1525. GÖ 1984, 109. Der Dienstag galt als derjenige Tag, der der heiligen Anna besonders lieb sei, weil sie an einem Dienstag geboren und gestorben sein soll. Den Daumen der heiligen Anna hatte der Fürst im Jahre 1494 aus Rhodos mitgebracht; vgl. Paul Kalkoff: Ablaß und Reliquienverehrung an der Schloßkirche zu Wittenberg unter Friedrich dem Weisen. Gotha 1907, 95. Friedrich der Weise ließ angeblich auch – nach dem Beispiel eines Königs, der Annas Hilfe erfahren hatte (ein Protagonist in einem Mirakel) – eine Münze mit der Aufschrift »Hilf Sancte Anna« schlagen; vgl. Kleinschmidt: AaO, 378.

22 Vgl. Dörfler-Dierken: Vorreformatorische Bruderschaften ..., 174. – Luther bestätigt indirekt, daß der Annentag mit Arbeitsruhe begangen wurde. Er predigte am Annentag 1527 über Mt 1, 1-16 und erwähnte in einem Nachsatz, daß der Annentag nun nicht mehr began-

Natürlich wußte Luther im Jahre 1505 auch, daß Neustadt am Schrecken-
berge im Jahre 1501 von Herzog Georg dem Bärtigen (1471, 1500-1539) in Annaberg umbenannt und mit einer Annenkirche geschmückt worden war. Nach der
Anschaffung von Reliquien entwickelte sich Anfang des 16. Jahrhunderts eine
Wallfahrt zu diesem neuen Annenheiligtum.[23] Luther erzählt im Jahre 1546
entrüstet von Stadt und Wallfahrt, um zu illustrieren, zu welch absurden Erfindungen neuer Kulte die Menschen unter dem Regiment des Papstes imstande
waren; dagegen sei seine Lehre keineswegs neu.

> »Sollen denn nu das Artickel unsers Christlichen glaubens heissen, die nicht über 200, ja
> der viel nicht ein hundert jar alt sind? Wie denn viel newer Bepstischer Artickel auffkomen
> und eingerissen sind bey meinem gedencken, Denn ich gedenck noch, das in dieser Kir-
> chen und diesen landen S. Anna (die man helt Marien, der Jungfrawen, Mutter und des
> Herrn Christi grosmutter) nicht bekand war, und S. Annaberg den namen noch nicht
> hatte, ...«[24]

Im kirchlichen Leben der Heimatstädte Luthers spielte die Heilige keine herausragende Rolle. Hier wurde die Annenverehrung erst nach Luthers »Bekehrung« heimisch. In Magdeburg, Eisenach und Erfurt konnte der junge Mann dage-

gen werde. Er lobte die Kirchgänger, die heute gearbeitet hätten: »Ich solt auch von Sanct
Anna sagen, der feyer man heute begeet, so finde ich kain bůchstaben in der schrifft von ir.
Ich glaube, das Gott diß darumb hat lassen unbeschriben, das wir nicht newe haylstete
suchten, Wie wir jetzt thun, lauffen hin und her und verlieren damit den rechten haylannd
Jhesum Christum, Yr lißt zwar heut wol ungefeyert unnd wartet ewer arbait dahaym, Aber
der Teuffel hat unns so gar geblendet, das wir mit höchstem fleyß thun, das wir erdicht
haben, ... Helff uns Got auß dem spill, das wir doch dem Euangelio anhangen, und lassen
solch gespenst und affenspil ansteen. Hüte sich, wer da kan, Ich wil meniglich hiemit gewarnet
haben, wil man die lieben hayligen eren, man kan wol ain andere weiß finden, das got sampt
inen geeret wirt, ...«; WA 17 II, 475, 11-25.

23 Die Zielstrebigkeit, mit der Herzog Georg die Annaberger Kirche zum Wallfahrtszentrum
ausbaute, erhellt beispielsweise daraus, daß der Kirchturm einen Umgang hatte. Von diesem
aus konnten – so wie an dem berühmten Annenwallfahrtsort Düren – die angesammelten
Reliquien den Gläubigen gezeigt werden. Sogar ein Mirakellied, »Hans Schneiders Carmen
von der Stadt Annaberg Erbauung« (nicht aufgefunden), soll für den Besuch des Ortes gewor-
ben und Votivgaben sollen die Kraft der Annaberger Heiligen bezeugt haben; vgl. August
Wilhelm MANITIUS: Die Einführung der Reformation in Annaberg: ein Gemälde des kirchlichen Lebens zu Luthers Zeit. Annaberg 1840, 61. 11. Vgl. auch Dörfler-Dierken: Vorreformatorische Bruderschaften ..., 49-55.

24 WA 51, 37, 22-28, 12. August 1545. In der handschriftlichen Überlieferung heißt es: »..., ich
gedencke noch wol, das Sant Annen wallffarth hie nicht bekandt war und andere vyl mehr,
die ich gedenck zu meiner czeit auff komen sein, ...«; 37, 6-8. Vgl. auch die Erwähnung von
Stadt und Kirche WA 47, 383, 26, zitiert oben Anm. 10.

gen den Kult der Heiligen kennenlernen. Aus den Quellen erhellt jedoch nichts über dessen Intensität. Dieses Ergebnis stimmt mit den Äußerungen des Reformators überein, wonach die Annenverehrung erst zu seinen Lebzeiten aufgekommen ist.[25] Festzuhalten ist vor allem, daß die Annenverehrung vor 1505 von bedeutenden Persönlichkeiten des politischen Lebens aus Luthers Umfeld, Kurfürst Friedrich dem Weisen und Herzog Georg dem Bärtigen, gefördert wurde.

Auch Literaten sind vor 1505 als Annenverehrer hervorgetreten: Seit den achtziger Jahren des 15. Jahrhunderts war die heilige Anna ein wichtiges Thema der religiösen Literatur.[26] Verschiedene Humanisten der älteren Generation hatten Dichtungen zu Ehren der Großmutter Christi in die Druckerpresse gebracht.[27] Zwar ist nicht zu entscheiden, ob und was Luther hiervon vor seinem Klostereintritt gelesen hat; er dürfte aber um die Existenz solcher Dichtungen gewußt haben, zumal er später ein gewisses Interesse an Dichtung bekundet hat.[28]

Verbreitet war besonders die Laudatio auf die heilige Anna des auch in Erfurt hochangesehenen[29] Johannes Trithemius (1462-1516), »De laudibus sanctissime matris anne tractatus perquam utilis«,[30] die im Jahre 1494 erstmals erschien. Trithemius hat die humanistische »Mode«, dieser Heiligen einige Verse zu widmen, erst eigentlich populär gemacht. Das Annenlob des Trithemius war in Erfurt sicherlich nicht nur wegen freundschaftlicher Beziehungen Erfurter Humanisten zu dem gelehrten Abt gut greifbar,[31] sondern auch, weil es bis 1505 allein im

25 Vgl. die vorige Anm. und unten Anm. 81.

26 Vgl. Dörfler-Dierken: Die Verehrung der Hl. Anna ...

27 Zwar gehörte Luther wohl nicht in den engeren Kreis Erfurter Humanisten, könnte aber doch durch Kommilitonen über die literarische Annenverehrung informiert worden sein.

28 Im Vorwort zur Psalmenübertragung des Helius Eobanus Hessus (1488-1540) von 1537 bekennt Luther, daß ihn Dichtung stärker bewege als Prosa; WA Br 8, 107, 29 f (3167). Der erste zeitgenössische Dichter, den Luther gelesen hat, war der Karmeliter Johannes Baptista Mantuanus Spagnoli (1448-1516), wie der Reformator im Jahre 1532 gesteht; vgl. WA TR 1, 107, 31 (256). Verschiedene Ausgaben von dessen Schriften waren bis 1505 in Erfurt gedruckt worden: etwa die »Bucolia« in drei Auflagen, aber auch der in Marschalks Sammlung (vgl. unten Anm. 38) aufgenommene Marienhymnus. Bibliographische Beschreibungen der Erfurter Drucke des Karmeliters siehe Martin VON HASE: Bibliographie der Erfurter Drucke von 1501-1550. 3., erw. Aufl. Nieuwkoop 1968, 2 (25). 3 (29). 5 (42). 7 (58 f). 8 (67).

29 Klaus ARNOLD: Johannes Trithemius (1462-1516). 2., bibliogr. und überlieferungsgeschichtl. neu bearb. Aufl. Würzburg 1991, 24 mit Anm. 18; 99 mit Anm. 137 f. Trithemius kam in den Jahren 1491, 1492, 1497 und 1500 nach Erfurt; ebd, 27. 30. 63. 233. 235.

30 Erstausgabe in Mainz bei dem Hausdrucker des Trithemius, Peter (aus) Friedberg (ngw 1471-1500), am 21. Juli 1494; Exemplar der Universitätsbibliothek Heidelberg: Inc. Q 1238; bibliographische Beschreibung siehe Dörfler-Dierken: Die Verehrung der Hl. Anna ..., 287 f.

nahen Leipzig fünfmal bei Melchior Lotter (1490-1549) aufgelegt worden war.[32] Zudem erlebte zwischen 1497 und 1505 auch die lateinische Annenlegende eines anonymen Franziskanerobservanten mit dem unpretentiösen Titel »Legenda sanctissime matrone anne genitricis virginis marie matris et hiesu cristi auie« hier fünf Auflagen.[33] Schon um das Jahr 1492 herum war zudem in Leipzig zweimal anonym eine lateinische Werbeschrift für die Annenverehrung bei dem Drukker Martin Landsberg († 1523) erschienen. Der Titel »Historia diue Anne Dominice auie docens Cultores eius in presenti et futuro seculo singulari sibi a domino indulto privilegio bene prosperari«,[34] der den Verehrern der heiligen Anna aufgrund eines einzigartigen ihr von Gott gewährten Privilegs Glück verspricht, ist ebenso bemerkenswert wie der Inhalt des acht Blatt umfassenden Heftchens: Es bietet eine Begründung für die Notwendigkeit der Annenverehrung: Gott fordert die Verehrung seiner Eltern, was daraus erhellt, daß er den Menschen das Vierte Gebot gegeben hat. Dazu kommt unter anderem eine weitschweifige Mirakelerzählung, nach der die heilige Anna einem verarmten Jüngling sagenhaften Reichtum und hohes gesellschaftliches Ansehen verschafft.[35]

31 Seiner Veröffentlichung waren Dichtungen zahlreicher Freunde beigegeben, die teilweise in Erfurt studiert oder Kontakt mit Erfurter Humanisten hatten: Konrad Celtis (1459-1508), Dietrich d. J. Gresemund (1475-1512), Rudolf von Langen (1483-1519), Jodocus Ascensius Badius (1461/62-1535), Rutger Sicamber (um 1456-1507), Jodocus Beissel († 1514), Adam Werner von Themar (um 1460-1537) und Johannes Herbst (um 1470-1540). Auch von dem schon verstorbenen Groninger Humanisten Rudolf Agricola (1444-1485) waren einige Verse aufgenommen worden; vgl. die kritische Ausgabe, Übersetzung und Kommentar von Angelika DÖRFLER-DIERKEN; Wolfgang SCHIBEL: Rudolf Agricolas Anna mater: Heiligenverehrung und Philosophie. In: Rudolf Agricola, 1444-1485: Protagonist des nordeuropäischen Humanismus; zum 550. Geburtstag/ hrsg. von Wilhelm Kühlmann. F; NY; P; W 1994, 293-354.

Keiner der Vorträge der letzten internationalen Konferenz zu Agricola geht auf die religiöse Dichtung Agricolas ein, obwohl Anna mater der einzige Text ist, den der Verfasser selbst in den Druck gebracht hat; vgl. RUDOLPHUS AGRICOLA PHRISIUS (1444-1485): Proceedings of the International Conference at the University of Groningen, 28-30 October 1985/ hrsg. von Fokke Akkerman und Arie Johan Vanderjagt. Leiden 1988.

32 Dörfler-Dierken: Die Verehrung der Hl. Anna ..., 287-290.

33 Bibliographische Beschreibung siehe Gesamtkatalog der Wiegendrucke 2, 323-325 (2002-2004); vgl. auch VERZEICHNIS DER IM DEUTSCHEN SPRACHRAUM ERSCHIENENEN DRUCKE DES XVI. JAHRHUNDERTS: VD 16/ hrsg. von der Bayerischen Staatsbibliothek in München in Verbindung mit der Herzog August Bibliothek in Wolfenbüttel. Abt. 1. Bd. 11. S 1984, 263 (L 971 f).

34 Bibliographische Beschreibung siehe Gesamtkatalog der Wiegendrucke 2, 317 (1989); Exemplar der Herzog August Bibliothek Wolfenbüttel: 64.6 Qu. (8).

35 Dieses Mirakel findet sich in fast allen Annenlegenden; vgl. Dörfler-Dierken: Die Verehrung der Hl. Anna ..., 230 u.ö.; ebd. auch Hinweise auf weitere in Leipzig gedruckte Annenschriften.

Luther könnte zudem von dem Erfurter Dichter, Herausgeber antiker Schriften und Drucker Nikolaus Marschalk (um 1470-1525)[36] ein »Carmen de diva Anna« in dessen am 1. Oktober 1501 gedruckter poetischer Anthologie »Laus musarum ex Hesiodi Ascraei Theogonia. ...« gelesen haben.[37] Marschalk hat seine als chronologisch geordnetes Textbuch für Studenten[38] konzipierte Sammlung nach einem bewußten Plan angelegt: Während die Gedichte von Lactantius Caecilius Firmianus (um 250-nach 317) und Ovid (43 v. Chr. - 17 n. Chr.) Auferstehung und Unsterblichkeit traktieren, loben Decimus Magnus Ausonius (um 310 - um 395) und Claudius Claudianus (um 375 - nach 404) das Heilswerk Christi. Die

36 Daß Marschalk Trithemius kannte, ist mit Hilfe von Arnolds Briefregister nicht nachzuweisen. Ein Kontakt zwischen Luther und Marschalk ist anhand der Personenregister WA 63 und WA Br 15 nicht festzustellen. Burgdorf: AaO, 49, behauptet, daß Luther Marschalks Gedichtsammlungen gelesen habe.

37 Bibliographische Beschreibung siehe Gustav BAUCH: Wolfgang Schenk und Nikolaus Marschalk. Zentralblatt für Bibliothekswesen 12 (1895), 368 (30); vgl. auch von Hase: AaO, 12 (90); Verzeichnis der im deutschen Sprachraum erschienen Drucke ... 19. S 1992, 351 (S 7423 – unter Spalatin angesetzt).

38 Thomas HAYE: Notizen zu Nikolaus Marschalk. Daphnis 23 (1994), 211. Haye vermutet, daß Marschalk seine eigenen Gedichte »im Hinblick auf den folgenden philologischen Kommentar verfaßt hat«; ebd, 213.

39 Haye: AaO, 211, interpretiert die Tatsache, daß Marschalk sich nicht scheut, seinen Namen mit denen der klassischen Dichter zu verbinden, als Ausdruck seines »hohen poetischen Selbstwertgefühls«.

40 Nikolaus MARSCHALK: Carmen de diua Anna. In: Laus musarum ex Hesiodi. ..., Bii[v] f (Halle, Universitäts- und Landesbibliothek: 11 an Cv 3494):
»Anna salutiferae Mariae sanctissima mater
    Caelestes nobis sola refers aditus,
Squameus omnipara serpens quos heu paradiso
    Abstulit; ut rapiunt sibila falsa patrem
Divinos caeco sensit tum in carcere partus. [Biiir]
    Et gestit vario murmure turba senum:
›Quisnam aequas Anne poterit perstringere laudes:
    Annae tam sanctae fandó referre vicem?‹
Munera grata tibi donet iam laeta iuuentus:
    Ornet et e uridi tempora fronde tua.
Huc adsit barbata manus: tum foemina nupta:
    Et puerile simul uulgus honore sonet:
›Quae otes iratos Iesu mollescere motus,
    Oranti opulo ne precem o Anna neges:
Anna aua: Christe nepos: Maria & diuina propago
    Artus da ualidos Nestoriumque diem.‹«

zeitgenössischen Dichter – der als Vergil-Imitator berühmte Karmeliter Johannes Baptista Mantuanus (1448-1516), Angelo Poliziano (1454-1494) und Domitius Palladius aus Sora – verherrlichen die »göttliche« Jungfrau Maria, und Marschalk selbst preist deren Mutter, die ebenfalls »göttliche« Anna.[39] Diese Distichen zeichnen sich dadurch aus, daß von der Heiligen starke Glieder und ein nestorisches Alter erbeten werden.[40] Obgleich die Erfurter Humanisten in diesen Jahren zum Angriff auf die Scholastiker übergehen, wobei sie auch mit Spott nicht sparen,[41] ist in Marschalks Zeilen von einer Distanz zur Heiligenverehrung nichts zu spüren. Dieser Druck enthält übrigens einen grammatisch-lexikalischen Appendix des späteren Vertrauten Luthers, Georg Spalatin (1484-1545),[42] der sich hier als »puer amanuensis« des Meisters bezeichnet.[43] Marschalk hat im folgenden Jahr unter dem Titel »Enchiridion poetarum clarissimorum« eine weitere, weit umfangreichere poetische Anthologie herausgebracht, in der er sein Annengedicht ein zweites

> »Anna, heiligste Mutter der heilbringenden Maria,
>> Du allein bringst uns Zugang zum Himmel, [uns,]
> die die schuppige Schlange – ach – die Allesgebärerin, aus dem Paradies fortbrachte
>> als falsches Zischen [falsche Einflüsterungen] den Vater raubte,
> fühlte sie im blinden Gefängnis die göttliche Nachkommenschaft.
>> Und die Schar der Alten freut sich mit vielfältigem Gemurmel:
> ›Wer wird das der Anna angemessene Lob erzählen,
>> der so heiligen Anna in der Rede Gerechtigkeit widerfahren lassen?‹
> Dankbare Geschenke möge Dir nun die frohe Jugend übergeben
>> und mit grünem Laub Deine Schläfen schmücken.
> Hier möge auch die bärtige Schar anwesend sein, dann die verheirateten Frauen,
>> und gleichzeitig soll die Kinderschar in Ehren erklingen [lassen]:
> ›Die Du die zornigen Gemütsbewegungen Jesu besänftigen kannst,
>> O Anna, verweigere dem betenden Volk nicht die Bitte:
> Großmutter Anna, Enkel Christus und Maria, göttliches Kind,
>> Gib starke Glieder und das Alter eines Nestor.‹«

Für Hilfe bei Edition und Übersetzung danke ich herzlich cand. phil. Mathias Lawo, Berlin.

41 Vgl. Helmar JUNGHANS: Der junge Luther und die Humanisten. Weimar; GÖ 1984, 33-37.

42 Irmgard Höss: Georg Spalatin (1484-1545). Weimar 1956, 10-12. 16 f. – »[W]ohl sicher in der Zeit von 1503-1505 haben sich die beiden Jünglinge [Luther und Spalatin] kennengelernt, sich mindestens gesehen«; Georg BERBIG: Georg Spalatin und sein Verhältnis zu Martin Luther auf Grund ihres Briefwechsels bis zum Jahre 1525. Halle (Saale) 1906, 8.

43 Im Titel – vgl. oben Anm. 37 – ist mit »Georgii Burchardi Speltini« noch der Familienname »Burckhardt« des aus Spalt bei Nürnberg stammenden Marschalkschülers festgehalten. Marschalk widmet seinen zweiten Erfurter Druck (vgl. die nächste Anm.) Peters Bruder Heinrich Eberbach; vgl. zu diesem den tabellarischen Lebenslauf bei Erich KLEINEIDAM: Universitas studii Erffordensis. 2., erw. Aufl. Bd. 2: 1460-1521. L 1992, 342 (33).

Mal abgedruckt hat.[44] Aber nicht nur die humanistisch Interessierten und Gebildeten rezipierten Annenliteratur. In Erfurt wurden vor 1505 auch zwei volkssprachliche Werbeblätter für die heilige Anna veröffentlicht, die Luther natürlich auch gekannt haben könnte.[45]

Zwar ist nicht nachzuweisen, daß Luther tatsächlich vor dem Eintritt ins Kloster Annendichtungen rezipiert hat;[46] unwahrscheinlich ist aber, daß er bis dahin überhaupt keine Notiz von der aufkommenden und sich schnell steigernden Annenverehrung genommen haben sollte. Somit scheint, auf den ersten Blick zumindest, das Ergebnis festzustehen: Luther wußte im Jahre 1505 um die Macht der »neuen« Heiligen und hat sich ihr deshalb in Todesnot anbefohlen. Verwunderlich ist bei diesem Befund allein das Faktum, daß er bis 1539 gezögert haben sollte, die Rolle der heiligen Anna im Prozeß seiner Bekehrung zu gestehen.

II Luthers Wissen um die heilige Anna und ihre Verehrung

Im Jahre 1516 zeigt sich, daß Luther die Legende vom verarmten Jüngling kennt, der durch die Heilige zu sagenhaftem Reichtum kam.[47] Auch an andere, der heiligen Anna zugeschriebene Mirakel konnte Luther sich erinnern. So erzählt er in den Jahren 1537 und 1539, jeweils in Predigten, von einem ertrunkenen Knaben, der zwei Tage lang im Wasser lag und dann durch die heilige Anna wieder zum

44 Vgl. Haye: AaO, 216 nach dem Exemplar Universitätsbibliothek Göttingen: 8 Auct. gr. 1320; bibliographische Beschreibung siehe Bauch: AaO, 369 f (31); vgl. auch von Hase: AaO, 12 (91).

45 Schon 1495 hat der Erfurter Drucker Hans Sporer (ngw 1471-1504) ein volkstümliches Flugblatt verbreitet, das von der Wiederbelebung eines an der Pest gestorbenen Annenverehrers durch Annas Fürsprache erzählt und Annengebete wider die Pest bietet; vgl. Gesamtkatalog der Wiegendrucke 2, 327 (2010).
Bei demselben Drucker erschien etwa zur gleichen Zeit ein weiteres volkssprachliches Heftchen mit Annengebeten »Uon sant annan rsoen[!] krantz mit vil Anderen guten gepeten: Und vil ablas bestetiget von bepsten«; ebd 2, 327 (2011), Exemplar der Universitätsbibliothek Heidelberg: Inc. Q 6946 7/50 in: Inc. Q 2166.

46 Gewiß ist allein, daß Luther erst während seiner Wittenberger Zeit eine Schrift von Trithemius las, »Liber lugubris de statu et ruina monastici ordinis«. Hier finden sich an zwei Stellen seine Randbemerkungen; WA 9, 114, 25-29.

47 WA 1, 415, 14-18, 1516/17, gedruckt 1518: »Tercio, quod planum et apertum est eam coepisse coli propter divitias ex Apocrypha illa et vehementer suspecta legenda, ubi lusor ille depauperatus rursum (etiam de celo) curatus est, ut dives fieret. Hoc enim solum in tota ista legenda notavit oculus nequam avaricie.«

48 WA 45, 528, 38 - 529, 1, zwischen Ostern und Pfingsten 1538. Nach dem Lutherfreund Kaspar Güttel (1471-1542) ist dieses Annenmirakel zu Eisleben geschehen; vgl. ebd. 529, Anm. 1. –

Leben erweckt wurde: »Also hab ich von einem knaben gehört, der zwen tage unter einem wasser gelegen, Und da er durch seine Eltern zu S. Anna gelobt und dahin bracht, sey er wider lebendig worden.«[48]

Luther dachte laut darüber nach, wie die Auferweckung dieses ertrunkenen Knaben vonstatten gegangen sein könnte. Die Antwort des Reformators lautet: Dies war kein Wunder, sondern Blendwerk des Teufels, der »der leute sinne betrogen« hat, so daß man den Jungen fälschlich für tot hielt.[49] Als Luther in einer Predigt im Jahre 1539 noch einmal auf die Erweckung eines ertrunkenen Kindes zu sprechen kommt, erwähnt er in demselben Zusammenhang ein »aufschreiben«, das von diesem Wunderzeichen künde.[50] In diesem Zusammenhang erzählt er auch vom Herzog von Jülich.[51] Tatsächlich ist ein Flugblatt erhalten, das für den Annenwallfahrtsort Düren im Herzogtum Jülich wirbt. Luther scheint es gesehen zu haben. Zwar erzählt die auf dem erhaltenen Flugblatt abgedruckte Moritat nichts von der Rettung eines zwei Tage im Wasser liegenden Kindes; immerhin bietet das Lied aber eine Strophe, in der es um die Rettung eines in den Brunnen gefallenen Kindes geht:

> »Ein kind, das fiel geschwinde
> in einen prunnen tieff,
> funff stund kund mans nit finden,
> sein můter kläglichen rieff:
>
> ›O heilige fraw sant Anna,
> ich wil dir ein opffer geben.‹
> Das kind war widerfünden –
> es gewan widerumb sein leben.«[52]

Daß in Eisleben Annenmirakel geschahen, ist aus anderen Quellen nicht zu belegen. Dagegen, daß Luther Eisleben im Sinn hatte, spricht die Erwähnung des Herzogs von Jülich in der Parallelüberlieferung; vgl. unten Anm. 50 f. Auferweckungen angeblich toter Kinder durch Anna kamen häufiger vor. So ist beispielsweise auch durch das Limburger Annenheiltum ein ins Wasser gefallenes Kind gerettet worden; vgl. Angelika Dörfler-Dierken: Wunderheilungen durch das Limburger Annenheiltum: mit Edition einer Abschrift des Mirakelbuchs von 1511 in der Stadtbibliothek Trier. Kurtrierisches Jahrbuch 31 (1991), 103 (6).

49 WA 45, 529, 1-4, Auslegung des 14. und 15. Buches Johannis, Predigten, 1537.
50 WA 47, 581, 29-33, 30. November 1538: »Ich bin einmahl an einem ortthe gewesen, do wurde S. Anna angeruffen, und gieng darvon ein aufschreiben offentlich aus von einem wunderzeichen, so S. Anna am selbigen ortthe gethan hette, das ein Kind zwo nacht im wasser gelegen war und dennoch nicht ersoffen, sondern lebendig blieben.«
51 WA 47, 581, 35-37: »Der Hertzog von Julich wolt das gebeine S. Anna auffheben und an einen andern orth bringen, do sturben ihme alle seine pferde.«
52 EINBLATTDRUCKE DES 15. JAHRHUNDERTS: ein bibliographisches Verzeichnis/ hrsg. von der Kommission für den Gesamtkatalog der Wiegendrucke. Halle a. d. S. 1914, unpag. (854), Exemplar der Bayerischen Staatsbibliothek München: Einbl. III 50c. Der frühneuzeitliche Abdruck einer bearbeiteten Augsburger Abschrift dieses Einblattdruckes findet sich bei Philipp WACKERNAGEL: Das deutsche Kirchenlied von der ältesten Zeit bis zum Anfang des 17. Jahrhunderts. Bd. 2. L 1867, 1020 f (1259).

Offenbar hat Luther ein Flugblatt, das für den Annenwallfahrtsort Düren warb, so beeindruckt, daß er noch als 54jähriger davon erzählen konnte.[53] Es könnte zwar verwundern, daß Luther ein Werbeblatt für Düren im Gedächtnis geblieben war; aber die Dürener Annenreliquie war berühmt, weil sie durch Diebstahl aus Mainz an ihren neuen Platz gelangt war.[54] Undeutlich ist nach dem Wortlaut des Textes, ob Luther erst »als ein junger Theologus« dieses »aufschreiben« gesehen hat, oder es vorher schon kannte und dann im Kloster die Historizität solcher Mirakel bestritten hat.[55]

In späteren Jahren hat Luther bei seiner Kritik der Annenverehrung mehrfach auf Motive angespielt, die in den in seiner Jugend- und Studentenzeit kursierenden Annenlegenden, aber auch schon in der »Legenda aurea« geboten wurden: Luther kennt die Erzählung, wonach Anna und ihr Ehemann Joachim ihre gesamte Habe in drei Teile teilten,[56] und einen Merkvers zum Trinubium der heili-

53 Die Erzählung von der Totenerweckung wird zwar eingeleitet mit der Bemerkung, daß Luther selbst an dem Ort gewesen sei, wo dies geschehen war. Natürlich kann der Reformator irgendwann in Düren gewesen sein, auch wenn dies aus anderen Quellen nicht zu belegen ist. Es ist allerdings auch denkbar, daß er in Annaberg war und ein von einem dortigen Wunder kündendes »auffschreiben« gesehen hat. Das würde allerdings nicht zur Erwähnung des Herzogs von Jülich stimmen. Es ist unschwer vorzustellen, daß der 54jährige Reformator sich nicht mehr genau an den Wallfahrtsort und die Begebenheit, die sich in seiner Jugend zugetragen hatte, erinnern konnte.

54 Luther war Düren möglicherweise deshalb in Erinnerung geblieben, weil sein späterer Freund Helius Eobanus Hessus 1518 auf seiner Reise zu Erasmus (1466/69-1536) Düren besucht und das Gebet »Virgini Matri votum« an die Heilige, »Diva, pium nobis placatum redde nepotem«, verfaßt hatte. Bibliographische Beschreibung des 1519 in Erfurt bei Matthes Maler († 1536) publizierten Reisetagebuchs »A profectione ad Des. Erasmum Roterodamum Hodoeporicon« siehe Verzeichnis der im deutschen Sprachraum erschienen Drucke ... 6. S 1986, 48 (E 1441). Eobanus hat übrigens auch in seinen Heroiden einen Brief Annas an den abwesenden Joachim veröffentlicht, der sich auch in den nachreformatorischen Ausgaben findet; vgl. Dörfler-Dierken: Die Verehrung der Hl. Anna ..., 187 f.

55 In demselben Zusammenhang erwähnt Luther einen Streit mit einem gewissen Wirt: »Ich als ein junger Theologus widerfocht es [die wunderbare Erweckung], aber der Wirdtth sprach: Macht draus, was ir wollet, das kind ist tag und nacht im Wasser gewesen«; WA 47, 581, 33-35, 30. November 1539. Wer hier mit »Wirdtth« gemeint ist, konnte nicht ermittelt werden. Es dürfte sich um den Wirt des dem Heiltum nächstgelegenen Gasthauses gehandelt haben.

56 WA 12, 458, 35 - 459, 1, 25, März 1523: »Es sind eyttel fabeln was man von Joachim unnd Anna sagt, wie sie ir gůt in drey teyl geteilet haben. Maria ist villeicht ein arms waißlein geweßt, verachtet, dann sie von ir selbs spricht ›Er hatt angesehen die nichtigkeit, verworffenheit seiner dienerin‹.«

gen Anna.[57] Diese dreimalige Heirat der Heiligen beschäftigte Luther schon im Jahre 1517 in einem exegetischen Gutachten für Spalatin.[58] Er kritisiert diese Theorie mit sprachlichen Argumenten.

Wenn der Reformator sich an sein Klosterleben erinnert, erzählt er gelegentlich auch von der heiligen Anna: Er habe sie unter seine Patrone gezählt.[59] So erinnert er sich am Johannestag des Jahres 1532, daß er sich immer danach gesehnt habe, gelehrt zu werden, wie er selig werden könne. Als er Mönch gewesen

---

57 WA TR 5, 443, 6 f. 18 f (6022):
>>Anna solet dici tres concepisse Marias,
Quas genuit viro Joachim, Cleophe, Salomeque, ...«
Luther zitiert die beiden ersten Verse dieses bekannten lateinischen genealogischen Merkverses bei Tisch, um zu illustrieren, zu welchen Erfindungen »wider Gottes Wort« (443, 30) die Menschen unter dem Papst verleitet wurden. Die Tatsache, daß Luther den in seiner Jugend bekannten Merkvers zitiert, zeigt, daß es in den vierziger Jahren schon notwendig war, den Tischgenossen zu erläutern, was es mit der heiligen Anna auf sich hatte. Nach der humanistisch-exegetischen Kritik an der Trinubiumsvorstellung, etwa durch Johannes Sylvius Egranus († 1535) – vgl. die nächste Anm. –, war die Theorie offenbar schnell vergessen worden. Luthers hier geäußerter Einwand stimmt mit dem 1517 gegenüber Spalatin genannten überein: Salome ist ein Frauenname, nicht der Name eines Ehemannes der heiligen Anna.

58 WA Br 1, 129-131 (55), 20. Dezember 1517. Vgl. zum Hintergrund die Einleitung, ebd, 127-129. Dasselbe Argument trägt Luther auch 1519 in seinem Galaterbriefkommentar vor; WA 2, 473, 20 - 474, 9. Vgl. auch Hubert KIRCHNER: Johannes Sylvius Egranus: ein Beitrag zum Verhältnis von Reformation und Humanismus. B 1961, 21 f.
Vgl. die Darstellung des Streits aus der Perspektive von Dungersheim in Theobald FREUDENBERGER: Hieronymus Dungersheim von Ochsenfurt am Main, 1465-1540: Theologieprofessor in Leipzig; Leben und Schriften. MS 1987, 97-100. Vgl. auch Charles G. NAUERT JR.: Agrippa and the crisis of Renaissance thought. Urbana 1955. – Luther wiederholt das sprachliche Argument in WA TR 5, 443, 8 (6022), zitiert in der vorigen Anm.

59 WA 36, 388, 28-33, 22. Dezember 1532: »Wir haben gepredigt, ego quoque de Cultu Sanctorum, Et S. Hanna erat meum idolum, item S. Thomas meus Apostolus. Hinc alii currebant ad S. Iacobum und hetten den glauben, si facerent, adepturos se hoc, quod sperabant. Item Barbaram, Christophorum contra subitaneam mortem. Da war kein zweifel.«
WA 41, 697, 34 f, 15. Oktober 1536: »Ego fiduciam habui in Mariam, Hannam, Martham«; 45, 86, 7-10, 21. Mai 1537: »Quando Christum inspexi, vidi diabolum. Ideo: o Maria, ora pro me filium tuum und still seinen zorn. Ut virgo mater et Christopherus et alii, qui nunquam nati. Das confirmavit papa et iam vult stabilire.« Luther bekennt im folgenden, noch täglich an diesen Gewohnheiten der Heiligenanrufung arbeiten zu müssen, die wie »ein alter, boser, fauler baum« (86, 13) in ihm eingewurzelt seien. WA 45, 482, 15-18, 1537: »Denn ich gleubte nicht an Christum, sondern hielt jn nicht anders denn fur einen strengen, schrecklichen Richter, wie man jn malet auff dem Regenbogen sitzend, Darumb suchet ich andere fürbitter, Mariam und andere Heiligen, ...«

sei, habe er nichts von Christus gewußt und deshalb die Heiligen angerufen. Luther legt hier L 1, 77 (ad dandam scientiam) folgendermaßen aus:

»Das heist die leute lehren, das sie wissen, wie sie solen selig sein und werden. Das ist ein grosse kunst. Cum essem monachus, non novi eam. Ich fülete wol, das mir einer not war, der mir vom tod hülffe, sunde (et)c. sed nesciebat, quis esset. Ich ruffet S. Annen (et)c. an. So sol nu Johannes die leute leren, das sie wissen, wie sie sollen selig werden, wie sol es denn zugehen?«[60]

Weil der Mönch Christus noch nicht kannte, wandte er sich an die Heiligen Anna und Johannes. Aus den Äußerungen zum Klosterleben wird deutlich, daß Luther die heilige Anna nicht vor anderen Heiligen auszeichnete. Der Reformator nennt die Großmutter Christi meist zusammen mit anderen Heiligen – vor allem mit deren Tochter und mit der heiligen Barbara;[61] als seine besondere Patronin bezeichnet er explizit Maria.[62] In allen Äußerungen wird die Verehrung

60 WA 36, 198, 19-21, 24. Juni 1532. Von den Herausgebern wird diese Stelle zum Gelübde von Stottenheim in Beziehung gesetzt. Da hier aber von der Kunst, selig zu werden, gesprochen wird, ist weniger an den leiblichen als an den geistlichen Tod zu denken. Das Zitat belegt also, wie viele andere auch, daß Luther während seiner Jahre im Kloster neben anderen Heiligen auch die heilige Anna angerufen hat, ohne daß diese allerdings eine herausgehobene Rolle als persönliche Patronin gespielt hätte.

61 Vgl. die unten Anm. 62 und 68 zitierten Wendungen. Luther erwähnt weiterhin, daß er »S. Christoff, Georg, Barbara messe gehalten« habe, obwohl er nicht wußte, ob diese Heiligen im Himmel oder in der Hölle sind. Luther sieht hier den Teufel am Werk, der solches »narrenwerk« eingeführt habe; WA 41, 199, 7-11, 5. Juni 1535. An dieser Stelle fehlt Anna, die sonst häufig zusammen mit diesen »falschen« Heiligen genannt wird. Der Grund für die häufige Zusammenstellung der heiligen Anna mit Barbara, darüber hinaus mit Christopherus und Georg, dürfte darin zu suchen sein, daß Luther die Legende eines jeden dieser Heiligen für erfunden hielt.

62 WA TR 4, 306, 1-8 (4422), 20. März 1539: »Es war mir recht ernst, habe auch den Herrn Christum recht gecreuziget, ... habe ihn helffen furen und durchbohren, Gott vergebe mirs! ... Ita ego 21 sanctos elegi et singulis diebus missam celebrans tres invocavi; also kam ich die woche rumb. Et praecipue beatae virgini, quae muliebri corde misericors Filium placaret.« An anderer Stelle gibt Luther an, 14 Patrone in der Messe wöchentlich angerufen zu haben: »Lutherus idolatra. Ego habui 14 patronos, et singulis diebus binos invocavi«; WA TR 5, 95, 8 f (5363), 1540. An einer dritten Stelle heißt es: »Eram from priester, hielt alle tag messe et habebam in 3. Montag Barbaram, Annam, Christopherum«; WA 41, 393, 1 f, Predigt zu 1 K 12, 1-11, 1. August 1535. Vgl. auch Dokumente zu Luthers Entwicklung (bis 1519)/ hrsg. von Otto Scheel. 2., neubearb. Aufl. TÜ 1929, 178 (492). Diese späten Ausführungen zur Heiligenverehrung im Kloster ergeben kein deutliches Bild. Klar ist, daß Luther ein ausgeklügeltes System hatte, sich des Schutzes möglichst vieler Heiliger zu versichern. Anna spielte unter diesen persönlichen Schutzheiligen offenbar keine herausragende Rolle. Ihrer scheint Luther noch nicht einmal an deren besonderem Ehrentag, dem Dienstag, gedacht zu haben.

der Heiligen der Verehrung Christi gegenübergestellt. Luther macht jeweils deutlich, daß die Annenverehrung nur aufgrund teuflischer Verblendung der Gläubigen zustande kam. Kein gelehrter Doktor der Heiligen Schrift konnte damals aus Gottes Wort den angefochtenen Herzen den rechten Trost spenden.[63] Diese Erinnerungen des Reformators lassen nicht vermuten, daß er bald gestehen wird, sich selbst dem Schutz der heiligen Anna anbefohlen zu haben.

III Luthers Urteil über die Heilige und ihre Verehrer

Auf das Mirakel vom verarmten Jüngling gründet Luther im Jahre 1516 sein vernichtendes Urteil über die Annenverehrer: sie handeln aus avaritia.[64] Die Geldgier der Menschen verhindert, daß sie die Lehre der Apostel annehmen, weil diese im Gegensatz zur Annenlegende Armut gelehrt haben.[65] Wegen der Neuheit der Annenverehrung und der Habgier der Menschen verdunkle der Annenkult derzeit sogar fast die Marienverehrung.[66] Während die kirchlichen Kollekten für die Heiligenfeiertage geistliche Nachfolge vorsehen, sind die Bitten der Gläubigen sehr profaner Natur; sie verehren die Heiligen wegen zeitlicher und leiblicher Dinge. Was Luther vielen Heiligenverehrern vorwirft, daß sie um zeitlicher Vorteile willen sich ihren Patronen zuwenden, gilt für die Annenverehrer ganz besonders, heiße es doch, Anna gebe Reichtum und behüte vor Armut.

> »Inter quas, ut recentior simul et antiquior, ita merito Prior est S. Anna, cuius legenda, cum sit dubiosissima, hoc tamen fuit et est nomine vel gratissima, quod nova venit, quia fastidire coepimus vetera et ea quae certissimam habent authoritatem, Sed multo gratior, quod non venit vacua sed divitiis plena, Nihil prorsus promotura si paupertatem adduceret.«[67]

So klagt Luther schon im Jahre 1516 in seinen Predigten über die Zehn Gebote, wo die heilige Anna an erster Stelle derjenigen weiblichen Heiligen, deren Kult dem ersten Gebot zuwiderläuft, genannt wird. Und sarkastisch führt er des

---

63 WA 22, 305, 12-17, 15. Oktober 1536: »Ja, sie trieben die armen blöden, angefochten hertzen dahin, das sie sich fur Christo mehr furchten und zitterten denn fur dem Teufel selbs, wie ich das wol an mir selbs habe erfaren, Und da fur meine zuflucht zu den todten, S. Barbara, Anna und andere todte Heiligen gestellet als Mittler gegen Christi zorn, Und doch damit nichts schaffete, noch von dem furchtsamen flüchtigem gewissen kund erlöset werden.«

64 Vgl. oben Anm. 10. Avaritia wird auch denjenigen attestiert, die Kirchen mit nicht geweihten Heiligenbildern errichten; WA 1, 422, 27-32, 1516/17, gedruckt 1518.

65 Vgl. WA 1, 415, 20.

66 WA 1, 415, 12 f.

67 WA 1, 415, 7-12. Derselbe Gedanke begegnet in 47, 383, zitiert oben Anm. 10.

weiteren aus, daß er hoffe, es werde auch noch ein Fest Abrahams oder Adams und Evas eingeführt, weil auch sie unter die Vorläufer des Heilands gerechnet werden müßten.[68]

Am 20. Dezember 1517 zeigt sich Luther in einem Brief an Spalatin davon überzeugt, daß die Annenlegende nicht de pietate, sondern propter pecunias gelesen werde. Solche Heiligen menschlicher Habgier sind natürlich ungleich stärker zu verurteilen als die anderen.[69] Luther nennt die heilige Anna – zusammen mit anderen Heiligen, deren Legende zweifelhaft oder erlogen ist –, um zu illustrieren, zu welcher Abgötterei die Menschen unter dem Papsttum imstande waren. Seiner Meinung nach hat der Papst aus Geldgier solche Heiligen und ihre Verehrung eingeführt. Er spricht bei Tisch »von unzähligen, vielen und mancherleyen Messen, welcher Gottesdienst vom Papst nur um Geldes willen angerichtet und eingesetzt ist«, was alles nicht nur ohne, sondern »wider Gottes Wort« geschehen sei.[70] Unter der Herrschaft des Antichristen war den Menschen empfohlen worden, ihre Zuflucht eher zu Stein und Holz[71] als zu Gott und Christus zu neh-

---

68 Als weibliche Heilige werden weiterhin genannt: Barbara, Katharina, Dorothea, Margarethe, Juliana, Ottilie, Apollonia und Scholastica; die männlichen Heiligen sind Antonius, Sebastian, Valentin, Christopherus, Laurentius, Vitus und andere. Bei den Heiligenfesten werde Gott so schändlich entehrt, daß noch nicht einmal ein Schwein solche Verehrung dulden würde; vgl. WA 1, 422, 9 f, 1516/17, gedruckt 1518. Luther kritisiert, daß alle Verehrer dieser Heiligen wider das erste Gebot sündigen, weil sie nicht das, was Gottes ist, sondern das Ihre suchen, sich also Götzen schaffen, um ihre eigenen Bedürfnisse zu befriedigen. Ähnlich zwei Jahre später: »Wo fyndt man itzt eynen heyligen, der umb gedult, glauben, liebe, keuscheyt und ander geystliche guttere wirt angeruffen, als Sant Anna umb reychtumb«; WA 2, 70, 1-3, 1519. – Es heißt in der Apologie der Augsburgische Konfession, Art. 21: »Um Christus willen werden wir versühnet, wenn wir an ihn gläuben, ... Und man soll nicht vertrauen, daß wir von wegen des Verdienstes Mariä für Gott gerecht sind. Auch so predigen ihre Gelehrten unverschamt, daß jeder untern Heiligen ein sonderliche Gabe könne geben, als S. Anna behüt vor Armut, S. Sebastianus für der Pestilenz, S. Valten für die fallende Seuche, ...«; BSLK, 323, 16-27.

69 WA Br 1, 130, 42-45 (55): »Mihi vero difficile videtur posse illum coargui, quanquam nollem contentiose eam historiam tolli, sed potius propter populum paulatim in seipsa frigescere et cessare, maxime cum sit error ille e pietate descendens non adeo damnandus, ut ille, quo propter pecunias sancti coluntur.« Hier wird unterschieden zwischen »e pietate« und »propter pecunias« verehrten Heiligen. Die heilige Anna wird nach Luthers Meinung vor allem »propter pecunias« verehrt; vgl. oben Anm. 10 u. ö.

70 WA TR 5, 443, 11 f (6022): »..., qui cultus tantum propter lucrum a papa institutus est.«; vgl. auch WA 47, 383, 28 f, zitiert oben Anm. 10.

71 WA 16, 440, 14-19, 24. September 1525: »Denn wir haben bisher unser Frawen, Sant Annen, Crucifix und der gleichen Bilder gemacht und die meynung darzu gehabt, das besser weren denn ander holtz und steyn, ja das wir daran Gott ein gros gefallen theten, wenn wir sie

men. Über die Annenlegende wie über die Legenden anderer erfundener Heiliger äußert Luther sich ausgesprochen verächtlich; die Annenlegende gilt ihm – im Unterschied etwa zu Märtyrerleben – als »erlogen«.[72] Er findet »kain bůchstaben in der schrifft von ir« und schreibt es dem Teufel zu, daß »wir mit hŏchstem fleyß thun, was wir erdicht haben«.[73] Alle Erzählungen über Marias Eltern seien »eyttel fabeln«.[74] Als »grobe unnflettige Zothen« werden im Jahre 1538 die Überlieferungen vom Geschlecht Annas bezeichnet.[75] Eine Heilige wird angebetet, die »nimer mehr zur welt kommen« ist.[76] Wenn Luther daran denkt, daß er selbst im

ehereten, haben also ein zuversicht darzu gehabt, Da brachten sie uns denn nicht allein umbs gelt, sondern auch umb die seel.«

72 Die Nützlichkeit evangelischer Predigtpostillen wird damit begründet, daß »wir vorzeiten fast eitel Heiligen Legenden und derselben seer viel erlogen (als S. Georgen, Christoffel, Anna, Barbara, Margareth, Katharin, Ursula etc.), die anderen fast alle gefelscht, hŏren musten«; WA 21, 201, 12-15, 1544. Vgl. auch Luthers Schrift »Die Lügend von St. Johanne Chrysostomo« aus dem Jahr 1537; WA 50, (48) 52-65.

73 WA 17 II, 475, 21, zitiert oben Anm. 22.

74 WA 12, 458, 35, zitiert oben Anm. 56.

75 Luther kritisiert die Vorstellung eines Trinubiums der heiligen Anna und die Annenverehrung allgemein mit exegetischen Argumenten. Der Predigttext sei vom Jakobstag – 25. Juli – her bekannt. Da aber an diesem Tage nun nicht mehr gepredigt wird, werde er in der fortlaufenden Predigtreihe behandelt.
    WA 47, 364, 13-27, 28. November 1537: »Die zwene sohne Zebedei seindt Johannes der Euangelist und der gros S. Jacob, die waren des herrn nahe freunde, wie nahe aber, kann ich niht wissen. Dan das man vorzeitten vonn S. Anna gesagt hat, sie habe 3 Menner gehabt unnd von dem Ersten Joachim genennet, habe sie Mariam, unsers Herrn Mutter, geborn, vonn dem andern Cleopha, die Mariam Cleophå, vom dritten Salome die Mariam Salome, so doch Salome eines weibes name ist. Solche grobe unnflettige Zothen haben sie gerissen. Das seyndt Eytel lugen und Fabeln. Denn man findet nirgendt yhn der schrifft, wer unnser lieben frawen Vatter oder Mutter gewest sey, unnd haben dennoch mit S. Annen und Joachim so viel wesens ahngerichtet, das man auch Stedte, als Annenberg unnd Joachimsthal ihn zu Ehren gebawet hat. Ist nuhn Anna niht gewest, so wirdt die ander rechnung auch falsch, vonn ihren 3 Mennern und vonn dem geschlechte. Ihm sey nuhn, wie ihm wolle, es seindt die Zwene Junger nahe oder weit dem Herrn gefreundt, wir fragen nihts darnach. Daraus sehen wir aber, das sie ihn etwas mehr in der Vetterschafft oder schwagerschafft haben zugehort dann die andern, dann sie haben bey yhm etwas sonderlichs sein wollen.«

76 WA 47, 235, 5-12, 1537: »Weil nun die Rechte kirche nichts anders weiss dan von Christo, so folget draus, das die des Teuffels kirche ist, die uns von Christo auff etwas anders fhuret, wie den der Bapst und sein hauffe thut. Wan die es auffs aller beste machen wollen, so sagen sie wohl mit dem maul, Christus sej fur unser Sunde gestorben, aber darnach lehren sie uns, wir sollen die heiligen anruffen, derer sie so viel zusamen gebracht haben, das do zu letzt fur Heiligen angebetet und gefeiert worden, die nimer mehr zur welt kommen sind, wie S. Anna, S. Margaret (et)c. die noch sollen geborn werden.«

götzendienerischen Heiligenkult »ersoffen gewest« ist,[77] kann er die heilige Anna in Antithese zu Christus nennen: »Ego Monachus Christo non fidebam, non libenter audiebam Christi nomen, sed Hannam«,[78] oder er nennt die heilige Anna sein »idolum« und den ungläubigen Thomas seinen Apostel.[79] Annenverehrung wird als »gespenst und affenspil« charakterisiert, das nur aufgrund teuflischer Blendung der Gläubigen eingeführt worden sei.[80]

Luthers Urteil über die heilige Anna ist zwischen 1516 und 1539 gleich geblieben; ihre Legende und die ihr zugeschriebenen Mirakel sind aus Habsucht vom Papst erfunden worden und die Heilige wird von den Menschen aus Habsucht angerufen. Der Annenkult ist nach Luther ein von Menschen erdachter Kult, um 1500 herum aufgekommen.[81] Erst am Ende seines Lebens nimmt Luther den Namen der Großmutter Jesu in den Mund, ohne damit zugleich die Kirche des Antichristen zu kritisieren: Im Jahr 1543 untersucht er die in den Evangelien überlieferten Stammbäume Christi. Da dort kein Name der Großmutter Jesu überliefert ist, zugleich aber der Engel Gabriel Elisabeth als die »Mume oder gefreundtin« der Maria bezeichnet, schreibt er: »Das kan nicht wol anders sein, denn das Marien mutter sey Elisabeth Schwester gewest, die wollen wir lassen sein Anna, wie sie uberal genennet ist.«[82]

77 WA 30 II, 644, 10-12, 1530, Antwort auf die Frage nach der Fürbitte der Heiligen: »Es ist mir selber aus der massen saur worden, das ich mich von den Heiligen gerissen habe, denn ich uber alle masse tieff drinnen gesteckt und ersoffen gewest bin.« Luther stellt klar: Die Anrufung von Heiligen als Fürbittern ist in der Schrift nicht geboten, deshalb auch nicht ratsam.

78 WA 41, 653, 41 - 654, 2, 20. August 1536.

79 Zitiert oben Anm. 59.

80 Zitiert oben Anm. 22.

81 WA 47, 73, 24-31, Juni 1538: »Wir Deutschen haben zu diesen zeitten eben also auch gethan wie die Juden, haben die Heiligen angeruffen und immer einen neuen Heiligen und notthelffer nach dem andern erdacht, wie den Sant Anna und Joachim nicht uber dreissig jhar alt sind, do sie auffkomen. Also haben sie auch in ihrer hochsten noth, sonderlich do Sennacherib fur Jherusalem lag, die eherne Schlang auffgericht, und ist das volck in die wusten gelauffen und sie angebetet. Den do sie vom rechten glauben und erkendtnis gottes abgefallen waren, do suchten sie hulffe, wo sie nur wusten oder kondten.«

Vgl. auch oben Anm. 10 und 23 f zu Annaberg und der Annenwallfahrt. Luthers Angaben ergeben, daß er das Aufkommen der Annenverehrung zwischen 1498 und 1509 beobachtete.

82 WA 53, 629, 28-30, 1543. WA 60, 167 findet sich Luthers Entwurf der Stammtafel Christi. Demnach nahm Luther eine doppelte Ehe der Herrenschwester Maria mit den Ehemännern Alphäus und Kleopas an. Auch hier benutzt Luther wieder den Namen Anna für die Mutter zweier Töchter namens Maria und zudem auch den Namen Joachim für deren Ehemann. Vgl. auch die Einleitung mit einer zusammenfassenden Darstellung der Behandlung der genealogischen Frage durch Luther; ebd, 164-169.

Damit wird aber nicht Anna rehabilitiert. Das Votum ist aus der Situation der vierziger Jahre verständlich. Die Verehrung der Heiligen ist abgeschafft, viele von Luthers jüngeren Schülern wissen kaum noch etwas von der heiligen Anna,[83] so daß also keine Gefahr besteht, ihre Verehrung könne in den reformierten Kirchengebieten wieder aufleben. Zwar muß Jesus um seiner vollen Menschheit willen auch eine menschliche Großmutter gehabt haben; an deren Namen liegt freilich nichts für das Heil der Gläubigen. Unverständlich bleibt bei diesem Befund, warum Luther selbst angibt, bei seiner »Bekehrung« die Heilige angerufen zu haben.

IV Religiöse Selbstdeutung

Von einem Gelübde gegenüber der heiligen Anna, das zum Klostereintritt geführt haben soll, hat Luther erstmals vierunddreißig Jahre nach dem Ereignis berichtet, im Jahre 1539. Den überlieferten Informationen zufolge hatte sich der junge Mönch im Kloster für seine angebliche Patronin in Todesnot nicht weiter interessiert.[84] Auch der Reformator zeigte kein herausragendes Interesse an dieser Heiligen. Nirgends findet sich vor 1539 ein Hinweis darauf, daß zwischen dem Mönch und späteren Reformator und der Heiligen eine besondere Bindung bestehen könnte. Im Gegenteil, in einer anderen gefährlichen Situation, zwei Jahre vor der Begebenheit bei Stotternheim, will er Maria angerufen haben.[85]

In den frühesten Zeugnissen, die das Ereignis bei Stotternheim[86] erwähnen, wird die heilige Anna nicht genannt. Im Kloster wird Luther vom Novizenmeister Johannes Nathin als durch Christus wunderbar bekehrter »alter Paulus« gerühmt.[87] Diese Worte gebraucht der greise Ordenslehrer, um Luther den Nonnen zu Mühlhausen bei Ehrenbreitstein als Prediger zu empfehlen. Der Hinweis

---

83 Vgl. oben Anm. 57.

84 Vgl. oben Anm. 59-63.

85 WA TR 1, 46, 23-25 (119), 30. November 1531. Später hält Luther die heilige Anna keineswegs für eine Patronin bei der Gefahr des schnellen Todes; vgl. Zitat oben Anm. 59.

86 Ortsangabe Stotternheim WA TR 4, 440, 8 (4707) und Crotus Rubianus am 16. Oktober 1519 an Luther: »ante oppidum Erffurdianum«; WA Br 1, 543, 108 (213).

87 Dokumente zu Luthers Entwicklung ..., 53 (136). Dungersheim wirft in seiner 1530 in Leipzig veröffentlichten Schrift »Dadelung des obgesatzten bekentnus oder untuchtigen Lutherischen Testaments« Luther vor, sich für etliche Jahre als frommer Augustinereremit ausgegeben zu haben, so daß sogar der fromme Novizenmeister der Erfurter Augustinereremiten, Johannes Nathin (um 1450-1529), ihn »als eyn andern Paulum, der durch Christum wunderbarlichen bekerth« worden sei, habe rühmen können. Diese Aussage werde durch »frume Christenliche prister vnd ander, dy dorbey gewest, vnd dytz angehort haben« bezeugt.

auf den Apostel darf wohl zum einen dahingehend gedeutet werden, daß Luther ein sehr eifriger Novize und Mönch war; zum anderen wird darin angespielt auf eine wundersame und durch Gottes Gnade gewirkte Bekehrung. Wie die Bekehrung vom Saulus zum Paulus sei Luthers Bekehrung vonstatten gegangen, meint im Jahre 1519 auch Johannes Crotus Rubianus (um 1480-1545), der sich als Luthers ehemaliger Bursengenosse an den nun berühmt gewordenen Bekannten wendet.[88] Bei ihm ist erstmals von einem fulmen, einem Blitz beziehungsweise einer zwingenden göttlichen Kraft, im Zusammenhang mit dieser »conversio« die Rede.[89] Deutlich wird aus den frühesten Zeugnissen zu Luthers Klostereintritt, daß ihn seine Bekannten als in besonderer Weise vom Himmel berufen angesehen haben.[90]

88 WA Br 1, 543, 105-110 (213), 16. Oktober 1519: »Perge, ut coepisti, relinque exemplum posteris; nam ista facis non sine numine divum; ad haec respexit divina providentia, quando te redeuntem a parentibus coeleste fulmen veluti alterum paulum ante oppidum Erffurdianum in terram prostravit atque intra Augustiniana septa compulit e nostro consortio tristissimo tuo discessu.« Crotus versucht, mit diesem Brief die Erneuerung ihrer alten Bekanntschaft zu bekräftigen, nachdem er gehört hat, daß der andere ein berühmter Disputationsgegner Johann Ecks (1486-1543) geworden ist: »Post hoc tempus, etsi rara fuerit familiaritas nostra, animus tamen meus semper tuus mansit ...«

89 Otto Scheel: Martin Luther: vom Katholizismus zur Reformation. 2., verb. und verm. Aufl. Bd. 2: Im Kloster. TÜ 1917, 321 mit Anm. 46, meint, daß Crotus Rubianus seine Angabe aus dem biblischen Bericht des Erlebnisses Pauli vor Damaskus »eigenmächtig übernommen haben« kann. Sprachliche Anklänge bestehen zu Act 9, 3 f: »subito circumfulsit eum lux de caelo, et cadens in terram audivit vocem dicentem sibi«.

Bekehrung durch Blitz beziehungsweise in Zusammenhang mit einem Unwetter ist häufiger belegt: bei Norbert von Xanten und Trithemius; vgl. Neubauer: AaO, 98 (allerdings ohne Beleg), auch Arnold: AaO, 11.

In den modernen Lutherbiographien wird immer von einem Blitz gesprochen: Martin Brecht: Luther, Martin (1483-1546) I. TRE 21 (1991), 515, 3-5: »... Luther [geriet] ... bei dem Dorf Stotternheim in ein Gewitter. Ein Blitzschlag in der Nähe veranlaßte ihn zu dem Gelübde: ›Hilf du, S. Anna, ich will ein Mönch werden.‹« Heiko A. Oberman: Luther: Mensch zwischen Gott und Teufel. B 1982, 98: »Vom Blitz zu Boden geworfen, bricht er in die Worte aus: ...« Allerdings ist in Schriften von Luthers Mitarbeitern nicht immer die Rede von einem Blitz; vgl. unten Anm. 94.

90 Melanchthon schreibt 1546 in seiner Lutherbiographie in der Vorrede zu Wi lat 2 nichts zur heiligen Anna und zu Stotternheim. Es heißt nur allgemein, Luther habe die Schrecken des Todes zuerst beziehungsweise besonders erschütternd gespürt, da er einen Studiengenossen durch den Tod verloren habe (»terrores seu primum, seu accerimos sensit eo anno, cum sodalem ... interfectum«); CR 6, 158. Dazu paßt Luthers im folgenden im Text zitierte Äußerung: »terrore ... mortis subitae circumvallatus«.

91 WA 8, 573, 31 - 574, 2. Zur Wertung des Ereignisses als »Gespenst« beziehungsweise »illusio et praestigium« durch den Vater vgl. unten Anm. 109.

Luthers eigene früheste Äußerungen zu seiner Bekehrung stammen aus dem Jahre 1521. Sie zeigen, daß Luther sich »vom Himmel durch Schrecken gerufen« wußte, daß er in Todesfurcht das Gelübde des Klostereintritts ablegte. Entsprechend erzählt Luther in der als Brief an den Vater stilisierten Einleitung zu »De votis monasticis« vom 21. November 1521, wie es zum Klostereintritt kam. Während der Feier der Primiz habe er seinem Vater erläutert, daß er nicht freiwillig oder auf eigenen Wunsch Mönch geworden sei, sondern sich vom Himmel berufen fühle. In Schrecken und Furcht vor einem plötzlichen Tode habe er ein Gelübde abgelegt:

> »..., et ego de coelo terroribus me vocatum assererem, neque enim libens et cupiens fiebam monachus, multo minus ventris gratia, sed terrore et agone mortis subitae circumvallatus vovi coactum et necessarium votum: ›Utinam (aiebas) non sit illusio et praestigium‹.«[91]

Es geht bei der Interpretation von Luthers Darstellung der Ereignisse weniger darum, festzustellen, daß sein Gelübde als unfreiwillig gegebenes auch dem geltenden Kirchenrecht nach nicht bindend war, als vielmehr darum, zu erläutern, inwiefern Luther den Klostereintritt als Folge einer himmlischen Berufung ansah. Er fühlt sich einerseits durch das Vierte Gebot verbindlich zum Gehorsam gegenüber den väterlichen Forderungen gerufen, andererseits weiß er sich nun als Mönch zum »ministerium verbi« gerufen. Der Ruf Christi entbindet den Sohn vom Gehorsam gegenüber dem Vater. Zwar kritisiert Luther seine damalige Form der menschlichen Antwort – die Ablegung der Klostergelübde –; aber er zweifelt keineswegs an seiner Berufung. Diese Interpretation wird gestützt durch einen Brief Luthers an Melanchthon vom 9. September 1521. Hier schreibt Luther, daß er »magis raptus quam tractus« ins Kloster gekommen sei.[92] Während in der Heiligen Schrift »trahere« für den üblichen Weg zu Gott durch Christus verwendet wird, »[n]emo potest venire ad me, nisi Pater, qui misit me, traxerit eum« (J 6, 44), wird »rapere« von Luther zur Bezeichnung des Geistes der Unordnung verwen-

---

92 WA Br 2, 384, 80 (428), 9. Sept. 1521. Die Ausführung steht in Zusammenhang mit Luthers Auffassung der Klostergelübde als Gelübde der Gottlosigkeit (impietas) und des Götzendienstes (idolatria). Luther schreibt weiterhin über sich selbst, 384, 78-81: »Certe si id scivissem, dum voverem, nunquam vovissem, quamquam incertus sim, quo animo voverim. Magis fui raptus, quam tractus. Deus ita voluit. Timeo, quod et ipse impie et sacrilege voverim.« 385, 96-101: »Memini ego, cum ego vovissem, indignante vehementer patre carnis meae, ab ipso audivisse iam pacato: ›Utinam non esset Satanae praestigium!‹ Quod verbum sic egit radices in cor meum, ut nihil ex ore eius unquam audierim, quod tenacius servaverim. Videtur mihi per os eius Deus velut a longe me allocutus, sed tarde, tamen satis ad correctionem et monitionem.«

det. Verzückte Frauen und Dienstboten verlassen Haus und Herd; aber sie dienen mit ihrem Wallfahren nicht Gott, sondern dem Teufel, denn Gott ist ein Gott der Ordnung.[93] Diese negative Bewertung von »rapere« ist auch bei Luthers Worten zum Klostereintritt zu assoziieren. Daß er gegen das Vierte Gebot verstoßen hat, kann er allein deshalb rechtfertigen, weil ihn Gott tatsächlich berufen hat. Der Weg ins Kloster hatte aber durchaus seinen guten, dem göttlichen Willen entsprechenden Sinn. Gott wollte nämlich, daß er das genauestens kennenlernt, was er nun verdammen soll. Die Erfahrung des Klosterlebens als des im mittelalterlichen Sinne »frommen« Lebens schlechthin verleiht seiner Kritik am Papsttum erst ihre entscheidende Kraft. So führt der Reformator wie schon im Jahre 1521 noch im Jahre 1539 aus, »das ihn Gott hette lassen einen monch werden non sine magna causa, ut experientia edoctus contra papatum scribere potuisset«.[94]

Vor diesem Hintergrund ergibt die ausführlichste Angabe Luthers zu den Umständen und Hintergründen seines Klostereintritts einen neuen Sinn: Am Alexiustag erinnert sich Luther bei Tisch, daß er am heutigen Tag vor vielen Jahren (am 17. Juli 1505) in das Kloster eingetreten sei. »Et incipiebat recitare historiam, quomodo vovisset votum, nam cum fuisset vix 14 diebus ante in itinere et fulmine prope Stotternheim non longe ab Erphordia ita consternatus, ut in terrore dixisset: ...«[95] Etwa vierzehn Tage zuvor habe ihn ein Blitz[96] auf dem Wege bei Stotternheim derart erschreckt, daß er in höchstem Schrecken ausrief: »Hilff

93 Frauen und Dienstboten fühlen sich entrückt (rapti) und vernachlässigen ihre Arbeit. Der Heilige Geist wirkt – so führt Luther aus – solches nicht, sondern der Teufel. Gott wolle Ordnung und lasse durch seinen Geist nicht sein Gebot widerrufen, daß die Frau unter der Gewalt des Mannes sein solle; WA 1, 423, 5-11, 1516/17, gedruckt 1518.

94 WA TR 4, 303, 11 f (4414), 18. März 1539; vgl. auch WA 8, 574, 26-29.

95 WA TR 4, 440, 6-9 (4707). Der Alexiustag war der 17. Juli. Luthers Abschiednehmen von seinen Freunden begann am Vorabend; vgl. unten Anm. 98.

96 Luthers Mitarbeiter Justus Jonas (1493-1555) hat einen Bericht zu Luthers Klostereintritt überliefert, in dem weder von einem Blitz die Rede ist, noch sich ein Wort zu einem Gelübde gegenüber der heiligen Anna findet. »Auf dem wege ... kompt zu ym eine erschreckliche erscheinunge vom hymel, welches er auf die zeith deutet, er solt ein munch werden«; Paul TSCHACKERT: Justus Jonas' Bericht aus dem Jahre 1538 über Martin Luthers Eintritt in das Kloster (1505). Theol. Studien und Kritiken 70 (1897), 578 f. Gegen Luthers eigenes Zeugnis spricht Jonas' Angabe zur Lokalisierung der Begebenheit: die Erscheinung habe Luther auf dem Wege von Gotha nach Erfurt überfallen, der nicht an Stotternheim vorbei führte. Jonas gilt wegen seiner engen Zusammenarbeit mit Luther als glaubwürdiger Zeuge. Gleichwohl ist sein Bericht mit »legenda et historia« überschrieben, was der Herausgeber dahingehend deutet, daß hier Dichtung und Wahrheit sich mischen. Jonas' Darstellung einer schrecklichen Himmelserscheinung stimmt allerdings zu Luthers eigener Beschreibung des Ereignis-

du, S. Anna, ich wil ein monch werden!«[97] Die Tischrede fährt mit folgenden, für die Auslegung bisher nicht beachteten Worten fort: »Sed Deus tum Hebraice meum votum intellexit: Anna, id est, sub gratia, non legaliter.«[98]

Gott faßte sein Gelübde als in hebräischer Sprache abgelegtes auf. So habe er zwar vordergründig sich dem Schutz einer Heiligen anbefohlen, nach Gottes Verständnis aber sich unter seine Gnade gestellt. Denn Anna heiße auf hebräisch »Gnade«. Es liegt nun nahe, den zweiten Satz für die Interpretation des ersten fruchtbar zu machen. Luthers Überzeugung, daß er durch Gott gnädig in die Irre geführt wurde, ermöglichte es ihm, die abgöttische Heilige mit dem schönen Namen nachträglich in das Sinnkonzept seines Lebens zu integrieren. Der Eintritt ins Kloster war nicht nur notwendig, um – durch Erfahrung belehrt – glaub-

---

ses in »De votis monasticis« (vgl. oben Anm. 91) und zu der Melanchthons (vgl. oben Anm. 90): durch einen heftigen, überwältigenden, vom Himmel ausgehenden Schrecken (terror) ist Luther zum Klostereintritt genötigt worden. Bei Luther selbst ist von einem fulmen erstmals 1539 die Rede.

Matthäus Ratzeberger (1501-1559) berichtet im Jahre 1555, daß Luthers Gelübde zum Klostereintritt durch ein Unwetter hervorgerufen wurde: »Als er nhun einsmals des Sommers über Land reisete, übereilet Ihne unter wegen ein ungewönliches grausam Ungewitter, also Das er blotzlich darniederfelt und Ihm eine große furcht und schrecken ankommet, In demselben schrecken gedenket er, Wo er dismal aus dieser gefahr moge daruon kommen, wolle er ein Munch werden, und In solchem stande sein lebelang Gott dienen«; [Matthäus Ratzeberger]: Die handschriftliche Geschichte Ratzeberger's über Luther und seine Zeit/ hrsg. von Chr[istian] Gott[hold] Neudecker. Jena 1850, 46 f.

Johannes Mathesius (1504-1565) erzählt in der ersten seiner Predigten über Luthers Entwicklung, die im Jahre 1566 gedruckt wurden, das Ereignis folgendermaßen: »Im anfang des 1505. jars / wird Martin Luther / ... da jm sein gut gesell erstochen / vnd ein grosses wetter vnd grewlicher donnerschlag jn hart erschrecket / vnd er sich ernstlich vor Gottes zorn und dem Jüngsten gericht entsetzet / beschleust er bey sich selbs / vnnd thut ein gelübde / er wölle ins Kloster gehen / Gott allda dienen / vnd jn mit Meßhalten versönen ...«; Johannes Mathesius: Historien Von des Ehrwirdigen ... Doctoris Martini Luthers anfang, lehr, leben und sterben. Nürnberg 1566, zit. nach Dokumente zu Luthers Entwicklung ..., 538 (2069).

97 WA TR 4, 440, 9 f (4707), 16. Juli 1539; die vorausgehenden Worte siehe oben Seite 44 vor Anmerkungsziffer 95. Luther hat sich nach dem üblichen Sprachgebrauch damit selbst der Heiligen gelobt; wenn sie ihn beschütze, wolle er sich ihr selbst als Opfer darbringen, indem er ihr lebenslang als Mönch dient.

98 WA TR 4, 440, 10 f (4707), anschließend 11 f. 15-19: »Postea poenituit me voti, et multi mihi dissuaserunt.« Danach läßt er sich von den traurigen Freunden zur Klosterpforte geleiten. »Et pater meus satis iratus de voto, sed ego fui perseverans in proposito meo. Nunquam cogitavi egredi monasterium. Ich war der welt reine abgestorben, bis das es Gott zeit dauchte und mich juncker Tetzel treib et Doctor Staupitius me incitabat contra papam.«

würdig gegen das Papsttum schreiben zu können, sondern war der erste Schritt zu Gott hin. Selbst in der abgöttischsten Gottesferne war der gnädige Gott bei ihm.

Das Tischgespräch wird von Anton Lauterbach (1502-1569) überliefert; Georg Rörer (1492-1557) hatte eine um die namensetymologische Angabe verstümmelte Abschrift vorliegen und nahm diese in seine Aufzeichnungen auf;[99] später wurde die Szene weiter dramatisiert und ausgeführt.[100] Lauterbach gilt als zuverlässiger Berichterstatter, der an zahlreichen Abenden an Luthers Tisch saß. Nichts spricht dafür, daß er selbst die Verknüpfung zwischen der heiligen Anna und dem Klostereintritt vornahm.[101] Von Luther dagegen ist wohlbekannt, daß er sich in den Jahren 1536/37 intensiv mit namensetymologischen Fragen beschäftigte.[102] Wenn auch möglicherweise nicht er selbst, so veröffentlichte doch jemand, der seinem Umfeld zuzurechnen ist, im Jahr 1537 eine kleine Schrift zu diesem Thema.[103] Nun waren freilich Luther auch schon zwanzig Jahre früher namensetymologische Überlegungen nicht fremd, hatte er doch 1517 seinen Geburtsnamen Luder, nachdem er sich als der von Gott frei Gemachte, Eleutherius, erkannt hatte, in Luther geändert.[104] Ein ähnlicher Prozeß der Selbstinterpretation kann auch hinter der Einführung der heiligen Anna in das Erlebnis bei Stotternheim vermutet werden. Die göttliche Gnade selbst hat Luther in Todesgefahr beschützt und ins Kloster geführt. Dies kann der Reformator mit dem Hinweis auf die in seiner Jugend und Studentenzeit intensiv verehrte Heilige, deren Name Gnade bedeutet, eindrucks-

99 Die Tischrede wurde von Lauterbach in seinem Tagebuch für das Jahr 1539 aufgezeichnet und ist in der Abschrift des Pfarrers von Neustadt bei Stolpen, Paul Richter (1516-1591), erhalten; vgl. Michael WELTE: Lauterbach, Anton. Biographisch-bibliographisches Kirchenlexikon/ bearb. und hrsg. von Friedrich Wilhelm Bautz. Bd. 4. Hamm (Westf.) 1992, 1254 f.
Bei Luthers Amanuensis Rörer findet sich eine in manchen Zügen ähnliche Fassung des Ereignisses. Ernst Kroker (1859-1927) hat nachgewiesen, daß Rörer seine Fassung abgeschrieben hat, aber nicht direkt von Lauterbach, sondern aus einer schon gekürzten, allerdings von Lauterbach abhängigen Vorlage. Bei Rörer heißt es: »Causa autem ingrediendi monasterii fuit, quia perterrefactus tonitru, cum despatiaretur ante civitatem Erphordiae et vovit votum Hannae, et fracto propemodum pede gelobt er sich ins kloster«; WA TR 5, 99, 8-11 (5373), 1540; vgl. die Einleitung von Kroker zu WA TR 4, XVIII; 5, XL f.
100 Spätere Äußerungen protestantischer Pastoren und Historiker zeigen, daß die dürre Szene mit immer mehr »Fleisch« umgeben wurde; vgl. oben Anm. 96. Ratzeberger und Mathesius berichten übrigens nichts von einem Gelübde Luthers gegenüber der heiligen Anna.
101 Zu Anton Lauterbachs Biographie und seinem Verhältnis zu Luther vgl. oben Anm. 98.
102 Bernd MOELLER; Karl STACKMANN: Luder – Luther – Eleutherius: Erwägungen zu Luthers Namen. GÖ 1981, 183 f.
103 Aliquot nomina propria Germanorum ad priscam etymologiam restituta; WA 50, (135) 144-159; 60, 314-318.

voll illustrieren. Die Übersetzung des hebräischen Namens, der vom Ende des zweiten Jahrhunderts an der Mutter Marias zugeschrieben wurde, war das ganze Mittelalter hindurch bekannt. In Hieronymus' (340/50-420) Schrift zu hebräisch-biblischen Namen und deren lateinischen Äquivalenten heißt es zu den beiden in 1 Sam 1, 2 und L 2, 36 genannten Frauen namens (H)Anna: »Anna gratia eius.«[105]

Aus der eigenen Lebensgeschichte erzählen, heißt immer auch: sie (re)konstruieren. Luther geht es darum, deutlich zu machen, daß sein Lebensweg Gottes Gnade spiegelt. So kann er beispielsweise auch erzählen, sein Vater sei ein armer Berghauer gewesen,[106] obzwar der Vater mit großem Gefolge und Pomp zu seiner Primiz kam. Hier liegt eine gewisse Umdeutung der Ereignisse vor: Zwar hatte Luthers Vater tatsächlich als armer Berghauer in Eisleben begonnen, kam aber aufgrund der günstigen Entwicklung im Kupferbergbau schnell zu einem gewissen Reichtum. Wenn Luther die Armut herausstreicht, so will er sagen: obwohl ich von niedriger Herkunft bin, vollbrachte Gott große Taten an mir.[107] Sowohl bei der Erzählung von der Begebenheit bei Stotternheim wie auch hier erzählt Luther seine Biographie als Geschichte Gottes mit ihm. Religiöse Selbstdeutung muß aber nicht immer der historischen Faktizität entsprechen.

Diese Darlegungen sind möglicherweise etwas verblüffend. Zu deutlich steht das von den Lutherbiographen gezeichnete Bild des die heilige Anna anflehenden Luther vor Augen. Deshalb sollen weitere Überlegungen die Plausibilität der hier vorgebrachten These erhöhen: Gegen die in der bisherigen Interpretation des Ereignisses von Stotternheim vorherrschende unmittelbare Lesart der Erzählung spricht, daß es zumindest zwischen 1505 und 1516 durchaus nicht unschicklich gewesen wäre, öffentlich zu gestehen, zur »Klientel« der heilige Anna zu gehören.

---

104 Moeller; Stackmann: AaO.

105 Eusebius HIERONYMUS: Liber interpretationis hebraicorum nominum 1 Reg A; Luca A ≙ Corpus Christianorum: series latina 72, 102, 11; 139, 3. Weitere Belege siehe Mathias THIEL: Grundlagen und Gestalt der Hebräisch-Kenntnisse des frühen Mittelalters. Spoleto 1973, 239.

106 WA TR 5, 95, 2-4 (5362), Sommer 1540; 558, 13-17 (6250), Jahr unbekannt.

107 Eine gewisse Bonität des Vaters erhellt aus dem Umstand, daß Martin in Erfurt als Student als vermögend eingestuft wurde und daß sein Vater zu seiner Primiz mit 20 Reitern kommen und darüber hinaus noch dem Augustinerkloster 20 Gulden vermachen konnte; vgl. Brecht: Martin Luther 1, 14. 16. – Vgl. Luthers Auslegung zu L 1, 48: »Het er doch wol mugen finden Annas und Cayphas tochter, wilch die ubersten ym land geweszen, aber er hat auff mich sein lautter guttige augen geworffenn und szo ein geringe, vorschmechte magd datzu gepraucht, ..., und ich auch bekennen musz, das lautter gnade unnd gutte ist, und gar nichts mein vordienst odder wirdickeit«; WA 7, 561, 2-7, 1521.

Luther hätte in damaliger Zeit niemanden aus seinem engeren oder ferneren Freundeskreis irritiert, wenn er ein Gelübde gegenüber der Heiligen erwähnt hätte. Nur dann könnte es ihm vor seinen humanistisch beeinflußten Bekannten unangenehm gewesen sein, sich öffentlich zu der Heiligen zu bekennen, wenn vorausgesetzt wird, daß die Heiligenverehrung in diesem Kreise eher Sprachspiel und eloquente Selbstdarstellung denn Wirklichkeit frommer Verehrung war. Das ist aber schwerlich nachzuweisen. Es bliebe also nur die Annahme, daß es Luther aus unbekannten und deshalb für den Historiker nicht nachvollziehbaren Gründen peinlich war, die Bedeutung der heiligen Anna für seinen Klostereintritt öffentlich einzugestehen. Das wäre jedoch eine ganz unbefriedigende Vermutung. Daß Luther vierunddreißig Jahre lang über die heilige Anna schweigt, hat deshalb wohl eher seinen Grund in dem Ereignis bei Stotternheim selbst. Der beste Zeuge für diese Interpretation ist wiederum der Reformator selbst: »Anna et alii non loquuntur mecum«, so betont er noch im Jahre 1536.[108]

Luther fühlt sich nach der Erfahrung bei Stotternheim Zeit seines Lebens durch Gott in besonderer Weise berufen, mag nun diese Berufung vermittelt sein durch einen Blitz oder eine andere Naturscheinung am Himmel. Der Ausspruch des reifen Mannes, er habe sich in der Empfindung aktueller Bedrohung der heiligen Anna übereignet, erklärt sich vor seinem religiös-kirchlichen Hintergrund jedoch nicht hinreichend und wird auch durch sein Verhalten im Kloster nicht gestützt. Im Gegensatz zur Schilderung unmittelbarer Erfahrung steht die Äußerung, Gott habe sein Gelübde »hebräisch« aufgefaßt. Das paßt besser zu den etymologischen Spekulationen der späten dreißiger Jahre als zur unmittelbaren Schilderung eines Erlebnisses aus dem Jahre 1505. Mit diesen Überlegungen wird keineswegs in Abrede gestellt, daß Luther eine wundersame Erfahrung bei Stotternheim gemacht hat, die ihn zum Klostereintritt bewegte. Das erhellt zur Genüge aus der Überraschung seiner Freunde und aus der Äußerung seines Vaters: »Wens nur nicht ein gespenst mit dir were!«[109]

108 Luther fährt fort: »Barbara non dixit, quod velit me ...«; WA 41, 654, 7f, 20. August 1536.
109 WA TR 3, 410, 40-42 (3556A), 28. März 1537. Die Fassung 3556B läßt das Diktum des Vaters weg. Diese Bemerkung hat nach Luther der Vater bei der Primiz seines Sohnes gemacht. Sie wird in der lateinischen Beschreibung dieser Szene in der Einleitung zu »De votis monasticis« mit folgenden Worten wiedergegeben: »non sit illusio et praestigium«; WA 8, 574, 2. »Gespenst« bezeichnet im damaligen Sprachgebrauch nichts anderes als Blendwerk. Demnach ist häufig das, womit der Teufel die Menschen verführt, ein Gespenst; vgl. Emanuel HIRSCH: Luthers Eintritt ins Kloster. Theol. Studien und Kritiken 92 (1919), 309 f. Luther konnte auch die Verehrung erlogener Heiliger »gespenst und affenspil« nennen; vgl. WA 17 II, 475, 24, zitiert oben Anm. 22. Jedenfalls wird der Phantasie oder den Sinnen etwas vorgespielt.

Luther-Gesellschaft und Lutherrenaissance

Die Tagungen der Luther-Gesellschaft von 1925 bis 1935 [*]

Von Hans Düfel

Mit dem Amtsantritt des Vorsitzenden Wilhelm von Hegel (1849-1925) im Oktober 1920 hatte sich mehr als ein bloßer Wechsel in der Leitung der Luther-Gesellschaft vollzogen. Von Hegel kam aus einer ganz anderen Berufswelt als der Philosophieprofessor Eucken. Er war am Ende einer erfolgreichen juristischen Laufbahn Oberpräsident der preußischen Provinz Sachsen geworden und hatte sich seit Jahrzehnten in einer Reihe von Ehrenämtern in der evangelischen Kirche bewährt. So arbeitete er lange Jahre in Provinzial- und Generalsynoden mit, ebenso saß er im Zentralausschuß der Inneren Mission, war Mitbegründer der Evangelischen Missionshilfe und in leitender Stellung beim Evangelischen Preßverband tätig. Schon früh war er ein eifriger Förderer des Christlichen Vereins Junger Männer gewesen und aktives Mitglied im Reichsverband evangelischer Eltern- und Volksbünde. »Und da er all' diese Stellungen nicht als Ehrenämter betrachtete, sondern überall selbst eifrig anregte, förderte und mitarbeitete, so waren sein Einfluß und seine Wirksamkeit größer als es die von Vereinsvorsitzenden sonst sind.«[1] Im Nachruf der Luther-Gesellschaft hieß es: »Er war der Repräsentant unserer Gesellschaft nicht nur durch die in hohen Staatsämtern bewährte Gabe der Leitung und Vertretung in der Öffentlichkeit, sondern auch durch die innerliche Einstellung seiner Persönlichkeit, die ganz in Luthers Glauben wurzelte.«[2]

---

[*] Fortsetzung von Hans Düfel: Voraussetzungen, Gründung und Anfang der Luther-Gesellschaft: Lutherrezeption zwischen Aufklärung und Idealismus. LuJ 60 (1993), 72-117.

[1] Lebenslauf von D. Dr. Wilhelm von Hegel. (Manuskript); aus dem Besitz von Dietrich von Hegel, Bonn-Bad Godesberg. Noch wenige Tage vor seinem Tod wurde er, dem bereits 1911 eine Domherrenstelle in Merseburg übertragen worden war, in die Gemeindevertretung der Merseburger Domgemeinde gewählt.

[2] Nachruf des Vorstandes der Luthergesellschaft auf Wilhelm von Hegel. Lu 7 (1925), 1.

Diese Hauptversammlung war von besonderer Bedeutung für die weitere Entwicklung der Luther-Gesellschaft. Auf ihr wurde das zu verwirklichen versucht, was Theodor Knolle (1885-1955) im Jahresbericht 1924 als Aufgabe der Gesellschaft formuliert hatte: Luthers Erbe »so klar und unmißverständlich wie möglich« herauszustellen, es vom »Schutt der Jahrhunderte, von der Verfälschung der Feinde,

Karl Holl (1866-1926)

aber auch von der Übermalung mancher Freunde« zu reinigen.[3] Letzteres bezog sich wohl vor allem auf das von Idealismus und Nationalismus geprägte Verständnis des Reformators. Die Absicht, »Luthers Erbe rein zu bewahren«, fand ihren demonstrativen Ausdruck in der einstimmig erfolgten Wahl von Karl Holl zum Ersten Vorsitzenden, die Knolle kommentierte: »Holls Name an der Spitze unserer Gesellschaft bedeutet ein Programm, das unsere Zielsetzung und Arbeitsmethode unmißverständlich kundgibt.«[4] Holl hatte sein Verständnis des Reformators in der Festrede zur Reformationsfeier der Berliner Universität im Jahre 1917 so zusammengefaßt: »Wir halten keine Totenfeier, wenn wir an Luther gedenken; wir berühren uns mit einem Lebendigen.«[5]

»Die Münchner Tagung war nicht nur eine der reichhaltigsten und besuchtesten, die die Luther-Gesellschaft im Laufe ihrer siebenjährigen Geschichte hatte,

3 Theodor KNOLLE: Jahresbericht 1923/24. Lu 6 (1924), 92.
4 Theodor KNOLLE: Der Verlauf der Münchener Hauptversammlung der Luther-Gesellschaft. Lu 7 (1925), 66.
5 Karl HOLL: Was verstand Luther unter Religion? In: Ders.: Gesammelte Aufsätze zur Kirchengeschichte. Bd. 1: Luther. 6., neu durchges. Aufl. TÜ 1932, 1.

sie kann mit ihrer Einstellung auf die innerste Fragestellung der Reformation als Höhepunkt bezeichnet werden.« Dabei kam »unter zahlreicher Beteiligung der akademischen Welt das geistige Ringen um die reformatorische Grundfrage in der Auseinandersetzung mit Romantik« – Emil Brunner (1889-1966) aus Zürich – »und Idealismus« – Emil Brundstäd (1883-1944) aus Erlangen – »zu scharfem und zugespitztem Ausdruck«.[6] Der Heidelberger Kirchenhistoriker Hans von Schubert (1859-1931) stellte im Festvortrag »Reformation und Humanismus« die Gegensätze zwischen Christentum und Antike in den Vordergrund.[7]

Kritisch reflektierte der damals in Erlangen wirkende Studienrat Pfarrer Theodor Heckel (1894-1967) die Luthertagung 1925. Er begann mit der Feststellung, daß christliche Erkenntnis sowohl der leidenschaftlichen Wahrheitsliebe als auch strenger Selbstkritik bedarf, die »auch in der Verneinung Bejahung« ist. An sie ist die immer neue Anfrage zu richten,

> »ob sie ihre Grundlage, den Glauben an Christus, abgebaut und dafür die verschiedenen Schichten menschlicher Teilgebiete eingebaut hat; ..., oder ob trotz und in aller funktionalen Beziehung zu den Teilgebieten – zur Kunst, zur wissenschaftliche Erkenntnis, zum Ethos – die überlegene, begründende und kritische Eigenherrlichkeit der Religion gewahrt ist«.

Die anschließende Äußerung läßt den Einfluß der dialektischen Theologie spüren:

> »Religion, die aufhört, fortdauernde Krisis zu sein, ist ebenso ihrer Gültigkeit entblößt wie die Religion ihrer Geltung, die anfängt in absoluter Trennung zu verharren. Dort wird die Kultur Religion, hier die Religion losgelöst von aller Kultur; dort entsteht der Kulturprotestantismus, hier der Protestantismus ohne den Willen zur Kultur. Nur wo die Religion beides in ihrer Eigenmacht hält – Begründung und Krisis aller Teilgebiete zu sein, nur wo die Wahrheitsfrage ihre innere Dynamis allen Erscheinungen gegenüber behauptet –, bleibt sie ihrem Wesen getreu.«[8]

Damit hatte der Redner die der Luther-Gesellschaft von ihren Anfängen her innewohnende Problematik angesprochen:

> »Darum, wo immer die Geisteswissenschaft sich auf die Reformation beruft oder gar ein Kreis wie die Luther-Gesellschaft nichts anderes will wie den Herzpunkt der Reformation aufzeigen, wird sie sich der Frage stellen müssen, ob denn ihr Wort um jene Mitte sich bewegt. Ist es nicht der Fall, dann ist auch der Erfolg wertlos, ebenso wie umgekehrt die bescheidene Frucht wertvoll.«[9]

6 Knolle: Der Verlauf ..., 64.
7 Hans von Schubert: Reformation und Humanismus. LuJ 8 (1926), 1-26.
8 Theodor Heckel: Gedanken zur Luthertagung 1925. Lu 7 (1925), 57 f.
9 Ebd, 58.

Heckel warnte davor, sich zuviel von »Demonstrationen großer Breite« beeindrucken zu lassen.[10] Er ließ die theologische Situation der Lutherrenaissance erkennen: »...; die reformatorische Theologie aber, die erst in der Stunde der Entdeckung weilt, möchte der Täuschung verfallen, das Neuland schon zu besitzen.« Die Aufgabe der Luther-Gesellschaft sollte

»die reformatorische Botschaft in der Architektonik des Geisteslebens nicht als freundliches Ornament, sondern als unentbehrliches Fundament aufweisen. Ihr ist nicht das soziale Amt der Inneren Mission und nicht das kirchenpolitische des Evangelischen Bundes, sondern das forschende Zeugnisamt für die reformatorische Botschaft anvertraut. ... Daß die Luther-Gesellschaft gerade durch diese Zieleinmessung heute in eine gewisse Winkelstellung gedrängt ist, darf nicht entmutigen. Die Geistesgeschichte nimmt ihren Gang durch die Heimlichkeit, ehe sie auf den Jahrmarkt hinaustritt, ...; vor dem Thesenanschlag und vor Worms liegt die Klosterzelle.«[11]

Seine Charakterisierung der Luther-Gesellschaft hat bis heute ihre Bedeutung behalten:

»In unserer öffentlichen Zeit gilt Verborgenheit wenig; um so mehr muß die Luther-Gesellschaft stellvertretend diese Erkenntnis hüten. Ihre Aufgabe ist erst im Beginn; sie ist vielen eine Unbekannte; ... Die Bedeutung der Luther-Gesellschaft fängt dort an, wo die der anderen ›Gesellschaften‹ aufhört. Ohne Wert und Rechte der anderen anzutasten, bleibt doch der grundlegende Unterschied, daß die Luther-Gesellschaft mehr und ein anderes ist als historisierendes Literatentum. ... Auch die Luther-Gesellschaft hat ein Gesicht, das der vergangenen Geschichte ernsthaft zugewendet ist, ... Aber sie kann sich nicht mit dem humanistischen Aufruf ad fontes begnügen. Das Präsens in factis, nicht das Perfektum der Fakta sucht sie auf, die Offenbarung Gottes, welche die Entelechie der Geschichte bildet; nicht das Einst, sondern das ewige ›Jtzt‹ im Einst.«[12]

Ähnlich urteilte Theodor Ellwein (1897-1962), daß die Münchner Tagung »in mehr als einer Hinsicht ein getreues Spiegelbild des gegenwärtigen Protestantismus« gewesen sei. Er ging auf die vorwiegend historisch orientierte Reformationsforschung des 19. Jahrhunderts ein und wies darauf hin, daß nach ihren historischen Erkenntnissen »ein letzter Rest« geblieben ist, »den die historische Betrachtung trotz der hartnäckigsten Bemühungen sich nicht assimilieren konnte«. Die entscheidende Wandlung von der historisierenden Methode in der Reformations-

10 Ebd, 58: »Ich stehe persönlich anders, nicht weil ich der reformatorischen Botschaft überhaupt die Möglichkeit abspreche, volkstümlich zu werden, sondern weil die ganze religiöse Situation und die theologische Lage eine allzu große Breite nicht erlaubt. Die große Zahl, die sich beteiligt, verspricht noch keine wirkliche Teilnahme; ...«
11 Ebd, 58 f.
12 Ebd, 59 f.

forschung hin zur Frage nach dem »Rest«, der das »Entscheidende und Wesentliche an der Reformation darstelle«, sah Ellwein auf der Tagung verwirklicht, bei der »man nicht zusammengekommen war um miteinander über historische Fragen zu verhandeln, sondern um den lebendigen, den aktuellen Luther zu hören«. Das eigentliche Anliegen der Tagung fand Ellwein »in der Konfrontation der modernen Kultur in ihren typischen Abwandlungen mit der Reformation«. Ellwein kam dann noch zu einem weiteren Ergebnis der Münchner Tagung:

> »Es hat sich trotz allem Mühen gezeigt, daß wir nicht nur geschichtlich, sondern eben doch auch sachlich in einer Epigonenzeit leben. Die Reformation ist nicht mehr, oder doch noch nicht wieder eine gegenwärtige, lebendige Wirklichkeit. Es ist noch nicht so weit, daß wir die reformatorische Botschaft unmißverständlich in den Mund nehmen können. Wir haben noch nicht die Vollmacht aus einem letzten Sein und Wissen heraus von der Reformation her die Fragen der Gegenwart zu lösen.«

Nach einer Würdigung der in München gehaltenen Vorträge gelangte Ellwein zu der Feststellung, daß »über alle Gegensätze und Spannungen hinweg dieselbe Botschaft des Evangeliums alle bewegt und bedrängt« hatte. Bemerkenswert ist, daß auf Ellwein das Laienspiel vom verlorenen Sohn den stärksten Eindruck ausgeübt hatte: »Schlichter und packender hätte gar nicht ausgedrückt werden können, welchen Dienst die Luther-Gesellschaft überhaupt und die Münchner Tagung im besonderen zu leisten gewillt sei.«[13]

II Die Hauptversammlung in Wittenberg 1926

Die für Hannover geplante Hauptversammlung 1926 mußte wegen einer dort herrschenden Typhusepidemie nach Wittenberg verlegt und auf einen Tag beschränkt werden. Der Hauptverhandlungspunkt war die Wahl eines Nachfolgers im Amt des Ersten Vorsitzenden für den am 23. Mai 1926 verstorbenen Karl Holl. Nach eingehender Beratung wurde die Wahl auf die 1927 in Hannover nachzuholende Tagung verschoben. Neu in den Vorstand wurden gewählt: der Hallenser Kirchenhistoriker Johannes Ficker (1861-1944), Landesbischof August Marahrens (1875-1950) aus Hannover, der Göttinger Kirchenhistoriker Emanuel Hirsch (1888-1972), der Münchner Historiker Paul Joachimsen (1867-1930) und Paul Althaus (1888-1966) aus Erlangen.

Ähnlich wie Theodor Heckel 1925 forderte Knolle, die Luther-Gesellschaft sollte sich nicht »rein historisch und rein theologisch« mit Luther beschäftigen,

---

13 Theodor ELLWEIN: Die Luther-Gesellschaft in München. ZW 1 (1925), 333-335.

sondern ihn im aktuellen Sinne für die Gegenwart und ihre innerste Fragestellung lebendig machen. Knolle ging davon aus, daß eine Reihe von »Renaissance-Versuchen« im Rückgriff auf »Zeugnisse fest geprägter und klar umrissener Lebenseinheit« der geistigen Unordnung unserer Tage wehren und eine neue Einheit heraufführen wollen. »So versucht man's mit dem Mittelalter, bald die Gotik, bald die Mystik, bald die Scholastik mehr betonend. Oder man geht auf die Gnostik und das Mysterienwesen der Antike zurück und sucht in ihm die klassischen religiösen Ausdrucksformen für Kult und Leben.« Knolle sah inmitten dieser »Renaissance-Versuche« und über sie hinausführend die Wiederentdeckung Luthers. Er gab ein lebendiges Zeugnis für die Bewegung ab, die wir als »Lutherrenaissance« bezeichnen:

> »Breit flutet der Strom der neuen Lutherschau. Er strömt in den tiefsten Bewegungen um die Neugestaltung des Daseins. Ob es sich um ein neues volksorganisches Singen handelt: an Lutherlieder knüpfen die Singgemeinden an. Ob die Theologie aus der Aschenbrödelstellung heraus wieder zu einer zielweisenden Denkhaltung aufsteigt: in Luthers Lehre nimmt sie ihren Neuansatz.«

Knolle fand hier für die Luther-Gesellschaft

> »ein großes Arbeitsfeld: Auf dem festen Boden wissenschaftlicher Forschung stehend, will sie mehr geben als geschichtliches Verständnis einer großen Persönlichkeit. Sie ist der festen Gewißheit, einen entscheidenden Auftrag an unsere Zeit zu haben. Sie muß in der Krisis unserer Kultur ihre Arbeit auf die Wendung zu einer neuen Ordnung durch die Orientierung an Luthers reformatorischer Grundeinstellung richten. Auf das Zentrum: ›Die Rechtfertigung aus Glauben‹ hat sie ihre Kraft zu sammeln.«[14]

Bemerkenswert ist die in Knolles Worten enthaltene indirekte Absage an Euckens Lutherbild im Sinne des deutschen Idealismus und seines Persönlichkeitskults.

III Die Hauptversammlung in Hannover 1927

Auf der Anfang September 1927 in Hannover stattfindenden Hauptversammlung wurde das ursprünglich für 1926 vorgesehene Programm nachgeholt, das unter dem Leitgedanken »Kirche« stand. Auch dabei wurde deutlich:

> »Die Luther-Gesellschaft ist mehr als ein wissenschaftliches Unternehmen, mehr als eine Forschungsgesellschaft, die sich in die Vergangenheit geschichtlichen Geschehens zurückzieht. Sie weckt vielmehr an ihrem Teil *Besinnung auf die lebendigen Grundlagen*

---

14 Theodor KNOLLE: Von der Luther-Gesellschaft. Lu 8 (1926), 125 f.

der Gemeinde lutherisch-evangelischer Prägung. Nur eine das Erbe der Vergangenheit immer neu ergreifende und vergegenwärtigende Gemeinde wird für den Dienst der Luther-Gesellschaft dankbares Verständnis aufbringen.«[15]

Von den auf der Tagung gehaltenen Vorträgen verdient besonders der von Knolle über »Luthers deutsche Messe von 1526« Erwähnung, der als Vorbereitung auf den Abendgottesdienst diente, der im Rahmen der »Deutschen Messe« gehalten wurde. Knolle hatte nachgewiesen, daß die »Deutsche Messe« Luthers

> »nicht eine aus Konservatismus erfolgte Anlehnung an die römische Messe ist, sondern daß sie im rechtfertigenden Glauben wurzelt. Jene Anlehnung an die äußere Form geschah aus der im Glauben wurzelnden Liebe, die ›auf die Gemeinschaftswerte gottesdienstlicher Überlieferung und Gewöhnung‹ Rücksicht nimmt. Inhaltlich aber ist die ›Deutsche Messe‹ Ausdruck der Erkenntnis, daß Gottesdienst nicht menschliches, sondern göttliches Handeln ist. Die Haltung des evangelischen Christen im Gottesdienst kann keine andere sein als die des gerechtfertigten Sünders, der das rechtfertigende Wort Gottes im Glauben angenommen hat. ... Dieser erhebende Gottesdienst machte es deutlich: Luther-Gesellschaft und Gemeinde gehören zusammen!«.[16]

Bei diesem Gottesdienst wurde der Zusammenhang zwischen der Lutherrenaissance und den liturgischen Reformbestrebungen jener Jahre erkennbar, die noch die Einführung der Agende I für die VELKD 1955 beeinflußt haben.

Das bedeutsamste Ereignis der Tagung war die Wahl eines neuen Vorsitzenden als Nachfolger von Karl Holl; sie fiel auf Paul Althaus, der dann für fast vier Jahrzehnte die Arbeit der Luther-Gesellschaft geprägt hat. Neben seiner bisherigen theologischen Arbeit in der neutestamentlichen und systematischen Theologie hatte er sich in seiner ganzen akademischen Wirksamkeit mit Luther beschäftigt. Seine diesbezüglichen Arbeiten

> »haben seine systematische Theologie aufs stärkste befruchtet und sind mit theologischem, nicht nur mit historischem Interesse geschrieben. Althaus war der Überzeugung, daß Luthers Theologie von großer und bleibender Bedeutung für die heutige Theologie sei, daß sie noch keineswegs ganz ausgeschöpft sei und fruchtbare Anstöße zu neuen Entwicklungen biete. Doch wollte er Luther nicht einfach repristinieren. Er betonte mit der von Karl Holl inaugurierten Luther-Renaisannce mehr den Abstand Luthers von der alt- und der neulutherischen Orthodoxie als den Zusammenhang mit ihr. Er hat auch Kritik an Luther geübt, trat jedoch Kritikern entgegen, die seines Erachtens Luther verkannten oder falsch beurteilten.«[17]

---

15 Daniel KOSCHADE: Die 10. Hauptversammlung der Luther-Gesellschaft in Hannover. Lu 9 (1927), 87.

16 Ebd, 88 f.

17 Hans GRASS: Althaus, Paul. TRE 2 (1978), 330, 35-48.

Althaus hielt auf der Tagung, »die der Besinnung auf die lebendigen Grundlagen der Gemeinde lutherisch-evangelischer Prägung« diente, den abschließenden Vortrag »Die Kirche als Gemeinschaft nach Luther«. Er führte mitten in die Spannungen seiner Zeit: »Das Entbehren der Gemeinschaft und das Verlangen nach Gemeinschaft. Kann die Kirche hier helfen? Es gilt, den Reichtum Luthers auszuschöpfen, um von der Frage, wie die Kirche entsteht, zu der andern weiterzukommen, was die Kirche ist.« Der Berichterstatter resümierte:

> »Was war es anders als der ›Ruf der Kirche‹ und der *Wille zur Kirche*, den wir aus dieser letzten Botschaft der Tagung heraushörten. Damit ist die gegenwartsgemäße Aufgabe und Bedeutung der Luther-Gesellschaft erhärtet. Möchte es ihr gelingen, auf dem Wege von Hannover bis zur nächstjährigen Tagung eine Ernte zu bergen, die der Aussaat des ersten Jahrzehnts ihres Bestehens entspricht!«[18]

IV Die Tagung in Eisleben 1928

Das erste Auftreten des neuen Vorsitzenden sah Knolle in Übereinstimmung mit den Zielen der Luther-Gesellschaft: »Daß ... Prof. D. Althaus-Erlangen, seine Tätigkeit vor der Öffentlichkeit mit einem Predigt-Zeugnis begann und zwar im Anschluß an Hebr. 13, 7 von dem rechten Gedenken an Luther als den Lehrer, der das Wort Gottes gesagt hat, ist kennzeichnend für das innere Programm der Luther-Gesellschaft.«[19] Der Verlauf der Tagung bezeugte, »daß die Luther-Gesellschaft nicht nur ein geschichtliches Erbe darbieten will, sondern daß es ihr um Geltendmachung von Luthers Sendung für die Gegenwart zu tun ist«.[20] Das zeigten deutlich die Vortragsthemen »Das Lutherwerk von 1528 in seiner Bedeutung für 1928«, über das Generalsuperintendent Hans Schöttler (1861-1945) aus Magdeburg referierte und die Ausführungen von Karl Eger (1864-1945) aus Halle, der zum Thema »Luthers Kirchengedanken und ihre Bedeutung für die Gegenwart« sprach. Das Thema »Kirche« war nach dem Ende des staatlichen Systems in Deutschland und dem Zusammenbruch eines auf christlichen Prinzipien ruhenden Staatswesens neu in das Blickfeld der Öffentlichkeit gerückt. Wegweisend für den Neubau der evangelischen Kirche wurde das Buch »Das Jahrhundert der Kirche« des Generalsuperintendenten der Kurmark, Otto Dibelius (1880-1967), des späteren Bischofs von Berlin-Brandenburg.[21] Der darin erkennbare Optimis-

---

18 Koschade: Die 10. Hauptversammlung ..., 90 f.
19 [Theodor] K[NOLLE]: Von der Tagung der Luther-Gesellschaft in Eisleben. Lu 10 (1928), 126.
20 Ebd, 125.   21 B 1926; 6. Aufl. 1928!

mus über die Möglichkeiten einer vom Staat unabhängigen Kirche und ihrer Bedeutung für den sittlichen Wiederaufbau des deutschen Volkes spiegelte sich in den beiden genannten Vorträgen auf der Tagung der Luther-Gesellschaft wider.

Paul Althaus (1888-1966)

Schöttler erinnerte daran, daß das Jahr 1528 für die Reformation eine Zeit der Aufbauarbeit gewesen sei, kein »Markstein der Weltgeschichte«, das aber »für die Christenheit unserer Tage, für die evangelische Kirche in unserem Volk und Vaterland auch heute noch eine bleibende Bedeutung hat«. Dabei wies er auf dreierlei hin: die Kirchenvisitation im Kurkreis, die Herausgabe des deutschen Psalters, das »Bekenntnis der Artikel des Glaubens wider die Feinde des Evangelii und allerlei Ketzereien« am Ende der Schrift »Vom Abendmahl Christi. Bekenntnis«.

Aus Luthers Vorrede zum »Unterricht der Visitatoren an die Pfarrherrn im Kurfürstentum Sachsen« arbeitete Schöttler besonders die Stellen heraus, in denen Luther die Visitationen als innere Selbstprüfung der bekennenden Gemeinden betont, d. h. derer, die mit Ernst Christen sein wollen. Bemerkenswert ist

Schöttlers Hinweis: »Die Kirche baut sich aus der Gemeinde auf.« Das sei auch der Grundstein der gegenwärtigen Kirchenverfassung. In lebendiger Weise stellte er heraus, wie sehr die Kirche der Gegenwart auf Luthers Betonung des biblischen »Besuchsamtes« bei Pfarrern und Gemeinden achten sollte, wobei er feststellte, daß das Aufsichtsamt der Kirchenleitung »Besuchsamt« sei. Dabei erinnerte Schöttler an den auf der verfassunggebenden Versammlung der preußischen Landeskirche geprägten Satz: »Der Mann der Kirchenleitung gehört nicht an den Aktentisch, sondern ins Auto, damit er überall an der Front sein kann, selbst sehen, anordnen, zugreifen, vormachen.« Aber nicht nur die Superintendenten hätten die Pflicht zu Visitationen, sondern auch das Pfarramt sei Besuchsamt mit seinem Schwerpunkt im seelsorgerlichen Verkehr des Pfarrers mit den Gemeindegliedern. Das sei nicht – wie fälschlicherweise geschehen – als reformierte Einrichtung anzusehen, nach dem Motto: »Nach Luther muß der Pfarrer darauf warten, daß die Gemeindeglieder zu ihm kommen.« Bei Luther sei

> »die Einzelseelsorge von Person zu Person nicht *eine* Amtspflicht *neben* anderen, sondern recht eigentlich *die* Amtspflicht des Pfarrers *vor* andern. Auf der Seelsorge ruht, *aus der Seelsorge* erwächst die Predigt und bekommt von daher ihren aktuellen, d. h. Gegenwartswert; in der Seelsorge gipfelt der kirchliche Unterricht und findet in ihr seine Höhe und Weihe; ... Und so mahnt uns Luthers Vorrede zur Kirchenvisitation zur größeren Treue, zum brennenden Eifer, zur unermüdlichen Freudigkeit in dem seelsorgerlichen Besuch, zu der suchenden Liebe, die nicht eher Halt macht als bei der Erfüllung des Wortes: *Bis daß sie ihn findet!*«[22]

Die Vorrede Luthers habe nicht nur den Hirten, sondern auch der Herde etwas zu sagen. Das allgemeine Priestertum müsse auch für den Zweck des Besuchsamtes ausgebaut werden. Dazu sollten Kirchenvorsteher und weitere Gemeindeglieder sich verpflichtet wissen.

Schöttler wies auf Luthers Vorrede zum Psalter von 1528 hin, die »nicht nur zum Schönsten gehört, was Luther überhaupt geschrieben hat, sondern sie führt uns auch in die letzten Tiefen der Heiligen Schrift und die höchsten Aufgaben ihrer Auslegung«. Ausführlich zitierte er Luthers Charakterisierung des Psalters.[23] Schöttler hob die Stellen hervor, in denen vom Psalter als dem »Büchlein aller Heiligen« die Rede ist, das heißt, daß jeder sich darin wiederfinden kann, als wären die Worte der Psalmen »allein um seinetwegen also gesetzt ... Wem aber

---

22 Hans SCHÖTTLER: Das Lutherwerk von 1528 in seiner Bedeutung für 1928. Lu 10 (1928), 119.
23 Ebd, 121 f: Im Psalter ist »alles aufs schönste und kürzeste, was in der ganzen Bibel steht, gefaßt und zu einem feinen Handbuch gemacht und bereitet. ... Da siehst du allen Heiligen ins Herz wie in schöne, lustige Gärten, ja wie in den Himmel, wie feine, herzliche, lustige

solche Worte gefallen und sich mit ihm reimen, der wird gewiß, er sei in der Gemeinschaft der Heiligen.« Darum sei der Psalter das Buch der Frommen, aber auch das Buch der Kirche.

In Anlehnung an Luthers Bekenntnis von 1528 betonte Schöttler, daß der Reformator nicht ein religiöser Neuerer oder Sektierer sein wollte, sondern ein Hüter des alten Glaubens der Urchristenheit. Luther habe aus Furcht zur Feder gegriffen, »daß die Erneuerung des alten Glaubens in der Reformation zu einem politischen Kampfmittel degradiert und entwertet werden möchte«. Dieser Furcht entstamme auch die scharfe Absage an Zwingli 1529 auf dem Marburger Religionsgespräch, die auf die Ablehnung einer protestantischen Einheitsfront hinauslief. Diese Ablehnung bewahrte ihn davor, 1531 in den politischen Zusammenbruch Zwinglis hineingezogen zu werden.[24]

Schöttler konstatierte: »Eine Kirche der Politik ist ein Koloß auf tönernen Füßen: der Tag wird kommen, wo sie zusammenstürzt. Von der Kirche des Evangeliums, der Kirche Jesu, der Kirche des Paulus, der Kirche Luthers wird gelten: ›Die Pforten der Hölle werde sie nicht überwältigen!‹«[25] Sätze, die bis heute nichts von ihrer Aktualität verloren haben.

Auch der Vortrag »Luthers Kirchengedanken und ihre Bedeutung für die Gegenwart« des Hallenser praktischen Theologen Karl Eger beschäftigte sich mit

Blumen darinnen aufgehen von allerlei schönen, fröhlichen Gedanken gegen Gott und seine Wohltat. Wiederum wo findest du tiefere, kläglichere, jämmerlichere Worte von Traurigkeit als die Klagepsalmen haben? Da siehst du abermals allen Heiligen ins Herz, wie in den Tod, ja in die Hölle! Wie finster und dunkel ist es da von allerlei betrübtem Anblick des Zornes Gottes! Also auch, wo sie von Furcht und Hoffnung reden, brauchen sie solche Worte, daß kein Maler also könnte die Furcht oder Hoffnung abmalen und kein Cicero oder Redekundiger also vorbilden.«

24 Ebd, 124 f: »Aber – es durfte keine politische Front sein, wie Zwingli sie zu schaffen suchte. Wäre es dazu gekommen, dann wäre Luther in den Zusammenbruch Zwinglis hineingezogen, und das Schlachtfeld von Kappel wäre auch das Grab des Luthertums geworden. So hat die Geschichte, die untrügliche Richterin, dem Reformator Recht gegeben, und uns gibt sie mit heftigem Ernst die Mahnung: Fort mit aller Politik aus der Religion! Denn *Politik* ist ein *weltlich Gewerbe*, aber aus der Gottseligkeit soll man kein Gewerbe machen. *Politik kommt immer mit der Forderung*, mit der einst jener Mann zu Jesu kam: ›Herr, sage doch meinem Bruder, daß er mit mir das Erbe teile!‹ und den der Herr mit der Frage fortschickte: ›Mensch, wer hat mich zum Richter oder Erbschlichter gesetzt?‹ *Politik führt immer zum Kampf* und fällt darum unter das Wort Jesu: Wer das Schwert nimmt, der wird durchs Schwert umkommen!«

25 Ebd, 125.

der Ekklesiologie.[26] Da Luthers Unterscheidung zwischen sichtbarer und unsichtbarer Kirche nur unvollständig interpretiert worden sei, habe die »unsichtbare Kirche«, die Gemeinschaft der Gläubigen, in der Dogmatik »ein ziemlich bedeutungsloses Dasein« geführt. Erst in der Gegenwart würden Luthers Kirchengedanken in ihrer Eigenart wieder verstanden. Eine Umwälzung im evangelischen Verständnis der Kirche hätte der Jurist Rudolf Sohm (1841-1917) mit seiner These herbeigeführt, »daß die Kirche Christi unsichtbar« sei und es keine »sichtbare Kirche« gebe, das Gebilde Kirche könne nur religiös, d. h. von der Bindung an Gott her, verstanden werden.[27] Sohms These stelle nur einen »ersten Schritt« auf dem Wege zu einem neuen Kirchenverständnis dar, der durch die Kriegs- und Nachkriegskatastrophe »in neue Beleuchtung tritt«. Der Individualismus und der Anthropozentrismus hätten ausgespielt: »Erst von der dem Glauben neu aufgegangenen ungeheuren, lebendigen Größe Gottes aus konnte man wieder ein Verständnis dafür bekommen, was das Neue Testament, was auch Luther unter ›Kirche Gottes‹ meint.«[28]

Eger behandelte »Luthers Kirchengedanken« und »ihre Bedeutung für die Gegenwart«. Die Kirchengedanken des Reformators zeichnete er im Anschluß an seine Ausführungen zum 3. Artikel im Großen Katechismus nach: Die Kirche ist ihrem Wesen nach Gemeinschaft der durch Gottes Wort gläubig Gewordenen und fortwährend gläubig Werdenden.[29] Eger betonte,

> »daß angesichts des göttlich Geheimnisvollen des innerlichen Moments beim Nachdenken über das menschliche Zeugnis des göttlichen Wortes der Nachdruck auf die objektive biblische Korrektheit der Lehre und der Sakramentsverwaltung fällt. Hier ist die Einbruchstelle für *Gleichsetzung* der reinen Lehre mit der Gotteswahrheit selbst, die in Ansätzen schon bei Luther selbst vorhanden, in der Orthodoxie konsequent ausgebildet worden ist. Nicht ohne daß in der Lehre vom hl. Geist, den Gott in und mit dem Wort gibt, ubi et quando visum est, das göttliche Geheimnis doch noch zur Geltung kommt.«[30]

26 Vgl. die anderen ekklesiologischen Darstellungen von Karl EGER: Das Wesen der deutschevangelischen Volkskirche. Gießen 1906; DERS.: Die Vorbildung zum Pfarramt der Volkskirche, Gießen 1907; [Hermann] MULERT: Eger, Karl. Die Religion in Geschichte und Gegenwart. 2. Aufl. Bd. 2. TÜ 1928, 19.

27 Rudolf SOHM: Das Kirchenrecht. Bd. 1: Die geschichtlichen Grundlagen. L 1892, 700.

28 Karl EGER: Luthers Kirchengedanken und ihre Bedeutung für die Gegenwart. Lu 11 (1929), 47.

29 Eger hob hervor: »...; die Kirche ist nicht bloß Sammlung (etwas *anderes* als ›Summe‹) der Gläubigen, sondern zugleich Mutter der Gläubigen, die durch Gottes Wort aus ihrem Schoß immer neue Kinder gebiert, Glieder gewinnt, die dann selbst wieder an ihrem Teil Gottes Wort mit zu führen und zu treiben haben«; ebd, 48. – »So ist, was Luther von der Kirche sagt, allem geistlichen Sektierertum und Genießertum aufgrund eigner Heiligkeit oder frommer

Dazu gehört auch als Werk der organisierten Kirche, daß die Lehre der göttlichen Wahrheit rein und lauter verkündigt wird. Das ist Aufgabe des Predigtamts, dessen Träger keine besonderen priesterlichen Qualitäten haben, »aber die entsprechende Berufsvorbildung und Berufsverantwortung«. Wie verhält es sich aber mit der Kirche und ihrem Predigtamt »im Ganzen menschlichen Gemeinlebens?«

Hier brachte Eger den Gedanken der »Schöpfungsordnung« ins Spiel, in der alle anderen Ordnungen, auch in der Kirche, ihren Grund haben. Das bedeute keine »Verabsolutierung des augenblicklichen Zustandes dieser Ordnungen und ihrer menschlichen Träger«.

> »Aber es gibt dem natürlichen menschlichen Gemeinleben eine Gründung in letzten Tiefen, die es von äußerlich autoritativer Bevormundung durch ein mit besonderer göttlicher Vollmacht ausgestattetes geistliches Amt *im Glaubensgehorsam gegen Gott selbst* freimacht. Das Predigtamt steht als ›Amt‹ *neben*, nicht über dem Amt der Obrigkeit und des Familienhaupts. Es hat nur die *besondere Aufgabe*, in alles menschliche Einzel- und Gemeindeleben hinein Gottes Wahrheit zu verkündigen, daß der *Glaube* an ihr seine Richtschnur habe. Dagegen liegt alle *Rechtsgewalt* in der Hand der ›Obrigkeit‹ als des für das geordnete menschliche Gemeinleben verantwortlichen Amtes. Und ›christliche‹ Obrigkeit hat selbstverständlich die Pflicht, ihre Amtsgewalt auch in den Dienst einer geordneten ›kirchlichen‹ Versorgung der Glieder des Gemeinwesens zu stellen«.[31]

Das hatte zur Folge, daß die »deutsch-evangelischen Kirchentümer« im Organisatorischen von der Obrigkeit abhängig waren. Eger bemerkte nur:

> »Auf die Schäden und Schwierigkeiten, ja inneren Unmöglichkeiten, die das bei Änderung der inneren Voraussetzungen (›christliche‹ Obrigkeit in einem ›christlichen‹ Gemeinwesen) mit sich bringen mußte, haben wir nicht einzugehen. Wir mußten uns nur klarmachen, aus welchen inneren Beweggründen Luther unter den Verhältnissen *seiner* Zeit diese Entwicklung nicht nur geduldet, sondern, wenn auch nicht ohne Kritik, gefördert hat.«[32]

Die Aktualisierung der Gedanken Luthers versuchte Eger nur in einem kurzen Überblick. Er warnte vor einer Überschätzung des Sonderwerts des »Kirchlichen« gegenüber dem Profanen, da die Einbettung des Kirchlichen in die Gesamtorganisation des bürgerlichen Gemeinwesens, wie sie zu Luthers Zeiten existierte, mehr und mehr verlorengegangen sei.[33]

> Gefühligkeit grundsätzlich ebenso fremd wie der Verholzung in heiligen Sachen oder einem in sich heiligen Lehramt«; ebd, 50.

30 Ebd, 50 f.
31 Ebd, 51.
32 Ebd, 52.
33 Ebd, 52 f: »In dem heutigen Staat der Freiheit der Religionsausübung bis hin zur Freiheit der Gottesleugnung und Gotteslästerung, der Unabhängigkeit der bürgerlichen und staatsbürger-

Auch für die Volkskirche brach Eger eine Lanze.[34] Egers Vortrag ist ein weiteres Beispiel dafür, wie die Luther-Gesellschaft in den Jahren nach dem kirchlichen Umbruch von 1918 ernsthaft bemüht gewesen ist, bei der notwendigen Besinnung der evangelischen Kirche auf ihre neue Stellung in Volk und Staat sowie im Hinblick auf das Neben- und Miteinander verschiedener innerkirchlicher Strömungen Hilfestellung zu leisten.

Wie schon 1925 in München richtete Theodor Heckel – nunmehr Oberkonsistorialrat in Berlin – auch 1928 in Eisleben an die Mitglieder wegweisende Worte für die Arbeit der Luther-Gesellschaft. Das geschah im Rahmen eines Grußwortes im Namen des Präsidenten des Deutschen Evangelischen Kirchenausschusses Hermann Kapler (1867-1941) und des Direktors des Deutschen Evangelischen Kirchenbundesamtes Oberkonsistorialrat Johannes Hosemann (1881-1947). Im Hinblick auf die damals schwierige Situation der evangelischen Kirche, deren Existenz, Recht, Freiheit, Selbstgestaltung und Eigenhoheit von vielen Seiten bedroht, bedrängt und bekämpft worden seien, sah Heckel die Kirche vor der Aufgabe, zu bewähren, was sie ist, und gleichzeitig neu zu werden, was sie sein

lichen Rechte vom Religionsbekenntnis muß die ›Kirche‹ sich notwendigerweise als besondere Organisation im staatlich-bürgerlichen Gemeinwesen, als organisierte Gemeinschaft von Bekennern einer gemeinsamen Glaubensüberzeugung zusammenfassen und wirksam werden. ... Die besondere Aufgabe, der das organisierte Kirchentum von heute zu dienen hat, heißt nicht etwa, die Kinder Gottes von den Kindern der Welt äußerlich sondern, vielmehr: die Ordnungen und Einrichtungen zu schaffen und in Gang zu halten, die dem bewußt bekennenden Zeugnis des Wortes Gottes zu dienen geeignet sind. Das kirchliche Etikett *schadet*, statt zu nützen, wenn es anderes sein will als der Hinweis auf das Werk und die Gabe Gottes selbst. Das können wir uns anderen gar nicht oft und eindringlich genug sagen, gerade weil das ›Kirchliche‹ heute so *nötig* ist.«

34 Ebd, 53 f: »Des weiteren weisen uns Luthers Kirchengedanken auch heute noch deutlich in der Richtung des Dienstes am evangelischen *Volk*, soweit es sich diesen Dienst gefallen läßt, statt der Absonderung in engerem Kreis. Wir können und dürfen kein Kirchentum *machen*: in dem uns unter Gottes geschichtlicher Führung zugewachsenen Volkskirchentum gilt es die Arbeit zu tun im lebendigen Zeugnis des Wortes Gottes. Auch besondere *Gemeinschaften* in der Kirche dürfen sich nie im Sinn der Sonderung der wahren Christen von den bloßen Namenchristen bilden und bestätigen, sondern nur in dem der Befriedigung gemeinsamen Erbauungsbedürfnisses und des Zusammenschlusses zu gemeinsamer Arbeit. ... So bleibt bei allen Wandlungen der Lage und der Aufgaben unseres heutigen Kirchenwesens gegenüber der Zeit Luthers auch für das evangelische Kirchentum von heute und für die Arbeit, die wir darin zu leisten haben, der von Luther wiederentdeckte Regulator alles äußeren Kirchentums, kritisch und lebendigmachend zugleich: die stetige Beziehung zur wesentlichen Kirche, der Gemeinschaft der Gläubigen, die aus *Gottes* Wort lebt und *Gottes* Wort in Wort und Tat zu führen und zu treiben von Gott begnadet und verpflichtet ist.«

soll. In dieser »kirchengeschichtlichen Stunde« komme der Luther-Gesellschaft ein besonderer Beruf zu: Sie treibt ihr Werk mit der Kirche, hält den universalistischen Charakter der reformatorischen Botschaft wach und fördert die Erneuerung des Protestantismus von der Theologie des Kreuzes her.[35]

In diesem Zusammenhang zitierte Heckel ein Wort des Präsidenten Althaus über die Theologie des Kreuzes: »Sie ist die noch uneingelöste Verheißung an die deutsche evangelische Christenheit. Auf sie wartet auch der Weltprotestantismus.« Der Luther-Gesellschaft wünschte er, »daß die Kirche unter dem Kreuz erfüllt werde mit der Theologie des Kreuzes und daß Gottes Geist die Luthergesellschaft klar und stark mache zum Zeugnis über diesem Wort.«[36]

V Die Hauptversammlung in Bielefeld 1929

Welche Bedeutung den Hauptversammlungen der Luther-Gesellschaft für ihre gesamte Arbeit und weitere Entwicklung zukommt, hat der Rückblick im »Lutherjahrbuch« 1993 gezeigt. Auch die XII. Hauptversammlung 1929 in Bielefeld bil-

---

35 Theodor HECKEL: Der Beruf der Luther-Gesellschaft. Lu 10 (1928), 114: »Als erstes: die Luthergesellschaft stellt sich sammelnd und stärkend als Truppe hinter die Front der bekennenden Kirche; sie will nicht neben der Kirche, sondern mit der Kirche und stellvertretend für die Kirche ihr Werk treiben. Und dabei ist in ihrem Forschen, Verkündigen und Lehren die eine klare Linie, daß sie das Kirchentum zu dem nie genug bekannten, unerschöpften und noch unbelebten Kirchengedanken des Reformators zurückruft. ...; aber sie handelt richtig, daß sie den Kirchenlehrer neu erweckt. ...

Das Andere ist dies: durch unsere Zeit geht der Zug zu großen Zusammenschlüssen. Niemand wird die Notwendigkeit verkennen und jedermann weiß, wie gewissenhaft und sorgsam gerade auf der anderen Seite der Deutsche Evangelische Kirchenausschuß die geschichtlich gewordenen und bekenntnismäßig gestalteten Rechte wahrt. Der Luthergesellschaft gilt unter dieser Konstellation der Dank, daß sie über das geschichtlich Gewordene hinaus, das ja auch Grenzen steckt, den universalen Charakter der reformatorischen Botschaft wachhält.

Und das Dritte: Die Kirchenauffassung Luthers, so gewiß es ein Wort für die Zeit sein will, so wenig will es nur ein Zeitwort sein und der Universalismus seinerseits hat nichts zu tun mit all den universalistischen Träumen, die je und je in dem Menschenherzen geboren werden. Beide sind vielmehr gehalten im Wirken der Luthergesellschaft von einer Mitte her, wo Menschenwahn und Menschensünde zu ihrem Ende kommen – von der reformatorischen Theologie des Kreuzes. ... Wenn jüngst die religiöse Lage der Gegenwart mit Recht dahingehend charakterisiert wurde, daß eine Erneuerung des Protestantismus ihren Ausgang nehmen müsse von der Theologie, so stimme ich dem völlig zu. Nur ..., möchte ich weiter sagen, der Ausgangspunkt muß *diese* reformatorische Theologie *des Kreuzes* sein.«

36 Ebd, 114 f.

dete »für die äußere Konsolidierung der Luther-Gesellschaft eine wichtige Etappe«. An Stelle des 1928 verstorbenen Stellvertretenden Vorsitzenden, Konsistorialrat i.R. Julius Jordan (1868-1928) – Konservator der Lutherhalle in Wittenberg und Herausgeber des »Lutherjahrbuchs« von 1919 bis 1927 – wurde der Hamburger Hauptpastor Theodor Knolle zum Zweiten Vorsitzenden gewählt.

Bis dahin war Mitteldeutschland »wie das Ursprungs- so auch das Tagungs-Land der Gesellschaft gewesen«, vor allem die Lutherstädte Wittenberg, Erfurt, Eisleben, Eisenach, Magdeburg. Daneben hatten Tagungen in Berlin, Hannover, Lübeck, Stuttgart und München stattgefunden. Nun war nach sorgsamer Vorarbeit in der kirchlichen- und Tagespresse Westfalens, Bielefeld als Tagungsort ausersehen worden. Auch hier kam es zu einer »überwältigenden Anteilnahme der Bielefelder in überfüllten Kirchen und Sälen wie auch in einer großzügigen Gastfreundschaft der Presbyterien und Gemeindeglieder.«[37]

Das Programm prägten Ereignisse des Jahres 1529, vornehmlich Luthers Katechismus und das Marburger Religionsgespräch. Beides sollte »Anlaß zu neuer grundsätzlicher Besinnung in den Gegenwartsfragen« sein.[38] Die Veranstaltungen wurden mit einer Arbeitskonferenz unter dem Thema »Reformation und Erziehung unter besonderer Berücksichtigung von Luthers Katechismus« für Pastoren, Lehrer und Erzieher eröffnet, die Theodor Heckel leitete. Vor vielen Hunderten von Teilnehmern stellte der Vortragende seine Thesen »so zur Debatte, daß er [sie] mit besonderer Beziehung auf Luthers Kleinen Katechismus ... gemeinsam in Frage und Antwort erarbeiten ließ, ein Versuch der Arbeitsbeteiligung und Erwachsenen-Katechese, der zuerst überraschte, aber doch starkem Interesse begegnete und sicherlich auszubauen ist«.[39]

Zu den Hauptversammlungen gehörte stets ein liturgisch reich ausgestalteter Festgottesdienst und eine Matutin. In Bielefeld predigte Westfalens Generalsuperintendent Wilhelm Zoellner (1860-1937), die Liturgie der beiden gottesdienstlichen Feiern gestaltete Knolle. Bemerkenswert war das Begrüßungswort des Evangelischen Oberkirchenrats und zugleich des Deutschen Evangelischen Kirchenausschusses von Hermann Kapler bei der Hauptversammlung, das die Erwartungen der Evangelischen Kirche in die Arbeit der Luther-Gesellschaft zeigte.[40] Kapler ging von Gegensätzen Westfalens aus: auf der einen Seite »zähes Fest-

---

37 Theodor KNOLLE: Die 12. Hauptversammlung der Luther-Gesellschaft. Lu 12 (1930), 55 f.
38 Ebd, 56.
39 Ebd, 56; vgl. Theodor HECKEL: Reformation und Erziehung. Lu 12 (1930), 3-6.
40 Hermann Kapler (1867-1941) war von 1925 bis 1933 Präsident des Evang. Oberkirchenrats in Berlin und des Deutschen Evang. Kirchenausschusses.

halten an altväterlicher Art«, auf der anderen Seite »riesenhafte industrielle Entwicklung; dort eine Welt, die über den Schwachen mit ehernem Tritt hinwegschreitet und hier neben uns – die Gemeinde der Barmherzigkeit [Betheler Anstalten]. Mitten in dieser Umgebung tagt die Luther-Gesellschaft.« Kapler sah darin ein Gleichnis ihres Wollens, sich mit den herandrängenden Fragen der Zeit und der Zeiten auseinanderzusetzen – unter strenger Besinnung auf die Grundkräfte der Reformation. Neben dieser Standortbestimmung der Arbeit der Luther-Gesellschaft für die Gegenwart sah Kapler die Aufgabe der Gesellschaft im theologischen Wirken

> »in völliger Freiheit von allen verfassungsmäßigen Bindungen und kirchenpolitischen Rücksichten. Das gibt ihr Beweglichkeit und Aufnahmefähigkeit für die neuen Fragen aus Theologie, Kirche und Welt. Durch die Bereitschaft, sich mit diesen Problemen von der reformatorischen Botschaft her auseinanderzusetzen, gewinnt sie Zugang zu Kreisen, die sich den unmittelbaren Weg zu den verfaßten Kirchen verlegt glauben. Gleichzeitig aber vermag sie auch innerhalb der Kirche selbst reformatorische Gedanken zu erwecken, die dort unter den Ablagerungen der Tradition für die Gegenwart unsichtbar geworden sein mögen. ... Nicht Diskussion um der Diskussion willen zu treiben gilt es hier; vielmehr darauf kommt es ihr an, die Autorität der Sache zur Geltung zu bringen. Dies Bekenntnis zur Autorität der Sache aber will nichts anderes als Gehorsam betätigen und erwecken gegen die Wahrheitsmacht der Reformation, eine Wahrheitsmacht, die alle menschliche Weisheit untergibt unter die göttliche Torheit im Kreuze Jesu Christi.
>
> In diesem Ernst getrieben und von dieser Verantwortung getragen, hat der Dienst der Luthergesellschaft noch ein weites Feld und eine verheißungsvolle Mission.«[41]

Der Besuch der Betheler Anstalten durch die Teilnehmer an der Hauptversammlung hinterließ »einen tiefen Eindruck«. Friedrich von Bodelschwingh (1877-1946) unterstrich, daß das Betheler Werk und die Arbeit der Luther-Gesellschaft »die gleichen Glaubenswurzeln« aufweisen.[42]

Das zweite Thema »Luthers Abendmahlslehre« wurde von Paul Althaus behandelt. Ausgehend von der Entwicklung in Luthers Abendmahlsgedanken hob der Vortragende »die für ihn entscheidenden und bleibenden Motive (der Gehorsam gegen Gottes klares Wort), die Zusammenhänge des Gedankens der Realpräsenz mit seinem Gesamtverständnis des Evangeliums, insbesondere auch mit seiner Christologie, die Wirkung der in Brot und Wein gegenwärtigen Leiblichkeit Christi« hervor.[43]

41 [Hermann] KAPLER: Luther-Gesellschaft, Theologie und Kirche. Lu 12 (1930), 2 f.
42 Knolle: Die 12. Hauptversammlung ..., 57.
43 Ebd, 56; Paul ALTHAUS: Luthers Abendmahlslehre. LuJ 11 (1929), 2-42.

Auf der 13. Hauptversammlung wurde der schon in Hannover 1927 gefaßte Beschluß verwirklicht, große Tagungen nur noch alle zwei Jahre stattfinden zu lassen. Demgemäß wurde die Jahresversammlung 1930 nur als »kleine« Tagung abgehalten. Als Tagungsort war Berlin ausgewählt, wohin – veranlaßt durch eine organisatorische Umstellung – die gesamte Geschäftsführung verlegt worden war. Die Tagung hatte deshalb auch einen mehr geschäftlichen Charakter. Dabei standen eine Satzungsänderung, Neugliederung des Vorstandes und finanzielle Probleme »in unsrer wirtschaftlich so schwierigen Zeit« auf der Tagesordnung.[44]

Ein Antrag von Oberkonsistorialrat Heckel verdient besondere Erwähnung: »schleunigste Einrichtung von Ausbildungskursen für Lutherforschung im Einvernehmen mit dem Deutsch-evangelischen Kirchenausschuß und der Lutherhalle-Wittenberg sowohl für die Lehrenden und Leitenden in der Kirche wie für Theologiestudierende und das kirchlich-aktive Laienelement.«[45]

Trotz des mehr geschäftlichen Charakters der Tagung hatte es sich die Berliner Ortsgruppe nicht nehmen lassen, einen Vortrag zu veranstalten, der im »überfüllten auditorium maximum« stattfand. Althaus sprach über »Der Sinn der Ethik im Protestantismus«. Er wies nach, »daß evangelische Ethik nichts anderes ist als das Gehorsam-Bekenntnis des von Gott geliebten Menschen zu seiner Würde als Gottes Kind. Dann grenzte er diese Ethik scharf ab gegen die Individual-Ethik des Mönches und des Moralisten, die den schlichten Gehorsam in eine sittliche Leistung umfälscht; und gegen die Sozial-Ethik der nie aussterbenden Schwärmer, deren Schwung aus geschichtlichen Zukunftsbildern stammt und die ebenfalls wieder alles vom Menschen erwarten statt von Gott.«[46]

Die Tagung schloß mit einer »Lutherischen Vesper« in dem mit mehr als tausend Menschen gefüllten Dom, wobei der Zweite Vorsitzende der Berliner

---

44 Werner Görnandt: Die 13. Hauptversammlung der Luther-Gesellschaft. Lu 13 (1931), 26 f. Die organisatorische Änderung sah vor, daß der »Vorstand« nur noch aus dem Ersten und Zweiten Präsidenten (als Stellvertreter) besteht. Ihm tritt zur Führung der laufenden Geschäfte ein »geschäftsführender Ausschuß« zur Seite, dem neben den beiden Präsidenten, dem Geschäftsführer und Schatzmeister noch ein hinzuzuwählendes Mitglied gehört. Als dritte Instanz fungiert der »Gesamtausschuß«, zu dem neben dem geschäftsführenden Ausschuß sämtliche Vorsitzenden der Orts- bzw. Landesgruppen bzw. deren Vertreter gehören.

45 Ebd, 27.

46 Ebd, 28.

Ortsgruppe, Dompprediger Bruno Doehring (1879-1961), die Ansprache hielt und der als Kirchenmusiker bekannte Wittenberger Pfarrer Georg Kempff (1893-1975) als Liturg fungierte.[47]

VII Das Gedenkjahr der »Confessio Augustana« 1930

Im Jahr des Augustana-Jubiläums standen die Publikationen der Luther-Gesellschaft ganz im Zeichen dieses Ereignisses. Zunächst galt das für die Zeitschrift »Luther«. Gemäß der Zielsetzung der Luther-Gesellschaft beschäftigten sich die Beiträge nicht allein mit den Ereignissen des Jahres 1530 und den Jahrhundertfeiern der »Confessio Augustana«, sondern ebenso mit der Bedeutung reformatorischer Theologie für aktuelle Probleme. In diesem Fall waren es die Thesen zur Erziehung, die Theodor Heckel auf der Hauptversammlung 1929 vorgelegt hatte.

Das »Lutherjahrbuch« erschien in »festlichem Kleid«.[48] Auf dem Einband wurde die von 1919 an verwendete Titelbordüre durch Ps 118, 17:

»NON MORIAR / SED VIVAM ET NARRABO OPERA DOMINI«,

in Rot ersetzt. Seit 1975 schmückt an Stelle der Titelangabe inmitten des kreisförmig gestalteten Psalmverses die Lutherrose den Einband, beides in Schwarz. Das »Lutherjahrbuch 1930« diente gleichzeitig als Festgabe des Deutschen Evangelischen Kirchenbundes für die Teilnehmer der Augsburger Jubiläumsfeier. Es enthielt Aufsätze namhafter Lutherforscher.

Der 1931 herausgegebene »Festbericht« über die Augsburger Jubiläumsveranstaltungen wurde – wie 1921 der Bericht über die Wormser Erinnerungsfeier in Stuttgart – wiederum von der Luther-Gesellschaft übernommen.[49] Sie wollte damit zeigen, daß es ihr nicht nur um Luthers persönliches Bekenntnis, sondern auch um »die sachliche Bekenntnis-Gestaltung der Reformationskirchen« geht. »Beides nicht nur im Sinne geschichtlicher Erinnerung, sondern im Willen eines Innewer-

---

47 Ebd, 29.
48 [Theodor] KNOLLE: Zum Geleit. LuJ 12 (1930), VIII. Das Jahrbuch enthielt folgende Beiträge: Johannes VON WALTER: Der Reichstag zu Augsburg 1530, 1-90; Erich VOGELSANG: Der confessio-Begriff des jungen Luther (1513-1522), 91-108; Hans VON SCHUBERT: Luther auf der Coburg, 109-161; Rudolf HERMANN: Zur theologischen Würdigung der Augustana, 162-214. Da die Aufsätze den üblichen Umfang des Jahrbuches überschritten, erschien die dafür vorgesehene Arbeit von Althaus als selbständige Schrift; Paul ALTHAUS: Der Geist der lutherischen Ethik im Augsburgischen Bekenntnis. M 1930 (Schriftenreihe der Luther-Gesellschaft; 5).
49 VIERHUNDERTJAHRFEIER DER AUGSBURGISCHEN KONFESSION: Augsburg 20.-26. Juni 1930; Festbericht/ hrsg. von der Luther-Gesellschaft. M 1931. VI, 223 S.: Ill.; Paul ALTHAUS: Das lebendige Bekenntnis: Festvortrag. Ebd, 149-164.

dens und Innehaltens vor dem Zeugnis des Handelns Gottes, das wie für die Vergangenheit auch für die Gegenwart gilt.« Unter bewußtem »Verzicht auf Stimmungsschilderung und Bewertung sollte der Band dokumentarischen Charakter haben, damit zugleich »eine Stärkung in der Bekenntnisnot und -notwendigkeit der Gegenwart« sein.[50] Der bebilderte Berichtsband vereinigte die an den siebentägigen Feierlichkeiten gehaltenen Predigten, Vorträge, Begrüßungsworte in- und ausländischer Gäste, sowie Berichte über die musikalischen Darbietungen, Theateraufführungen und den großen historischen Festzug. Neben der Bedeutung des Bandes als zeitgenössisches Dokument für die Situation der Evangelischen Kirche und ihre Stellung im öffentlichen Leben Deutschlands wird an der Herausgeberschaft der Luther-Gesellschaft zugleich deren enge Verbindung mit dem Gesamtprotestantismus deutlich.[51]

VIII Jahresversammlung in Potsdam 1932

Da die für 1930 geplante Jahresversammlung in Dresden aus verschiedenen Gründen nicht stattfinden konnte, wurde zur 14. Jahresversammlung 1932 nach Potsdam eingeladen.[52] An ihrem Beginn stand eine Rundfunkansprache von Paul Althaus über die Deutsche Welle zum Thema »Das Wort Luthers für unsere Zeit«.[53] Dabei betonte der Erlanger Theologe, daß es sich gegenwärtig nicht einfach um eine Lutherrenaissance handeln könne, weil zwischen Luther und uns vierhundert Jahre Geschichte liegen. Gegenüber der Hochschätzung des »Protestanten« Luther durch die gebildete Welt gelte es heute, den evangelischen Luther nicht zu übersehen, der in seinem Kampf gegen die Kirche um die Kirche rang. Wer heute von der organisierten Kirche enttäuscht sei und scharfe Kritik übe, sei nur im Recht, wenn er auch die Kirche selbst liebe. Luther habe gewußt, daß die Gemeinde Jesu Christi überall da sei, wo die Menschen nach dem Bekenntnis des Apostels Paulus »die Herrlichkeit Gottes auf dem Gesichte Jesu wahrnehmen«. Auch die von ihm bekämpfte Kirche seiner Tage nannte Luther heilig. Nach seiner Auffassung sei die Kirche die unsichtbare Kirche, das verborgene Volk Gottes. Als Christ aber habe Luther gewußt, daß die Gemeinde Gottes

---

50 [Theodor] KNOLLE: Vorwort. Ebd, VII.
51 Besprechung des Berichtsbandes von Theodor Knolle: Lu 13 (1931), 90.
52 Protokolle der Sitzungen des Geschäftsführenden Ausschusses vom 30. März und 16. Oktober 1931 in Berlin; Hamburg, Archiv der Luther-Gesellschaft.
53 Daniel KOSCHADE: Die 14. Jahresversammlung der Luther-Gesellschaft in Potsdam. Lu 14 (1932) 11.

niemals ohne geschichtliche Grundlage sein könne. Wenn wir das heute als peinlich empfinden, so würde der Reformator antworten, es sei genau so peinlich wie die Tatsache, daß Gott in Christus Mensch wurde. Gott offenbare sich in der Geschichte und stelle die organisierte Kirche in seinen Dienst. »Heute gehen große Strömungen nationaler Selbstbestimmung durch unsere Reihen. Sie haben aber oft die Tendenz, statt des einen Gottes Parteigötzen zu erheben, weltliche Religionen zu schaffen. Wir dürfen niemals vergessen, daß Martin Luther sich aus seinem ganzen Deutschtum heraus unter das Evangelium stellte. Erst wo man das Neue Testament zum Fundament macht, wird die Verantwortung für das Volk groß.« Über allen weltanschaulichen und politischen Kämpfen, die nicht das letzte seien, stehe der heilige Gott, der uns seinen Sohn als Heiland sandte, dessen Gnade wir alle bedürfen. Das sei Luthers Ruf an die Gegenwart.[54]

Auf der im Schauspielhaus abgehaltenen Festversammlung sprach Generalsuperintendent Otto Dibelius einleitend über »Das Anliegen der deutschen Reformation und die Kirche von heute«. Seine Worte waren ein Aufruf, »sich mit Luther um die Bibel zu versammeln«. Ein Anliegen der Kirche von heute müsse es sein, das Wort von Gottes Gericht und Gnade, von der Rechtfertigung allein durch den Glauben im Kampf gegen den Säkularismus der Gegenwart, ... zur Geltung zu bringen«.[55]

Den Festvortrag »Johann Walter und die Musik der Reformationszeit« hielt der Freiburger Musikwissenschaftler Wilibald Gurlitt (1889-1963), in dem er der »geschichtlich-gesellschaftlichen Wirklichkeit« nachging, »in der die *reformatorische Botschaft* das gültige Baugesetz auch der Musik und Musizierformen, des Singens und der Kantorei gewesen ist«. Als Beispiel dient diejenige Musikerpersönlichkeit, die von der reformatorischen Botschaft am unmittelbarsten und nachhaltigsten ergriffen worden ist: Johannes Walter (1496-1570), »der Urgestalt des evangelischen Kantors«. Ihm verdanken wir, »die stilistischen und musikorganisatorischen Grundlagen für die Weltgeltung der Musik des deutschen Luthertums, der unvergänglichen Kunst eines Michael Prätorius [1571-1621], Heinrich Schütz [1585-1672], Dietrich Buxtehude [1637-1707], Johann Sebastian Bach [1685-1750]«. Gurlitt behandelte sein Thema in drei Abschnitten: 1. Johann Walter als Sänger in der Hofkantorei Friedrichs des Weisen (1463-1525); 2. Als Kantor an der La-

---

54 Bericht in: Der Reichsbote (B 14. Februar 1932) Beilage.
55 Koschade: Die 14. Jahresversammlung ..., 11 f.
56 Ebd, 12-14; die erweiterte Fassung siehe Wilibald GURLITT: Johannes Walter und die Musik der Reformationszeit. LuJ 15 (1933), 1-112.

teinschule und als Gründer und Leiter der Stadtkantorei in Torgau; 3. Der evangelische Ansatz in der Musik und Musikanschauung Johann Walters.[56] Dieser großangelegte Vortrag machte deutlich, daß »die tief bewegende Selbstbesinnung der evangelischen Theologie und Kirche« auch in der Kirchenmusik und im Musikleben der Gegenwart »Erneuerungskräfte mannigfacher Art« geweckt hatte. »Auf Grund des erneuten Studiums des reformatorischen Ursprungs seines Auftrags und seiner Kunst ringt der Kirchenmusiker, Kantor wie Organist, in Auseinandersetzung mit den jungen Bewegungen unserer Tage, der theologischen und der liturgischen, der Sing- und der Orgelbewegung, um ein theoretisch geklärtes und geschichtlich vertieftes Selbstbewußtsein.«[57] Eine hörbare Veranschaulichung des Vortrages erfolgte durch die Chorgesänge von Johann Walter, dargeboten vom Potsdamer Bachverein unter der Leitung von Musikdirektor Wilhelm Kempff.[58] Das für die Geschichte der Lutherrezeption bedeutsamste Moment des Vortrages von Gurlitt bestand darin, aufgezeigt zu haben, welche weitreichenden Folgen – über das rein Theologische hinaus – die Lutherrenaissance hatte. Die Luther-Gesellschaft hatte diesem Anliegen, vor allem durch ihren Zweiten Vorsitzenden, Theodor Knolle, besondere Förderung angedeihen lassen.

Der erste Tag der Jahresversammlung schloß mit einem Festgottesdienst im »Potsdamer Dom St. Nicolai«, der als lutherische Vesper gestaltet war und bei der Pfarrer Georg Kempff als Liturg fungierte und Knolle über Is 28, 19 – »Allein die Anfechtung lehret aufs Wort merken« – predigte. Dabei wurde die »Wittenberger Matthäuspassion« von Johann Walter aufgeführt.[59]

Der Göttinger Alttestamentler Johannes Hempel (1891-1964) zeigte in seinem Vortrag »Das reformatorische Evangelium und das Alte Testament« die reformatorische Auffassung von der Einheit des Heilswillens Gottes und des gottgeordneten Heilsweges auf. Der Kirchenhistoriker Hermann Wolfgang Beyer (1898-1943) aus Greifswald leitete eine Arbeitsgemeinschaft zum Thema »Der Christ und die Bergpredigt nach Luthers Deutung«.[60]

Der Geschäftführer der Luther-Gesellschaft, der Berliner Superintendent Werner Görnandt (1893-1969), wies in der Mitgliederversammlung auf die von ihm eingerichteten und gut besuchten »Lutherstunden« in Potsdam hin. Beim letzten Beisammensein eines kleineren Kreises kam Althaus auf die »notwendige Synthese zwischen dem Geist von Potsdam und dem Geist von Weimar« zu spre-

---

57 Gurlitt: Johannes Walter ..., 1.
58 Koschade: Die 14. Jahresversammlung ..., 14.
59 Ebd, 14.
60 Ebd, 15-18; beide Vorträge LuJ 14 (1932), 1-32. 33-60.

chen, »die aber erst durch die Unterordnung unter und Befruchtung durch das reformatorische Evangelium unserem zerrissenen und hartgeprüften Volke zum Segen werden könne. Möchte es der Luther-Gesellschaft geschenkt werden, an ihrem Teil zur Erreichung dieses Zieles gesegneten Dienst zu leisten!«[61]

In einem Resümee über die Potsdamer Tagung beantwortete Görnandt in den »Nachrichten aus Potsdam« die Frage nach dem Ziel der Jahresversammlung der Luther-Gesellschaft:

»... die religiösen Gedanken und Kräfte der deutschen Reformation wieder ins deutsche Land zu leiten, den ›Geist von Wittenberg‹ in der Gegenwart wieder lebendig werden zu lassen in Potsdam und anderswo. Man könnte das Anliegen Luthers in dem kurzen Satz zusammenfassen: Es ging ihm einzig darum, den Christus Gottes wieder in die Mitte zu stellen! So warf er sich mit der ganzen prophetischen Wucht seines Glaubens in der Kirche gegen alle Menschensatzungen und Menschengedichte, die Gottes Wort und Willen verdunkelten; so warf er sich mit der gleichen Wucht im politischen und wirtschaftlichen Kampf seiner Tage (der nicht weniger heftig war als der, den wir heute durchzufechten haben!) gegen jeden Versuch, Christus ›fleischlich‹ zu machen, d. h. das Evangelium zu einer politischen oder sozialen Botschaft umzufälschen. So wahr Luther der Deutscheste aller Deutschen war, so wahr die Reformation ein nationales Ereignis ersten Ranges war – (›Nie zuvor und niemals in den seitdem verflossenen Jahrhunderten war Deutschland in diesem Grade der bewegende Mittelpunkt von Europa wie vor 400 Jahren‹ schreibt der Historiker Th[eodor] Brieger [1842-1915]) – so gewiß ist der rein kirchliche Charakter der deutschen Reformation: es ging ihr allein um die geoffenbarte göttliche Wahrheit und ihre Geltung für unser deutsches Volk und für die ganze Welt! So wendet sich der Geist von Wittenberg auch heute noch mit der gleichen rücksichtslosen Schärfe wie vor 400 Jahren gegen alle Bewegungen, welche etwa die Offenbarung Gottes in Volksmärchen und Volksmythen statt allein in Jesus Christus suchen; welche etwa in der Umgestaltung irdischer Verhältnisse letzte Ziele sehen, welche etwa Menschen-Führern Altäre errichten und statt *mit* Religion an ihre politischen Aufgaben herangehen, aus ihnen eine Religion machen, statt sich in die Christus-Kirche einzureihen, sich ihre eigene Partei-Kirche bauen. Das Wort Gottes *über* alle Menschenworte, der Christus Gottes *über* alle Menschengötter: das ist der ›Geist von Wittenberg‹.«[62]

Das war auf dem Höhepunkt der politischen und wirtschaftlichen Krise in Deutschland ein Ruf zur Sache und zugleich eine Warnung vor dem, was kommen sollte.

---

61 Koschade: Die 14. Jahresversammlung ..., 18; die Berufung auf den »Geist von Weimar« hängt mit den Feiern zur Wiederkehr des 100. Todestages Goethes zusammen.
62 NACHRICHTEN AUS POTSDAM. Potsdamer Tageszeitung (1932) Nr. 43 (20. Februar).

IX Die Luther-Gesellschaft 1933 und 1934

Die kommenden, für die Evangelische Kirche in Deutschland schwierigen Jahre des Kirchenkampfes haben ihre Spuren auch in der Luther-Gesellschaft hinterlassen. Während sich der Geschäftsführende Ausschuß auf seiner Sitzung am 27. Januar 1933 in Berlin nur mit den üblichen organisatorischen und geschäftlichen Fragen beschäftigte, bot die Sitzung am 24. Oktober 1933 in Potsdam ein anderes Bild.[63] Im Protokoll heißt es:

> »Es wird zunächst die Lage der Luther-Gesellschaft in der gegenwärtigen kirchlichen Situation genau besprochen. Man ist sich einig darüber, daß eine besondere Satzungsänderung oder eine Neuordnung der Arbeitsverhältnisse innerhalb des Vorstandes getroffen werden müßte. Der Herr Reichsbischof soll gebeten werden, die Schirmherrschaft über die Luther-Gesellschaft zu übernehmen. Der Präsident wird sich dieserhalb mit ihm ins Benehmen setzen. Außerdem soll der Kirchenminister Landesbischof Schoeffel[64], der gleichzeitig das Dezernat über die ökumenischen Angelegenheiten – wie über die Luther-Gesellschaft – in der Reichskirchenregierung hat, zu den Präsidialsitzungen hinzugezogen werden. Das Präsidium erhält außerdem die Vollmacht, jeweils einen besonderen Führerrat zu bilden und zu Beratungen die ihm geeignet erscheinenden Persönlichkeiten hinzuzuziehen. Die Neuordnung des Gesamtausschusses wird der Mitgliederversammlung auf der nächsten Jahresversammlung überlassen.«[65]

Diese für uns heute unverständlichen Beschlüsse sind vornehmlich aus der von Idealismus und Nationalismus geprägten politischen Einstellung eines großen Teiles der deutschen evangelischen Theologen- und Pfarrerschaft zu verstehen. Das alles wurde verstärkt durch den Zusammenbruch 1918, das Friedensdiktat von Versailles 1919 und den darauffolgenden politischen und wirtschaftlichen Niedergang Deutschlands. Schon die Gründungsphase der Luther-Gesellschaft hatte das gezeigt.[66] Aber auch viele der früher oder später im Kirchenkampf und aktivem Widerstand gegen das NS-Regime stehenden Männer aus Kirche und Theologie sowie Persönlichkeiten aus Wissenschaft, Kunst, Kultur, Politik und Militär haben sich 1933 zunächst von einer bis dahin nicht gekannten raffinier-

---

63 Teilnehmer waren: Althaus, Knolle, Schatzmeister Oberkirchenrat Direktor Johannes Hosemann aus Breslau (1881-1947) und Beisitzer der Wittenberger Superintendent Maximilian Meichßner, der selbst in Gestapohaft geriet und dessen Sohn Oberst i. G. Joachim Meichßner (1906-1944) als Teilnehmer am Aufstand gegen Hitler am 29. September 1944 hingerichtet wurde.

64 Simon Schoeffel (1880-1959), 1933/34 Bischof der Evang.-Luth. Kirche Hamburg.

65 Protokoll im Archiv der Luther-Gesellschaft Hamburg.

66 Vgl. Düfel: Voraussetzungen, Gründung und Anfang der Luther-Gesellschaft, 72 passim.

ten und rabulistischen Propaganda blenden lassen. Darunter befanden sich gerade auch reformerische Kräfte, die sich durch die Verbindung von nationalem Gedankengut und Sozialismus eine bessere Zukunft erhofften.

Das lassen zwei Beiträge in der Zeitschrift »Luther« 1933 erkennen. Es handelt sich dabei um einen Vortrag von Knolle beim Festakt der Evang.-Luth. Kirche in Lübeck zum 400. Geburtstag Luthers über »Luther und die deutsche Gegenwart« sowie um eine Predigt von Hermann Wolfgang Beyer über »Luthers Wort in unserer Zeit«, gehalten in der Schloßkirche zu Wittenberg bei einem Festgottesdienst am 10. Oktober 1933.

Knolles Vortrag zeigt, wie das Luthergedenken 1933 von den Ereignissen der »nationalen Erhebung« überlagert wurde und in den Bann des durch die Lutherrenaissance überwunden geglaubten nationalistischen Lutherverständnisses des 19. Jahrhunderts hineingeriet. Man meint, Heinrich von Treitschkes (1834-1896) Worte aus seiner Gedächtnisrede von 1883 zu hören und spürt den »gefährlichen Rausch«, der für so manche Luther- und Reformationsfeiern des 19. Jahrhunderts kennzeichnend war,[67] verstärkt durch die neue »Blut- und Bodenideologie«. Knolles Schlußsätze machen das deutlich:

> »Martin Luther, der Sproß deutschen Blutes und Bodens, der Meister deutscher Sprache und deutschen Liedes, der Mann und Held deutscher Wahrhaftigkeit, ist der Deutschen Prophet. Er hat das deutsche Volk und die christliche Kirche zu einem unzerreißbaren Bunde zusammengeführt. ... Die Reformation Luthers war gewiß zuerst und zutiefst die Wiederentdeckung der Frohbotschaft Gottes in Christus, sie war es aber zugleich in der Form der Germanisierung des Christentums, einer Form, in der keins von beiden um seine Art gebracht wurde. Christus wurde Gegenwart im deutschen Lande und die deutsche Seele fand ihren Herrn und Führer.
> Das ist Luthers Bedeutung für die deutsche Gegenwart, daß er – der deutsche Prophet – uns aufs neue zu dieser Begegnung von Christentum und Deutschtum ruft und rüstet.«[68]

Beyers Festpredigt über 2 P 1, 19-21 feierte ebenfalls Luther als den »Propheten der Deutschen« und stellte zugleich eine Verbindung der »großen neuen Wahrheitserkenntnis, die Gott in den letzten Jahrzehnten in der theologischen Wiederentdeckung der Reformation hat unter uns aufbrechen lassen« zu dem »stürmischen Willen zu völkischer und kirchlicher Wiedergeburt« her. Von der »radikalen Erneuerung unseres Glaubens« und der »radikalen Erneuerung unserer Kirche« hängt ab,

---

67 Vgl. Heinrich Bornkamm: Luther im Spiegel der deutschen Geistesgeschichte. 2. Aufl. GÖ 1970, 52.

68 Theodor Knolle: Luther und die deutsche Gegenwart. Lu 15 (1933), 125 f.

»ob wir zu einer radikalen Erneuerung unseres Volkes kommen, das dann wieder zu einer unüberwindlichen Gemeinschaft im Glauben wird. Luthers Wort und der Geist unserer Zeit stehen in einer tiefen und geheimen Beziehung aufeinander. Wir aber sind gerufen, uns mit unserer ganzen Kraft dafür einzusetzen, daß sie sich wirklich finden. ... Das Lutherjahr, das Jahr der deutschen Wiedergeburt, soll uns bereit finden zu neuem Einsatz und zu neuer Tat«.[69]

Und obwohl Beyer ahnungsvoll davon spricht, daß »jene zersetzenden Kräfte niedergeschlagen werden müssen, die an Stelle echten Christentums eine Nationalreligion setzen wollen, in der der Liberalismus in seiner gefährlichsten, seiner religiösen Form zu neuem Leben erwacht«,[70] bekennt er:

»Wir schauen voll Vertrauen auf den Führer des Volkes; wir stellen uns fürbittend um die Führer der Kirche. Wir sind dankbar für das Wunder dieser Gegenwart. Aber wir wissen auch um den gottgewollten Zusammenhang allen Geschehens, um die bleibende Lebendigkeit der Geschichte. ... Wir wollen uns« von Luther »zu Jesus Christus weisen lassen«.[71]

Zusammengefaßt finden sich diese Gedanken in einer damals vielfach in christlichen Kreisen kolportierten Losung: »Alles für Deutschland – Deutschland für Christus«![72]

Auch Beyer gehörte zu den jüngeren Theologieprofessoren, die zum Teil leidenschaftlich die unbedingte Solidarität der Kirche mit dem neuen Staat forderten, aber zugleich war er gegen Gewaltmaßnahmen. Er forderte die Reichsleitung der Deutschen Christen auf, einen Kurs festzulegen, der eindeutig bezeuge, »daß wir nicht durch den Einsatz organisatorischer Machtmittel Massen vergewaltigen, sondern Herzen für die neu sich formierende Kirche und für die sieghafte Gewalt unserer Sache gewinnen wollen«. Klaus Scholder (1930-1985) sah darin »ein Zeichen für die merkwürdige Mischung aus Zweifel und Enthusiasmus, die für den kirchlichen Flügel der Glaubensbewegung so charakteristisch war und blieb«. Wie unzählige andere sah auch Beyer, der zum Gesamtausschuß der Luther-Gesellschaft gehörte, in den Ereignissen von 1933 »nicht nur einen Regierungswechsel, sondern eine Schicksalswende, die so oder so über Deutschlands – und nicht nur Deutschlands! – Zukunft entscheiden würde«. Eine Erwartung,

»der Hitler mit dem religiösen Ton seiner Reden, mit dem Tag von Potsdam und den Feiern zum 1. Mai, mit dem Anspruch, der Meister des deutschen Schicksals zu sein, und mit der Entschlossenheit aller seiner Maßnahmen auf das genaueste entsprach. Und so

69 Hermann Wolfgang BEYER: Luthers Wort in unserer Zeit. Lu 15 (1933), 71 f.
70 Ebd, 71.
71 Ebd, 72.

wurde es auch in Theologie und Kirche weithin bald zu einer unumstößlichen Gewißheit, daß es jetzt die ganze Zukunft gelte, daß in dieser Zeit alles zu gewinnen oder zu verlieren sei, daß man sich und - so viel im einzelnen bedenklich, schwierig oder ärgerlich sein mochte - mit ganzer Kraft für die neue Zeit einsetzen müsse. Die Gewißheit ergriff nicht alle, aber doch viele. Sie bestimmte als gemeinsame Voraussetzung das Bild des breiten Aufbruchs der deutschen Theologie im Sommer 1933«.[73]

Die Aufgabe, »eine große Wende des deutschen Schicksals von Gott her zu deuten und gestaltend an ihr Anteil zu nehmen« – so Hanns Rückert (1901-1974) – »war im Sommer 1933 fast durchweg anerkannt«.[74] Beyer wurde schließlich von Ludwig Müller (1883-1945) in das Geistliche Ministerium als Vertreter der Unierten berufen, bis er Anfang 1934 sein Amt zur Verfügung stellte. Die Zeit der Illusionen ging zu Ende.

In diesem Zusammenhang muß auf einen Ruf zur Sache im Hinblick auf die Zukunft der evangelischen Kirche hingewiesen werden, den Martin Doerne (1900-1970), Studiendirektor des Predigerseminars Lückendorf, in der Zeitschrift »Luther« kurz vor der politischen Wende 1933 ergehen ließ. Ausgehend vom Niedergang des Individualismus in der Zeit nach dem Ersten Weltkrieg und der Neubesinnung über Wesen und Aufgabe der Kirche, die in den 20er Jahren ihren Höhepunkt in den Gedanken vom »Jahrhundert der Kirche« fand, rückte Doerne dieses neue Kirchenverständnis in das Licht von Luthers kirchlichem Vermächtnis. Eine wichtige Ursache für die Erneuerung des Selbständigkeitswillens der evangelischen Kirche nach 1918 sah Doerne im Anschluß an Dibelius in der »sozialistischen oder besser: *kollektivistischen*« Lebenshaltung, die es erforderlich mache, »durch straffen organisatorischen Zusammenschluß« Kirche zu bauen und zu wollen, d. h. »m. a. W. auf ein Kirchentum von Gnaden der Konstellation«.[75] Doerne stellt solcher »Konjunkturkirchlichkeit« die »ewige Sache der Kirche« gegenüber, die »auf das Wort der Bibel und auf die Botschaft der Reformation« gegründet ist. Dabei komme der Rückbesinnung auf den reformatorischen Kirchenbegriff besondere Bedeutung zu, um einer weiteren Verweltlichung der Kirche entgegenzuwirken.

72 Vgl. z. B. Dankwart Graf VON ARNIM: Als Brandenburg noch die Mark hieß: Erinnerungen/ hrsg. von Gaby Gräfin von Arnim. B 1991, 114.

73 Klaus SCHOLDER: Die Kirchen und das Dritte Reich. Bd. 1: Vorgeschichte und Zeit der Illusion: 1918-1934. F 1986, 402. 430. 529 f. Daß anfangs sich auch namhafte römisch-katholische Universitätstheologen positiv zum NS-Staat und seiner Weltanschauung verhielten, hat Scholder dargelegt; ebd, 539-546.

74 Ebd, 529.

75 Martin DOERNE: Luthers kirchliches Vermächtnis an die Gegenwart. Lu 14 (1932), 103 f.

»In dieser kritischen Lage, deren Versuchungen durch die voraussichtliche Gestaltung der nächsten deutschen Zukunft vielleicht noch erheblich verschärft werden, kann und soll Luthers Kirchenverständnis der evangelischen Christenheit den Dienst tun, ihren neuen kirchlichen Willen zu klären und zu reinigen. Für das Geschick der evangelischen Kirche wird alles darauf ankommen, daß das Werk der Reformation im Sinne Luthers nicht nur als ehrwürdiges Vätererbe konserviert wird, sondern durch unser empirisches Kirchentum hindurch als Kraft der Reinigung gegenwärtig-wirksam fortgeht.«[76]

Es hängt alles an der »*unbedingten Geschlossenheit der Wechselbeziehung zwischen Kirche und Wort Gottes*«. Darin besteht Luthers Mission an die Kirche der Gegenwart. »Tota vita et substantia ecclesiae est in verbo Dei (WA 7, 721).«[77] Luthers Kirchenbegriff bedeute »die *Absage* an alle *Vergöttlichung* und *Dogmatisierung* der kirchlichen *Organisationsfragen*«. Auch »›Lutherrenaissance‹ und Lutherromantik kann eine gefährliche Versuchung für uns werden, die besondere Lage unserer Zeit und unserer Kirche nicht ernst zu nehmen.«[78]

Mit diesen kritischen Bemerkungen verbindet Doerne eine Rehabilitierung der viel angefeindeten Landeskirchen, zumal »›Landeskirche‹ und ›Volkskirche‹ in ihrem Kerne ja nichts anderes sind als Gestalten der *Kirche der Kindertaufe*«. Der Verfasser schließt seinen Aufsatz mit den Worten: »Arme Leute, die immer nur Kirche ›wollen‹ und auf nichts anderes hoffen als auf ein Jahrhundert der Kirche. Man kann mehr hoffen. Man kann mehr wissen, wenn man bei Luther in die Schule geht.«[79] Auch wenn Doernes Stimme damals zunächst ungehört verhallte – seine bis heute beherzigenswerten Darlegungen bezeugen, daß die Luther-Gesellschaft als Ganzes nicht der ideologischen Euphorie jener Tage verfallen war.

Ein knappes halbes Jahr nach den Beschlüssen der Ausschußsitzung vom 24. Oktober 1933, in der von Satzungsänderungen, Neuordnung und »Führerrat« die Rede war, fand die nächste Sitzung des Geschäftsführenden Ausschusses in Berlin statt. In der Zwischenzeit war der Kirchenkampf voll entbrannt. Davon zeugt das Protokoll, in dem mit knappen Formulierungen die Beschlüsse vom 24. Oktober 1933 zurückgenommen werden. Da heißt es:

»Die Stellung der Luther-Gesellschaft in der gegenwärtigen kirchenpolitischen Lage wird eingehend besprochen. Die Beschlüsse aus dem Oktober 1933 hinsichtlich der Neuorganisation der Organe der Gesellschaft scheinen durch die seitherige Entwicklung überholt.

76 Ebd, 105 f.
77 Ebd, 106 f.
78 Ebd, 109 f.
79 Ebd, 117; vgl. Martin DOERNE: Gottes Volk und Gottes Wort: zur Einführung in Luthers Theologie der Kirche. LuJ 14 (1932), 61-98.

Herr D. Hosemann wird gebeten, bis zur Frühjahrstagung des Ausschusses einen Vorschlag für die Satzungsänderung vorzulegen. Die Einberufung des Gesamtausschusses und der Mitgliederversammlung wird noch hinausgeschoben. Es wird die Frage erörtert, ob nicht gerade die Luther-Gesellschaft die Möglichkeit habe, von ihrer sachlichen Arbeit aus Brücken zwischen den verschiedenen kirchenpolitischen Gruppen zu schlagen. Die literarische Arbeit soll volkstümlicher gestaltet werden, die ursprüngliche Aufgabe der Gesellschaft von Luther her die Kirche neu zu beleben, muß stärker gesehen werden.«[80]

Über die Entwicklung der Luther-Gesellschaft im Jahre 1934 liegt ein zusammenfassender Bericht vor.[81] Darin wird zunächst festgestellt, daß »die kirchenpolitischen Vorgänge des Jahres 1934 ... für die Veranstaltung einer Jahrestagung der Luther-Gesellschaft nicht günstig waren«. Nur von kleineren Tagungen und der literarischen Arbeit ist die Rede. Wie bereits 1933, so fand auch im Berichtsjahr auf Anregung von Heckel eine »volksdeutsche Arbeitsgemeinschaft« in Wittenberg statt, an der etwa dreißig auslandsdeutsche Pfarrer der europäischen Ostkirchen teilnahmen. Sie kamen aus Lettland, Estland, Danzig, Polen Rumänien, Jugoslawien, Österreich und der Tschechoslowakei. Die wissenschaftliche Arbeit der Tagung kreiste um zwei Themen: die vollständige Lutherbibel von 1534 und die »volksdeutsche Aufgabe« der Arbeitsgemeinschaft. Althaus behandelte in seinem Vortrag den »Die Christusbotschaft der Lutherbibel« unter dem Leitgedanken, daß sie sowohl »Grundbuch unserer Kirche« wie »Denkmal unseres Volkes« sei und nicht nur eine philologische, sondern eine theologische Übersetzung darstelle. Theologisch bilde die Bibel für Luther eine Einheit, ihr einziger Inhalt sei Christus.

Bemerkenswert sind die Passagen, in denen Althaus sich kritisch mit dem seit der Sportpalastkundgebung der »Deutschen Christen« am 13. November 1933 in Berlin entfesselten Kampf gegen das Alte Testament auseinandersetzte. Die Bibel umfasse das Alte und das Neue Testament und bilde eine Einheit; ihr einziger Inhalt sei Christus. Althaus betonte, daß Luther die Heilige Schrift von der Rechtfertigungslehre des Paulus her verstehe. Darum führe der Kampf gegen das Alte Testament, wie die Praxis zeige, zum Kampf gegen diesen Paulus und damit gegen Luthers Bibelverständnis. »... wir halten mit Luther daran fest, daß der Weg zu Jesus Christus und zu seinem von ihm verkündigten Vater auch heute noch über das Alte Testament führt.«[82]

---

80 Protokoll vom 2. März 1934; Hamburg, Archiv der Luther-Gesellschaft.
81 Die Luthergesellschaft: Jahresbericht 1934; Hamburg, Archiv der Luther-Gesellschaft.
82 Fritz Dosse: Volksdeutsche Arbeitsgemeinschaft der Luther-Gesellschaft in Wittenberg. Lu 16 (1934), 22 f; vgl. Paul Althaus: Der Geist der Lutherbibel. LuJ 16, (1934), 1-26. Zum

Mit Beginn der 30er Jahre war die Luther-Gesellschaft zu neuen Formen ihrer Arbeit übergegangen. Ihre satzungsgemäße Aufgabe, »Luther im Ganzen seines Wesens und Wirkens der Gegenwart immer aufs neue nahezubringen«, sollte nicht mehr durch große Tagungen, sondern in kleinen Arbeitsgemeinschaften geschehen. Deren Ziel war, das lebendige Gespräch über Luthers Erbe und seinen Auftrag an uns »zwischen den Theologen und den geistig führenden Kreisen unseres Volkes« in Gang zu bringen.[83]

So fand 1934 mit der Volksdeutschen Arbeitsgemeinschaft zugleich eine Juristentagung über das Thema »Glaube und Recht« statt. Der Einladung folgten Juristen aus den verschiedensten Arbeitsgebieten: Universitätsprofessoren, Verwaltungsbeamte, Kirchenjuristen, Richter und Anwälte. Zusammen mit den Theologen waren es fünfzig Teilnehmer.[84] Den juristischen Beitrag lieferte der Juraprofessor Arnold Köttgen (1902-1967), den theologischen Hermann Wolfgang Beyer, beide aus Greifswald.

Köttgen behandelte in seinem Vortrag die Veränderungen der Rechtsordnung durch Säkularisierung, Rechtspositivismus sowie Verdrängung der Frage nach dem sachlichen Gehalt des Rechts. Dabei ging er davon aus, daß jede »metajuristische Frage« weithin außerhalb der Interessensphäre der Juristen liege. Seine Ausführungen endeten mit der Feststellung, daß »der Weg des Juristen zwischen einem Grundrechtskatalog göttlichen Ursprungs und einem gänzlich säkularisierten Gesetzesdenken mitten hindurch« führe.[85]

Beyer betonte, daß für Theologen und Juristen ihre Arbeit immer mehr »zu einem Geschäft« geworden sei, »das jeder für sich treibt«. Anhand von Luthers Äußerungen zu Recht und Gesetz arbeitete Beyer eine evangelische Antwort auf die von seinem Vorredner gestellten Fragen heraus. Danach kennt Luther »das Recht zunächst als *positives d. h. verpflichtend geltendes Volksrecht*. Recht ist

---

Verständnis der kirchenpolitischen Situation ist daran zu erinnern, daß der Sportpalastskandal am 13. November 1933 zu massiven Protesten sowohl des Pfarrernotbundes als auch der nicht zu den Deutschen Christen gehörenden Kirchenführer geführt hatte; vgl. KIRCHE IM KAMPF: Dokumente des Widerstands und des Aufbaus in der Evangelischen Kirche Deutschlands von 1933 bis 1945/ hrsg. von Heinrich Hermelink. TÜ 1950, 54-61 (23 f).

83 [Theodor] KNOLLE: Vorwort. LuJ 17 (1935), [1].

84 [Fritz] DOSSE: Die Frühjahrstagung der Luther-Gesellschaft. Lu 17 (1935), 84-88.

85 Arnold KÖTTGEN: Glaube und Recht. LuJ 17 (1935), 55.

86 Hermann Wolfgang BEYER: Glaube und Recht im Denken Luthers. LuJ 17 (1935), 56. 64.

da, wo ein Gesetzgeber es setzt und mit Machteinsatz durchführt und aufrecht-
erhält.«[86] Dabei ist das Schwert

»die Kraft ..., ja geradezu das *Leben des Gesetzes*.[87] Auf der anderen Seite ist *das Schwert*
in der Hand einer Obrigkeit, die *nicht an das Gesetz gebunden* und durch das Recht in
ihrem eigenen Handeln bestimmt ist, *eine wütende Bestie*. So wird noch einmal deutlich,
daß *das Recht* ›eine herrliche göttliche Ordnung‹ und eine treffliche ›Gabe Gottes‹ ist.
Das *macht es möglich, daß die Menschen Menschen bleiben*. Es erhält das Leben, die Ehe,
die Familie, Haus und Hof und Besitz. Wir können das Recht ebensowenig entbehren als
das Leben selber und sollten ganz anders dankbar für diesen Besitz sein. Freilich muß es
Kopfrecht und nicht Faustrecht sein, durch Weisheit und Vernunft gesetzt und ange-
wendet«.[88]

Beyer definierte den Rechtsbegriff:

»..., *was nicht einem menschlichen, sondern einem ewigen Willen entspringt, der vor uns
als Gerechtigkeit sichtbar* wird. Wenn dem aber so ist, dann stößt hier der das Recht
suchende Mensch zum ersten Male auf Gott, ... *Darum gehören hier zum ersten Male
Glaube und Recht zusammen*. Jeder Diener am Recht aber steht vor der Entscheidung, ob
er sein Amt glaubenslos als Sklave einer jeweils über ihn herrschenden öffentlichen Macht
führen, oder ob er glaubend jedes seiner Urteile und jede seiner rechtschaffenden Handlun-
gen aus dem ewigen Urgrunde allen Rechtes schöpfen, sie vor Gott verantworten und
dadurch in Freiheit zum Diener der Gerechtigkeit werden will. ...
    In dieser Lage trifft uns der Anspruch dessen, der da sagt: ›Ich bin der Herr, dein Gott,
du sollst nicht andere Götter haben neben mir.‹ ... *Nur wenn wir diesen Ruf hören, verstehen
wir, was die Bibel mit dem Wort* ›Gesetz‹ *bezeichnet, in dem Sinne, in dem sie das Gesetz
dem Evangelium gegenüberstellt*.«[89]

Mit dem Gesetz sei nicht die Fülle altisraelitischer oder heidnischer Gesetze,
nicht Volksrecht oder Naturrecht gemeint, sondern alle seine Sätze seien im Ersten Gebot zusammengefaßt, das Offenbarung Gottes ist. *»Dieses Gebot ist zugleich Verheißung«*,[90] daß das Gesetz im Evangelium erfüllt wird und Gott uns
die Schuld vergibt. Beyer ging auf die Unzulänglichkeiten und die Grenzen allen
menschlichen *»Rechtsuchens und Rechttuns«* ein,[91] ehe er mit Worten Luthers
zusammenfaßte:

»›Ihr Juristen, haltet nur feste, daß ihr nur Gewissen habt und glaubt, daß ein Recht sei, ...
weil es Gottes Ordnung und von ihm gestiftet ist, ... Durch mich regieren die Könige, ...‹

---

87 Beyer verweist auf WA 14, 665, 1.
88 Beyer: Glaube und Recht ..., 65.
89 Ebd, 80. 82.
90 Ebd, 83.
91 Ebd, 84 f: »Auch wer nichts sein und tun will, als ein Amt in der großen Gottesordnung

Und dazu bekennt Luther: ›Also sehen wir, daß über die weltliche Gerechtigkeit, Weisheit, Gewalt, obs wohl auch göttliche Werk sind, noch ein ander Reich not ist, darin man eine andere Gerechtigkeit, Weisheit, Gewalt finde. Denn weltliche Gerechtigkeit hat mit diesem Leben ein Ende. Aber die Gerechtigkeit Christi und der Seinen in seinem Reich bleibt ewiglich.‹«[92]

Die Bedeutung dieser Sätze kann von uns heute nur dann recht verstanden und gewürdigt werden, wenn dabei die politischen Zeitumstände zur Sprache kommen. Seit der Machtübernahme durch die NS-Bewegung 1933 hatte sich das Regime in ständig zunehmendem Maße zu einer Diktatur entwickelt, deren erster Höhepunkt das sog. Ermächtigungsgesetz vom 24. März 1933 darstellte. Es folgten weitere Gesetze und Erlasse, durch die Willkür, Gewalt und Brutalität anstelle von Recht und Gesetz traten. Dagegen erhob sich Protest von konservativer Seite. Der damalige Vizekanzler Franz von Papen (1879-1969) artikulierte ihn in einer am 17. Juni 1934 vor Professoren und Studenten der Marburger Universität gehaltenen Rede, die von dem konservativen Publizisten Dr. Edgar Jung (1894-1934) in Zusammenhang mit einer Reihe anderer, der Katholischen Aktion angehörenden Personen, entworfen worden war. Darin war u. a. davon die Rede, daß die Grundlagen des Staates auf der Gerechtigkeit ruhten und daß man nicht jeder Kritik böse Absicht und schlechten Willen unterstellen dürfe.[93] Diese an das NS-Regime gerichtete Strafpredigt erregte großes Aufsehen. Die Mitarbeiter von Papens wurden vierzehn Tage später im Zusammenhang mit dem Röhm-Putsch ermordet.[94]

Mit der Tagung im April 1934 zum Thema »Glaube und Recht« hatte die Luther-Gesellschaft den auf der Münchner Tagung 1925 sich selbst erteilten Auftrag erfüllt, »die reformatorische Botschaft in der Architektonik des Geisteslebens nicht als freundliches Ornament, sondern als unentbehrliches Fundament« aufzuweisen.

pflichtgemäß zu erfüllen, ist ja ein Ich, das sich in jede sachliche Entscheidung hineinmengen und sie verfälschen will. Darum bedürfen gerade auch die Diener des Rechts der Vergebung. Und sie ist ihnen zugesagt. ... Vorhin erkannten wir: Wir dürfen glauben, daß Gott uns das Recht anvertraut. *Nun dürfen wir glauben: Er vergibt uns, daß wir dies anvertraute Recht so unzulänglich nützen, ja immer wieder durch unseren Eigenwillen in sein Gegenteil verkehren und zerstören.* So gehören zum zweiten Mal Glaube und Recht zusammen.«

92 Ebd, 86.
93 Rede des Vizekanzlers Franz von Papen vor dem Universitätsbund Marburg am 17. 6. 1934. B 1934.
94 Karl Martin Grass: Edgar Jung, Papenkreis und Röhmkrise 1933/34. HD 1967. (MS) – HD, Univ., phil. Fak., Diss., 1967.

Auch die Herbsttagung, die vom 26. bis 29. September 1934 wieder in Wittenberg stattfand, zeigte den neuen Arbeitsstil. Diesmal hatte die Luther-Gesellschaft in Zusammenarbeit mit der Lutherhalle zu einer Begegnung zwischen Dichtern und Theologen eingeladen. In Knolles Tagungsbericht heißt es: »Wir waren etwas zaghaft, als wir unsere Einladung ausgehen ließen. Würden wir ein Echo finden? *Das Echo kam.*« Nicht alle Eingeladenen konnten teilnehmen, »aber von fast allen erhielten wir freundlichen Bescheid, voller Interesse an unseren Plänen, und einzelne baten schon jetzt um eine Einladung für das nächste Mal.«[95] Außer der Lutherhalle und ihrem Direktor Oskar Thulin (1898-1971) war der Herausgeber der evangelischen Literaturzeitschrift »Eckart«, der Theologe und Schriftsteller Kurt Ihlenfeld (1901-1972), an der Vorbereitung und Durchführung der Tagung beteiligt.[96] Anlaß dieser Tagung war die 1934 erschienene Lutherbiographie des Berliner Biologielehrers Rudolf Thiel (1899-1981), die Althaus mit großer Zustimmung rezensiert hatte: »So ist uns ein Lutherbuch geschenkt worden, das im Anschluß an die mühsame Forschung der letzten Jahrzehnte den echten Luther bringt und doch allen Staub, alle zunftmäßige Enge hinter sich läßt und so erzählt, daß jeder Gebildete gepackt wird, ...«[97] Von den eingeladenen Dichtern waren erschienen: Rudolf Alexander Schröder (1878-1962), Emanuel Stickelberger

---

95 [Fritz Dosse]: Die Luthergesellschaft lädt Dichter und Theologen nach Wittenberg. Lu 17 (1935), 1.

96 Die von dem Theologen August Hinderer (1877-1947), seit 1918 Direktor des Evang. Preßverbandes für Deutschland, 1924 gegründete evangelische Literaturzeitschrift »Eckart«, die bald zu Ansehen in der literarischen Welt gelangte und sich der Mitarbeit hervorragender Dichter und Schriftsteller erfreute, wurde zwischen 1933 und 1943 unter der Schriftleitung des Theologen und Schriftstellers Kurt Ihlenfeld (1901-1972) zum »Mittelpunkt eines seiner christlichen Aufgabe bewußten Autorenkreises«, der in der NS-Zeit zu einer Gruppe der inneren Opposition zusammenwuchs. Dazu gehörten u.a. Rudolf Alexander Schröder (1878-1962), August Winnig (1878-1956), Otto Freiherr von Taube (1879-1973), Josef Wittig (1879-1949), Ina Seidel (1885-1974), Werner Bergengruen (1892-1964), Reinhold Schneider (1903-1958), Jochen Klepper (1903-1942) und Siegbert Stehmann (1912-1945); vgl. K[urt] Ihlenfeld: Eckart. Die Religion in Geschichte und Gegenwart. 3. Aufl. Bd. 2. TÜ 1958, 303; K[urt] Hutten: August Hinderer. Ebd 3. TÜ 1959, 340.

97 Rudolf Thiel: Luther von 1483-1521. B 1933; 2. Aufl. B 1935; Bespr.: Paul Althaus: Lu 15 (1933), 127-129; Zitat ebd, 127; vgl. außerdem Rudolf Thiel: Luther von 1522-1546. B 1935; ders.: Martin Luthers großer Krieg ums Abendmahl. M 1935 (Schriftenreihe der Luther-Gesellschaft; 8) – Bespr. beider Veröffentlichungen von Paul Althaus: Lu 17 (1935), 151-157 –; Rudolf Thiel: Luther antwortet. B 1935 (Der Eckart-Kreis; 29).

(1884-1962) und Börries Frh. von Münchhausen (1874-1945), letzterer als Vertreter der Dichterakademie.

Im Unterschied zu den bisherigen Tagungen war das Treffen zwischen Dichtern und Theologen vor allem durch das Gespräch bestimmt, an dessen Beginn jeweils ein Vortrag stand. Althaus eröffnete mit »Gottes Gottheit bei Martin Luther«. Es ist bezeichnend, daß Althaus mit einer Besinnung auf das Zentrum reformatorischer Theologie begann und von daher die Ideenwelt der damals gegenwärtigen Geistigkeit auch kritisch beurteilte, wie sie z.T. auch in der Dichtung ihren Ausdruck fand. So führte Althaus die Auseinandersetzung mit dem Pantheismus und erteilte dem Führer der Deutschen Glaubensbewegung Wilhelm Hauer (1881-1962) und seiner »indo-germanischen Gottschau« eine Abfuhr: »Die rassische Ableitung und Gegenüberstellung der Theologien scheitert an den klaren Tatsachen. Nicht als der Deutsche, sondern als der Schüler der Heiligen Schrift Alten und Neuen Testamentes verkündet Luther das schöpferische Innesein Gottes in allem Wirklichen.« Auch mit Ernst Wiecherts (1887-1950) Beitrag in dem vom Eckart Verlag 1931 herausgegebenen Band »Dichterglaube« setzte sich Althaus kritisch auseinander. Am Ende seiner Ausführungen heißt es: »Die Modernen suchen Gottes Gottheit in seiner Unbestimmtheit. Luther sieht Gottes Gottheit in seiner *Unbedingtheit,*« die sich in seinem Schöpfertum und der Rechtfertigung des Menschen im Glauben darstellt.[98] Thiel zeigte in beabsichtigter Einseitigkeit die Spannungen in Luthers Anschauungen auf, besonders im Hinblick auf den unfreien Willen und die Frage der Prädestination, sowie Luthers Freiheitsverständnis. Es bleibe »als einzige Christenpflicht nur noch der Glaube übrig – der absurde Glaube an die eigene Seligkeit!«[99]

Das anschließende lebhafte, fruchtbare Gespräch, an dem sich Stickelberger, Schröder, Wilhelm Stählin (1883-1975), Beyer, der Hallenser Systematiker Friedrich Karl Schumann (1886-1960), Althaus und Thiel beteiligten, gipfelte in der Frage nach Sinn oder Sinnlosigkeit menschlicher Existenz, dem Erschrecken des heutigen Menschen darüber, daß es dämonische Wirklichkeiten gibt und »Sinnzerstörung und Sinnverkehrung« den abendländischen Menschen bedrohen (Althaus). Die Gesprächsaufzeichnung wirft ein bezeichnendes Licht sowohl auf die Problematik jener bewegten Zeit als auch auf die Versuche der Luther-Gesellschaft, den Fragen der Zeit zu begegnen.[100]

98 Paul Althaus: Gottes Gottheit bei Luther. LuJ 17 (1935), 1-35, bes. 6. 14.

99 Rudolf Thiel: Luthers Glauben. LuJ 17 (1935), 19.

100 [Fritz Dosse]: 1. Tag [der Dichtertagung der Luther-Gesellschaft]: Luthers Kampf um Gottes Gottheit. Lu 17 (1935), 13-23.

Der zweite Tag stand unter dem Thema »Luthers deutsche Bibel«. Knolle stellte Luthers Bibelübersetzung als Ausdruck seines Rechtfertigungsglaubens heraus und ging auf die sprachliche Schönheit der Lutherbibel ein. Von Münchhausen behandelte die geistes- und sprachgeschichtliche Bedeutung der Lutherübersetzung und machte an zahlreichen Beispielen deutlich: »Seit mehr als drei Jahrhunderten ist keine Seite eines Buches geschrieben, ohne daß Luther die Worte oder Wendungen geliefert hätte!«[101]

Die anschließende Gesprächsrunde beschäftigte sich mit der gegenwärtigen Gestalt der Bibel, wobei das Problem der Bibelrevision im Vordergrund stand. Schröder und Thiel setzten sich dafür ein, »Luthers Wort unverwässert und unverdeutlicht auch den Heutigen zu Gehör zu bringen« (Schröder).[102] Eine Bibelausstellung in der Lutherhalle ergänzte das in den Vorträgen und Gesprächen Gesagte. Althaus faßte das Ergebnis so zusammen:

> »Wir wollen die Lutherbibel wesentlich ungeändert behalten. Wir brauchen aber neben ihr heute auch andere Übersetzungen.« Sie sind »gedacht für den *einsamen* Bibelleser, der zum genauen Verständnis des Textes kommen will. Für die Lutherbibel aber gilt das Lutherwort, ...: sie ist der *Kirchen* Buch. ... sie gehört in den Gottesdienst der Gemeinde, sie gehört mit der Predigt und mit der Auslegung in der Bibelstunde zusammen.«[103]

Am Ende der Tagung erörterten Ihlenfeld, von Münchhausen und Schröder die Beziehungen zwischen Dichtung und evangelischem Glauben. Ausgangspunkt war der Tatbestand, daß alle abendländische Dichtung im Religiösen wurzelt, »indem sie die Urfrage des Menschen abbildet und in Gestalt bringt«. Das Problem bestünde gegenwärtig darin, daß die Einheit von Kunst und Glaube zerfallen sei. Ihlenfeld kam in diesem Zusammenhang auf Luther zu sprechen: »Die Theologie konnte bei der Erforschung des Reformators nicht an der Tatsache vorbeigehen, daß seine religiöse Erfahrung ihren Niederschlag in einem Kunstwerk einmaligen Ranges gefunden hatte, nämlich in der deutschen Bibel ...« Und daß sich hier auch die Möglichkeit für eine Beantwortung der Frage nach der protestantischen Dichtung auftue, »die Tatsache, daß der Christ Luther über der Bibel und über dem Echo des Evangeliums im Lied zum Dichter ward, ... sollte zu uns reden und auf uns wirken.«[104] Althaus wies darauf hin, daß auch der Protestantis-

---

101 [Theodor KNOLLE]: 2. Tag [der Dichtertagung der Luther-Gesellschaft]: Luthers deutsche Bibel. Lu 17 (1935), 31.

102 Ebd, 44.

103 Ebd, 49.

104 [Kurt IHLENFELD]: 3. Tag [der Dichtertagung der Luther-Gesellschaft]: protestantischer Geist in gegenwärtiger Dichtung Lu 17 (1935), 52.

mus um die Gegenwart des Göttlichen gemäß dem alten Wort »finitum capax infiniti« weiß und daher »in einer evangelischen Kunst diese Paradoxie der Rechtfertigung wirksam werden« müsse.[105]

Über den Abschluß der Tagung heißt es:

> »Wir selbst hatten in Wittenberg die Freude, die Dichter aus ihren Werken *lesen* zu hören, ja es war ein wirkliches Hören auf das Wort. Althaus sagte am Schlußabend, an dem das Refektorium der Lutherhalle die Gäste nicht fassen konnte, wir hätten erlebt, daß Dichter Prediger sein können. Wenn wir uns in dieser Stunde der Dichter als Gemeinde fühlten, so war solches Erleben vorbereitet durch die Morgenfeiern, in denen wir täglich vor dem Cranachaltar in Luthers Predigtkirche zusammensaßen. *D. Knolle* schuf aus altem liturgischen Gut unserer Kirche und aus Luthers Verkündigung kurze, schlichte Morgenfeiern, die an der Michaeliszeit ausgerichtet waren. Wie wundervoll war es, als uns am Michaelistage 1934 aus der Predigt gelesen wurde, die Luther am gleichen Tage des Jahres 1534 in derselben Kirche gehalten hatte. Ganz lebendig und ganz gegenwartsnah wurde uns da die reformatorische Verkündigung.«[106]

XII Zweite Begegnung von Dichtern und Theologen in Wittenberg 1935

Auch im Jahr 1935 wurde eine Dichtertagung in Wittenberg veranstaltet. Das Gesamtthema lautete »Der evangelische Gottesdienst«.[107]

Ein bemerkenswerter Vorgang aus der Zeit der Vorbereitung dieser Tagung verdient festgehalten zu werden, weil er ein Zeichen für die Schwierigkeiten jener Jahre darstellt. Althaus hatte den Dichter Jochen Klepper dazu eingeladen, der sich in seinem Tagebuch darüber äußerte:

> »Zu meiner sehr großen Freude erhielt ich von Professor Paul Althaus für den 6.-9. September eine regelrechte Einladung, auf einer Tagung ›Dichter und Theologen‹, die speziell dem Kirchenlied und der religiösen Dichtung gewidmet ist, Gast der Luther-Gesellschaft in Wittenberg zu sein. Das kann ich wohl nur Ihlenfeld zu verdanken haben, denn es handelt sich um eine gemeinsame Veranstaltung der Luther-Gesellschaft und des Eckart-Kreises. Jede Freundlichkeit, die aus dieser Richtung kommt, tut mir in meiner gegenwärtigen Lage wohl. Denn dort erwünsche ich ja die Zugehörigkeit so sehr.«

Die kulturpolitische Lage verschärfte sich aber dermaßen – Entlassung Kleppers aus dem Rundfunk und dem Ullstein-Verlag, Furcht vor Ausschluß aus der Reichsschriftumskammer, der dann auch 1937 erfolgte –, daß Ihlenfeld Klepper riet, von

105 Ebd, 55.
106 Dosse: Die Luthergesellschaft lädt Dichter und Theologen ..., 4.
107 Als Einzelthemen waren vorgesehen: »Lutherischer Gottesdienst« (Knolle), »Die Predigt« (Althaus), »Das evangelische Kirchenlied« (Georg Kempff), »Das deutsche Kirchenlied (Rudolf Alexander Schröder) und »Der Kirchenraum« (Oskar Thulin).

Untere Reihe (sitzend): 3. Schröder 5. Merz 7. Althaus 9. Knolle 10. Hosemann 11. Thulin

Die Teilnehmer der zweiten Begegnung von Dichtern und Theologen in Wittenberg 1935 vor dem Katharinenportal des Lutherhauses (Foto: Lutherstadt Wittenberg, Lutherhalle)

sich aus »unter einem Vorwand« die Teilnahme an der Tagung abzusagen. Diese Maßnahme lag sowohl im Interesse Kleppers als auch der Arbeit des Eckart-Kreises und der bei ihm erscheinenden Buchreihe, um ein Verbot zu vermeiden.[108]

Der Tagungsbericht wies auf das Ziel der Luther-Gesellschaft hin, darauf hinzuwirken, daß Luther nicht allein der Luther der Theologen sein dürfe. Ein Zeichen dafür sei die Tatsache, daß »die Gelehrten und Geistlichen der Luther-Gesellschaft sich nun schon im zweiten Jahr mit einer Reihe von Dichtern, dazu Musikern und Baumeistern zusammenfanden«.[109] Der Untertitel des Berichtes »Heraufkunft der alten Formen« traf insofern den Kern der Tagung, als der »protestantische Gottesdienst« – wie Knolle aufzeigte – keine rechte Gestalt mehr besitze und nur noch aus »Etwas Predigt und etwas Gesang« (wie Goethe sarkastisch bemerkt hat) bestünde, weil Pietismus und Rationalismus »fast alle alten Bestände der Liturgie verwirtschaftet« hätten.[110] Darum gelte es, ohne Repristination oder Romantisierung den lutherischen Ansatz wiederzugewinnen, weil in ihm der objektive Gehalt des Gottesdienstes gewahrt ist. Dazu gehört die Wiedergewinnung der Feier des Abendmahls innerhalb des Gottesdienstes. »Das Wort trägt das Sakrament, aber das Sakrament ist Ziel des Wortes.« Von hier aus muß der zwingende Charakter des Gottesdienstbesuches zurückgewonnen werden: »Gottesdienstbesuch ist heute Entscheidung für oder wider Christus.«[111] Hier wird der aktuelle Bezug im Hinblick auf die weltanschaulichen Kämpfe der NS-Zeit deutlich.

Althaus machte in seinem Vortrag grundlegende Ausführungen zur Predigt, wobei er zwischen kirchlicher und prophetischer Predigt unterschied: »Der Prophet empfängt für eine bestimmte geschichtliche Stunde ein bestimmtes göttliches Wort des Gerichts oder der Begnadigung, der Deutung der Stunde und Enthüllung der Zukunft. ... Die Propheten werden unmittelbar durch Gott berufen; die Diener am Worte dagegen mittelbar, durch den der Kirche gegebenen und in ihr weitergegebenen Auftrag Jesu Christi«,[112] der drei Anforderungen umschließt: 1. Der

---

108 Protokoll der Sitzung des geschäftsführenden Ausschusses vom 12. März 1935 in Wittenberg; Hamburg, Archiv der Luther-Gesellschaft; Jochen KLEPPER: Unter dem Schatten deiner Flügel. S 1956, 256 f. 280 f.

109 Otto BRÜES: Zum evangelischen Gottesdienst: Heraufkunft der alten Formen. Lu 17 (1935), 125; vgl. DERS.: Laiengedanken zur Predigt [2. Teil des Vortrages]. Eckart 11 (1935), 439-443. - Otto Brües (1897-1967) war in Köln Schriftsteller und Redakteur.

110 Theodor KNOLLE: Lutherischer Gottesdienst. Lu 17 (1935), 128.

111 Ebd, 134.

112 Paul ALTHAUS: Die Predigt. Lu 17 (1935), 142 f.

Prediger hat ein fremdes Wort zu sagen, aber so, daß er sich zu ihm bekennt. 2. Die Predigt soll zeugen von einer geschehenen Geschichte, aber so, daß das Geschehene als jetzt Geschehendes in die Gegenwart des Hörers tritt. 3. Die Predigt hat nur einen Inhalt: Jesus Christus. Diese Überlegungen brachte er in Verbindung zu den Dichtern: Der Prediger »müsse um die Zeit wissen. Hier hat der Prediger vieles von den *Dichtern* zu lernen.«[113]

Zu den Themen »Gottesdienst und Predigt« gesellte sich der Vortrag »Der Kirchengesang im Lutherischen Gottesdienst und seine Erneuerung« des Erlanger Universitätsmusikdirektors Georg Kempff.[114] Ausgehend von Wilhelm Löhes (1808-1872) »Drei Bücher von der Kirche« (1844) gelangte er zu der Feststellung:

> »In denjenigen Zeiten, in welchen die Kirche gewußt hat, was sie eigentlich ist, hat es immer eine wohlgeordnete Kirchenmusik gegeben. Diese Kirchenmusik war dann orientiert an der Liturgie der Kirche. Die Liturgie wiederum war Glaubensausdruck der Kirche, oft noch ehe der Glauben in Bekenntnisformeln festgelegt war. ... Aus dem lebendigen Bekenntnis ist das formulierte Credo erst herausgewachsen. ... Es gibt Stücke, welche den formulierten Bekenntnissen gleichzuachten sind, weil sie selber gesungene Bekenntnisse sind.«

Kempff sah die Kirche an einer Wende:

> »Die Sehnsucht nach der Kirche ist in der Kirche so groß geworden wie nicht seit langzurückliegenden Zeiten. Wir selber gehen zurück auf die Säulen der Kirche. Luther als Reformator, nicht als Revolutionär, ersteht neu, als Begründer der Kirchenmusik, die in Bach ihren letzten Apostel kundtut. Ihm, Bach, war Singen Bekenntnis wie Luther. ... Ist die Lehre rein, so kommen die in der Liturgie vorhandenen Möglichkeiten durch die Heilige Musik vor allem wieder ans Licht.«

Im Gegensatz »zum heute üblichen Gottesdienst mit seiner verfahrenen Kirchenmusik« behandelte Kempff diejenigen Gattungen des lutherischen Kirchengesangs, welche »in der Blütezeit der lutherischen Kirche und ihrer Musik, in Brauch gewesen sind.« Dabei gilt: »Die Erneuerung der Kirchenmusik hängt ab von der Erneuerung des Gottesdienstes (= Liturgie), und die Erneuerung des Gottesdienstes ist bedingt durch die Erneuerung der Kirche, in unserem Falle der lutherischen Kirche Deutschlands.«[115]

113 Ebd, 144.
114 Georg Kempff nach Pfarrdienst in Berlin, Uppsala, Jüterbog und Wittenberg (Stadtkirche), ab 1933 Universitätsmusikdirektor und Vorstand des Instituts für Kirchenmusik in Erlangen (bis 1958).
115 Georg KEMPFF: Der Kirchengesang im Lutherischen Gottesdienst und seine Erneuerung. L 1937, 6-8. Kempff ging auch auf die verschiedenen Gattungen des Kirchengesangs ein: den Altargesang des Geistlichen, den einstimmigen Chorgesang der Kinder, den Sologesang des Kantors oder Vorsängers, den Gemeindegesang und den Figuralgesang des Kunstchors.

Der Dichter und Übersetzer Rudolf Alexander Schröder gab – ausgehend vom Kirchengesang der alten und mittelalterlichen Kirche – einen Überblick über die Geschichte des deutschen Kirchenliedes bis hin zu Christian Fürchtegott Gellert (1715-1769), dessen Werk ein Ende der großen Zeit des Gemeindegesangs bedeutete.[116] »Das stattliche Haus, das die Kirche der Reformation einst gebaut, ist ebenso wie das ältere seit langem in einer Zug für Zug sich vollziehenden Wandlung und Veränderung begriffen, deren Ziel wir noch nicht zu erkennen vermögen.«[117] Im Hinblick auf Neuanfänge des Gemeindegesanges in den dreißiger Jahren schloß Schröder seinen Vortrag mit der Hoffnung, daß »die Woge geistlicher Erhebung, die den frühesten Aufstieg unserer deutschen Dichtung eingeleitet hat ... noch nicht verebbt ist«.[118] Er selbst hat mit anderen zusammen daran gearbeitet, dem neuen Kirchenlied den Weg zu bereiten.

Der weitgespannte Rahmen der Tagung über den evangelischen Gottesdienst erfaßte auch den Kirchenbau. Dazu hielt Oskar Thulin einen Vortrag, an den sich eine Aussprache anschloß. Beteiligt waren dabei die Architekten Otto Bartning (1883-1959) und German Bestelmeyer (1874-1942). Die Neubesinnung über das Wesen des Gottesdienstes, der Funktionen von Liturgie und Kirchenmusik hatte bereits in der Zeit vor dem Ersten Weltkrieg zu neuen Erkenntnissen im Kirchenbau geführt. So hatte sich auf dem Kursus für kirchliche Kunst- und Denkmalpflege in Dresden 1913 – von Bestelmeyer und Cornelius Gurlitt (1850-1938) angeregt – die Erkenntnis durchgesetzt, daß die Liturgie »Bauherrin« im Kirchenbau sei. Es ist bemerkenswert und zeugt von der Aufgeschlossenheit der Luther-Gesellschaft für die kirchlichen Zeitfragen, daß auch dieses Thema einbezogen wurde.[119] Ein Gottesdienst mit heiligem Abendmahl in der Wittenberger Stadtkirche am Sonntag, dem 9. September 1935, vereinigte noch einmal die Tagungsteilnehmer. Die Gottesdienstordnung verwirklichte, was Knolle über Wesen und Form des lutherischen Gottesdienstes dargelegt hatte.[120]

116 Rudolf Alexander SCHRÖDER: Das deutsche Kirchenlied. Neue Rundschau 2 (1935), 479.
117 Ebd, 479.
118 Ebd, 479.
119 Brües: Zum evangelischen Gottesdienst, 128, Anm. 6; vgl. H[ermann] HAMPE: Kirchenbau V: Im 20. Jh. Die Religion in Geschichte und Gegenwart. 3. Aufl. Bd. 3. TÜ 1959, 1394 f; Horst SCHWEBEL: Kirchenbau V: Moderner Kirchenbau (ab 1919). TRE 18 (1989), 516, 16-42. Ein Bericht über Thulins Vortrag und die Gesprächsbeiträge fehlt im Tagungsbericht der Zeitschrift »Luther«.
120 Ordnung des Gottesdienstes. Lu 17 (1935), 145-151; Theodor KNOLLE: Lutherischer Gottesdienst. Ebd, 129-142. Als Liturg fungierte Georg Kempff, als Prediger Knolle.

Das Melanchthonjubiläum 1960 in Wittenberg und Halle

Von Siegfried Bräuer

Mit Philipp Melanchthon hat die sozialistische deutsche Arbeiterbewegung lange Zeit wenig anzufangen gewußt. Das Verdikt von Friedrich Engels (1820-1895) in seiner Bauernkriegsschrift von 1850, Melanchthon sei das »Urbild des philiströsen, hektischen Stubenhockers« wird dazu beigetragen haben.[1] Karl Marx (1818-1883) hatte ebenfalls Melanchthon als Vergleichsgröße schnell bei der Hand, als er den wendigen Gründer des Deutschkatholizismus, Johannes Ronge (1813-1887), verächtlich als »Melanchthon-Ronge« charakterisierte.[2] Marx und Engels partizipierten damit auf ihre Weise am negativen Melanchthonbild des deutschen Luthertums. Noch 1957 hat beispielsweise Paul Althaus (1888-1966) geäußert, Melanchthon könnte »dem deutschen Luthertum eine Neigung zur Servilität gegenüber der Obrigkeit vererbt« haben.[3]

Melanchthons 450. Geburtstag 1947 fiel in die ideologisch noch relativ wenig festgelegt erscheinende Phase der »antifaschistisch-demokratischen Umwälzung«. Der religiöse Sozialist und Berliner Pfarrer Arthur Rackwitz (1895-1980) veröffent-

BBA	Berlin, Bundesarchiv
BUSt	Der Bundesbeauftragte für die Unterlagen des Staatssicherheitsdienstes der ehemaligen Deutschen Demokratischen Republik
eno	Evangelischer Nachrichtendienst Ost
epd	Evangelischer Pressedienst
EZA	Evangelisches Zentralarchiv Berlin
HUA	Halle, Universitätsarchiv
IM	Inoffizieller Mitarbeiter des Staatssicherheitsdienstes
MfS	Ministerium für Staatssicherheit
PMF	Philipp Melanchthon: Forschungsbeiträge zur vierhundertsten Wiederkehr seines Todestages; dargeboten in Wittenberg 1960/ hrsg. von Walter Elliger. B; GÖ 1961.
PMHRPG	Philipp Melanchthon: Humanist, Reformator, Praeceptor Germaniae/ hrsg. vom Melanchthon-Komitee der DDR. Bd. 1. B 1963.
SAPMO	Stiftung Archiv der Parteien und Massenorganisationen im Bundesarchiv Berlin

1 Karl MARX; Friedrich ENGELS: Werke. Bd. 7. B 1976, 355.
2 Marx; Engels: AaO 9. 5. Aufl. B 1985, 498.
3 Paul ALTHAUS: Luthers Lehre von den beiden Reichen im Feuer der Kritik. LuJ 24 (1957), 63.

lichte im »Neuen Deutschland«, dem zentralen Presseorgan der SED, einen Artikel über Melanchthon, der zwar gegensätzlich zu Luther veranlagt gewesen sei, für den aber die evangelische Christenheit genauso dankbar sein könne.[4] Deutlichere zeitbedingte Konturen wies das Melanchthongedenken in Wittenberg auf, das in bescheidenem Rahmen begangen wurde. Der Bürgermeister erinnerte bei der Kranzniederlegung an Melanchthons Wirken; es beweise, daß bleibende geschichtliche Entscheidungen nicht mit dem Schwert, sondern mit den Waffen des Geistes errungen würden. Die evangelische Kirche beging das Jubiläum mit einem Festvortrag des Berliner Generalsuperintendenten Friedrich-Wilhelm Krummacher (1901-1974) über »Not, Auftrag und Verheißung der Evangelischen Kirche in Deutschland«, in dem er sich positiv auf Melanchthons christlichen Humanismus bezog.[5]

Erst im Zusammenhang mit der Vierhundertjahrfeier der Universität Halle-Wittenberg im Herbst 1952 zog Melanchthon das Interesse eines marxistischen Historikers auf sich. Leo Stern (1901-1982), Rektor der Universität und Direktor des neuen Instituts für Geschichte des deutschen Volkes veröffentlichte eine Studie über Melanchthons ideologische Herkunft und geschichtliche Leistung. Er beurteilte Melanchthon als Vertreter eines gemäßigten Bürgertums und als einen der großen deutschen Gelehrten und Humanisten verhältnismäßig positiv. Im Blick auf den 400. Todestag Melanchthons am 19. April 1960 kündigte Stern an: »Es wird mit eine der wichtigsten Aufgaben der fortschrittlichen deutschen Historiker sein, das Geschichtsbild dieses einzigartigen Mannes unter neuen Aspekten zu formen und der Gegenwart nahezubringen.«[6]

---

4 [Arthur] RACKWITZ: Melanchthon, der Freund Luthers. Neues Deutschland: Berliner Ausgabe 2 (1947) Nr. 40 (16. Februar), 4.

5 epd (4. Juli 1947), 16.

6 Leo STERN: Martin Luther und Philipp Melanchthon, ihre ideologische und geschichtliche Leistung: eine Studie der materiellen und geistigen Triebkräfte und Auswirkungen der deutschen Reformation. B 1953, 151 (Sonderdruck). Als »Pionierarbeit« bezeichnet die auf Äußerungen der marxistischen »Klassiker« und älterer Melanchthonliteratur beruhende Studie Harald SCHULZ: Leo Sterns wissenschaftliche und politische Verdienste bei der sozialistischen Umgestaltung der Martin-Luther-Universität Halle-Wittenberg. Halle 1988, 96-103. (MS). – Halle, Univ., phil. Diss., 1988.

I Vorüberlegungen und erste Entscheidungen für das Jubiläum 1960 auf seiten des Staates

Über Sterns Aktivitäten für das Jubiläum ist bis zum Herbst 1959 wenig bekannt. Im September 1959 wendet sich die Leiterin der Abteilung Kultur beim Rat des Bezirkes Halle an ihn und bittet um die Mithilfe seines Instituts bei der Ausarbeitung eines »Dokuments« für die Würdigung Melanchthons. Sie teilt mit, daß die Vorbereitungen für das Jubiläum im Kreis Wittenberg bereits begonnen hätten. Informationen über eventuell geplante Feierlichkeiten zentraler Stellen lägen nicht vor. Der Kreis wolle rechtzeitig wirksam werden, »um bestimmten Kräften nicht die Möglichkeit zu geben, das Geschichtsbild Philipp Melanchthons in unmarxistischem Sinne darzustellen«.[7] Offenbar hatte die SED-Bezirksleitung Kenntnis, daß die Evangelische Kirche der Union (EKU) beabsichtigte, das Melanchthonjubiläum in Wittenberg zu begehen.

Erste Anzeichen, daß man sich im Hallenser Universitätsbereich auf das Jubiläum eingestellt hatte, sind im Engagement für eine Melanchthonbibliographie erkennbar. Der Brettener Unternehmer und Betreuer des Melanchthonhauses, Otto Beuttenmüller (*1901) hatte seit Jahren Material zu zeitgenössischen Melanchthondrucken gesammelt, wobei er auf Vorarbeiten von Nikolaus Müller (1857-1912) aufbauen konnte. Heinrich Bornkamm (1901-1977) und sein damaliger Assistent Heinz Scheible (*1931) unterstützten das Projekt nach Kräften. Bei einem Besuch in Halle im November 1957 trat Beuttenmüller in Kontakt zu dem Direktor der Universitäts- und Landesbibliothek, Erhard Selbmann (*1912), und zu Rektor Stern. Beide bekundeten ihr Interesse an seiner Arbeit und stellten ihm »bereitwilligst die Unterstützung der Universität ... in Aussicht«. Als die Heidelberger aus Zeit- und Kräftemangel Beuttenmüller die erbetene intensivere Mitarbeit versagten, griff er auf das Hallenser Angebot zurück. Vermutlich hat ihn Selbmann brieflich am 13. August 1959 nach Halle eingeladen. Der Besuch kam aber erst im November zustande.[8]

Im Sommer 1957 kam es zu Spannungen zwischen Rektor Stern und der Universitätsparteileitung sowie der Bezirksleitung der SED. Sie hielten an und verschärften sich im Vorfeld der Rektoratswahl vom Oktober 1959 beträchtlich.

---

7 HUA, Rep. 21 K Nr. 38.
8 Otto Beuttenmüller: Vorläufiges Verzeichnis der Melanchthon-Drucke des 16. Jahrhunderts. Halle 1960, 5; HUA, Rep. 21 K Nr. 38: Beuttenmüller an Selbmann, 9. Oktober 1959 (Abschrift für Stern).

Stern wurden vor allem die geringen Fortschritte bei der sozialistischen Umgestaltung der Universität, die mit der III. Hochschulkonferenz Ende März 1958 eingeleitet worden war, zur Last gelegt. Die übergeordneten Partei- und Staatsgremien waren ebenfalls an einem Wechsel im Rektorat interessiert. Sterns Beteiligung am Kampf gegen Hitlerdeutschland als Offizier der Roten Armee, seine Verbindungen zu sowjetischen Wissenschaftlern und seine Mitgliedschaft in zahlreichen wissenschaftlichen Gremien und Projektgruppen ermöglichten seinen Gegnern allerdings nur einen partiellen Sieg.[9]

Während der Spannungen zwischen Stern und der Parteileitung ist offenbar die konzeptionelle Vorarbeit für das Melanchthonjubiläum nicht zum Erliegen gekommen. Am 14. September 1959 war die Abteilung Wissenschaften des Zentralkomitees der SED (ZK) im Besitz eines Entwurfs für die »Würdigung Philipp Melanchthons anläßlich seines 400. Todestages«, der bereits mit dem Staatssekretariat für das Hoch- und Fachschulwesen und der Universitätsparteileitung in Halle abgesprochen war. Die für das Melanchthon-Komitee vorgesehenen SED-Mitglieder, voran Stern als Vorsitzender und sein Institutsmitarbeiter Dr. Hans Hübner als Sekretär, waren ebenfalls unterrichtet. Sterns Anteil an dieser Ausarbeitung ist nicht bekannt. Möglicherweise wurde die Gelegenheit genutzt, ihn durch die Repräsentationsfunktion eines Komitee-Vorsitzenden für den Machtverlust in der Universitätsleitung zu entschädigen.[10] Das Komitee, dem auch die Theologen Erich Hertzsch (1902-1995) aus Jena, Erhard Peschke (1907-1996) aus Halle, Oskar Thulin (1898-1971) aus Wittenberg, Rosemarie Müller-Streisand (*1923) aus Berlin und der Leipziger Historiker Gerhard Zschäbitz (1920-1970) angehören sollten, war verantwortlich für die Herausgabe einer Festschrift sowie die Vorbereitung der zentralen Gedenkfeiern. Für beide Aufgaben enthält der

9 Der Konflikt wird in der Literatur zu Stern verschwiegen; vgl. Schulz: AaO; Conrad GRAU: Leo Stern: 1901 bis 1982. In: Wegbereiter der DDR-Geschichtswissenschaft: Biographien/ hrsg. von Heinz Heitzer u. a. B 1989, 318-340. Zum Konflikt, in dessen Verlauf sich Stern auch an Walter Ulbricht wandte; vgl. SAPMO, DY IV 2/9.04/533. Zur Situation der Hallenser Universität vgl. Friedemann STENGEL: Die Theologischen Fakultäten in der DDR als Problem der Kirchen- und Hochschulpolitik des SED-Staates bis zur Umwandlung in Sektionen 1970/71. Halle 1996, 211-238 u.ö. – Halle, Univ., theol. Diss., 1997. Noch am 16. März 1960 wurde Stern in einer Vorlage für die »Ideologische Kommission« des ZK der SED »eine subjektivistische Tendenz« vorgeworfen; vgl. SAPMO, DY IV 2/9.01/2, 208.

10 Sterns Ablösung als Rektor wurde im Einverständnis mit dem Ministerium während seines Arbeitsurlaubes in der ersten Jahreshälfte 1959 vorbereitet. Im Oktober 1959 wurde Gerhard Bondi zum Rektor gewählt und am 4. November 1959 vom ZK bestätigt; vgl. SAPMO, DY IV 2/9.04/533, 50-52. 54; DY IV 2/3/663.

Konzeptionsentwurf genauere Hinweise. Leitgedanke für alle Aktivitäten ist die Würdigung Melanchthons als bedeutender deutscher Humanist. Die DDR sei »als Hüterin der progressiven Traditionen unseres Volkes« hierzu verpflichtet. Das wird durch eine dreifache Zielstellung konkretisiert: 1. Überwindung der bisherigen einseitigen theologischen Betrachtung. 2. Erarbeitung eines Melanchthonbildes auf der Grundlage des dialektischen und historischen Materialismus (Verdienste um das Bildungswesen). 3. Abwehr des zu erwartenden verzerrten alten Melanchthonbildes der Melanchthonehrung in Westdeutschland.[11]

Am 17. September 1959 leitete die Abteilung Wissenschaften des ZK (Johannes Hörnig [*1921]) den Konzeptionsentwurf dem Leiter der Arbeitsgruppe Kirchenfragen des ZK der SED, Willi Barth (1899-1988), zu. Hörnig schlug vor, diese »Information« gemeinsam beim Sekretariat des ZK einzubringen.[12] In der 37. Sitzung des ZK-Sekretariats am 11. November 1959 stand die »Würdigung Philipp Melanchthons anläßlich seines 400. Todestages« als 8. Punkt auf der Tagesordnung. Der Beschluß hält zunächst fest, daß die Information zur Kenntnis genommen wurde und daß das Sekretariat mit den vorgeschlagenen Maßnahmen einverstanden sei. Hinzugefügt wird, daß die Frage des Ehrenvorsitzenden noch mit dem Sektor Befreundete Organisationen zu beraten und das Komitee durch Prof. Emil Fuchs (1874-1971) zu ergänzen sei. Außerdem sollen »leitende Genossen« des Kulturministeriums und des Staatssekretariats für das Hoch- und Fachschulwesen mitarbeiten.[13] Ein Kontakt zur Kirche ist zu dieser Zeit offenbar nicht beabsichtigt gewesen.

11 SAPMO, DY IV 2/ 14/48, 139-141.
12 Ebd, 138.
13 SAPMO, DY J IV 2/ 3/ 664 (Reinschriftprotokoll, unterschrieben von Ulbricht, der bei der Sitzung dienstlich verhindert war). Die »Information« wurde entgegen der ursprünglichen Absicht als »Anlage 4« allein von der Abteilung Wissenschaften (Datum: 3. November 1959; Unterschriften: Kurt Hager und Johannes Hörnig) dem Sekretariat vorgelegt. Der ursprünglichen Fassung war am Schluß die Erwägung aus dem Arbeitsprotokoll hinzugefügt worden, dem Vizepräsidenten der Volkskammer, August Bach, den Ehrenvorsitz des Komitees zu übertragen. Im Arbeitsprotokoll ist zu den aufgeführten Mitgliedern des Komitees ergänzt worden (mit Bleistift): »Prof. Dr. Emil Fuchs (Theologe) Leipzig«; vgl. ebd, DY J IV 2/ 3 A - 685.

Im Frühjahr 1959 regte ein anhaltischer Pfarrer beim Landeskirchenrat in Dessau an, rechtzeitig Gedenkfeiern zur 400. Wiederkehr von Melanchthons Todestag vorzubereiten. Der Landeskirchenrat übermittelte die Anregung der EKD-Stelle für die Gliedkirchen in der DDR. In der erweiterten Referentenberatung am 16. April wurde beschlossen, die Kirchenleitungen um eine Stellungnahme zur Frage einer besonderen Vorbereitung zu bitten. Ein entsprechendes Schreiben ging am 27. April an die Leitenden Verwaltungsbehörden der östlichen Gliedkirchen.[14] Ein ähnliches Schreiben wurde am 6. Mai den westlichen Gliedkirchen zugesandt.[15] Erst am 17. Juli konnte Oberkirchenrat Herwig Hafa (*1910) die DDR-Kirchen über das Ergebnis der Umfrage unterrichten. Die Mehrzahl der Kirchenleitungen hielten »Feiern in größerem Rahmen für diesen Gedenktag nicht für notwendig«. Es bestehe wenig Neigung, einen Vorbereitungsausschuß einzusetzen. Die Mehrzahl wünsche aber eine Feier in Wittenberg, deren Vorbereitung von der Kirchenprovinz Sachsen in Verbindung mit der Lutherhalle übernommen werden sollte. Hafa rechnete damit, daß die Angelegenheit in einer erweiterten Referentenberatung oder einer Sitzung der Ostkirchenkonferenz noch einmal erörtert wird. Die Anregungen und Wünsche für Veröffentlichungen (z. B. eine Neuausgabe der »Loci communes rerum theologicarum seu hypotyposes theologicae«) seien an die Evangelische Verlagsanstalt weitergegeben worden.[16] Die Kirchenkanzlei der EKU war der gleichen Meinung wie die Mehrzahl der Kirchen.[17]

Noch im Sommer kam es zu einem Meinungsumschwung. Oberkonsistorialrat Egon Pettelkau (1907-1961) wies in einem Vermerk vom 27. Juli darauf hin, er habe bei einem Wittenbergbesuch Kenntnis erhalten, daß von staatlicher Seite bereits eine Melanchthon-Gedenk-Plakette verkauft werde. Schriften über Melan-

---

14 EZA, 7/2840: OKR Dr. Herwig Hafa an die Leitenden Verwaltungsbehörden der Gliedkirchen in der DDR, 27. April 1959.
15 Ebd: Schreiben Dr. Gottfried Niemeiers (*1906), Oberkirchenrat in der Kirchenkanzlei der EKD, der sich auf die Anregung einer Landeskirche bezieht und die Bildung eines Ausschusses als Erwägung der östlichen Gliedkirchen erwähnt.
16 Ebd: Hafa an die Leitenden Verwaltungsbehörden der östlichen Gliedkirchen, 17. Juli 1959. Die als Anlage aufgeführte Antwort der Evangelischen Verlagsanstalt vom 7. Juli 1959 fehlt.
17 Ebd: Oskar Söhngen, Kirchenkanzlei der EKU an die Kirchenkanzlei der EKD für die Gliedkirchen in der DDR, 20. Mai 1959. Söhngen empfiehlt außerdem Robert Stupperich aus Münster. Stupperich verzichtete auf eine Teilnahme an den Melanchthonfeiern in Wittenberg und Halle. Ihm war bekannt, daß er bei den DDR-Behörden persona non grata war.

chthons Werk aus staatlicher Sicht seien ebenfalls beabsichtigt.[18] Die Reaktion darauf findet sich in der Niederschrift über die Kollegialsitzung des Oberkirchenrats der EKU vom darauffolgenden Tag: »Es scheint notwendig und geboten, das Jubiläum im Jahre 1960 auch von kirchlicher Seite angemessen zu würdigen.« Vizepräsident Oskar Söhngen (1900-1983) wurde gebeten, nach Rückkehr aus dem Urlaub eine Besprechung mit Vertretern der Kirchenleitungen in Magdeburg und Dessau sowie der Wittenberger Geistlichen durchzuführen. Eine finanzielle Hilfe stellte die Kirchenkanzlei der EKU in Aussicht. In der Kollegialsitzung am 25. August wurde erneut über die Vorbereitungen der Stadt Wittenberg berichtet.[19]

An der von Söhngen am 16. September 1959 einberufenen Sitzung zur Vorbereitung des Melanchthonjubiläums, nahmen außer den beiden Mitgliedern der Kirchenkanzlei der EKU, Söhngen und Walter Elliger (1903-1985) – der die Funktion eines nebenamtlichen Oberkirchenrats wahrnahm – teil: Wolfgang Staemmler (1889-1970), Propst des Kurkreises, Gerhard Böhm (1911-1983), Superintendent in Wittenberg, Paul Wätzel (1916-1978), Studiendirektor und Ephorus des Wittenberger Predigerseminars, Oberkonsistorialrat Heinrich Förster (*1906) aus Magdeburg, der Bernburger Pfarrer Rudolf Schneider (1900-1964) für den Dessauer Landeskirchenrat und Eva Hoffmann-Aleith (*1910), Pastorin in Stüdenitz/Mark und Schriftstellerin. Diese einzige Beratung der Gruppe war außerordentlich ertragreich. Am Ende lag ein detaillierter Entwurf für eine Melanchthonfeier in Wittenberg vom 19. bis 24. April 1960 vor, für die neben der EKU die Kirchenprovinz Sachsen und die anhaltische Kirche verantwortlich zeichneten. Die Feier sollte aus vier Elementen bestehen: Festakt am 19. April, Pfarrertagung am 20. und 21. April, ökumenische Tagung am 22. und 23. April und Propsteikirchentag am 24. April.

Personelle Vorschläge enthielt der Entwurf ebenfalls. Für den Gedenkgottesdienst und die Festrede am 19. April wurden der sächsische Landesbischof Gottfried Noth (1905-1971) und der Hallenser Systematiker Erdmann Schott (1900-1983) genannt. Die Leitung des Pfarrertages sollte bei dem Magdeburger Bischof Johannes Jänicke (1900-1979) und dem anhaltischen Kirchenpräsidenten Waldemar Schröter (1901-1986) liegen. Beide sowie Propst Staemmler wurden auch als mögliche Referenten für den Gemeindevortrag über »Melanchthon als Christ« vorgeschlagen. Für den Pfarrertag am 20. April waren die beiden Vorträge des

---

18 Ebd: Handschriftlicher Vermerk Pettelkaus auf dem Schreiben Hafas vom 17. Juli 1959.
19 Ebd: Auszüge aus den Niederschriften über die Kollegialsitzungen der Kirchenkanzlei der EKU am 28. Juli und am 25. August 1959 (Bericht von OKR Dietrich Jungklaus [1913-1987]).

Heidelberger Kirchenhistorikers Heinrich Bornkamm über »Elemente eines neuen Melanchthonbildes« und des Tübinger Pädagogen Otto Friedrich Bollnow (1903-1991) über »Melanchthon als praeceptor Germaniae« vorgesehen. Am 21. April sollte der Leipziger Kirchenhistoriker Franz Lau (1907-1973) ein drittes Referat über »Melanchthon und die Ordnung der Kirche« halten. Eine Aufführung der Leipziger Spielgemeinde und eine Lesung Eva Hoffmann-Aleiths aus ihrer Melanchthon-Belletristik sollte das Programm kulturell ergänzen. Als Träger der ökumenischen Tagung wurde der Nordisch-Deutsche Kirchenkonvent in Verbindung mit anderen Gremien nominiert. Einladungen sollten an die Theologische Fakultät in Halle, aber auch an die Predigerseminare in Wittenberg und Brandenburg ergehen. Für den 22. April standen drei Vorträge auf dem Programm. Zum gegenwärtigen Stand der Melanchthonforschung sollte Wilhelm Maurer (1900-1981) aus Erlangen sprechen, für das Thema »Melanchthon als Humanist« dachte man, einen Referenten aus Skandinavien oder der Schweiz zu gewinnen, Thulin sollte um einen Vortrag über Melanchthonbildnisse gebeten werden. Mit einem Kirchenkonzert des Leipziger Thomanerchores sollte dieser Teil der Gedenkveranstaltung am 23. April ausklingen, nachdem vorher noch Referenten aus Schweden oder Dänemark über Melanchthons Kirchenbegriff und über sein ökumenisches Wirken gesprochen hatten. Für den Propsteikirchentag am 24. April – zu dem man auch Vertreter der Stadt Bretten und der Theologischen Fakultät Tübingen einladen wollte – waren ein Festgottesdienst, Führungen durch die historischen Stätten und eine Gemeindefeier im Lutherhof vorgesehen. Schließlich gehörten zum Programmvorschlag eine Melanchthon-Ausstellung und ein Preisausschreiben.[20] Die Grundlinien dieses Konzepts erwiesen sich als tragfähig. Veränderungen gab es vor allem bei den Referenten.

Als Förster am 14. Oktober 1959 Söhngen mitteilen konnte, die Magdeburger Kirchenleitung habe den Programm-Entwurf für das Melanchthonjubiläum einstimmig gebilligt, konnten die konkreten Vorbereitungsarbeiten beginnen. Die anhaltische Kirche stimmte ebenfalls zu und äußerte den Wunsch, die offizielle Einladung mit zu unterschreiben.[21] Über die staatliche Planung war zu dieser Zeit offenbar selbst in der Hallenser Öffentlichkeit noch nichts Genaueres be-

---

20 Ebd: Einladungsschreiben Söhngens, 21. August 1959. Hoffmann-Aleith hatte 1954 den historischen Roman »Anna Melanchthon« veröffentlicht. Vgl. ebd: Handschriftlicher Vermerk Söhngens vom 19. September 1959, daß die Sitzung stattgefunden hat. Beigefügt sind Anwesenheitsliste und Beratungsergebnis (Plan für die Melanchthonwoche).
21 EZA 7/2840; ebd: Vermerk von Söhngen vom 2. Dezember 1959, daß der Wunsch aus Anhalt berücksichtigt wird.

kannt. Die Magdeburger Kirchenleitung erfuhr von dem Praktischen Theologen Hans Urner (1901-1986), daß die Theologische Fakultät ihren Dekan beauftragt habe, beim Senat der Universität eine Melanchthonfeier anzuregen. Daraufhin wurde die Frage der Zuständigkeit für das kirchliche Melanchthongedenken endgültig geklärt, um Unsicherheiten zu vermeiden. Federführend war die EKU, die verantwortliche Bearbeitung lag bei Vizepräsident Söhngen.[22] Vermutlich wurde mit dem Schritt in die Öffentlichkeit gewartet, bis Informationen über die staatliche Planung vorlagen. Nachdem sich das Melanchthon-Komitee der DDR am 11. Dezember 1959 konstituiert hatte, verschickte die Kirchenkanzlei der EKU am 17. Dezember die Einladungen mit dem vorläufigen Programm der Wittenberger Veranstaltungen an die Landeskirchen. Es wurde die Erwartung ausgesprochen, daß »möglichst viele Kirchenleitungen an diesem Festakt teilnehmen und damit die Verbundenheit zwischen Ost und West zum Ausdruck bringen« sollten.[23] Ein Konflikt zwischen dieser Intention und den Absichten, die der DDR-Staat mit dem Jubiläum verband, war somit vorprogrammiert.

III Die konstituierende Sitzung des Melanchthon-Komitees und nachfolgende Aktivitäten

Nach den Vorgaben des ZK-Sekretariats vom 11. November lud der Staatssekretär für das Hoch- und Fachschulwesen, Wilhelm Girnus (1906-1985), die Mitglieder des Melanchthon-Komitees zur konstituierenden Sitzung am 11. Dezember 1959 in Halle ein. Die Würdigung Melanchthons wurde mit dem Hinweis begründet, die DDR sei »Hüterin der progressiven Traditionen unserer Nationalgeschichte«.[24] Von den 18 Mitgliedern waren bei der Sitzung nur zwölf anwesend. So fehlten der Berliner Pädagoge Robert Alt (1905-1978), aus Jena der Historiker Max Steinmetz (1912-1990) und Hertzsch, aber auch der ortsabwesende Stern. Der Hallenser Rektor Gerhard Bondi (1911-1966) eröffnete und schloß die Sitzung. Gerhard Fuchs vom Hochschulstaatssekretariat betonte, die Würdigung des bedeutenden Humanisten

---

22 Ebd: Förster an Söhngen, 14. Oktober 1959, mit handschriftlichen Vermerken; Auszüge aus Niederschriften über Kollegialsitzungen der Kirchenkanzlei der EKU vom 27. Oktober, 17. November, 1. Dezember, 15. Dezember 1959. Am 15. Dezember wurde eine Pressemeldung beschlossen. Den Vollzug vermerkt Söhngen am 23. Dezember 1959.
23 EZA, 7/ 2840: Schreiben vom 17. Dezember 1959. Der Landesbischof der Evangelischen Landeskirche in Baden, Julius Bender (1893-1966), hatte die EKD-Gliedkirchen bereits am 14. November 1959 zur Melanchthonfeier nach Bretten am 24. April 1960 eingeladen (ebd).
24 HUA, Rep. 21 K Nr. 38: Berufungsschreiben für Hans Hübner (undatiert).

sei »eine sehr ernste Angelegenheit« der DDR.[25] Er verlas auch die Namen der Mitglieder und gab den Vorschlag des Staatssekretariats für die Besetzung der Funktionen bekannt. Dem Vorschlag wurde zugestimmt. Die restliche Sitzungszeit wurde durch Hübners Bericht über die Vorarbeiten der von ihm geleiteten Arbeitsgruppe und durch die anschließende Diskussion beansprucht.

Es stand bereits fest, daß bei der Feier in Wittenberg am 19. April 1960 eine Kranzniederlegung und die Eröffnung einer Ausstellung stattfinden sollten.[26] Für Halle waren am 20. April ein zentraler Festakt, eine weitere Ausstellungseröffnung und wissenschaftliche Veranstaltungen vorgesehen. Fragen der Finanzierung, Werbemaßnahmen und weitere Einzelheiten der Programmgestaltung wurden ebenfalls besprochen. Ein Aufruf an Bildungseinrichtungen (Universitäten, Akademie der Wissenschaften, Kulturbund u. a.) wurde beschlossen, das »historische Bild« von Melanchthon den »Massen« zu vermitteln. Hübner legte dem Gremium auch ein kurzes Pressekommuniqué vor. Es erschien am 13. Dezember im »Neuen Deutschland«. Die formelhafte Wendung von der DDR als Hüterin der fortschrittlichen Traditionen fand sich hier genauso wieder wie die Zielstellung, »das vielseitige fruchtbare Schaffen dieses großen deutschen Humanisten und Theologen«, insbesondere auf dem Gebiet des Bildungswesens, zu würdigen.[27]

Eine Woche später informierte der Rektor den Senat der Martin-Luther-Universität über die Komiteesitzung. Der Dekan der Theologischen Fakultät, Arno Lehmann (1901-1984), berichtete über Jubiläumsvorhaben der Theologen. Selbmann wies hin auf die gesamtdeutschen Aspekte bei der Vorbereitung der Festschrift und auf den notwendigen Versuch, zum Melanchthonhaus in Bretten und seinem Leiter Beuttenmüller »einen engen Kontakt anzubahnen«. Bondi bestätigte, daß das Melanchthon-Komitee bereits mit Beuttenmüller in Verbindung stehe und dieser einen Festschriftbeitrag zugesagt habe.[28]

---

25 HUA, Rep. 21 K Nr. 40: Protokoll der konstituierenden Sitzung am 11. Dezember 1959, verfaßt von der Rektoratssekretärin Ingrid Zimmermann, 18. Dezember 1959 (statt »Reformator« ursprünglich »Theologe«).

26 Über den Ort der Kranzniederlegung bestanden kontroverse Vorstellungen: Schloßkirche (Emil Fuchs), Refektorium oder Alter Hörsaal der Lutherhalle (Thulin), Haus der Kulturschaffenden (Bürgermeisterin Teichmann), Melanchthon-Oberschule (Thulin dagegen). Eine Entscheidung wurde vertagt (ebd).

27 Neues Deutschland: Berliner Ausgabe 14 (1959) Nr. 343 (13. Dezember), 2; Neue Zeit 15 (1959) Nr. 291 (13. Dezember), 1 (ausführlicher).

28 HUA, Rep. 7 Nr. 1253: Protokoll der Sitzung des Akademischen Senats vom 18. Dezember 1959, 24.

Mit der Festschrift gab es von Anfang an Probleme. Das wurde schon in der konstituierenden Komitee-Sitzung deutlich. Unter den 13 Zusagen von Autoren aus der DDR befand sich keine eines ausgewiesenen Melanchthonkenners. Hübner appellierte an die Theologen im Komitee, ihren Beitrag zur Festschrift zu leisten.[29] Emil Fuchs erbot sich daraufhin, seinen Fakultätskollegen Lau anzusprechen. In der zweiten Beratung des Komitees am 17. März 1960 mußte er allerdings mitteilen, daß sein Versuch erfolglos gewesen war. Auf seinen eigenen fehlenden Beitrag von Stern angesprochen, zog er seine Zusage mit der Begründung zurück: »In Fragen Melanchthons bin ich nicht ganz firm«. Neben Thulin, der seinen kunstgeschichtlichen Aufsatz in der zweiten Komitee-Beratung absagte, weil sich sein Thema mit dem der Hallenser Kunsthistorikerin Sibylle Harksen überschneide, realisierten am Ende auch die beiden Kirchenhistoriker des Komitees ihre Zusagen nicht.[30] Frau Müller-Streisand, die sich 1958 mit einer an Karl Barths (1886-1968) Lutherkritik orientierten Arbeit über den jungen Luther habilitiert hatte, wies bereits in der konstituierenden Sitzung darauf hin, »daß sie als Theologin gegenüber Melanchthon bestimmte Bedenken zu erheben hätte«.[31] Peschke sah sich aus gesundheitlichen Gründen und von seiner Arbeitssituation her nicht in der Lage, sein Versprechen einzulösen.[32] Nichttheologische Mitglieder des Komitees wie Zschäbitz konnten sich ihrer Verpflichtung nicht so leicht entziehen.[33] Beuttenmüllers kurzer Festschriftbeitrag über das Melanchthon-

29 HUA, Rep. 21 K Nr. 40: Protokoll der konstituierenden Sitzung am 11. Dezember 1959. Von Theologen lag zunächst nur die Zusage Erich Hertzschs vor.

30 BBA, DR-1/ 1338: Protokoll der 2. Beratung des Melanchthon-Komitees am 17. März 1960 in Wittenberg, 1 f. Hertzsch sicherte die Fertigstellung seines Beitrags zu, konnte seine Zusage aber ebenfalls nicht realisieren (ebd). Fuchs schrieb dann doch für die CDU-Zeitung einen Artikel; siehe Emil FUCHS: Berufen, die Zukunft zu formen: zum 400. Geburtstag Philipp Melanchthons. Neue Zeit 16 (1960) Nr. 91 (17./18. April), 7.

31 HUA, Rep. 21 K Nr. 40: Protokoll der konstituierenden Sitzung am 11. Dezember 1959. Rosemarie Müller-Streisands Habilitationsschrift »Luthers Weg von der Reformation zur Restauration« erschien erst 1964 in Halle im Druck.

32 HUA, Rep. 21 K Nr. 40: Protokoll der konstituierenden Sitzung am 11. Dezember 1959; BBA, DR-3/ 2732: Staatssekretariat für das Hoch- und Fachschulwesen, Hausmitteilung von Gerhard Fuchs an die Hauptreferentin für die Theologischen Fakultäten, Friederun Fessen (*1930), 14. Dezember 1959; HUA, Rep. 21 K Nr. 39: Peschke an Stern, 4. Februar 1960 (endgültige Absage); BBA, DR-1/ 1338: Protokoll der 2. Beratung des Melanchthon-Komitees am 17. März 1960 in Wittenberg, 5.

33 HUA, Rep. 21 K Nr. 39: Briefwechsel Hübners mit Zschäbitz vom 19. Juli (Aufforderung zur Mitarbeit) bis 16. November 1959 (Fertigstellung der Rohfassung).

Gedächtnishaus in Bretten lag zur konstituierenden Sitzung vor. Selbmann informierte das Komitee, daß eine wissenschaftliche Überarbeitung nötig sei.[34]

Als besonders schwierig erwies sich die Vorbereitung der Melanchthonbibliographie, die als 2. Band der Festschrift erscheinen sollte. Beuttenmüllers Heidelberger Berater und Arbeitspartner standen wohl seinem Bemühen um eine enge Zusammenarbeit mit Selbmann von Anfang an skeptisch gegenüber. Weder sie noch Beuttenmüller selbst konnten aber wissen, daß Selbmann seit Frühjahr 1951 als Geheimer Informant »Fink« für den Staatssicherheitsdienst tätig war. Der Staatssicherheitsdienst scheint sich jedoch im wesentlichen mit Informationen über das Bibliographie-Projekt begnügt zu haben.[35] Die Schwierigkeiten, die sich bald herausstellten, als die Hallenser Bibliotheksmitarbeiter die von Beuttenmüller übergebenen Titelaufnahmen überarbeiteten, waren sachlicher und nicht politischer Natur. In einem Zwischenbericht gelangten die beiden Hallenser Bearbeiterinnen nach vierzehntägiger Tätigkeit zu dem Ergebnis, daß eine Fertigstellung der Bibliographie bis zum Jubiläumstermin aufgrund der hohen Fehlerquote der Vorlage unmöglich sei. Entweder müsse man sich für eine Minimalüberarbeitung der vorläufigen Titelsammlung oder für eine neue ausführlichere Titelaufnahme entscheiden. Nur in einer Anmerkung erwähnten sie, die beste Lösung sei, von der Überarbeitung der Bibliographie ganz abzusehen.[36]

Selbmann sah nach einer Reihe von Gesprächen – seine Partei hatte sich auch eingeschaltet – den Ausweg in einer personellen Verstärkung. Gemeinsame Überlegungen mit Stern und Hübner hielt er ebenfalls für notwendig, bevor er sich mit Beuttenmüller in Verbindung setzte.[37] Als im Januar 1960 die Schwierigkeiten immer noch nicht behoben waren und gar die Lieferungen des Rohmanuskripts mit den Titelaufnahmen aus Bretten ins Stocken gerieten, wurde eine neue Entscheidung unumgänglich. Da das Projekt aus Prestigegründen nicht völlig scheitern durfte, begnügte man sich für das Jubiläum vorerst mit dem Teildruck

34 HUA, Rep. 21 K Nr. 40: Protokoll der konstituierenden Sitzung am 11. Dezember 1959, 3.

35 BUSt, Außenstelle Halle, AIM 1276/71 Bd. 1 und 2, IM »Fink«. Selbmann hatte Religionswissenschaft, Geschichte und Pädagogik studiert. Vor seiner Übersiedlung in die DDR war er im Bibliotheksdienst in Frankfurt am Main tätig; SED-Mitglied. Verpflichtungserklärung als GI »Fink« 20. April 1951. Zu seinen MfS-Aufträgen gehörte u. a. die bibliothekarische »Aufklärung der Westverbindungen«. Übersiedlung in die Bundesrepublik als Invalidenrentner 1968.

36 HUA, Rep. 21 K Nr. 38: Zwischenbericht der Mitarbeiterinnen Rühlmann und String für Selbmann, 24. November 1959.

37 Ebd: Selbmann an Stern, 1. Dezember 1959. Er sagt zugleich seine Mitarbeit an der Festschrift ab (Gesundheit, Überlastung).

Wissenschaften

An die
Parteiorganisation der SED
der Martin-Luther-Universität

H a l l e /Saale

452/60
II/9-V.   10.2.1960

Werte Genossen!

Zu dem Schreiben des Genossen Prof. Dr. Selbmann vom 22.1.1960
an Genossen Prof. Dr. Leo Stern, von dem Euch ein Durchschlag zuge-
gangen ist, möchten wir bemerken:

Die Arbeiten, die anlässlich des Melanchton-Gedenkjahres in
Angriff genommen wurden, gehen nicht zurück auf die Liebhaberei
oder irgendwelche ausgefallenen Ideen eines einzelnen, sondern sie
wurden in die Wege geleitet auf Beschluss unserer Partei und Regierung. In diesem Beschluss wie in der gesamten Vorbereitung und
Durchführung des Melanchton-Jubiläums offenbart sich unsere grundsätzliche Stellung zu den nationalen und humanistischen Traditionen
unseres Volkes. Das haben offenbar einige Genossen, wie z. B. der
Genosse Witt, noch nicht begriffen, sonst wäre es nicht zu erklären,
dass, wie Genosse Selbmann schreibt, die Durchführung der vorgesehenen Aufgaben gefährdet ist.

Wir bitten Euch, unter den in Frage kommenden Mitarbeitern die
Bedeutung der Melanchton-Ehrung prinzipiell, d.h. vom Standpunkt der
nationalen Politik unserer Partei, zu klären, zumal es sich hier um
eine Gelegenheit handelt, parteilosen Kreisen die Grundlinie unserer
Politik zu erklären; weiter bitten wir Euch zu veranlassen, dass die
Bibliothekarin Frau Rühlmann für die Arbeit an der Melanchton-Biblio-
graphie freigestellt wird.

Mit sozialistischem Gruss!
Zentralkomitee der SED
Abteilung Wissenschaften

Stellungnahme des ZK der SED, Abt. Wissenschaften (Johannes Hörnig) in Berlin an die Parteiorganisation der SED der Martin-Luther-Universität Halle vom 10. Februar 1960 (SAPMO, DY IV 2/ 9.
04/ 102, 160 (Kopie). Vgl. ebd, 161: Erhard Selbmann an Leo Stern am 22. Januar 1960: Information
über Schwierigkeiten, Mitarbeiter für die Melanchthonbibliographie freizustellen. Ein Abteilungs-
leiter in der Universitätsbibliothek, Witt, hat arbeitstechnische und ideologische – »Melanchthon
rangiere nun vor Marx« – Vorbehalte. Bitte um Entscheidung von Partei und Regierung, »ob die
Melanchthonbibliographie angefertigt werden soll oder nicht«. Hinweise auf Behinderung der
Arbeit Beuttenmüllers in der Bundesrepublik (vgl. unten Anm. 66).

einer vorläufigen Bibliographie, der außerdem nur auf dem Wege des Schriftenaustausches verbreitet wurde.[38] Nach dem Jubiläum wurde in Halle an einer Melanchthonbibliographie, die wissenschaftlichen Ansprüchen genügen sollte, weitergearbeitet. Komplikationen blieben allerdings auch weiterhin nicht aus.[39] Selbmann berichtete 1966 über den Stand der Arbeit und stellte den Druck des nunmehr auf zwei Bände berechneten Werkes in absehbarer Zeit in Aussicht. Erschienen sind die beiden Bände nicht.[40]

Unter dem Zeitdruck, aber auch infolge der zentralistischen Planung kam es zu Informationsdefiziten und Abstimmungsschwierigkeiten. Der CDU-Vorsitzende und Stellvertreter des Präsidenten der Volkskammer August Bach (1897-1966) ist beispielsweise mit seiner Ernennung zum Ehrenvorsitzenden des Komitees mehr oder weniger überrascht worden. Erst zu Jahresanfang 1960 kam der vielbeschäftigte Stern dazu, ihm offiziell den Ehrenvorsitz anzutragen, das Sitzungsprotokoll zuzusenden und nähere Erläuterungen durch Hübner anzubieten.[41] Bach beauftragte den Leiter der Abteilung für Kultur und Kirchenpolitik seiner Partei, Carl Ordnung (*1927), damit, genauere Informationen über die Vorhaben des Komitees einzuholen. Ordnung traf sich daraufhin mit Hübner in Halle. Das Gespräch ergab, daß die CDU ihre Mithilfe zur Lösung von zwei Problemen anbieten konnte. Zum einen hatte das Komitee noch keine Zusage für eine Sonderbriefmarke erlangt. Wichtiger war zum anderen, daß noch kein offizieller Kontakt zwischen dem Komitee und der Kirche im Blick auf das Melanchthonjubiläum zustande gekommen war. Ordnung sagte seine Vermittlung zu. Am 22.

38 Beuttenmüller: Vorläufiges Verzeichnis ...; HUA, Rep. 21 K Nr. 38: Selbmann an Hübner, 11. Januar 1960. Aus Zeitdruck ist zunächst auch eine Kontaktaufnahme zu DDR-Bibliotheken mit Melanchthonbeständen unterblieben; vgl. ebd: Anfrage des Direktors der Landesbibliothek Gotha, Dr. Gerhard Pachnicke (*1914), bei Selbmann, 28. Dezember 1959.

39 Schwierigkeiten ergaben sich immer wieder aus der Gemengelage von politischen, fachbibliographischen und personalen Gründen. Beuttenmüller hielt offenbar engeren brieflichen Kontakt zu den Bearbeiterinnen als zu Selbmann, dessen Verhältnis zu den Mitarbeitern nicht konfliktfrei war. Beuttenmüllers Brief an Frau Rühlmann vom 28. Juni 1961, den diese zur Kenntnisnahme Selbmann zuleitete, befindet sich in der GI-Akte Selbmanns; vgl. BUSt, Außenstelle Halle, AIM 1276/ 71 Bd. 2, 34: vgl. auch HUA, Rep. 21 K Nr. 38: Selbmann an Hübner, 22. Juni 1960.

40 Erhard SELBMANN: Zur Melanchthonbibliographie: ein Werk internationaler bibliographischer Gemeinschaftsarbeit. In: Weite Welt und breites Leben: Festschrift der Universitätsbibliothek der Friedrich-Schiller-Universität Jena zum 80. Geburtstag von Prof. Dr. phil. Karl Bulling. L 1966, 245-250.

41 HUA, Rep. 21 K Nr. 38: Stern an Bach, 4. Januar 1960; vgl. ebd: Ordnung an Hübner, 23. Dezember 1959.

Februar 1960 konnte er Hübner mitteilen, daß ihm die Kirche ein Gespräch in Aussicht gestellt habe. Bach habe inzwischen auch vom Rat der EKU eine offizielle Einladung zur kirchlichen Melanchthonfeier erhalten. Er habe sie unter dem Vorbehalt angenommen, daß die kirchlichen nicht mit den staatlichen Veranstaltungen kollidierten. Ordnung fügt eine Kopie des vorläufigen kirchlichen Programms bei und regt an, einige der von der Kirche erwarteten westdeutschen und ausländischen Gäste auch für staatliche Veranstaltungen zu interessieren.[42] Der Vorgang beleuchtet die schwierige kirchenpolitische Situation, die bei der Vorbereitung und Durchführung der Feiern noch mehrfach Anlaß für Konflikte war.

IV Die Vorbereitungen für das kirchliche Melanchthongedenken in Wittenberg

Zu Beginn des Jahres 1960 informierte die Kirche in Ost und West die Öffentlichkeit durch ihre Nachrichtendienste über die vorgesehenen Veranstaltungen in Wittenberg im April. Das eigenständige kirchliche Gedenken kam bereits in der Reihenfolge der Charakterisierungen Melanchthons zum Ausdruck: Theologe, Humanist, Pädagoge. Die CDU-Presse der DDR übernahm diese Information.[43]

Publikationen konnten in der Pressemitteilung nicht angekündigt werden, denn in der DDR war für Veröffentlichungen in der Regel ein Planungsvorlauf von mindestens zwei Jahren erforderlich. Nachdem dieses Defizit auf einer Kirchenkonferenz der EKD noch einmal erörtert worden war, unternahm Krummacher – seit 1955 Bischof von Greifswald – als Gesellschafter der Evangelischen Verlagsanstalt den Versuch, der Verlagsleitung »das ganze Problem doch noch einmal dringlich ans Herz« zu legen. Angesichts der restriktiven Bildungspolitik der DDR wies er darauf hin, daß es im Falle Melanchthon um »wesentliche Fragen christlicher Erziehung und christlichen Bildungswesens« gehe, »die gerade heute anhand der Geschichte aktuell gemacht werden könnten«.[44] Sein Drängen war nicht erfolglos. Am 16. Februar 1960 reichte der Verlag doch noch ein schmales Manuskript mit Auszügen aus Schriften von und über Melanchthon, einer Repro-Wiedergabe von Melanchthons Katechismusdruck aus dem Jahre 1554 und einer Würdigung des reformatorischen Theologen und Humanisten bei der

---

42 Ebd: Hübner an Ordnung, 20. Januar 1960; Ordnung an Hübner, 22. Februar 1960.

43 epd (6. Januar 1960); eno: Ausgabe A 13 (1960) Nr. 1 (7. Januar), 2 f; Neue Zeit 16 (1960) Nr. 13 (16. Januar), 5.

44 Krummacher an Hans Laurentius (1919-1995) / Evangelische Verlagsanstalt, 19. Dezember 1959 (Kopie in meinem Besitz).

zuständigen Druckgenehmigungsstelle ein. Nach ungewöhnlich kurzer Frist wurde problemlos die Druckgenehmigung erteilt.[45] Nicht so flexibel verliefen die Genehmigungsverhandlungen beim Berliner Magistrat für den Druck von 100 Einladungen und 1000 Programmen für die Wittenberger Veranstaltungen. Offenbar war die staatliche Dienststelle einige Zeit unsicher, ob die kirchlichen Feiern förderungswürdig seien.[46] Die Planung für die inhaltliche Gestaltung der Wittenberger Veranstaltungen war dem Einfluß der DDR-Behörden entzogen.

Mit größeren Schwierigkeiten wurde gerechnet, als die Einreisegenehmigungen für die westdeutschen und ausländischen Gäste beantragt werden mußten. Die Vorsichtsmaßnahme, die Gäste zu bitten, ihre Personalien sowohl bei der Kirchenkanzlei, als auch bei der Wittenberger Superintendentur einzureichen, um eine positive Bearbeitung sicherzustellen, spricht für sich.[47] Sonderwünsche einzelner Teilnehmer stellten die Organisatoren vor große Probleme.[48] Für einige Ausländer waren die bürokratischen Hürden wegen zu kurzer Fristen nicht zu überwinden.[49] Im Falle des Kieler Bischofs Wilhelm Halfmann (1896-1964) blieben die DDR-Behörden bis zuletzt genauso unnachgiebig wie gegenüber dem Direktor der Theologischen Abteilung des Lutherischen Weltbundes in Genf, dem gebürtigen Ungarn und schwedischen Staatsbürger Vilmos Vajta (*1920).[50] Zwei

---

45 BBA, DR-1/ 2513: Zensurgutachten von Erich Schreier (1891-1965), der die übliche Verfälschung Melanchthons, die aber der Lehrmeinung des Protestantismus entspreche, bemängelte; zu Schreier vgl. »In der DDR gibt es keine Zensur«: die Evangelische Verlagsanstalt und die Praxis der Druckgenehmigung 1954-1989/ hrsg. von Siegfried Bräuer; Clemens Vollnhals. L 1995, 411 u. ö. (1954-1965: 578 Gutachten). Philipp Melanchthon: eine Gabe zu seinem 400. Todestag/ hrsg. von Joachim Rogge; Wolfgang Schanze; Rudolf Schneider. B 1960, erschien in einer Auflage von 5000 Exemplaren.

46 EZA, 7/ 2840: Druckgenehmigungsantrag; BBA, DR-1/ 1338: Sachstandsbericht für Heinz Herder, Stellvertreter des Staatssekretärs, 23. März 1960, 2; EZA, Generalia IX 30 Beih. (Druckabrechnung).

47 EZA, 7/ 2840: Söhngen an OKR Johannes Schlingensiepen (1898-1980) in Düsseldorf, 11. Februar 1960.

48 Ebd.: So z. B. Söhngen an Schlingensiepen, der teilweise an einer gleichzeitigen Berliner Studententagung teilnehmen wollte, 11. März 1960.

49 Ebd: So erhielten z. B. Andrzej Wantuła (*1905-1976), Bischof der Evang.-Augsburgischen Kirche in Polen, Warszawa, und der evang.-luth. Bischof Friedrich Müller (1884-1969) in Sibiu (Hermannstadt) die Einladungen zu spät.

50 Ebd: Auszug aus der Niederschrift der Kollegialsitzung der Kirchenkanzlei der EKU am 12. April 1960. Söhngen nennt in seinem Bericht Kirchenpräsident Hans Stempel (1894-1970) in Speyer und Bischof Wilhelm Halfmann in Kiel; EZA, 7/ 2844: Krummacher an Söhngen, 15. Januar 1960 (Teilnahmewunsch Vajtas); Telegramm Söhngens an Vajta, 14. April 1960 (Visaablehnung) und Brief; Vajta an Söhngen, 20. April 1960. Weitere Konflikte blieben durch

Jahre zuvor war Vajta im Zusammenhang mit der Lizenzausgabe seines Buches über Luthers Theologie des Gottesdienstes durch eine entsprechende Denunziation aus der CDU-Leitung zur politisch unerwünschten Person erklärt worden. Weder er, noch die kirchlichen Dienststellen hatten aber davon Kenntnis.[51] Die Einreise zweier finnischer Studentengruppen bereitete dagegen keine Schwierigkeiten.[52] Als der persönliche Referent des Staatssekretärs für Kirchenfragen, Hans Joachim Seidowsky (*1932), seine Hilfe anbot, um Probleme bei der Vorbereitung des Melanchthongedenkens zu klären, machte die Kirchenkanzlei gern davon Gebrauch. Sie ahnte nicht, daß dieser »Vermittler« zugleich für den Staatssicherheitsdienst tätig war und sein Wissen observierend ausgewertet wurde.[53]

Aus der getrennten Vorbereitung des Jubiläums entstand die Gefahr der Überschneidung bei der Programmgestaltung. Zunächst bemühte sich Thulin, der auf lokaler Ebene den Gremien der staatlichen und der kirchlichen Seite angehörte, um die Informationsübermittlung. Schließlich wünschte die städtische Arbeitsgruppe in Wittenberg, den Zeitplan mit den Vertretern der Kirche offiziell abzustimmen. Die Kirchenkanzlei der EKU ermächtigte Wätzel, am 23. Januar 1960 ein entsprechendes Gespräch mit der Abteilungsleiterin für Kultur beim Rat der Stadt, Marianne Gehrt (*1933), zu führen. Er wurde ausführlich über den Stand der staatlichen Vorbereitungen informiert. Gegen das Angebot, gemeinsam zu den Wittenberger Veranstaltungen einzuladen, erhob er wegen der unterschiedlichen Auffassungen vom Werk Melanchthons Bedenken. Die Wittenberger Kulturfunktionärin hoffte, daß Hübner bei der Kirchenkanzlei in Berlin doch noch die Zustimmung erlangen könnte. Der ursprüngliche Vorschlag der Kirche, die Veranstaltungsfolge von Staat und Kirche zeitlich ineinander zu fügen, wurde nunmehr auch durch das Komitee als die günstigste Lösung akzeptiert.[54]

Absagen erspart, z.B. von Landesbischof Hanns Lilje (1899-1977) und dem Präses der EKD-Synode, Constantin von Dietze (1891-1973); vgl. EZA, 7/ 2840.

51 Vgl. »In der DDR gibt es keine Zensur«, 34.

52 EZA, 7/ 2844: Söhngen an Vajta, 14. April 1960; EZA, Generalia IX 30 Beih.: Rechnung vom 15. August 1960 (einschließlich Unkosten für mehr als 30 finnische Studenten bei ihrem Besuch in Stalinstadt und Buckow).

53 BUSt, ZA, AIM 3654/71 IM »Gerhard« (Hans Joachim Seidowsky) P Bd. 1, 119: Dankschreiben Söhngens an Seidowsky, 16. März 1960. Seidowsky übergab dem MfS am 20. April 1960 auch »eine Teilnehmerliste ausländischer Gäste zur Melanchthonfeier«, ebd A Bd. 3, 170. Seidowsky war zugleich Hauptreferent für Presse und Information in der Dienststelle des Staatssekretärs für Kirchenfragen und am 15. März 1957 vom MfS angeworben worden. Die vorhandenen MfS-Akten bis 1970 umfassen 17 Bände. Zu seinen späteren Aktivitäten vgl. DER KLEINE SCHALK. Der Spiegel [48] (1994) Heft 39, 110 f. 113. 116.

Nach dem vergeblichen Versuch des staatlichen Komitees, auf örtlicher Ebene mit der Kirche über gemeinsame Anliegen bei der Ehrung Melanchthons ins Gespräch zu kommen, wurde Anfang Februar 1960 ein zweiter Anlauf durch die CDU-Parteileitung unternommen. Ordnung nutzte alte Verbindungen zu Wätzel und bat ihn um entsprechende Vermittlung. Er wurde aber zuständigkeitshalber an Staemmler und die Kirchenkanzlei der EKU verwiesen.[55] Erst als der Ratsvorsitzende der EKU, Präses Kurt Scharf (1892-1990), Mitte Februar Bach, aber auch den Staatssekretär für Kirchenfragen, Werner Eggerath (1900-1977), und die Wittenberger Bürgermeisterin, Herta Teichmann (1913-1986), offiziell zu den kirchlichen Jubiläumsveranstaltungen eingeladen hatte, nahm Ordnung den empfohlenen Kontakt zur EKU auf. Am 10. März trafen sich der Präsident der Kirchenkanzlei der EKU, Franz-Reinhold Hildebrandt (1906-1991) und sein Stellvertreter Söhngen mit Ordnung in der Ostberliner Dienststelle der Kirchenkanzlei.[56] Es gibt kein Anzeichen, daß diese Begegnung mehr als einen Austausch von Informationen erbracht hätte.

Schon die ungeklärte Frage, ob die EKU an der Verantwortung für die Wittenberger Lutherhalle beteiligt bleiben würde, nötigte die kirchlichen Gesprächspartner zur Vorsicht.[57] Erst recht legten die Folgen der neuen Ideologisierungsphase in der DDR-Politik der Kirche insgesamt Zurückhaltung nahe. Die kirchlichen Einsprüche gegen die bildungspolitischen Repressionen durch die Schulordnung und das Schulgesetz von November/Dezember 1959 hatten kein Gehör gefunden. Dasselbe gilt für die Bedenken der Kirche wegen der Zwangsmethoden bei der Kollektivierung der Landwirtschaft, die dem Ministerpräsidenten Otto Grotewohl (1894-1964) gerade in den Tagen der 2. Sitzung des Melanchthon-Komitees über-

54 EZA/ 2844: Wätzels Ergebnisprotokoll vom 15. Januar 1960 über die Besprechungen am 9. und 11. Januar 1960; ebd: Nachtrag Wätzels, 15. Januar 1960. Aus Kompetenzgründen verwies Wätzel am 13. Januar 1960 Erdmann Schott mit seiner Information über eine Fakultätsfeier an Söhngen, ebd; Aktennotiz Wätzels zum Nordisch-Deutschen Konvent (Begrüßungswunsch der städtischen Funktionäre), 25. Januar 1960 (ebd).
55 EZA, 7/2844: Ordnung an Wätzel, 2. Februar 1960; Wätzels Antwort, 6. Februar 1960 (ebd).
56 EZA, Generalia IX 30 Beih.: Zwischenbescheid von Bachs persönlichem Referenten Güth, 24. Februar 1960; EZA, 7/ 2840: Vorläufige Zusage Bachs an Scharf, 10. März 1960; SAPMO, DY IV 2/ 1460: Scharf an Eggerath, 13. Februar 1960; EZA, 7/ 2840: Teichmann an Scharf, 2. März 1960 (Zusage); EZA, Generalia IX 30 Beih.: Ordnung an Rat der EKU, 27. Februar 1960; ebd: Protokollauszug der Kollegialsitzung der Kirchenkanzlei der EKU, 1. März 1960; ebd: Hildebrandt an Ordnung, 7. März 1960 und Vermerk über Gesprächstermin.
57 EZA, 7/ 2840: Hildebrandt an Teichmann, 14. April 1960 (Dank für Annahme der Einladung, Konflikt wegen Lutherhalle).

mittel wurden.[58] Demgegenüber haben die friedenspolitischen Aktivitäten, die mit der Initiative der Sowjetunion vom 15. Januar 1960 einsetzten und in Walter Ulbrichts (1893-1973) Brief an Konrad Adenauer (1876-1967) vom 23. Januar sowie im »Deutschlandplan des Volkes« vom ZK der SED am 17. April ihre Fortsetzung fanden, keinen erkennbaren Niederschlag in den Archivalien über die Vorbereitung der kirchlichen Veranstaltungen in Wittenberg gefunden.[59] Das entsprach dem allgemeinen Verhalten kirchlicher Gremien in der DDR gegenüber neuen Diskussionen und Aktivitäten in Staat und SED, sofern sie nicht unmittelbare kirchenpolitische Konsequenzen hatten. Bei Partei und Staat blieben derartige Ereignisse so gut wie nie ohne Auswirkung auf die Planung von Veranstaltungen. Das Melanchthonjubiläum bildete keine Ausnahme.

V Die letzte Phase der Vorbereitung

Staatssekretär Eggerath sah sich als offizieller Vertreter der DDR-Regierung nicht in der Lage, auf die Einladung des Ratsvorsitzenden der EKU nach Wittenberg direkt zu reagieren. Bei schwerwiegenden Entscheidungen erhielt er seine Weisungen von der ZK-Arbeitsgruppe Kirchenfragen. Gerade noch rechtzeitig vor der 2. Beratung des Melanchthon-Komitees fand am 15. März 1960 eine Unterredung von Eggeraths persönlichem Referenten mit dem Leiter der ZK-Arbeitsgruppe, Willi Barth (1899-1988), statt. Dabei wurde u. a. beschlossen, daß die Entscheidung über die beantragten kirchlichen Einreisegenehmigungen bei einer Beratung in der ZK-Arbeitsgruppe getroffen werden sollte. Die Dienststelle des Staatssekretärs sollte außerdem dem Komitee-Vorsitzenden Stern eine Abschrift der kirchlichen Einladung mit den Hinweisen zusenden, das kirchliche Programm im Komitee zu beraten und »unter Ausschaltung der EKU mit Landesbischof Jänicke im Einvernehmen mit dem Rat des Bezirkes Magdeburg« eine Aussprache zu führen. Es sollte erreicht werden, daß sich die kirchlichen Jubiläumsteilnehmer an den staat-

58 Kirchliches Jahrbuch 87 (1960), 176: Bischöfe an Grotewohl, 11. März 1960; ebd, 176: Kirchenleitung Berlin-Brandenburg an Grotewohl, 17. März 1960. Vgl. insgesamt ebd 86 (1959), 171-198 (Schule); 87 (1960), 153-173 (Schule). 173-201 (Landwirtschaft).

59 Zum »Deutschlandplan« vgl. DDR: Dokumente zur Geschichte der Deutschen Demokratischen Republik 1945-1985/ hrsg. von Hermann Weber. 3. Aufl. M 1987, 242 f. Der »Deutschlandplan« wurde in der CDU-Zeitung gleichzeitig mit einer umfangreicheren Würdigung Melanchthons veröffentlicht; Neue Zeit 16 (1960) Nr. 91 (17./18. April 1960), 1 f. 4 (Deutschlandplan). 7 (Emil Fuchs und Jan Michalko zu Melanchthon). Zur Gesamtsituation vgl. Hermann WEBER: DDR: Grundriß der Geschichte 1945-1990. Hannover 1991, 75-96.

lichen Festveranstaltungen beteiligten. Noch am selben Tag wandte sich Eggerath mit einer entsprechenden Empfehlung an Stern, ohne die Weisung der ZK-Arbeitsgruppe zu erwähnen.[60]

Die Weisung der ZK-Arbeitsgruppe hatte zur Folge, daß die 2. Beratung des Melanchthon-Komitees am 17. März 1960 in Wittenberg in drei Stufen durchgeführt wurde. In einer Sitzung der leitenden Funktionäre des Komitees begründete Gerhard Fuchs vom Staatssekretariat für das Hoch- und Fachschulwesen, warum eine Vorberatung notwendig geworden sei. Nach einer Verständigung mit der ZK-Arbeitsgruppe Kirchenfragen sei man zu dem Ergebnis gelangt, daß »unter Berücksichtigung der nationalen und internationalen Lage ... eine weitgehendste Abstimmung mit der Kirche«, d.h. eine »gegenseitige Teilnahme an den Veranstaltungen« zu erreichen sei. Nach kurzer Diskussion wurden ein Telegrammtext an Bischof Jänicke mit der Bitte um eine Gesprächsmöglichkeit formuliert und einige praktische Entscheidungen getroffen.[61]

Im Anschluß daran fand eine Beratung der Parteigruppe des Komitees statt. Zu den Teilnehmern der ersten Runde stießen nun die Komitee-Mitglieder Selbmann, Steinmetz und der Schriftsteller Hans Lorbeer (1901-1973) sowie Gäste vom Rat des Kreises und der Wittenberger Vorbereitungsgruppe. Die Leitung lag diesmal bei dem Parteigruppenorganisator, dem Direktor der Wittenberger Melanchthon-Oberschule Georg Hoffmann (1914-1992). Fuchs informierte über die Ergebnisse der ersten Runde, und Hübner berichtete über den Stand der Vorbereitung im einzelnen. Zur noch immer fehlenden Zusage für eine Sonderbriefmarke äußerte Hübner, daß im Postministerium »die Bedeutung Melanchthons wahrscheinlich nicht klar« sei. Die größten Schwierigkeiten bereitete die Druckvorbereitung der Festschrift. Selbmann schilderte den Fortgang der Arbeit an der Melanchthonbibliographie positiv. Er trat für eine ausschnittartige Publikation ein und unterrichtete die Parteigruppe über Angriffe auf Beuttenmüller aus Fachkreisen in Westdeutschland, weil er »durch die Überlassung seiner Arbeit der

---

60 BBA, DO-4/ 2406: Aktennotiz Seidowsky, 15. März 1960; Eggerath an Stern, 15. März 1960.
61 BBA, DR-3/ 2722: Protokoll der Sitzung am 17. März 1960 von Frau Gehrt, 18. März 1960. Sitzungsbeginn 10.30 Uhr. Teilnehmer (außer Protokollantin): Stern, Hübner, Gerhard Fuchs, M. Häckel, Puppe (Erster Stellvertreter des Vorsitzenden des Rates des Kreises), Georg Hoffmann (Direktor der Melanchthon-Oberschule). Der Telegrammtext im Protokoll stimmt mit der am 17. März 1960 in Wittenberg ausgefertigten Fassung überein; vgl. Magdeburg, Archiv des Konsistoriums der Kirchenprovinz Sachsen, 62 Reg. Bischof Jänicke, Melanchthon-Feier in Wittenberg 1960.

›Ostzone‹ Verrat geübt« habe. Nachdem die Parteigruppe die Tagesordnung für die 2. Beratung des Komitees bestätigt hatte, konnte die 3. Stufe, wie vorgesehen, 15 Uhr beginnen.[62]

Das Komitee war fast vollständig vertreten. Zum Stand der Vorbereitungen wurde über die einzelnen Sachpunkte ausführlich berichtet. Als Stern »über die festgelegten Maßnahmen zur Abstimmung der Veranstaltungen von seiten des Staates mit denen der Kirche« informierte, wies Thulin auf Scharfs Zuständigkeit hin und bot sich als Vermittler an. Das Angebot wurde akzeptiert. Thulin sollte bereits am nächsten Tag mit einem Dienstwagen der Stadt Wittenberg nach Berlin fahren und einen Gesprächstermin für Hübner vereinbaren. Die Weisung der ZK-Arbeitsgruppe erwies sich teilweise als nicht praktikabel und wurde somit unterlaufen. Sterns Forderung, es müsse angestrebt werden, daß die Kranzniederlegung am Wittenberger Melanchthondenkmal »möglichst gemeinsam mit der Kirche stattfindet«, belegt, daß dem gemeinsamen Handeln von Staat und Kirche bei dem Jubiläum inzwischen Priorität eingeräumt wurde. Da mit der 2. Beratung die Voraussetzungen gegeben zu sein schienen, »die Feierlichkeiten pannenlos durchzuführen«, wurde Hertzschs Vorschlag angenommen, Stern und Hübner eventuelle weitere Entscheidungen zu überlassen und auf eine 3. Beratung zu verzichten.[63]

Am 23. März 1960 fand in Halle das gewünschte Gespräch zwischen Stern und Hübner mit den Vertretern der Kirche, Bischof Jänicke und Präsident Hildebrandt, statt. Es wurden u.a. gegenseitige Einladungen zu den Jubiläumsveranstaltungen, aber auch eine zeitliche Verlegung von Vorträgen vereinbart, um die wechselseitige Teilnahme zu ermöglichen. Hildebrandt teilte mit, daß die kirchlichen Vorträge ohne Diskussionen durchgeführt werden. Diese sollten dem Symposion in Halle vorbehalten bleiben. Sterns Vorschlag, die Kranzniederlegung gemeinsam vorzunehmen, wurde durch die Antwort gegenstandslos: »Die Kirche[n] werden keine Kränze niederlegen.«[64]

62 BBA, DR-3/ 2722: Protokoll der Parteigruppensitzung am 17. März 1960 von Frau Gehrt, 18. März 1960. Sitzungsbeginn: 13.30 Uhr. Die Wittenberger Bürgermeisterin fehlte (erkrankt).

63 BBA, DR-3/ 2722: Protokoll der 2. Beratung des Komitees am 17. März 1960 von Frau Gehrt, 18. März 1960. Die Frage der Kontaktaufnahme zur Kirche war bereits in der Sitzung der leitenden Funktionäre diskutiert worden (Information entweder über Thulin oder den Hallenser Alttestamentler Otto Eißfeld [1887-1973] oder direkt an Jänicke bzw. Scharf).

64 BBA, DR-3/ 2722: Gerhard Fuchs an Heinz Herder, Stellvertreter des Staatssekretärs für das Hoch- und Fachschulwesen, 23. März 1960: Stand und weitere Aufgaben der Melanchthon-Ehrung, 1 f.

Am Tag des Gesprächs zwischen Komiteeleitung und Kirchenvertretern wurden Gerhard Fuchs vom Hochschulwesen und Manfred Häckel (1927-1972) vom Kulturministerium ins Büro des Präsidiums des Ministerrats bestellt. Ihnen wurde eröffnet, daß Ministerpräsident Grotewohl bis zum 26. März von beiden Regierungsstellen eine schriftliche Information über Auffassung, Ablaufplanung, Stand der Vorbereitung und Geleitwortentwürfe für Festschrift und Festgabe erwarte. Beide Regierungsstellen seien Veranstalter des Empfangs in Halle. Für den durch eine Auslandverpflichtung verhinderten Grotewohl werde sein Stellvertreter Max Sefrin (*1913) teilnehmen. Die Niederlegung von Kränzen beider Regierungsstellen am Denkmal in Wittenberg gelte als einer der Höhepunkte der Melanchthon-Ehrung. Der Ministerpräsident sei auf Antrag bereit, zusätzliche Haushaltsmittel zur Verfügung zu stellen.[65]

Noch am 23. März verfaßten Fuchs und Häckel Sachstandsberichte für ihre Vorgesetzten. Fuchs stellte als »wissenschaftlich-politische« Doppelaufgabe des Jubiläums heraus, 1. »Melanchthon der einseitig kirchlichen Betrachtungsweise zu entreißen und ihn auf der Grundlage des historischen Materialismus nach seinen historischen Leistungen exakt einzuschätzen«, 2. »die Leistungen Melanchthons im Rahmen der Pflege des nationalen Kultur-Erbes entsprechend der heutigen Situation zu würdigen und zu beweisen, daß die DDR die Hüterin aller progressiven Traditionen der deutschen Nation ist«. Die Zusammenarbeit mit Beuttenmüller wird damit begründet, daß dieser »auf Grund der politischen Lage in der Bundesrepublik zunächst keinen Widerhall« gefunden habe und »mit der reaktionären Interpretation des Wirkens Melanchthons durch die Vertreter der bonner[!] und ihrer pseudowissenschaftlichen Wortsprecher« nicht einverstanden sei. Beuttenmüller habe auch an der letzten Sitzung des Melanchthon-Komitees in Wittenberg teilgenommen.[66]

---

65 Ebd, 3; BBA, DR-1/ 1338: Bericht M. Häckels für Erich Wendt (1902-1965), Staatssekretär und Erster Stellvertreter des Kulturministers, 23. März 1960, 3 f. Die Berichte von Fuchs und Häckel ergänzen sich. Anfang März war die Finanzierung des Jubiläums noch nicht gesichert; vgl. DR-1/ 1338: Häckel an Wendt, 2. März 1960; Stern an Häckel, 3. März 1960.

66 BBA, DR-3/ 2722, 1. 4. Fuchs war als Komitee-Mitglied selbst am 17. März 1960 in Wittenberg. Seine Informationen zu Beuttenmüller könnten eigenen Gesprächen entnommen sein: Beuttenmüller habe sich über eine unwürdige Behandlung und über Vorwürfe Heinrich Bornkamms beklagt, weil er die »Arbeitsergebnisse der ›Ostzone‹ zur Verfügung stelle«. Dadurch sehe sich Beuttenmüller, trotz seiner Vorbehalte gegen die sozialistische Gesellschaftsordnung, in seiner Zusammenarbeit gestärkt. Durch seine unabhängige unternehmerische Stellung könne er sich auch »gegenüber den westdeutschen Kirchen-Kreisen relativ sicher« bewegen (ebd, 4).

Während Fuchs die anfängliche Distanz zur kirchlichen Planung als »erste Phase« umschreibt, ist im Bericht Häckels von der »etwas sektiererischen Linie« die Rede.[67] Vermutlich ist das Kulturministerium erst durch die Weisung Grotewohls in die Mitverantwortung für das Jubiläum einbezogen worden. Häckel arbeitete daraufhin zum 6. April eine detaillierte Beschlußvorlage für die Leitungssitzung in seinem Ministerium am 12. April aus, die auch mit dem Staatssekretariat für das Hoch- und Fachschulwesen abgestimmt wurde. Die am Anfang unterlassene Abstimmung mit der Kirche wurde wiederum nicht verschwiegen. Über den feststehenden Ablauf der Veranstaltungen in Wittenberg und Halle wurde bis in Einzelheiten informiert. Situationsbedingte (z. B. ein eventuelles »gesamtdeutsches Gespräch« unter der Verantwortung des Kulturbundes) oder noch offene Entscheidungen (z. B. Einbeziehung des Theologen Emil Fuchs in die Redner beim staatlichen Empfang) markierte die Vorlage ebenfalls.[68] In der Leitungssitzung wurden auch einige zusätzliche Beschlüsse gefaßt. Sie betrafen u. a. personelle Fragen, die Überreichung einer Erinnerungsmedaille durch Stern in Halle und die Bitte des Staatssekretariats für Kirchenfragen, »Präsident Hildebrandt nicht mit in das Stehpräsidium des Regierungsempfangs aufzunehmen«, da »seine Haltung der DDR gegenüber ... nicht loyal« sei. Für ihn wurde der thüringische Landesbischof Moritz Mitzenheim (1891-1977) vorgeschlagen.[69] Die Arbeitsgruppe der Stadt Wittenberg hatte ihren drehbuchartig aufgelisteten Organisationsplan für den 19. April schon am 9. April fixiert.[70]

Größer noch als die Berührungsscheu auf staatlicher Seite waren die Vorbehalte der Kirche, bei der Melanchthon-Ehrung gemeinsam tätig zu werden. Die erwähnte kirchenpolitische Situation legte es nahe, die staatlichen Kooperationsangebote als taktische Maßnahmen zu deuten. Bischof Jänicke sagte deshalb am 11. April seine Teilnahme an den staatlichen Veranstaltungen ab.[71] Am selben

---

67 BBA, DR-1/ 1338, 1. Aus Zuständigkeitsgründen geht Häckel ausführlich auf die Ausstellungsproblematik ein.

68 BBA, DR-1/ 1338: Häckels Leitungsvorlage, 6. April 1960. Zur Vorlage gehören auch Einladungslisten, auf denen sich u. a. Vertreter sozialistischer Brigaden und Landwirtschaftlicher Produktionsgenossenschaften befinden.

69 Ebd: Häckel an Wendt, 14. April 1960: Ergänzung zur Leitungsvorlage.

70 Wittenberg, Stadtarchiv, Gehrt: Organisationsplan zur Durchführung des 400. Todestages Philipp Melanchthon [!] am 19. April 1960.

71 Magdeburg, Archiv des Konsistoriums der Kirchenprovinz Sachsen, Reg. Bischof Jänicke: Absage per Antwortkarte. Jänicke hatte gegenüber Jubiläen auch grundsätzliche Vorbehalte; vgl. Johannes JÄNICKE: Ich konnte dabei sein. B 1984, 225.

Tag übersandte Söhngen den Leitungen der östlichen Landeskirchen je eine Einladung des Melanchthon-Komitees, stellte es aber frei, davon Gebrauch zu machen. Jetzt erst konnte er die endgültige Fassung des kirchlichen Programms beifügen.[72]

VI Die Wittenberger Veranstaltungen am 19. April 1960

Die mit Albrecht Dürers (1471-1528) Melanchthonporträt von 1526 geschmückte Einladung des Melanchthon-Komitees der DDR, vom Vorsitzenden Stern und dem Ehrenvorsitzenden Bach unterschrieben, enthielt das Programm für die Veranstaltungen in Wittenberg und Halle vom 19. bis zum 21. April. Auf eine inhaltliche Interpretation war völlig verzichtet worden.[73] Die Festversammlung begann am Vormittag im Wittenberger »Haus der Schaffenden« mit dem üblichen Eingangsritus (Nationalhymne, 1. Satz aus Ludwig van Beethovens Eroica, Eröffnungs- und Begrüßungsreden). Eingerahmt von Georg Friedrich Händels Friedensode und Johann Sebastian Bachs »Dona nobis pacem«, hielt Steinmetz seinen Festvortrag, zu dem im Programm kein Thema angegeben war. Steinmetz war damals der einzige marxistische Reformationshistoriker mit einer traditionellen Ausbildung. Er hatte noch kurz vor Kriegsbeginn mit einer Arbeit über die Politik der Kurpfalz bei Gerhard Ritter (1888-1967) promoviert. Für das Hallenser Universitätsjubiläum von 1952 hatte er sich mit der Frühzeit des Wittenberger Humanismus beschäftigt.[74] Eine vulgärmaterialistische Interpretation der reformatorischen Lehren lehnte er ab.[75] Bei einer Konferenz der Historikergesellschaft im Januar 1960 in Wernigerode hatte er mit seinen Thesen zur frühbürgerlichen Revolution eine marxistische Neubewertung von Reformation und Bauernkrieg, die als einheitlicher

---

72 Magdeburg, Archiv des Konsistoriums der Kirchenprovinz Sachsen, Reg. Bischof Jänicke: Söhngen an Jänicke, 11. April 1960.

73 EZA, Generalia IX 30, Beih.

74 Vgl. Max STEINMETZ: Die Universität Wittenberg und der Humanismus (1502-1521). In: 450 Jahre Martin-Luther-Universität Halle-Wittenberg. Bd. 1. Halle 1952, 103-139; zu Steinmetz vgl. Siegfried HOYER: Max Steinmetz 70 Jahre. Zeitschrift für Geschichtswissenschaft 30 (1982), 836 f.

75 So z. B. das Verständnis von Luthers Rechtfertigungslehre als Produkt bestimmter gesellschaftlicher Verhältnisse in Rudi BERTHOLD: Die religiös-philosophischen und die sozialpolitischen Wesenszüge der Rechtfertigungslehre Martin Luthers (1519-1521). B 1955. (MS). – B, Humboldt-Univ., phil. Diss., 1955; vgl. Max STEINMETZ: Reformation und Bauernkrieg in der Historiographie der DDR. In: Historische Forschungen der DDR: Analysen und Berichte; zum XI. Internationalen Historikerkongreß in Stockholm August 1960, 158, Anm. 75.

Prozeß verstanden wurden, eingeleitet. Bis zum Ende der DDR nahm diese Konzeption, wenn auch in revidierter Fassung, in der marxistischen Geschichtswissenschaft die Stellung einer geschichtsideologischen Leitfunktion ein.[76] Unter diesem Vorzeichen kam es Steinmetz darauf an, Melanchthon und seinem vielschichtigen Werk den »richtigen Ort« zuzuweisen. Erst nach der Niederlage der frühbürgerlichen Revolution habe er sich zu einer selbständigen historischen Größe entwickelt. Er habe erneut die aristotelisch-ciceronianischen Denkformen in die Theologie einbezogen und ihr Weltbild rationalisiert. Mit der »Preisgabe aller sozialrevolutionären Ansätze« habe er die frühbürgerliche Revolution auf die Neugestaltung der Bildung reduziert. Er sei ein Repräsentant der oberen Schichten des deutschen Stadtbürgertums, dieser »ob ihrer Halbheiten und Feigheiten geschlagenen Klasse«. Seine Grenze sei aber zugleich seine Größe, denn die Wirkungen seines rationalen Ansatzes (z. B. im Naturrecht) hätten sich bis zum Neuhumanismus des 19. Jahrhunderts erstreckt. In der gegenwärtigen Bildungsreform der DDR würden unter wesentlich günstigeren Bedingungen und mit ganz anderem Anspruch auch Impulse Melanchthons aufgegriffen. So mündet die Würdigung Melanchthons bei Steinmetz in die konfessorischen Worte: »Wir sind überzeugt, gerade in der Veränderung der sozialen und politischen Welt erst den Weg zur Verwirklichung des zutiefst humanistischen Anliegens Melanchthons gefunden zu haben«.[77] Die Kenntnis der reformationsgeschichtlichen Forschung konnte sich 1960 bei Steinmetz nicht gegen das im Grunde ahistorische marxistisch-leninistische Humanismusverständnis durchsetzen.

Im Anschluß an die Festveranstaltung fand die Kranzniederlegung am Denkmal auf dem Marktplatz statt. Der Ehrenvorsitzende Bach hielt eine Rede, in der er besonders Melanchthons Mahnung zum Frieden hervorhob.[78] An Melanchthons

---

76 Vgl. DIE FRÜHBÜRGERLICHE REVOLUTION IN DEUTSCHLAND/ hrsg. von Max Steinmetz. B 1985, 9-30 (Einleitung). 38-48 (Thesen). (Studienbibliothek DDR-Geschichtswissenschaft; 5).

77 Die Melanchthon-Rede von Steinmetz blieb 1960 ungedruckt. Zum Inhalt vgl. Helmut MEIER; Gerd VOIGT: Die Melanchthon-Ehrung der Deutschen Demokratischen Republik (19.-21. April 1960). Zeitschrift für Geschichtswissenschaft 8 (1960), 1168. In überarbeiteter Fassung erschien die Rede als Separatdruck des Wittenberger Melanchthonhauses 1971 (nicht paginiert; danach zitiert). Vgl. die etwas differenziertere Darstellung mit teilweise wörtlicher Übernahme aus der Rede: Max STEINMETZ: Deutschland von 1476 bis 1648. B 1965, 68. 186-188. (Lehrbuch der deutschen Geschichte: Beiträge; 3); DERS.: Humanismus und Reformation in ihren gegenseitigen Beziehungen. In: Lucas Cranach: Künstler und Gesellschaft/ hrsg. von Peter Feist ... Wittenberg 1973, 33-40.

78 Vgl. Neue Zeit 16 (1960) Nr. 91 (20. April), 1 f; teilweise wörtliche Verwendung im Vorwort zu PMHRPG, VII f.

Grab in der Schloßkirche wurde ebenfalls ein Kranz niedergelegt. Vertreter der Kirche hatten sich weder an der Festveranstaltung, noch an der Kranzniederlegung beteiligt. Nur Mitzenheim traf während der Kranzniederlegung auf dem Markt ein. Seine Verspätung begründete er mit der relativ späten Information und der langen Anreise. Die Komitee-Leitung sah im Fernbleiben der Kirchenvertreter einen Affront, deshalb trat sie unmittelbar nach der Kranzniederlegung zu einer Beratung zusammen. Dabei wurde »festgelegt, daß wegen des Bruches dieser Vereinbarung (sc. Austausch von 25 Blanko-Einladungen) nicht offiziell an den kirchlichen Feiern teilgenommen wurde«.[79] Am Nachmittag beriet die Parteigruppe des Komitees noch einmal die Situation, ohne zu anderen Ergebnissen zu gelangen. Offenbar hat auch an der Eröffnung der Melanchthon-Ausstellung in der Lutherhalle außer Mitzenheim kein weiterer Vertreter der Kirche teilgenommen. Von Zugeständnissen an die marxistische Sicht bei einigen Formulierungen abgesehen, hatte sich Thulin mit seiner Ausstellungskonzeption an der allgemeinen reformationsgeschichtlichen Forschung orientiert.[80]

15.30 Uhr begann die kirchliche Gedenkfeier mit einem Gottesdienst in der Schloßkirche. Kirchenmusikalisch wurde er durch einen Chor der Kirchenmusikschule Halle ausgestaltet, der drei geistliche Dichtungen Melanchthons in der Vertonung von Eberhard Wenzel (1896-1982) sang. Als Kirchengebet wurde ebenfalls ein Melanchthontext verwendet. In seiner Predigt über 1 K 15, 1-11 stellte Bischof Jänicke die paulinische Verkündigung des »Christus für uns« in den Mittelpunkt. Melanchthon ließ er als Zeugen dieser Botschaft zu Wort kommen.[81] Der eigentliche kirchliche Festakt wurde 17 Uhr in der Stadtkirche durch den Ratsvorsitzenden der EKU, Präses Scharf, eröffnet. Er gab auch die Bedingungen für das Melanchthon-Preisausschreiben bekannt. Die Festrede »Melanchthon als

79 SAPMO, DY IV 2/ 14/ 60, 96: Niederschrift Eggeraths vom 20. April 1960. Seidowsky übermittelte sie am gleichen Tag Willi Barth / Arbeitsgruppe Kirchenfragen des ZK; vgl. ebd, 93. Der Propst des Kurkreises, Wolfgang Staemmler, hat an der Eröffnungsveranstaltung teilgenommen; vgl. Neue Zeit 16 (1960) Nr. 92 (20. April), 1.

80 EZA, Generalia IX 30 Beih.: Oskar Thulin: Melanchthon-Ausstellung 1960 in der Wittenberger Lutherhalle anläßlich des 400. Todesjahres. Die vorreformatorische Situation wird als Zeit »schwerer Krisen« bezeichnet. Humanismus und Reformation sind Ausdruck der »sozialen und ideologischen Widersprüche in Deutschland«. Die »Volksbewegung« fand »im großen deutschen Bauernkrieg ihren dramatischen Höhepunkt«.

81 Ebd: Programm der Gedenkveranstaltungen der Evangelischen Kirche zur 400. Wiederkehr des Todestages von Philipp Melanchthon in der Lutherstadt Wittenberg, 19.-24. April 1960; ebd: Gottesdienstordnung zur Melanchthon-Feier am 19. April 1960 in der Schloßkirche zu Wittenberg; PMF, 197-201 (Predigt Jänickes). 202 (Kirchengebet).

evangelischer Theologe« hielt der Systematiker der Theologischen Fakultät in Halle, Erdmann Schott (1900-1983). Am Beispiel der Loci stellte er dar, daß der Humanist Melanchthon Luthers reformatorische Erkenntnis eigenständig verarbeitete und »durch intensives eigenes Schriftstudium ... vielen zum Wegweiser in die Bibel« wurde.[82]

Zum Stehempfang des Wittenberger Rates und des Melanchthon-Komitees um 19.30 Uhr mit weit über 100 Gästen erschienen auch Präses Scharf und Präsident Hildebrandt. In einem Gespräch wurde Scharf gleich zu Beginn durch Staatssekretär Eggerath vorgeworfen, er habe bei der Eröffnung der Feier in der Stadtkirche auch die Verweigerung der Einreise für Bischof Halfmann erwähnt. Scharf widersprach dieser Darstellung. Er habe auf Bitten des Bischofs, der gebürtiger Wittenberger sei, nur Grüße übermittelt.[83] Der Staatssekretär war mit den kirchlichen Gästen insgesamt nicht zufrieden. Die Mehrzahl von ihnen verließ den Empfang bereits nach einer halben Stunde wieder, um an der kirchlichen Abendveranstaltung teilzunehmen. In Gesprächen mit westdeutschen Pfarrern registrierte er Zurückhaltung und Voreingenommenheit. Nur von Mitzenheim hörte er Erfreuliches. Dieser versicherte ihm, er wolle seinen Weg trotz des Konfliktes in den Bildungsfragen »unbeirrt weitergehen«.[84] Die Spannung zwischen dem Melanchthon-Komitee und den Verantwortlichen für die kirchlichen Veranstaltungen in Wittenberg führte Eggerath auch mit auf den fehlenden Kontakt des Melanchthon-Komitees zu seiner Dienststelle zurück. Dieses Defizit ist vermutlich auch ein Symptom für Eggeraths Schwierigkeiten mit der Parteiführung. Schon kurz nach der Melanchthon-Ehrung, am 26. April 1960, reichte der Staatssekretär sein Entlassungsgesuch bei Ulbricht ein.

In seinem Abendvortrag »Melanchthon als evangelischer Christ« in der Stadtkirche sprach Kirchenpräsident Schröter aus Dessau u. a. mit klaren Worten das Verhältnis des Christen zur Wissenschaft, aber auch das Humanismusverständnis der Gegenwart an. Er vertrat die Meinung, wenn Melanchthon wiederum die Möglichkeit hätte, sich zu äußern, würde er den gegenwärtigen Humanisten nur dann das Recht zugestehen, sich auf ihn zu berufen, wenn sie seine »evangelische

---

82 Erdmann Schott: Melanchthon als evangelischer Theologe. In: PMF, 160.

83 SAPMO, DY IV 2/ 14/ 60, 96: Niederschrift Eggeraths vom 20. April 1960, 95. Der Bericht in epd: Zentralausgabe (1960) Nr. 93 (22. April), 1, kam allerdings der Version Eggeraths ziemlich nahe.

84 Ebd, 95 f. Mitzenheim hat Eggerath auch von seiner Auseinandersetzung mit Scharf wegen des Schreibens der Kirchenleitung von Berlin-Brandenburg an Grotewohl vom 17. März 1960 berichtet (ebd und oben Anm. 58).

Lehre vom Menschen, der an Gott gebunden ist und in freier Verantwortung vor Gott steht«, respektierten. Erstaunlicherweise konnten diese freimütigen Worte unverändert gedruckt werden.[85]

VII Die kirchlichen Veranstaltungen in Wittenberg vom 20. bis zum 24. April 1960

Die zweite Phase des kirchlichen Melanchthongedenkens war für den 20. und 21. April als Fachtagung für Pfarrer der Kirchenprovinz Sachsen und Anhalts konzipiert worden. Wegen der Hallenser Veranstaltungen begann der Vortragsteil am 20. April erst nachmittags. Vormittags fand der bei Pfarrertagen übliche Gottesdienst statt. Darauf folgten die Berichte des Bischofs bzw. des Kirchenpräsidenten.

Der erste Referent am Nachmittag, der Hamburger Systematiker Hans Engelland (1903-1970), der seit seiner engagiert geschriebenen quellengesättigten Monographie von 1931, »Melanchthon, Glaube und Handeln«, zum engeren Kreis der deutschen Melanchthonkenner gehörte, hatte zu Jahresbeginn bereits den Aufsatz »Melanchthons Bedeutung für Schule und Universität« veröffentlicht.[86] Den erkenntnistheoretischen Teil hat er in sein Wittenberger Referat, »Der Ansatz der Theologie Melanchthons«, übernommen. Engelland stellte die Pneumatologie der Loci von 1521 dar, die vom älteren Melanchthon zugunsten der Koordinierung von Vernunft und Offenbarung aufgegeben worden ist. Er wies auf die apologetischen, seelsorgerlichen, vor allem aber erkenntnistheoretischen Motive für diesen Vorgang hin. Erst auf dieser veränderten Grundlage habe Melanchthon jedoch sein Wissenschaftssystem mit der Doppelaufgabe, dem Menschen zu nützen und ihn zur Gotteserkenntnis zu führen, entwerfen können, durch das er zum Praeceptor Germaniae geworden sei.[87]

Wie sein Vorredner, setzte Heinrich Bornkamm in seinem Referat »Melanchthons Menschenbild« bei den Loci von 1521 ein. Er zeigte auf, wie Melanchthon mit Hilfe seines Schlüsselbegriffs »Affekt« die neuen theologischen Er-

---

85 Waldemar SCHRÖTER: Melanchthon als evangelischer Christ. In: PMF, 165; vgl. den Bericht epd: Zentralausgabe (1960) Nr. 93 (22. April), 1.

86 Hans ENGELLAND: Melanchthons Bedeutung für Schule und Universität. Lu 31 (1960), 24-41.

87 Hans ENGELLAND: Der Ansatz der Theologie Melanchthons. In: PMF, 62. 71. Der Gedanke aus dem Aufsatz »Melanchthons Bedeutung ...«, daß Melanchthons Intention heute mit einer »allen Wissenschaften gemeinsamen Grundfrage« wieder aufgenommen würde und diese dann »die heimliche Frage nach Gott« wäre (ebd, 41), fehlt bezeichnenderweise im Wittenberger Referat.

kenntnisse für seine reformatorische Anthropologie fruchtbar gemacht habe: Der Mensch unter der Macht der Sünde ist aber angelegt auf Gottes Geist. Zwei Motive hätten die spätere Sichtveränderung bewirkt, »die Demut, die allein im Glauben Trost findet, und die Angst vor der Barbarei«. Bei aller Ähnlichkeit zur scholastischen Anthropologie sei für Melanchthon jedoch auch später »das Besondere der christlichen Botschaft ... nicht eine neue Ethik« gewesen. Auch Bornkamm betonte, zu würdigen sei bei Melanchthon der »einzige wirkliche christliche Humanismus, bei dem beide Seiten gleiches Gewicht haben«.[88]

Der erste Abend des Pfarrertages wurde mit der Aufführung des Stückes von Ladislaus Fodor (*1896), »Gericht bei Nacht«, durch die Leipziger Spielgemeinde abgeschlossen. Diese dramatische Bearbeitung der biblischen Auferstehungsthematik wurde in den Gemeinden damals als Hilfe in der Auseinandersetzung mit der Atheismuspropaganda stark beachtet.[89] Engeren Bezug zum Jubiläum hatte die Schriftstellerlesung am zweiten Abend. Eva Hoffmann-Aleith las ihre Melanchthon-Novelle »Herr Philippus«, die noch im selben Jahr im Druck erschien.[90]

Der zweite Vortragstag begann mit dem Referat »Melanchthon als Praeceptor Germaniae« des Pädagogen Hans Ahrbeck (1890-1981). Er gehörte zu dem Kreis nichtmarxistischer Hallenser Wissenschaftler, der 1958 im Zuge der Maßnahmen gegen Kurt Aland (1915-1994) zeitweilig ins Visier der staatlichen Organe geriet.[91] Ohne Zugeständnisse an die marxistische Sicht stellte er Melanchthons didaktisches Wirken und seine Bedeutung für die deutsche Geistesgeschichte dar. Kritik übte er an der »Zaghaftigkeit seines Vertrauens zum Menschen«.[92]

Im anschließenden Referat »Melanchthon und die Ordnung der Kirche« bemühte sich Franz Lau die gängige Auffassung vom deutschen Landeskirchentum als dem Werk Melanchthons zu differenzieren. Für die Ordnungsaufgabe der Kirche seien auch nach Melanchthon die Theologen zuständig. Selbst bei der Inan-

---

88 Heinrich BORNKAMM: Melanchthons Menschenbild. In: PMF, 78. 83. 89f. Vgl. die etwas erweiterte Fassung »Humanismus und Reformation im Menschenbilde Melanchthons« in DERS.: Das Jahrhundert der Reformation: Gestalten und Kräfte. GÖ 1961, 69-88.

89 So bezog sich Jänicke in seiner Wittenberger Predigt auf Fodors Stück; vgl. Johannes JÄNICKE: Predigt über 1. Kor. 15, 1-11 am 19. 4. 1960 (Osterdienstag): Melanchthon-Feier Schloßkirche zu Wittenberg. In: PMF, 200.

90 Vgl. Eva HOFFMANN-ALEITH: Herr Philippus: Erzählungen um Melanchthon. B 1960, 67-138.

91 Vgl. Stengel: AaO, 216 f. 220. 223-225 u. ö. Ahrbeck war, wie Aland, Mitglied des »Spiritus-Kreises«, eines Hallenser Professoren-Zirkels, dem subversive Universitätspolitik unterstellt wurde. Seine Kontakte zur Kirche wurden ebenfalls negativ vermerkt.

92 Hans AHRBECK: Melanchthon als Praeceptor Germaniae. In: PMF, 147.

spruchnahme des Staates als »custos utriusque tabulae« durch den älteren Melanchthon sei die Überzeugung von der Wahrheit und Eindeutigkeit des Evangeliums maßgeblich beteiligt gewesen. Fragwürdig sei allerdings die naturrechtliche Legitimierung einer custodia. Ausgehend von einer richtig angewendeten Freiheit eines Christenmenschen als Schlüssel für ein evangelisches Verhältnis zwischen Staat und Kirche, wies Lau auf eine mögliche Konsequenz hin: »Wenn das Recht der Kirche gar keinen Platz im öffentlichen Recht mehr findet ..., ist die Kirche unter das Kreuz gestellt«.[93] Im Frühjahr 1960 war das alles andere als eine beiläufige Bemerkung.

An den Pfarrertag schloß sich als dritte Phase die Melanchthontagung der Sektion Kirchen in der DDR des Nordisch-Deutschen Konvents am 22. und 23. April an. Die Trägerschaft dieses seit 1949 bestehenden Gremiums für die Pflege von ökumenischen Beziehungen zwischen skandinavischen Kirchen und den evangelischen Landeskirchen in der DDR ermöglichte eine internationale Ausweitung des Jubiläums. Zunächst gab der Genfer Theologe Peter Fraenkel (*1923) in seinem Referat »Der heutige Stand der Melanchthon-Forschung« einen Überblick über die einschlägigen Veröffentlichungen der Nachkriegszeit. Knapp und kundig stellte er die einzelnen Arbeiten vor, markierte Ansatzpunkte für kritische Einwände und machte auf Forschungsdefizite aufmerksam. In den Folgejahren ist dieser Forschungsbericht mehrfach ergänzt und 1967 in endgültiger Fassung publiziert worden.[94]

Auf Fraenkels Bericht folgte das Referat »Melanchthon als Humanist« von Wilhelm Maurer. Aufgrund seiner bereits veröffentlichten Voruntersuchungen wies er auf neuerschlossene Einflüsse Johannes Reuchlins (1455-1522) und des Neuplatonismus hin, reduzierte die Abhängigkeit von Erasmus von Rotterdam (1466/69-1536) und bestimmte das Verhältnis zu Luther und seiner Rechtfertigungslehre ebenfalls neu. Nach Maurer war Melanchthon »der Enzyklopädist, der nicht als Bahnbrecher und Entdecker, aber als Wahrer und Mehrer die prote-

---

93 Franz Lau: Melanchthon und die Ordnung der Kirche. In: PMF, 98. 109. 114. Lau vertrat hier bereits seine These vom »Wildwuchs der Reformation« (ebd, 107 f); vgl. Stupperichs Kritik am Beitrag von Lau: Robert Stupperich: Das Melanchthon-Gedenkjahr 1960 und sein wissenschaftlicher Ertrag. ThLZ 87 (1962), 252.

94 Peter Fraenkel: Fünfzehn Jahre Melanchthonforschung: Versuch eines Literaturberichtes. In: PMF, 11-55; vorher erschienen in: Bibliothèque d'humanisme et renaissance 22 (1960), 582-624; Wiederabdruck und Fortsetzung Peter Fraenkel; Martin Greschat: Zwanzig Jahre Melanchthonstudium: sechs Literaturberichte (1945-1965). Genève 1967.

stantische Kultur bis in die Aufklärung hinein bestimmt hat«.[95] Das Gesamtbild vom jungen Melanchthon, das Maurer einige Jahre später noch einmal ausführlicher in seiner Melanchthon-Monographie vorgestellt hat, ist vor allem mit seiner These vom starken Reuchlineinfluß auf Kritik gestoßen.[96]

Der erste Abend dieser dritten Jubiläumseinheit schloß mit einem Lichtbildervortrag Thulins zum Thema »Das Bildnis Melanchthons«. Neues Material konnte er nicht vorstellen, ein ähnlich geschlossener Überblick über zeitgenössische Melanchthondarstellungen existierte aber noch nicht.[97]

Am 23. April kamen die beiden Referenten aus den nordischen Kirchen zu Wort. Lauri Haikola (1917-1987) rückte bei seiner Darstellung der Ekklesiologie Melanchthon stärker von Luther ab, indem er sowohl eine idealistische, als auch eine spiritualistische Tendenz feststellte. Die Verantwortung für die im historischen Luthertum typische Vermischung der beiden Regimente ordnete er Melanchthon genauso zu, wie die für die Lehrstreitigkeiten innerhalb der lutherischen Kirche. Sein Fazit fiel entsprechend ernüchternd aus: »In diesem Sinne ist Melanchthon der eigentliche Lehrer der lutherischen Kirche.«[98]

Der Däne Jørgen Larsen wählte für seinen Vortrag über die ökumenische Bedeutung Melanchthons den biographischen Rahmen. Er ging vor allem auf die Beziehungen zur Anglikanischen Kirche und zur Schweizer Reformation ein. Insgesamt entsprach seine Sicht Melanchthons als großer ökumenischer Gestalt und als Ireniker den traditionellen Vorstellungen.[99]

Ein geistliches Konzert des Magdeburger Domchores in der Stadtkirche mit Werken von Bach, Ernst Pepping (1901-1981) und Kurt Hessenberg (1908-1994) beschloß die Konventstagung. Gastweise hatten auch einige ausländische Professoren teilgenommen, die zu den Hallenser Veranstaltungen eingeladen worden waren. Diese ergänzten das vorgesehene Programm mit Diskussionsbeiträgen. So sprach der Prager Kirchenhistoriker Rudolf Říčan über Melanchthons Stellung zu

95 Wilhelm MAURER: Melanchthon als Humanist. In: PMF, 127.

96 Vgl. z. B. Stupperich: Das Melanchthon-Gedenkjahr 1960 ..., 251; DERS.: Humanismus und Reformation in ihren gegenseitigen Beziehungen. In: Humanismusforschung seit 1945: ein Bericht aus interdisziplinärer Sicht. Boppard 1975, 48 f.

97 Oskar THULIN: Melanchthons Bildnis und Werk in zeitgenössischer Kunst. In: PMF, 180-193.

98 Lauri HAIKOLA: Melanchthons Lehre von der Kirche. In: PMF, 95. 97. Die gedruckte Fassung läßt von der »sorgfältigen Analyse« und der »teilweise überraschenden Bezogenheit auf aktuelle Fragen«, von denen im Bericht des eno: Ausgabe A 13 (1960) Nr. 17 (28. April), 2 f, die Rede ist, wenig erkennen.

99 Jørgen LARSEN: Melanchthons ökumenische Bedeutung. In: PMF, 172.

100 epd (28. April 1960).

den Böhmischen Brüdern. Da sich einer der Marxisten am 22. April an der Diskussion beteiligte, kam auch Melanchthons Stellung zu den wirtschaftlichen und sozialethischen Fragen seiner Zeit zur Sprache.[100]

Mit dem Propsteikirchentag am Sonntag, dem 24. April, wurde den kirchlichen Melanchthonfeiern der Schlußstein hinzugefügt. Begonnen wurde mit Gottesdiensten in beiden Wittenberger Kirchen und im Paul-Gerhardt-Krankenhaus. Neben Propst Staemmler gehörten der Pastor Pihlajamaa aus Helsinki und der Pastor Hans Orth aus Darmstadt, der sogar von einer Gemeindegruppe begleitet wurde, zu den Predigern. Danach war . legenheit, das Melanchthonhaus und die Ausstellung der Lutherhalle zu besuchen. Bei der Schlußkundgebung zum Thema »Lasset uns halten an dem Bekenntnis« in der Stadtkirche sprach noch einmal Propst Larsen aus Svendsborg. An der Verbindung der Kirchen im Nordisch-Deutschen Kirchenkonvent seit knapp einem Jahrzehnt zeigte er Notwendigkeit und Chance der Gemeinschaft im Glauben auf, die nicht an Grenzen gebunden sind. Weitere ausländische Gäste bekräftigten die Verbundenheit der europäischen evangelischen Kirchen mit den Christen in der DDR durch Grußworte.[101] Der Gegenwartsbezug, der in den Vortagen ebenfalls nicht gefehlt hatte, stand am Ende ganz im Mittelpunkt.

VIII Die staatlichen Veranstaltungen in Halle am 20. und 21. April 1960

Bereits im Vorfeld der Hallenser Veranstaltungen, die als Höhepunkt der Melanchthon-Ehrung der DDR verstanden wurden, betonten Stern und Hübner in einem Presseinterview, daß aus der Trias »Humanist-Reformator-Praeceptor Germaniae« vor allem das erste und letzte Glied Beachtung finden sollten.[102] Dementsprechend setzte Stern mit seinem Vortrag beim Festakt in der Universitätsaula am Vormittag des 20. April seine Akzente. Die Grundlinien für das Verständnis der »Übergangsepoche« waren nach seiner Überzeugung durch Friedrich Engels und Franz Mehring (1846-1919) vorgegeben worden. Die neue Begriffsprägung »frühbürgerliche Revolution« verwendete Stern noch sehr sparsam.[103] Er bescheinigte Melanchthon »Eigenschaften, Fähigkeiten und Leistungen«, die ihn

101 Ebd. Das gedruckte Programm für die kirchlichen Gedenkveranstaltungen beschränkte sich auf sparsame vorläufige Angaben zum Sonntag; vgl. oben Anm. 81.

102 Neue Zeit 16 (1960) Nr. 88 (13. April), 2.

103 Siehe Leo STERN: Philipp Melanchthon: Humanist, Reformator, Praeceptor Germaniae. In: PMHRPG, 8 ; zitiert wird nach dieser Endfassung. Als Festgabe wurde dieser Beitrag den Tagungsteilnehmern bereits in Halle überreicht; vgl. Meier; Voigt: AaO, 1171.

trotz seiner zeit-, interessen- und klassengebundenen Anschauungen »weit über Luther hinausstellen« (12), denn er gab der bürgerlich-evangelischen Richtung der Reformation »ihre vollendete Form« (25). Aufgrund ihrer Klassenbindung hätten angesichts der heraufziehenden revolutionären Auseinandersetzung beide Reformatoren die Lehre vom allgemeinen Priestertum modifiziert und seien im Bauernkrieg schließlich »völlig in die Arme des Landesfürstentums, dessen Gefangene sie wurden«, getrieben worden (32). Durch seine »eigenartige Verschmelzung von religiösem Rationalismus und antiker Humanität« habe er in der deutschen Kultur- und Geistesgeschichte mitprägend bis ins 19. Jahrhundert gewirkt (48). Stern sparte nicht mit Seitenhieben gegen die »bürgerlichen« Historiker und Kirchenhistoriker. In der Entdeckung des »katholischen Luther« und der zunehmenden ökumenischen Annäherung der Kirchen in jüngster Zeit meinte er, einen »Prozeß der politischen und dogmatisch-theologischen Kapitulation des Protestantismus vor dem Katholizismus« feststellen zu können, für den er den Antikommunismus mitverantwortlich machte (65. 69). In ähnlicher Weise wie Steinmetz betonte Stern schließlich, daß allein die marxistisch-leninistische Geschichtsbetrachtung diejenige revolutionäre Tradition aufzuzeigen vermöge, die ihre »historische Vollendung in der Deutschen Demokratischen Republik gefunden« habe (72).

Aus Rücksicht auf die Wittenberger Vorträge mußte an diesem Tag auf eine Diskussion der Ausführungen Sterns verzichtet werden. Am Nachmittag fand nur noch die Eröffnung der Melanchthon-Ausstellung in der Moritzburg statt. Den abendlichen Empfang des Ministers für Kultur, der sich vertreten ließ, und des Staatssekretärs für das Hoch- und Fachschulwesen besuchten auch Bischof Jänicke und Kirchenpräsident Schröter. Von seiten der Gastgeber hielten Wilhelm Girnus und der Stellvertreter des Vorsitzenden des Ministerrates, Gesundheitsminister und CDU-Mitglied Max Sefrin, Begrüßungsansprachen. Beide betonten, daß Melanchthon auch der Gegenwart Aufgaben stelle, voran die der Friedenswahrung. Angesichts der atomaren Bedrohung bedeute das, zu Gesprächen und Verhandlungen bereit zu sein. Emil Fuchs appellierte in seiner Rede an die Christen, Melanchthon in seinem Wollen und teilweisen Scheitern als Gewissensmahnung zu verstehen.[104]

Für die Hallenser Theologische Fakultät galt offenbar die Vereinbarung zwischen Melanchthon-Komitee und Kirche über die zeitliche Verschränkung der Veranstaltungen nicht. Sie konnte am Vormittag des 21. April in der Universität

104 Neue Zeit 16 (1960) Nr. 94 (22. April), 2.

eine eigene Melanchthon-Ehrung durchführen. Der ursprüngliche Plan, den 1959 als Nachfolger Alands berufenen Kirchenhistoriker Peschke über Melanchthon und Luther referieren zu lassen, zerschlug sich.[105] Zunächst sprach der Konfessionskundler Konrad Onasch (*1916) über »Melanchthon und die Ostkirche«.[106] Anschließend hielt der Oxforder Orientalist Paul Kahle (1875-1964), der seine wissenschaftliche Laufbahn als Privatdozent 1909 in Halle begonnen hatte, eine Gastvorlesung über »Die Aussprache des Hebräischen in Palästina vor der Zeit der Tiberischen Masoreten«. Kahle stand in gutem Kontakt zur Hallenser Fakultät und gehörte zu den ausländischen Gästen des Melanchthon-Komitees.[107] Für den Abend war Thulin um einen Lichtbildervortrag über »Leben und Werk Melanchthons« gebeten worden.[108]

Vom dreistündigen Symposion über Melanchthons historische Leistung, das unter Sterns Leitung am Nachmittag des 21. April im Tschernyschewskij-Haus stattfand, haben wir vor allem durch den ausführlichen Tagungsbericht der beiden Oberassistenten Helmut Meier und Gerd Voigt Kenntnis.[109] Mit zwei Kurzreferaten polnischer Teilnehmer wurde begonnen. Der evangelische Kirchenhistoriker Oskar Bartel (1893-1973) aus Warszawa informierte über Melanchthons vielfältige Beziehungen zu polnischen Studenten und Gelehrten, seine Beratertätigkeit für die reformatorischen Bestrebungen in Polen, aber auch über das baldige Erlöschen der Melanchthonkenntnis in Polen durch den Einfluß der Flacianer.[110] Jan Legowicz (*1909) aus Warszawa rief mit seiner philosophiegeschichtlichen These, daß Melanchthon in die dritte Etappe der mittelalterlichen Aristotelesrezep-

---

105 Vgl. HUA, Rep. 27 Nr. 397: Dekan Arno Lehmann an Peschke, 27. Januar 1960. Der Plan scheiterte vermutlich an Peschkes Arbeitssituation. Peschke wohnte noch in Rostock.

106 Ebd: Gedruckte Einladung der Theologischen Fakultät. Onasch wird als Professor angekündigt, obgleich er nach fünfjähriger Dozentenzeit erst im Herbst 1961 zum Prof. mit Lehrauftrag berufen wurde. Sein Referat fand auch keine Aufnahme in die Festschrift des Melanchthon-Komitees. Zur Behinderung von Onasch durch die DDR-Behörden vgl. Stengel: AaO, 285 u.ö.; »In der DDR gibt es keine Zensur«, 188-191.

107 HUA, Rep. 21 K Nr. 38: Hübner an Schümann / Haushaltsabteilung der Universität (Bewegungsgeld für die ausländischen und westlichen Gäste). Kahle, der nach seiner Emeritierung in Bonn 1939 nach England gegangen war, hatte sich 1958 persönlich als Fürsprecher Alands bei den DDR-Behörden engagiert; vgl. Stengel: AaO, 154. 237.

108 HUA, Rep. 27 Nr. 397: Dekan Lehmanns Anfrage bei Thulin vom 11. Januar 1960 und Einladung der Theologischen Fakultät.

109 Meier; Voigt: AaO, 1169-1171.

110 Oskar Bartel: Melanchthon in Polen. In: PMHRPG, 227-236. Dieser Beitrag wurde in unzulänglicher Überarbeitung gedruckt.

tion gehöre, durch die er als praeceptor mundi zukunftsweisend für die Übergangs-epoche vom Feudalismus zum Kapitalismus geworden sei, die Hallenser Theologen als Disputanten auf den Plan.

Sie setzten sich jedoch hauptsächlich mit Sterns Festvortrag auseinander. Schott wandte sich gegen Sterns Behauptung, die protestantische Geschichtsschreibung habe den Humanisten Melanchthon nicht genügend gewürdigt. Zugleich wies er auf den grundlegenden Unterschied zwischen der Sichtweise der Theologie und des dialektischen Materialismus hin. Ernst Barnikol (1892-1968) vertrat die Auffassung, die Menschheitsgeschichte lasse sich nicht einfach als Geschichte des Humanismus darstellen, wie es Stern versucht habe. Der Anteil des »Antihuma-nisten« Luther sei bedeutender. Nicht Luther, sondern Melanchthon sei für die verhängnisvolle Entwicklung des Staatskirchentums verantwortlich. Von daher sei seine Bedeutung für die Gegenwart nicht mehr relevant.

Diese Polemik veranlaßte wiederum Steinmetz zu betonen, es sei unhisto-risch, sich auf den »lutherischen Melanchthon« zu beschränken. Nicht grundlos sei bei Melanchthon nach 1525 die humanistische Komponente wieder in den Vordergrund getreten, denn nach der Ausrottung aller Ansätze einer fortschritt-lichen Ideologie, habe der Humanismus wieder eine progressive Rolle gespielt. Stein-metz warnte davor, den Humanismus zu verwerfen. Über die historische Bewegung von Francesco Petrarca (1304-1374) bis Melanchthon hinausgehend, umfasse er »als sozialistischer Humanismus alle Menschen«. Wenn diese Entwicklung nicht gesehen werde, gehe »das Verständnis für die gesellschaftlichen Umwälzungen seit der Großen Sozialistischen Oktoberrevolution und damit auch für die in der Deutschen Demokratischen Republik verloren«.

Von den anwesenden Theologen assistierte ihm offenbar nur Emil Fuchs, der die Verdienste der marxistischen Geschichtswissenschaft herausstellte und von der protestantischen Kirche forderte, nicht wie die letzte Berliner Synode die ent-scheidenden Probleme der Zeit zu negieren, sondern zu Frieden und Sozialismus etwas Positives zu sagen.

Auch zwei der westdeutschen Kirchenhistoriker nahmen zum Verhältnis zwischen Humanismus und Luther Stellung. Maurer äußerte, daß »der Humanis-mus in der Prägung Melanchthons ... für den Protestantismus objektiv lebensnot-wendig« gewesen sei, aber »seine geschichtliche Sendung vollendet habe«. Das von Luther neu erkannte reformatorische Evangelium habe »seine Zukunft noch vor sich«. Nach Auffassung von Martin Schmidt (1909-1982) aus Mainz habe sich der Humanismus »in den Dienst der einen als auch in den der entgegengesetzten religiösen Bewegung stellen« lassen.

In seinem Schlußwort unterstrich Stern noch einmal die für die Existenz des Luthertums »entscheidende Bedeutung des Bündnisses Luthers mit dem Humanismus erasmischer Prägung«. Er bezeichnete die Aussprache zwischen marxistischen Historikern und Kirchenhistorikern »als erfreulichen Beginn und gab der Gewißheit Ausdruck, daß die Diskussion fortgesetzt würde, die scharf und prinzipiell geführt werden müsse, um die beiderseitigen Standpunkte zu klären«.[111] Vermutlich war die Skepsis der Theologen, ob eine prinzipielle Debatte überhaupt sinnvoll sei, erheblich größer. In den Worten, die Präsident Hildebrandt wenige Tage später Aland schrieb, kommen diese Vorbehalte deutlich zum Ausdruck: »Das theologische und wissenschaftliche Niveau dieses Symposions war ... recht gering«.[112]

IX Echo und Nachgeschichte

Mit den Veranstaltungen in Wittenberg und Halle war die Melanchthon-Ehrung in der DDR 1960 im wesentlichen abgeschlossen. Einzelveranstaltungen fanden auch danach statt, wurden jedoch nicht zentral koordiniert.[113] Insgesamt waren sowohl die kirchliche, als auch die staatliche Seite mit der eigenen Melanchthon-Ehrung zufrieden. Präsident Hildebrandt beurteilte die Wittenberger Tage als »recht fruchtbar und eindrucksvoll«.[114] Das positive Ergebnis der Analyse in der Parteigruppe des Melanchthon-Komitees floß in den Bericht der Grundorganisation der SED der Fachrichtung Geschichte an der Universität Halle ein. Im üblichen Berichtsstil wurde vermerkt, daß »die Pflege humanistischer Traditionen bei bürgerlichen und parteilosen Wissenschaftlern« einen starken Eindruck hinterlassen habe. Im »fruchtbaren, lebhaften Meinungsstreit« beim Symposion seien »falsche und reaktionäre Auffassungen der bürgerlichen resp. theologischen Geschichtsschreibung zerschlagen« worden. Gegen Versuche, Luthers und Melanchthons Wirken zu verfälschen, sei »die marxistisch-leninistische Auffassung

---

111 Meier; Voigt: AaO, 1170 f.

112 EZA, 7/2840: Hildebrandt an Aland, 28. April 1960. Zu Sterns Vorwurf der Lutherverfälschung um des antikommunistischen Bündnisses willen, äußerte Hildebrandt: »possierlich zu hören« (ebd).

113 So z.B. der Melanchthonvortrag in einer Kulturbundveranstaltung am 22. April 1960 in Halle; vgl. HUA, Rep. 21 K Nr. 38. Lau wiederholte sein Wittenberger Referat als Monatsvortrag in der Leipziger Thomaskirche am 24. April 1960 und Bartel sein Hallenser Referat am 25. April 1960 als Gastvorlesung in der Leipziger Theologischen Fakultät; vgl. eno 13 (1960) Nr. 18, (5. Mai), 7.

114 Vgl. oben Anm. 112.

erfolgreich durchgesetzt« worden. So sei verhindert worden, daraus »für das Einigungsbestreben der reaktionären katholischen und evangelischen Kirchenführungen im ideologischen Kreuzzug gegen das sozialistische Lager Kapital zu schlagen«.[115] Im Ton moderater fiel die öffentliche Berichterstattung aus. Hervorgehoben wurde die Fortsetzung der mit Jahresbeginn eingeleiteten Problemdiskussion zur frühbürgerlichen Revolution und die Beteiligung von Kirchenhistorikern aus beiden Teilen Deutschlands. Es fehlte auch nicht die Feststellung, daß Melanchthons wissenschaftliche Anliegen und humanistische Ideale »unter den Bedingungen der sozialistischen Kulturrevolution ... schöpferisch fortgeführt werden«.[116]

Steinmetz hatte bereits im Januar die Meinung vertreten, die Riesenaufgabe, die mit dem 16. Jahrhundert einsetzenden Veränderungen neu zu interpretieren, könne am besten interdisziplinär in Angriff genommen werden.[117] Die Melanchthon-Ehrung schien diese Auffassung zu bestätigen. In Wittenberg und Halle hatten sich Stern und Steinmetz über Möglichkeiten ausgetauscht, die reformationsgeschichtliche Arbeit auf breiterer Basis fortzuführen. Sie hatten auch bei Scharf in dieser Hinsicht sondiert. Besonders Steinmetz hatte auf die Unvollkommenheit der Melanchthonausgabe im »Corpus Reformatorum« hingewiesen und deren Überarbeitung bzw. Komplettierung als vordringlich bezeichnet. Am 6. August 1960 erinnerten Scharf und Söhngen an das Gespräch und unterbreiteten Stern den Vorschlag, diese Aufgabe gemeinsam in Angriff zu nehmen. Zunächst empfehle sich ein Gespräch über die Einzelheiten im kleinen Kreis. Zu der Arbeit selbst müßten dann »die namhaftesten Melanchthon-Forscher aus der ganzen Welt herangezogen werden«. Da die Antwort ausblieb, stieß Söhngen am 5. Oktober bei Stern noch einmal nach. Nunmehr teilte Stern mit, daß er den Vorschlag von Scharf und Söhngen sofort an die zuständigen Staatsstellen weitergeleitet habe. Ihm sei versichert worden, man werde sich mit ihnen ins Einvernehmen setzen. In den nächsten Tagen werde er beim Staatssekretariat für das Hoch- und Fachschulwesen die nötigen Erkundigungen einziehen und Söhngen über das Ergebnis informieren. Er werde dem Projekt seine »volle Unterstützung

---

115 SAPMO, DY IV 2/ 9. 04/ 527, 114 f.
116 Meier; Voigt: AaO, 1171 f.
117 Vgl. Max STEINMETZ: Nachwort. In: Die frühbürgerliche Revolution in Deutschland: Referat und Diskussion zum Thema Probleme der frühbürgerlichen Revolution in Deutschland 1476-1535/ Redaktionsleitung Gerhard Brendler. B 1961, 295 f. Steinmetz dachte sich damals die fachliche Kooperation als eine Art Entwicklungshilfe der überlegenen marxistisch-leninistischen Geschichtswissenschaft für offene »Kollegen und Freunde«; vgl. DERS.: Probleme der frühbürgerlichen Revolution in Deutschland in der ersten Hälfte des 16. Jahrhunderts. In: Ebd, 39.

angedeihen lassen«. Aus den mehrfachen Wiedervorlagevermerken der Kirchenkanzlei und der Ablageverfügung vom 17. Januar 1961 geht hervor, daß das Projekt nicht über das Stadium der Erwägung hinausgelangt ist.[118]

Das schnelle Ende des Projektes einer gemeinsamen Melanchthonausgabe illustriert, wie kurz der deutschlandpolitische Aufwind anhielt, der bei der Melanchthon-Ehrung in Wittenberg und Halle zu bemerken war. Die ungeklärten Probleme im Verhältnis zwischen Staat und Kirche kamen auch am Rande der Veranstaltungen zur Sprache.[119] Komplikationen bei den Einreiseanträgen, bürokratische Hürden bei der Regelung von Organisationsfragen, aber auch das ideologische Sendungsbewußtsein in den Äußerungen marxistischer Historiker und das finale Traditionsverständnis (die DDR als Hüterin und Erfüllerin des Humanismus) schreckten Nichtmarxisten eher ab. Zumindest trugen sie dazu bei, die Vorsicht wachzuhalten, um sich nicht für die politischen Absichten der DDR mißbrauchen zu lassen.[120]

Thulin harmonisierte Verlauf und Ergebnis der Veranstaltungen in Wittenberg und Halle in seinem Rückblick, wenn er »eine echte Gemeinschaft im Ringen um die geschichtliche Wahrheit trotz historisch-materialistischer oder christlicher Ausgangsposition« glaubte feststellen zu können. Das Hallenser Symposion bezeichnete er gar als erfreuliches Zeichen für die »Kräfte des Vertrauens und der Gemeinschaft« im Ringen um die Sinngebung des Menschen.[121] Der Melan-

118 Steinmetz wollte die Probleme mit Stern Anfang Juni 1960 in Halle besprechen; vgl. HUA, Rep. 21 K Nr. 38: Steinmetz an Hübner, 9. Mai 1960; EZA, 7/ 2843: Scharf an Stern, 6. August 1960. Scharf geht davon aus, daß die DDR-Regierung die Finanzierung mitträgt, da das »Corpus reformatorum« in einem Leipziger Verlag erscheine; ebd: Söhngen an Stern, 5. Oktober 1960; Stern an Söhngen, 10. Oktober 1960.

119 Vgl. z.B. BBA, DR-3/ 2138/1: Staatssekretariat für das Hoch- und Fachschulwesen, Hausmitteilung von Herder an Fessen, 21. April 1960: Bischof Mitzenheim und Erich Hertzsch haben in Wittenberg um baldige Klarheit über den Bildungsweg der zukünftigen Theogiestudenten gebeten. Es sei mit einer entsprechenden offiziellen kirchlichen Anfrage zu rechnen; ebd, Aktennotiz »Gr.« vom 22. Juni 1960. Elliger habe Herder in Wittenberg auf eine nicht beantwortete Beschwerde angesprochen.

120 Möglicherweise haben einige der vom Melanchthon-Komitee Eingeladenen aus diesem Grund nicht zugesagt, z.B. Manfred Hausmann (1898-1986) oder Albrecht Goes (*1908); vgl. BBA, DR-1/ 1338: Liste »Einladungen zu den Melanchthon-Feierlichkeiten in Halle-Wittenberg«.

121 Oskar THULIN: Kraft der Gemeinschaft. Neue Zeit 17 (1961) Nr. 1 (1.Januar), 3 (Neujahrsumfrage: Die stärksten kulturellen Eindrücke); EZA, 7/ 2840: Hildebrandts handschriftliche Bemerkung zu Thulins Artikel: »das sogenannte Symposion war meinem Urteil nach ein großer Reinfall«. Vgl. die etwas zurückhaltendere Beurteilung Oskar THULIN: Melanchthon-Tage 1960 in der Lutherstadt Wittenberg und in Halle/Saale. Lu 31 (1960), 92 f.

chthoneditor und Münsteraner Kirchenhistoriker Robert Stupperich (*1904) sowie Fraenkel beurteilten das Melanchthonjubiläum aus größerer Distanz übereinstimmend als ein die Forschung stark stimulierendes Ereignis. Sie können auf eine Fülle von Publikationen, auch aus dem Kreis des wissenschaftlichen Nachwuchses, verweisen, die im Zusammenhang mit dem Jubiläum entstanden sind.[122]

Für die DDR trifft diese Beobachtung nicht zu.[123] Die Bedeutung des kirchlichen Gedenkens in Wittenberg lag im durchdachten Aufbau der Veranstaltungen, in der ökumenischen Beteiligung, im informatorischen Charakter der Vorträge und in der, teilweise indirekten, Auseinandersetzung mit dem marxistischen Geschichts- und Humanismusverständnis. Diese Züge gaben dem kirchlichen Melanchthongedenken eine große Geschlossenheit, der das Melanchthon-Komitee nichts Gleichwertiges entgegenzusetzen hatte.

Ein Indiz dafür, wie stark Anspruch und Wirklichkeit bei der staatlichen Melanchthon-Ehrung auseinanderklafften, ist der Tatbestand, daß die Festschrift erst mit dreijähriger Verspätung erschien. Der noch immer angekündigte 2. Band mit dem »Vollständige[n] Verzeichnis von Melanchthon-Drucken« ist, wie erwähnt, nicht realisiert worden. Auch der vorgelegte Aufsatzband weist deutlich die Spuren seiner komplizierten Entstehungsgeschichte auf. Kein Theologe aus der DDR ist in ihm vertreten. Einer der Überblicke über Melanchthons Wirkungen war inzwischen in überarbeiteter Fassung an anderer Stelle erschienen.[124] Den beiden Beiträgen zu Melanchthons pädagogischem Einfluß mangelt es u. a. an Kenntnis der Melanchthonquellen.[125] Walter Zöllners (*1932) Arbeit über »Melanchthons Stellung zum Bauernkrieg« dagegen kann neben Hubert Kirchners (*1932) späterer Bearbeitung des gleichen Themas noch immer Anspruch auf Beachtung erheben.[126]

122 Vgl. Stupperich: Das Melanchthon-Gedenkjahr 1960 ..., 254; Fraenkel: Zwanzig Jahre ..., VII. IX u. ö.

123 Bezeichnenderweise entschieden die Gutachter der beiden Preisaufgaben »Das Verständnis der Geschichte in Melanchthons theologischem Denken« und »Der Akademiebegriff bei Melanchthon« nach Jahresfrist, daß keine der eingereichten Arbeiten preiswürdig sei. Ein Teil der Preissumme wurde jedoch als Prämie differenziert an vier Einsender vergeben; vgl. EZA, 7/ 2843; epd: Zentralausgabe (30. August 1962), 2.

124 Oskar BARTEL: Luther und Melanchthon in Polen. In: Luther und Melanchthon: Referate und Berichte des Zweiten Internationalen Kongresses für Lutherforschung Münster, 8.-13. August 1960/ hrsg. von Vilmos Vajta. GÖ 1960, 165-177; Jenö SÓLYOM: Melanchthonforschung in Ungarn. In: Ebd, 178-188.

125 Franz HOFFMANN: Philipp Melanchthon und die zentralen Bildungsprobleme des Reformationsjahrhunderts. In: PMHRPG, 83-109; Erich NEUSS: Melanchthons Einfluß auf das Gymnasialschulwesen der mitteldeutschen Städte im Reformationszeitalter. In: Ebd, 110-137.

Die wichtige Untersuchung »Philipp Melanchthon über Thomas Müntzer und Nikolaus Storch« von Steinmetz – seiner ungedruckten Habilitationsschrift von 1956 entnommen – wurde später in überarbeiteter Fassung Bestandteil seines Buches über das Müntzerbild.[127] Entgegen damaliger Ankündigungen, waren die wissenschaftlichen Bemühungen marxistischer Historiker mit dem Jubiläum von 1960 erschöpft. Steinmetz hat zwar in einem Forschungsbericht von 1970 das Gedenken an den 400. Todestag Melanchthons als »das erste der bedeutenden Jubiläen des letzten Jahrzehnts« bezeichnet, das war jedoch ein singulärer Vorgang.[128] In der Literatur zur Erbe-Rezeption in der DDR findet es keine Erwähnung.[129] Nur die Erklärung des CDU-Präsidiums vom April 1960, die seinerzeit kaum Beachtung fand, wurde aus kirchenpolitischen Gründen später in eine Dokumentation aufgenommen.[130] Das Gespräch zwischen marxistischen Historikern und Kirchenhistorikern, aber auch mit den Historikern aus der Bundesrepublik, konnte zum Reformationsjubiläum von 1967 noch nicht aufgenommen werden. Erst in Zusammenhang mit dem Bauernkriegs- und Müntzergedenken von 1975 begann eine Phase des wissenschaftlichen Kontaktes neuer Qualität.[131]

126 Ebd, 174-189; Hubert KIRCHNER: Der deutsche Bauernkrieg im Urteile der Freunde und Schüler Luthers. Greifswald 1969, 48-76. – Greifswald, Univ., theol. Habil., 1969.

127 Max STEINMETZ: Philipp Melanchthon über Thomas Müntzer und Nikolaus Storch. In: PMHRPG, 138-173; DERS.: Das Müntzerbild von Martin Luther bis Friedrich Engels. Berlin 1971, 37-71 .

128 Max STEINMETZ: Forschungen zur Geschichte der Reformation und des deutschen Bauernkrieges. In: Historische Forschungen in der DDR 1960-1970: Analysen und Berichte. B 1970, 340; vgl. auch DERS.: Forschungen zur Geschichte der deutschen frühbürgerlichen Revolution. In: Historische Forschungen in der DDR 1970-1980. B 1980, 79-98 (kein Melanchthontitel).

129 Vgl. z.B. DIE SED UND DAS KULTURELLE ERBE: Orientierungen, Errungenschaften, Probleme/ hrsg. von der Akademie für Gesellschaftswissenschaften beim ZK der SED, Institut für Marxistisch-Leninistische Kultur- und Kunstwissenschaften. 2. Aufl. B 1988, 161. 177. 364 (Hinweise auf Lucas Cranach 1953, auf Albrecht Dürer 1954 und 1971).

130 AUF DEM WEGE ZUR GEMEINSAMEN HUMANISTISCHEN VERANTWORTUNG: eine Sammlung kirchenpolitischer Dokumente 1945 bis 1966 unter Berücksichtigung von Dokumenten aus dem Zeitraum 1933 bis 1945/ bearb. u.a. von Horst Dohle; Klaus Drobisch; Eberhard Hüttner; Günter Wirth. B 1967, 326-328; ZUM 400. TODESTAG PHILIPP MELANCHTHONS: Erklärung des Präsidiums des Hauptvorstandes der CDU. Neue Zeit 16 (1960) Nr. 92 (20. April), 2.

131 Vgl. Siegfried BRÄUER: Martin Luther in marxistischer Sicht von 1945 bis zum Beginn der achtziger Jahre. 2. Aufl. Berlin 1983, 18. 24 f; Rainer WOHLFEIL: Entfremdung und Annäherung: Krise und Krisenbewältigung im Zeitalter von Reformation und Bauernkrieg; gespiegelt in Stationen deutsch-deutscher Diskussion zur Deutung deutscher Geschichte des 16. Jahrhunderts. In: Krisenbewußtsein und Krisenbewältigung in der Frühen Neuzeit: Festschrift für Christoph Rublack/ hrsg. von Monika Hagenmaier und Sabine Holtz. F 1992, 331-350.

Besprechungen

HELLMUT ZSCHOCH: Reformatorische Existenz und konfessionelle Identität: Urbanus Rhegius als evangelischer Theologe in den Jahren 1520 bis 1530. TÜ: Mohr, 1995. 390 S. (Beiträge zur historischen Theologie; 88).

Die Untersuchung von Zschoch ist keine Biographie von Rhegius sondern eine Analyse seiner Schriften während des Jahrzehnts das er hauptsächlich in Augsburg verbrachte. Das Ziel dieser Analyse sollte es sein, »Rhegius' theologisches Profil deutlicher zu konturieren« (3), aber nicht im Sinne eines dogmatischen Systems, sondern unter dem Blickwinkel seiner reformatorischen Existenz, d. h. einer »Verbindung von Biographie, Theologie und geschichtlicher Situation« (2). Insofern geht die Untersuchung von Zschoch weit über den Band von Maximilian Liebmann (1980) hinaus, obschon Zschoch wie andere Forscher biographische und bibliographische Einzelheiten, die Liebmann zur Tage gefördert hat, gut brauchen kann.

Während seiner Augsburger Zeit hat Rhegius jedem Thema, das in der Frühzeit der Reformation strittig war, eine Flugschrift gewidmet, dazu einen verbreiteten seelsorgerlichen Traktat (Seelenarztnei, 1529) sowie eine populäre Zusammenfassung der evangelischen Lehre (Nova doctrina, 1526) herausgebracht. Damit hat er sich ohne Zweifel als evangelischer Theologe profiliert. Trotzdem ist seine Theologie immer unter dem Gesichtspunkt gewertet worden, wie lutherisch er sich in seinen Schriften gezeigt hat. In den zwanziger Jahren geht es um den Abendmahlsstreit in Augsburg und um seine angebliche Annäherung an Zwingli (Gerhard Uhlhorn, Otto Seitz, Liebmann). Bei seiner spä-

teren Wirkung im Norden geht es um die Religionsgespräche und um angebliche konfessionelle Tendenzen und niedersächsische Züge in seiner Theologie (Richard Gerecke, Hans-Walter Krumwiede). Dieses Buch von Zschoch ist dagegen ein Versuch, die frühe evangelische Theologie des Rhegius für sich zu würdigen – allerdings in engem Zusammenhang mit seiner Tätigkeit in Augsburg.

Wie sieht diese Theologie aus? In Anlehnung an Luther behauptet Rhegius wiederholt, die Rechtfertigung durch den Glauben sei das Zentrum der evangelischen Botschaft und das Kriterium des echten Christseins. Nach Zschoch hat Rhegius allerdings schon früh eigene Akzente gesetzt. In seinen Schriften hat er bekanntlich viele Bibelstellen zum Beweis seiner theologischen Aussagen angeführt. Schon bei seiner Erklärung des »Apostolikums« (1523) meint Zschoch »Ansätze zu einer evangelischen Lehrbildung« (76) finden zu können, die auch aus seinem Anliegen, den Laien einfache Zusammenfassungen des Glaubens zugänglich zu machen, gewachsen sind. Gegenüber den Täufern übernimmt Rhegius Begriffe Zwinglis, füllt sie aber mit lutherischem Inhalt. Er kann von der Taufe als vom Bundeszeichen sprechen, aber dieses Zeichen ist zugleich Gnadenzeichen des in Christus gegenwärtigen Heils (262). Im Abendmahlsstreit hat Rhegius versucht, eine vermittelnde Position zwischen Zwingli und Luther einzunehmen. Dadurch wollte er nicht nur Einheit zwischen den Parteien stiften, sondern auch eine allgemein gültige evangelische Abendmahlstheologie formulieren, die »das genuin Reformatorische unabhängig vom Parteienstreit« festhalten konnte (209). In bezug auf die »Seelenarztnei« meint Zschoch, habe Rhegius eine evangelische Seelsorge skizziert, die auf den Glauben ziele und obendrein noch »gesunde« Christen an eine dem Glauben inbegriffene »Neuorientierung des religiösen und sittlichen Lebens« erinnere (347).

Mit seiner Analyse hat Zschoch erneut auf eine wichtige Frage der Reformationsdeutung aufmerksam gemacht: Wie einheitlich war die frühe reformatorische Bewegung und in welchem Sinne sollte man Erscheinungen von aufkommenden konfessionellen Unterschieden verstehen? Ich bin mit Zschoch einig, daß die frühen Unterschiede zu hoch bewertet worden sind und man »konfessionell« nur im Sinne von einer Unterscheidung zwischen evangelisch und altgläubig verstehen sollte. Darum ging es letzten Endes bei der Reformation, und im Falle von Rhegius hieße das, ihn als einen evangelischen Theologen unter anderen zu betrachten, dem es an erster Stelle nicht darum ging, ob er Zwingli oder Luther näherstünde, sondern ob er gegenüber »dem alten Glauben« eine klare und brauchbare Theologie der Rechtfertigung durch den Glauben sowie der christlichen Freiheit vertrete. In diese Richtung etwa sollte man den Untertitel des Buches verstehen: »Reformatorische Existenz« meint eine Theologie, die allen Christen ein Leben im Glauben und in der Freiheit des Evangeliums ermöglicht; »konfessionelle Identität« meint, daß diese Theologie auch als Grundlage einer neuen – wenn notwendig – kirchlichen Existenz dient.

In der Hauptsache hat Zschoch diese reformatorische und konfessionelle Theologie als das eigentliche Anliegen von Rhegius treffend dargelegt. Es gibt einige Reste der alten Betrachtungsweise, z. B. wenn Zschoch sagt, »Rhegius ist ... alles andere als theologisch originell und will es auch nicht sein; er leistet aber mit seiner Lutherrezeption eine beachtliche didaktische Konzentration der reformatorischen Sicht des Christlichen« (92). Dieses Urteil bezieht sich zwar auf seine frühen Zusammenfassungen des Glaubens und stimmt in dem Sinne,

daß Rhegius weder eine nicht-lutherische noch eine nicht-evangelischeTheologie lehren wollte. Aber hier wird seine Theologie noch an Luther gemessen, obgleich Vf. im Ganzen zeigt, wie die verschiedenen Elemente zu einer selbständigen Form evangelischer Theologie Wittenberger Prägung werden. Es ist auch merkwürdig, wenn der Vf. behauptet, diese Theologie drücke eine »prinzipielle Geringschätzung kirchlicher Organisationsfragen« aus, da Rhegius doch später im Norden zwei Kirchenordnungen verfaßte. Für keinen Reformator standen die Organisationsfragen vor und nach 1530 mehr im Vordergrund. Das bedeutet jedoch nicht, daß das Interesse am Laienchristentum prinzipiell ein Interesse an Ordnungsfragen ausschloß.

Mit seinem Buch hat Zschoch der Rhegiusforschung zweifellos einen wichtigen Beitrag geleistet. Umsomehr bleibt eine Gesamtdarstellung der Theologie der Rhegius wünschenswert, die seinem vielfältigen Schriftum und seiner weitverbreiteten Reformtätigkeit sowohl im Norden als auch im Süden Rechnung trägt.

Gettysburg, PA   Scott Hendrix

HUMANISMUS UND WITTENBERGER REFORMATION: Festgabe anläßlich des 500. Geburtstages des Praeceptor Germaniae Philipp Melanchthon am 16. Februar 1997; Helmar Junghans gewidmet/ hrsg. von Michael Beyer und Günther Wartenberg unter Mitwirkung von Hans-Peter Hasse. L: EVA, 1996. 444 S.: Ill.

Als Mitglieder des Theologischen Arbeitskreises für Reformationsgeschichtliche Forschung in der DDR in den 8oer Jahren eine Festschrift zum 500. Geburtstag Melanchthons planten, um mit ihr zugleich Helmar Junghans (einer der langjährigen wissenschaftlichen Leiter des Arbeitskreises) anläßlich seines 65. Geburtstages am 19. Oktober 1996 zu ehren, ahnten sie wahrscheinlich nicht, daß das Buch zu einer

Zeit erscheinen würde, in der die DDR bereits der Vergangenheit angehörte. Das Ziel der Herausgeber war es, an Einzelthemen zu zeigen, wie sich in dem gemeinsamen Wirken Luthers und Melanchthons »fast archetypisch die Transformation von humanistischen Inhalten durch die Reformation vollzieht«, und wie »nahe sich [Humanismus und Reformation] ... standen, nicht zuletzt in jenen beiden großen Gestalten und ihres gemeinsamen Wirkens in und von Wittenberg aus« (11 f). Sie gliedern die Festschrift in drei Teile.

Im ersten Teil »Wittenberger Reformation« (15-120) berichtet Bernhard Lohse über »Luthers Selbstverständnis in seinem frühen Romkonflikt und die Vorgeschichte des Begriffs der ›Theologia Crucis‹«. Mark Edwards referiert zu »Die heilige Schrift als gedruckter Text« (deutscher Text eines Kapitels seines 1994 erschienen Buches »Printing, propaganda and Martin Luther«). Scott Hendrix behandelt »Die Bedeutung des Urbanus Rhegius für die Ausbreitung der Wittenberger Reformation« und Heribert Smolinsky anhand des Werkes von Jodocus Clichtoveus Probleme der humanistischen römisch-katholischen Gegner Luthers. Hans-Peter Hasse lenkt unsere Aufmerksamkeit auf ein Quellenmaterial, das nicht im Zentrum reformationsgeschichtlicher Arbeit steht, das »Stammbuch« (Vorläufer des Poesiealbums des 19. Jahrhunderts). In einem faszinierende Beitrag entwickelt er Einzelheiten der Wittenberger Theologie anhand der Eintragungen im Stammbuch des Wolfgang Ruprecht aus Eger.

Im Gegensatz zu diesen nur lose zusammenhängenden Beiträgen ist der zweite Teil »Luther und Melanchthon« (123-293) auf Humanismus und Reformation im Denken und Handeln Luthers und Melanchthons konzentriert. Heinz Scheible behandelt anhand von Lutherbriefen »Aristoteles und die Wittenberger Universitätsreform« und Markus Wriedt diskutiert »Die theologische Begründung der Schul- und Universitätsreform bei Luther und Melanchthon«. Dazu kommen drei Beiträge zu wichtigen Tex-

ten: Michael Beyer zeigt Luther als Übersetzer eines Melanchthontextes, Siegfried Bräuer geht der verwickelten Überlieferung der berühmten Rede Melanchthons auf den Tod Luthers nach, Eike Wolgast untersucht die Motive in Melanchthons Widmungen einzelner Bände der Wittenberger Lutherausgabe an Fürsten. Am Ende dieses Teiles befaßt sich Robert Kolb mit dem Thema »pietas«. Ausgehend von Luthers, Melanchthons und Caspar Crucigers Passionsmeditation behandelt er literarische Formen und theologischen Inhalt der Passionsmeditation der nächsten Generation unter dem Titel »Passionsmeditation: Luthers und Melanchthons Schüler predigen und beten die Passion«.

Der dritte Teil »Melanchthon: Wirkungsfelder eines evangelischen Humanisten« (297-415), liefert weit gestreute Beiträge zum Theologen und Humanisten Melanchthon. Martin Brecht referiert über »Die reformatorische Kirche in Melanchthons ekklesiologischen Reden« und lenkt damit unsere Aufmerksamkeit auf ein Quellenmaterial, das im allgemeinen etwas abseits steht. Karl-Heinz zur Mühlen behandelt »Melanchthons Auffassung vom Affekt in den Loci communes« und Johannes Schilling berichtet über »Melanchthons Loci communes deutsch« (ein Text, mit dem der an der Reformationsgeschichte interessierte Leser kaum bekannt ist). Günter Frank behandelt »Philipp Melanchthons ›Liber de anima‹ und die Etablierung der frühneuzeitlichen Anthropologie«, Martin Treu referiert über Melanchthons Verhältnis zu Ulrich von Hutten und den nationalen Humanismus und Stefan Rhein berichtet über Melanchthon und den italienischen Humanismus. Bärbel Schäfer stellt den Melanchthonschüler und Dichter Johann Stigel als Propagandisten der Reformation vor. Am Ende zeigt Günther Wartenberg die Rolle Melanchthons in der reformatorisch-humanistischen Reform der Universität Leipzig auf.

Ein eingehendes Literaturverzeichnis – über 15 Seiten – zum Thema ist eine Fundgrube für alle, die weiterarbeiten wollen, ein Verzeichnis der abgekürzten Literatur erleichtert das Durcharbeiten des Bandes, ein Personenregister erschließt den Band, ein Sachregister fehlt. Auf der Seite 323, Anm. 55, muß es »theologische Philosophie« statt »philosophische Theologie« heißen.

Das caveat der Bescheidenheit, »der Band kann und will keine neuen Theorien zu Humanismus und Reformation bieten« (12), vermindert nicht die Bedeutung dieser Festschrift. Um einiges zu nennen: Hasse, Beyer, Kolb, Brecht und Schilling lenken unsere Aufmerksamkeit auf Quellen, die im allgemeinen am Rande stehen. Scheibles Beitrag revidiert das Bild der Wittenberger Universitätsreform und der Rolle Luthers in dieser Reform, das seit langem und von vielen als gesichert angesehen wurde. Die Differenzierung zwischen dem Bibelhumanismus und dem deutsch-nationalen und italienischen Humanismus (Treu, Rhein) und der Beitrag der Wittenberger zu Kirche (Brecht), Theologie (Lohse, Edwards, Hasse), Frömmigkeit (Hasse, Kolb) und Geschichte des Bildungswesens (Scheible, Wriedt) werden vertieft.

Melanchthons wissenschaftliche Bedeutung war nicht auf Wittenberg beschränkt. Die Bedeutung von Helmar Junghans als Mensch und Christ, als Historiker der Reformation, als Kollege, ist nicht auf Deutschland beschränkt. Von den 19 Beiträgen zu dieser Festschrift kommen drei aus den USA (Edwards, Hendrix, Kolb); und in den USA wurde seine wissenschaftliche Arbeit 1981 durch die Verleihung des Doctor of Human Letters h. c. zu einer Zeit anerkannt, als er in der DDR im Schatten politischer Umstände lebte. Alle die ihn kennen, wissen daß für ihn seine Person hinter sein Werk zurücktritt. Der in den USA existierende Freundeskreis empfindet es aber als eine lacuna, daß die Herausgeber der ihm gewidmeten Festschrift nicht die Gelegenheit benutzt haben, um Person und Werk des Jubilars in diesem internationalen Kontext zu würdigen.

Valparaiso/Indiana   Gottfried G. Krodel

MATTHIAS RICHTER: Gesetz und Heil: eine Untersuchung zur Vorgeschichte und zum Verlauf des sogenannten Zweiten Antinomistischen Streits. GÖ: V&R, 1996. 470 S. (Forschungen zur Kirchen- und Dogmengeschichte; 67) – L, Theol. Fak., Diss., 1994.

Nach einem Zitat von Tilemann Heshusius, das diesem Buch vorangestellt ist, sind die in der Kirche ausgetragenen Kontroversen keinesfalls als nichtssagende Streitigkeiten um Worte abzutun, sondern es gehe dabei vielmehr um die himmlische Wahrheit und um das Heil der Menschen. In der Tat erweist sich diese Einsicht als eine notwendige Voraussetzung, will man die innerlutherischen Kontroversen nach Luthers Tod wirklich verstehen und sich auf die vorgetragenen Standpunkte weitläufig geführter Debatten einlassen.

Zum Beginn wird festgestellt, worum es geht: »Im Hintergrund der Frage nach dem Verhältnis zwischen den Werken, die gemäß dem Willen Gottes vom Menschen zu erbringen sind, und des Menschen Heil stand das Problem, wie das Verhältnis zwischen dem Gesetz Gottes und dem Heil zu bestimmen sei. Dieses Nachdenken über die Bedeutung des Gesetzes ist so alt wie christliche Theologie selbst und hatte sich im Laufe der Theologiegeschichte bis hin zur Reformationszeit als eines der hartnäckigsten und schwierigsten Probleme erwiesen« (16 f). Mit einer weit gefaßten Perspektive wird das Verständnis der Rechtfertigung und des Gesetzes im Zeitalter der »Spätreformation« untersucht; das Buch enthält insofern mehr, als der Untertitel zunächst erwarten läßt. Im Einleitungskapitel wird zur »Aktualität und Relevanz« des Themas Stellung genommen. Das Problem des »tertius usus legis« sei keine überholte Fragestellung, sondern sie betreffe die Grundlegung christlicher Ethik und insofern auch die Haltung der Kirche gegenüber den globalen Problemen der Menschheit.

Die Darstellung eröffnet ein Überblick über die Forschungsgeschichte. An dieser Stelle wird auch auf die einschlägigen Arbeiten von Ernst Koch hingewiesen, an die der Vf. – ein Schüler Kochs – anknüpfen konnte. Bei der Frage nach der Entstehung des »antinomistischen Streites« und den Motiven für die jahrzehntelangen Auseinandersetzungen um das Heil wird detailliert auf Luthers Auseinandersetzung mit Johann Agricola und die »Antinomerdisputationen« eingegangen. Hingewiesen wird auf die Folgen von Luthers Tod, der für die reformatorische Bewegung einen »schweren und nicht zu kompensierenden Verlust« bedeutet habe (68). Zum Geflecht der Motive, die den theologischen Streit verursachten und förderten, gehören laut Vf. das Tridentinum (Rechtfertigungsdekret!), das »Augsburger Interim« (Artikel 4-8), die »Leipziger Artikel« und auch die Konkurrenz zwischem dem albertinischen und ernestinischen Sachsen. Auch apokalyptische Vorstellungen hätten dazu beigetragen, daß erneut um die Verteidigung des »Sola« der Rechtfertigung gerungen wurde.

Der erste Schwerpunkt der Arbeit ist die Darstellung des Majoristischen Streits, wobei zahlreiche Opponenten Georg Majors vorgestellt werden und die Entwicklung der Auseinandersetzungen an den einzelnen Schauplätzen verfolgt wird (Eisleben, Mansfeld, Nordhausen, Hildesheim u. a.). Der Kampf um Majors Thesen sei kein »abgehobenes theologisches Rand- oder Scheinproblem«, das nur im akademischen Bereich diskutiert worden sei, sondern es hätten sich viele Geistliche daran beteiligt, wodurch die Auseinandersetzungen bis weit in die Gemeinden hineingewirkt hätten (129).

Ein längerer Abschnitt behandelt die Eisenacher Synode (1556), die zur Befriedung des majoristischen Streits im ernestinischen Sachsen einberufen worden war, ausgelöst durch die Haltung des Gothaer Superintendenten Justus Menius. Eingehend werden die Eisenacher Thesen analysiert und die unterschiedlichen Reaktionen auf den »Eisenacher Rezeß« geschildert (Nikolaus von Amsdorf, Andreas Poach, Joachim Mörlin, Matthias Flacius u. a.).

Es folgt eine Darstellung des Streites über die Berechtigung der Rede von der Notwendigkeit der guten Werke, eingeleitet von der Auseinandersetzung zwischen Andreas Musculus und Abdias Praetorius in Frankfurt/Oder, die eine große Zahl von Streitschriften hervorbrachte. Ein weiterer Schauplatz dieser Kontroverse ist Nordhausen, wo der Streit die Pfarrerschaft spaltete. Ausführlich wird auf die Positionen der Freunde Anton Otho und Andreas Fabricius eingegangen, die den »tertius usus legis« ablehnten, unterstützt von dem Ilfelder Schulrektor Michael Neander. Beachtung verdient der Hinweis des Vf. auf eine von Fabricius zusammengestellte Sammlung von Lutherzitaten, die belegen sollte, daß Luther einen »tertius usus legis« nicht gelehrt habe (290). Am Widerspruch von Flacius und Joachim Mörlin wird deutlich, daß in diesem Streit zugleich um die richtige Interpretation Luthers gerungen wurde.

Leider hat der Vf. darauf verzichtet, die Ergebnisse der Untersuchung in einer Zusammenfassung zu bündeln. Gleichwohl erweist sich das letzte Kapitel, in dem die unterschiedlichen Akzente des Gesetzesverständnisses von Luther und Melanchthon herausgearbeitet und die Linien bis in die Zeit des Pietismus und der lutherischen Orthodoxie ausgezogen werden, als hilfreich für das Verständnis des zuvor Gesagten.

Nicht genug kann die Leistung des Vf. in bezug auf die Erschließung einer großen Zahl von Quellen anerkannt werden. Die vorbildlich gearbeitete Bibliographie der Handschriften und Drucke belegt eindrucksvoll, mit welchem Engagement sich viele Autoren an diesem theologischen Streit beteiligten. Die Positionen der Kontrahenten werden ausführlich referiert und durch Zitate dokumentiert. Da die ausgewerteten Quellen in der Regel nicht in einer kritischen Edition vorliegen, ist dieses Verfahren angemessen, auch wenn sich der Leser stellenweise eine gestrafftere Darstellung gewünscht hätte. Auf die Verflochtenheit der theologischen Debatte mit politischen Entwicklungen wird nur am Rande eingegangen. Es stellt sich die Frage, ob dieser Aspekt im Zeitalter der Konfessionalisierung nicht noch stärker beachtet werden müßte.

Nicht immer glücklich erscheinen die Formulierungen der Kapitelüberschriften. Besonders im 4. Kapitel (»Von der Notwendigkeit guter Werke zur Seligkeit«) vermitteln die Teilüberschriften im Inhaltsverzeichnis kaum eine Vorstellung von den verhandelten Fragen, die durch die Bezeichnung von Schauplätzen des Streits oder durch Entlehnungen aus Zitaten bestenfalls angedeutet werden. Es entsteht der Eindruck, daß es nicht immer gelungen ist, die Materialfülle stringent zu strukturieren. Dennoch bleibt festzuhalten, daß mit diesem Buch eine Untersuchung vorliegt, in der das zentrale Problem des Gesetzesverständnisses für die Zeit nach Luthers Tod auf breiter Quellenbasis untersucht worden ist. Beispielhaft zeigt dieser gewichtige Beitrag zur Forschung, daß es an der Zeit ist, durch Rückbesinnung auf die Quellen zu einer differenzierteren Beurteilung der theologischen Kontroversen innerhalb des Luthertums in der zweiten Hälfte des 16. Jahrhunderts zu gelangen.

Leipzig / Dresden   Hans-Peter Hasse

DIE KATHOLISCHE KONFESSIONALISIERUNG: wissenschaftliches Symposion der Gesellschaft zur Herausgabe des Corpus Catholicorum und des Vereins für Reformationsgeschichte 1993/ hrsg. von Wolfgang Reinhard und Heinz Schilling. GÜ: GVH, 1995. XIII, 472 S. (Schriften des Vereins für Reformationsgeschichte; 198) [Parallelausgabe: MS: Aschendorff, 1995. (Reformationsgeschichtliche Studien und Texte; 135)]

Die gemeinsam von der Gesellschaft zur Herausgabe des Corpus Catholicorum und dem Verein für Reformationsgeschichte durchgeführte Tagung (Votum eines Teilnehmers: eine »Welturaufführung«!) zur »Katholischen Kon-

fessionalisierung«, die vom 26. bis 30. September 1993 in Augsburg stattfand, wird in diesem Band mit 24 Beiträgen dokumentiert (siehe LuB 1997, Nr. 027). Der Band schließt sich an die bereits erschienenen Tagungsbände zur reformierten und zur lutherischen Konfessionalisierung an (LuB 1988, Nr. 041; LuB 1994, Nr. 030). Die im Anschluß an jedes Referat gebotene Zusammenfassung der Diskussion vermittelt einen lebendigen Eindruck vom Tagungsgeschehen und enthält interessante Anregungen und Voten auch von Teilnehmern, die kein Referat beigesteuert haben.

Gerahmt wird der Tagungsband durch zwei Beiträge der Herausgeber, in denen noch einmal eingehend die vielfältigen forschungsgeschichtlichen Aspekte des Paradigmas »Konfessionalisierung« zur Geltung kommen. Beachtenswert ist die weite Perspektive der Selbstreflexion, mit der Kritik und Defizite aufgenommen werden. Vorüberlegungen dieser Art haben offenbar auch das Programm bestimmt. Während Schilling im Eröffnungsreferat darauf hinweist, daß die Konfessionalisierung der Buchproduktion noch nicht problematisiert worden sei, trägt Dieter Breuer »Katholische Konfessionalisierung und poetische Freiheit« diesem Aspekt Rechnung, indem er Bücherzensur und Literaturpolitik am Beispiel Bayern und Kurpfalz thematisiert. Insgesamt beeindruckt das Konzept der Tagung durch die Vielfalt der Bereiche, in denen sich der Prozeß der kath. Konfessionalisierung konkret gestaltet hat: Inquisition, Orden, Mission in Übersee, Buchdruck, Reichsrecht, Politik, Volksfrömmigkeit, Ethik (Selbstmord, Ehe- und Fürstenspiegel), Bildung (kath. Gelehrtenschule), Musik. Das Fehlen der Bildenden Kunst wird im Vorwort angezeigt; es müsse künftig gezielt die Verbindung zwischen Kunst- und Kulturwissenschaften und der Konfessionalisierungsforschung gesucht werden. Anhand von Fallbeispielen wurde die kath. Konfessionalisierung ausgewählter Territorien vorgestellt (Elsaß und Lothringen, Bayern, Mailand). Walter Ziegler hat versucht, unter Berücksichtigung der territorialen Besonderheiten verschiedene »Typen« der Konfessionalisierung herauszuarbeiten. Beachtenswert ist ein Beitrag über das »Gruppenphänomen« der Konversion. Einen thematisch enger zusammenhängenden Komplex bilden vier Beiträge zum Konzil von Trient, wobei auch die Außenperspektive des Konzils durch die deutschen Protestanten und der bislang wenig berücksichtigte Aspekt der nachtridentinischen Kodifikationsarbeit behandelt werden.

Es wurden auch verschiedene Einwände gegen das Konzept der Konfessionalisierung vorgebracht. So sprach sich Walter Ziegler dezidiert gegen die Verwendung der Bezeichnung »katholische Konfessionalisierung« aus, da ihr die neue theologische Formel als »Herzstück« fehle (69). Die theologischen Grundlagen würden zu wenig berücksichtigt, die gerade die fundamentalen Unterschiede der Konfessionen betreffen. Der Begriff »Konfessionalisierung« sei auch aus methodischen Gründen »fragwürdig«, weil er ein »von den Quellen weit entferntes intellektuelles Konstrukt« darstelle (417). Auch wenn mit diesem und anderen Voten auf die Grenzen des Konfessionalisierungsparadigmas hingewiesen wurde, kann andererseits nicht daran vorbeigesehen werden, daß die Debatte die Erforschung der zweiten Hälfte des 16. Jahrhunderts ungemein befruchtet hat und dies, soviel läßt dieser Band erwarten, auch weiterhin tun wird, da Desiderata und Anregungen für Fragestellungen, die weiter zu verfolgen sind, in großer Zahl artikuliert werden.

Über das Personenregister können eine Reihe interessanter Einzelbeobachtungen und Wertungen in bezug auf Luther erschlossen werden. So wurde in der Diskussion die Vermutung geäußert, »... daß Luthers individualistische Gewissenstheologie von der korporativen Struktur der Gesellschaft blockiert und erst durch das Ende dieser alteuropäischen Gesellschaft zur vollen Wirksamkeit freigesetzt worden sei« (47: Heinz Schilling). Nach Beobachtung von Dieter Breuer war die sprachliche Abgrenzung vom Deutsch der Protestanten (»Lutherdeutsch«) mit ein Grund für die »integrative Kraft« der Literatur in der kath. Konfessionalisierung. In den kath. Territorien sei ein Sprachausgleich zum oberdeutschen »gemeinen Teutsch« hin zu beobachten (170 f). Ernst Koch ist in seinem Beitrag »Die deutschen Protestanten und das Konzil von Trient« auf Luthers Urteile über Konzilien eingegangen und hat auf die abgrenzende Wirkung der »Schmalkaldischen Artikel« hingewiesen, die nach ihrer Wirkungs- und Druckgeschichte seit 1553 auch den innerprotestantischen Konfessionalisierungsprozeß gefördert hätten. Die meisten Bezüge zu Luther enthält der Beitrag »Selbstmord im Urteil von Reformation und Gegenreformation« von H. C. Erik Midelfort. Nach seiner Einschätzung war die Suizidrate im evangelischen Raum größer als im katholischen Bereich. Lutheraner zeigten nach seiner Auffassung eine größere Neigung zur Schwermut. Fraglich erscheint in diesem Zusammenhang die These, daß Luther bzw. das Luthertum eine theologische Position vertreten hätte, die die Verzweiflung »ausgenutzt« habe. Zu Recht wurde in der Diskussion darauf hingewiesen, daß die Wahrnehmung der »desperatio« im Luthertum mit der »Intensivierung des Gnadenverständnisses und seiner konfessionsspezifischen Individualisierung« zusammenhänge (309).

Leipzig / Dresden   Hans-Peter Hasse

ULRICH KÜHN; OTTO HERMANN PESCH: Rechtfertigung im Disput: eine freundliche Antwort an Jörg Baur auf seine Prüfung des Rechtfertigungskapitels in der Studie des Ökumenischen Arbeitskreises evangelischer und katholischer Theologen: »Lehrveranstaltungen – kirchentrennend?«. TÜ: Mohr, 1991. 116 S.

Jörg Baur hat 1989 in seiner Studie »Einig in Sachen Rechtfertigung?« das oben genannte Dokument einer kritischen Prüfung unterzogen und festgestellt, daß es die grundsätzliche kontroverstheologische Differenz des Verständnisses christlicher Existenz nicht an der Wurzel anfasse. Dieses Urteil hat Kühn von evangelischer und Pesch von römisch-katholischer Seite veranlaßt, Baurs kritische Würdigung genauer zu prüfen.

Nach einleitenden Bemerkungen zur Polemik Baurs (I), formulieren beide zunächst »Anmerkungen zu Baurs Verständnis der reformatorischen Rechtfertigungslehre« (II) und kommen durch die Erläuterung der Äußerungen Baurs zu den Themen »Sünde und Konkupiszenz«, »Gnade und Glaube« und »Heilsgewißheit« zu dem Fazit, daß Baur »unstreitig ein authentisches, auf die Quellen gegründetes lutherisches Verständnis der Rechtfertigungslehre« (36) vertrete, das jedoch in einer Reihe von wichtigen Einzelheiten von den untersuchten Quellen her zu präzisieren und »gegen Einseitigkeiten abzusichern sei. »Die wichtigste Einseitigkeit« liege »in der für Baurs Kritik an dem Lehrverurteilungsdokument zentralen These, nach reformatorischem (lutherischen) Verständnis müsse die ›Konstitution des Christen‹ ausschließlich vom freisprechenden Ruf Gottes an den Sünder in die Existenz ›extra nos in Christo‹ her verstanden und ausgedrückt werden« (aaO). Diese These habe zentrale Aussagen des Neuen Testamentes und der sie »›zuspitzenden‹ lutherischen Theologie für sich«, sei »aber weder in der Schrift noch in der Reformation die *einzige* und darum absolut zu setzende Weise, das Geschehen der Rechtfertigung zu verstehen und auszudrücken. Sie« sei »deshalb ergänzungsbedürftig« und in dieser Schärfe eher der Auseinandersetzung Baurs mit der Subjektphilosophie des 19. Jh. entsprungen als den historischen Verwerfungen des 16. Jh.

Mag die Baursche These durchaus in der Wirkungsgeschichte der Reformation präzisiert worden sein, so bleibt doch die Frage, ob Baur nicht darin mit Paulus und Luther übereinstimmt, daß das eschatologische Heil in Christus soteriologisch der Mitwirkung des mensch-

lichen Subjektes entzogen ist und sich ausschließlich der Gnade Gottes in Jesus Christus verdankt und nicht durch – wenn auch von der Gnade gewirkte Werke – bedingt ist. Anderseits ist zu fragen, inwiefern das das Sein der Person des Christen ereignende Wort Gottes eine im Verstehen des Glaubens integrierte Subjektivität schöpferisch in Anspruch nimmt.

Die in dieser Kontroverse ständig neben den reformatorischen Texten zur Debatte stehenden Aussagen des Tridentinums veranlassen in einem weiteren Schritt Pesch allein zu einer »Entgegnung auf Baurs Kritik am Trienter Konzil« (III). Pesch untersucht wiederum die oben genannten Themen und kommt zu dem Ergebnis, Baur vertrete »eine im wörtlichen Sinne ›altmodische‹ Interpretation des Trienter Rechtfertigungsdekrets, die nicht einmal auf evangelischer, geschweige denn auf katholischer Seite noch unumstritten« sei (94). Doch kann er nicht verschweigen, daß es traditionelle römisch-katholische Deutungen des Tridentinums gibt, die umgekehrt Baur eher bestätigen. Baurs wortgetreue Exegese des Textes von Trient sei zu begrüßen, doch seien die Vf. des Lehrverurteilungsdokumentes in ihrer Interpretation des Rechtfertigungsdekretes von Trient nicht einfach ökumenischem Wunschdenken erlegen, sondern hätten sich bemüht, die Frage nach einer »*wirklich* sachgemäßen Trient-Interpretation neu zu stellen«. Darüber hinaus seien »– wie auf der reformatorischen Seite auch – bei den Trienter Konzilsvätern weder Verstehensblockaden noch Fehlleistungen bei der Erfassung der reformatorischen Lehre auszuschließen« (aaO). In einer mehr an Augustinus und Thomas orientierten Neuinterpretation des Tridentinums räumt Pesch jedoch ein, daß nach wie vor ein echter Gegensatz im Verständnis von Gnade und Gerechtigkeit im Blick auf can. 10 und 11 des Rechtfertigungsdekretes bestehe und daß angesichts der Forderung von cap. 7 des Tridentinums, »die Christen müßten das ihnen neu geschenkte weiße Kleid der Unschuld unversehrt vor Christi Richterstuhl tragen« (DS 1531), die Formel »fides caritate formata« bei evangelischen Theologen den Argwohn hervorrufe, daß »die römisch-katholische Kirche und Theologie, soweit sie dem Tridentinum sich verpflichtet weiß, die Notwendigkeit der Werkgerechtigkeit« (81) lehre. Doch sei Baur zu fragen, warum er eine Infragestellung der herkömmlichen Trient-Interpretation, wie sie z.T. in dem Lehrverurteilungsdokument versucht sei, von vornherein für »illusorisch« halte und hier historische wie systematische Rückfragen zu einer Neuinterpretation nicht zulasse.

Diese Diskussion mit Baur veranlaßt schließlich Kühn und Pesch, zum Schluß noch »Gesichtspunkte zur ökumenischen Hermeneutik« (IV) zu formulieren. Dabei erkennen sie an, daß Baur eine scharfe und mögliche Mißverständnisse aufdeckende Prüfung des Dokumentes »Lehrverurteilungen – kirchentrennend?« gelungen ist, wenn auch nicht zu bestreiten sei, daß es sich in Baurs Kritik z.T. um eine zu polemische Überinterpretation handle. Er repräsentiere eine solide, wenn auch nicht über jede Diskussion erhabene lutherische Position gegen eine als ontische Qualität (»Gabe«) verstandene Rechtfertigung. Doch wolle auch das ökumenische Dokument in diesen Fragen keinen faulen Kompromiß, wenn es ausdrücklich feststelle, »daß für reformatorisches Denken der Christ ›außerhalb seiner selbst in Christus‹« sei, »auch wenn dieser Gedanke bis heute für traditionell-katholisches Denken Verstehensschwierigkeiten« bereite (98). Im Interesse an einer ökumenischen Hermeneutik sei ferner die Frage nach der Selbstgewißheit der von Baur vertretenen lutherischen Position und nach einer, auch neueren exegetischen Erkenntnissen Rechnung tragenden Schriftgemäßheit derselben zu stellen. Ferner könne man sich nicht dem Tatbestand verschließen, daß es ein Nebeneinander unterschiedlicher, aber authentischer christlicher Ausdrucksformen des Christseins geben könne, was natürlich den Aufweis der Vereinbarkeit gegensätzlicher Positionen voraussetze. Schließlich sei festzustellen, daß

sich das Evangelium zu allen Zeiten in den Denkvoraussetzungen zur Sprache bringe, die es jeweils vorfinde. Baur übersehe ferner, daß nach neueren Forschungen römisch-katholischer Theologie, die die Aussagen der scholastischen Tradition über das Subjektsein des Menschen vor Gott schärfer hinterfragt hätten, diese nicht so zu verstehen seien, wie sie im Kontext neuzeitlicher Diskussionen klingen. Schließlich sei der Differenz von Sprache und Sache Rechnung zu tragen, die sich dem hermeneutischen Tatbestand öffne, daß ein Grundkonsens in der Sache sich sprachlich durchaus verschieden ausdrücken könne. Insgesamt regen die Vf. ein neues ökumenisches Nachdenken über die christologische Grundlage christlicher Existenz wie über die Deutung von »Subjektsein« und »Personalität« des Christen an. So kommt Baur nach Kühn und Pesch das Verdienst zu, mögliche Mißverständnisse und zu weit gehende »hermeneutische Operationen« des Dokumentes »Lehrverurteilungen – kirchentrennend?« aufgedeckt und die Frage nach der kontroverstheologischen Differenz zwischen der protestantischen und der römisch-katholischen Theologie scharf gestellt zu haben, allerdings um den Preis, Öffnungen z. B. in der Frage einer Neuinterpretation von Trient und entsprechende Konsensmöglichkeiten des Lehrverurteilungsdokumentes nicht hinreichend gesehen zu haben.

Zu fragen ist in diesem Zusammenhang jedoch, ob die Unterscheidung von Sache und Sprache in einer ökumenischen Hermeneutik nicht kritischer zu bedenken ist, als es bei Kühn und Pesch geschieht, wenn anders gerade in christlicher Theologie sich die Sache nicht beliebig auswechselbarer, sondern präziser Sprache verdankt, nicht zuletzt auch deshalb, weil ökumenische Verständigung – wie auch die Vf. herausstellen – an einer theologisch-kritischen Exegese der Heiligen Schrift ihr entscheidendes Kriterium hat.

Meckenheim / Bonn   Karl-Heinz zur Mühlen

LUTHER DIGEST: an annual abridgment of Luther studies. Bd. 4/ hrsg. von Kenneth Hagen. Crestwood, Missouri: Luther Academy, 1996. X, 242 S.

Das Prinzip des »Readers digest« – für die Liebhaber der schönen Literatur schon längst zur Anfechtung geworden, läßt doch die Menge arg verkürzter Bücher wohl vielerlei Künste kennenlernen, jedoch nicht sehr viel an Kunsterleben zurück – kann sich in der Flut der wissenschaftlichen Literaturproduktion geradezu als Segen erweisen. Hier ist das Prinzip ja nicht neu, denn die Rezension eines Werkes muß im Dienst der kritischen Auseinandersetzung den Inhalt sachgerecht beschreiben können. Im Unterschied zur Rezension steht im »Digest« nicht die Kritik im Vordergrund, sondern die Darstellung selbst: umfangreichere Werke, aber auch wichtige kleinere Schriften werden in ihren Grundthesen dargestellt, gelegentlich auch vom Autor der Originalveröffentlichung selbst. Beim »Luther digest« gilt der Grundsatz, daß der Originalautor der hier gebotenen Fassung zugestimmt haben muß. In jedem Fall wird das verhandelte Thema nunmehr in einer eigenen Rezeptionsstufe geboten, kann also – wie die Rezension – eigenes wissenschaftliches Interesse beanspruchen. Die »Lutherbibliographie« des »Lutherjahrbuches« verzeichnet die vorgestellten Beiträge deshalb als »Besprechung« bei dem betreffenden Titel bzw. in den »Nachträglichen Besprechungen«.

Der »Luther digest«, von dem nun der vierte Band vorliegt, konnte sich mit seinem ersten Band bereits 1993 auf dem 8. Internationalen Lutherforschungskongreß in St. Paul, MN, der Fachwelt präsentieren. Nicht nur der nordamerikanischen Lutherforschung, sondern auch einem weiteren Kreis an Luther Interessierten auch außerhalb der Vereinigten Staaten sollte die Möglichkeit geboten werden, internationale Luther-Literatur in größerem Umfang als bis-

her möglich zur Kenntnis nehmen zu können. Das Konzept scheint aufzugehen, denn dem vorliegenden Band konnte eine imponierende Übersicht über die in den drei vorangehenden Bänden verhandelte Literatur beigegeben werden (227-232). So bot der dritte Band den ersten Teil einer ausführlichen Darstellung von Ulrich Asendorfs »Die Theologie Luthers nach seinen Predigten« und widmete sich u. a. der Wiedergabe der von finnischen Lutherforschern favorisierten »Theosis«-Debatte.

Im ersten Teil des vorliegenden vierten Bandes werden u. a. Aufsätze und Bücher zum Wort Gottes, zur Rhetorik und Hermeneutik, zur Ekklesiologie, zur Freiheitsproblematik sowie zu einer Vielzahl weiterer Einzelthemen beschrieben. Die Wiedergabe von Asendorfs erwähntem Buch wird im zweiten Teil fortgeführt (169-198). Als ein wichtiges Thema der Lutherforschung der 80er Jahre benennt der Herausgeber »Luther und Bernhard von Clairvaux« und leitet damit den dritten Teil mit mehreren Kurzdarstellungen von hierhergehörigen Aufsätzen aus den Jahren 1971 und 1990 bis 1994 ein (199-225). Im Vorwort macht er überdies grundsätzlich deutlich, daß die 1991 gegründete amerikanische Luther Academy über das rein wissenschaftliche Interesse hinaus bestrebt ist, mit den durch ihren »Luther digest« vorgestellten Schriften einen Beitrag zur Orientierungshilfe in kritischer Zeit auf der Grundlage von Luthers Werk zu geben. Die »digested« Beiträge aus der internationalen Lutherforschung sollen den Lesern als Werkzeuge dienen, die Fülle der Forschung relativ schnell und substantiell überblicken zu können, um Zeit für die für sie relevanten originalen Werken zu gewinnen. Das ausführliche Register mit den historischen Personen- und Ortsnamen sowie insbesondere den Sachbegriffen (233-242) dürfte die Benutzbarkeit des »Digest« beträchtlich erhöhen.

Schönbach / Leipzig   Michael Beyer

Martin Luther und die Welt der Reformation

Von Helmar Junghans

EVANGELISCHES KIRCHENLEXIKON: internationale theologische Enzyklopädie/ hrsg. von Erwin Fahlbusch ... 3. Aufl. (Neufassung). Bd. 4: S-Z. GÖ: V&R, 1996. XIV S., 1440 S.

37 Jahre nach der 2. Aufl. ist die 3. Aufl. des EKL – ohne Registerband – abgeschlossen. Es endet nicht wieder mit »Zwölfprophetenbuch«, sondern mit »Zypern«. Bis zum letzten Artikel ist die Absicht durchgehalten, weltweit über Kirchen zu berichten, wie die Artikel »Senegal«, »Seychellen«, »Singapur«, »Somalia«, »Togo«, »Zaire« u. ä. bezeugen. Dafür ist die europäische Kirchengeschichte verkürzt, etwa »Schottland« verschwunden. Die Sowjetunion hat erst nach ihrem Untergang einen – und zwar einen relativ ausführlichen – Artikel erhalten. Über außereuropäische Entwicklung informieren weitere neue Artikel wie »Schwarze Kirchen«, »Schwarze Theologie« und »Theologie in der Dritten Welt«. Neuenstandene kirchliche Organisationen sind erfaßt, so die »Selbständige Evangelisch-Lutherische Kirche«, »SODEPAX« und »Urban Rural Mission«. Manche Artikel sind erweitert worden, so wurde bei »Schriftbeweis« ein Abschnitt »Judentum« an den Anfang gestellt.

Was als geschichtlich abgeschlossen, vergangen angesehen wurde, war nicht mehr artikelwürdig, wie »Singbewegung« und »Zentrum«. Andere Artikel sind heutigem Sprachgebrauch und damit auch Wertvorstellungen angeglichen worden, so ist aus »Zigeuner« nun »Sinti und Roma« und aus »Selbstmord« jetzt »Selbsttötung« geworden. Bei dem Artikel »Theologiegeschichte« drückt sich ein Wandel von einer nationalen zu einer zeitgemäßeren ökumenischen Betrachtungsweise aus, indem die Unterteilung nach Ländern von einer nach Konfessionen abgelöst wurde.

Neuen quasi-religiösen Erscheinungen tragen Artikel wie »Scientology-Kirche« und »Yoga« Rechnung. Die Ausweitung sexueller Fragen in der Öffentlichkeit ist mit Hinzufügen von »Sexismus«, »Sexualerziehung« und »Sexualität« zu »Sexualethik« aufgenommen. Obgleich die UNO schon 1948 den Völkermord definierte, erhielt er erst 1996 einen Artikel im EKL.

Neue theologische Erscheinung oder Schwerpunktbildungen sind beachtet worden, sowohl methodische: »sozialgeschichtliche Exegese«, »tiefenpsychologische Exegese«, »Zeichen«, als auch inhaltliche: »Tier, Tierethik«.

Der Artikel »Zwei-Reiche-Lehre« beginnt mit deren biblischen Wurzeln und reicht bis in die Gegenwart. Leider ist nicht herausgestellt, daß es sich um zwei Sachverhalte handelt, einerseits um den eschatologischen Kampf zwischen dem Reich Gottes und dem des Satans und andererseits um zwei Reiche oder besser Regimente Gottes. Der Abschnitt »Imperium und Sacerdotium« endet mit den päpstlichen Herrschaftsansprüchen 1302, ohne auf die Entfaltung der Zweiregimentenlehre im Spätmittelalter einzugehen. Dadurch kann nicht deutlich werden, wie Luther an diese Linie angeknüpft und sie fortlaufend ausgebaut hat. Daher vermag dieser Artikel trotz aller wertvollen Informationen nur wenig zur Erhellung eines vielschichtigen Gedankengebäudes beizutragen.

Abschließend kann konstatiert werden, daß das EKL seine Zielsetzung weitgehend erreicht hat, evangelische Theologen und Christen überhaupt weltweit über die christlichen Kirchen und ihr Verhältnis zu Erscheinungen der Gegenwart sachgemäß zu informieren. Von dem Registerband sind wichtige personalgeschichtliche Informationen zu erwarten, vielleicht aber auch Nachträge. Denn es bleibt unbefriedigend, nur über das geteilte Deutschland nachschlagen zu können.

Oswald Bayer: Theologie. GÜ: GVH, 1994. 547 S. (Handbuch systematische Theologie; 1)

In dem bisher umfangreichsten Band innerhalb dieses Handbuches behandelt der Vf. neben »Hauptmomente der Geschichte des Theologieverständnisses« »Das Theologieverständnis der Reformatoren« (Luther, Melanchthon und Calvin) und das »Theologieverständnis im 20. Jahrhundert« (Paul Tillich, Werner Elert und Karl Barth), ehe er im Kapitel »Theologieverständnis in gegenwärtiger Verantwortung« ausführlich seine eigene, erheblich aus Luther gewonnene Sicht entfaltet (301-531). Im Rahmen dieser Sammelbesprechung kann nur auf die Wittenberger Reformatoren eingegangen werden.

Der Vf. umschreibt Luthers Theologie als eine Textmeditation im Dienst der Seelsorge. Er zeigt auf, wie Luther vorgegebene Fragen aufnahm und neu beantwortete. Als Gegenstand der Theologie benannte er den rechtfertigenden Gott und den Menschen als Sünder und damit eine Relation, in der Gott den Menschen anredet und der Mensch antwortet. In der Frage, ob die Theologie eine theoretische oder eine praktische Wissenschaft sei, entschied sich Luther für keine von beiden und entwickelte auch keine besondere Zuordnung der beiden zueinander, sondern setzte die vita passiva dagegen, den durch Gott selbst gewirkten, vom Menschen erlittenen und empfangenen Glauben. Und diesen unterscheide Luther nicht von der Theologie, sondern er identifiziere sie mit ihm. Luther setzte dem aristotelischen Wissenschaftsbegriff, der auf das Prinzipielle, Zeitlose, Unveränderliche zielt – in der

Anwendung auf die Theologie vom Vf. als »rein rationale Theologie« beschrieben und als »Theologik« bezeichnet – die aus der Bibel gewonnene Theologie als Wissenschaft der Geschichte und der Erfahrung entgegen, so daß selbst über Gott Veränderungen ausgesagt werden können.

Wie Luther die Theologie als sapientia experimentalis verstand, verdeutlicht der Vf. anhand der Begriffe »Oratio, meditatio, tentatio« aus Luthers Vorrede zu Wi deutsch 1 von 1539, die er bereits LuJ 55 (1988), 7-59, ausführlich erläutert hat. Kennzeichnend und bemerkenswert ist die zusammenfassende Feststellung, daß die Theologie für Luther Schriftauslegung ist, und zwar auf eine ganz eigene Weise: »Ein Theologe ist, wer von der Heiligen Schrift ausgelegt wird, sich von ihr auslegen läßt und sie als von ihr Ausgelegter anderen Angefochtenen auslegt« (61).

Unter der Überschrift »Katechismussystematik« zeigt der Vf., daß Luthers Anordnung der Katechismusstücke seiner Unterscheidung von Gesetz (Zehn Gebote) und Evangelium (Apostolikum und Vaterunser) entspricht und Luther mit dieser Unterscheidung eine theologische Methode lehrt, die letztlich als vom Heiligen Geist gewirkt erfahren werden muß und so zum Vollzug der theologischen Existenz gehört. Dies drücke sich auch in den Erläuterungen des Kleinen Katechismus aus, die nicht definieren, »sondern eröffnende Sätze [sind], die das Denken und die Phantasie in Bewegung setzen« (113).

Weniger erhellend ist, daß der Vf. an einigen Stellen ein Mönchsideal übernimmt, um Luthers Stellung in der Theologiegeschichte zu charakterisieren. Er verbindet diese monastische Theologie mit seelsorgerlichem Schriftgebrauch, die scholastische mit universitärer Disputierkunst (36). Aber waren nicht die meisten Scholastiker Mönche, und haben nicht auch Priester, die keinem Kloster zugehörten, die Heilige Schrift seelsorgerlich gelesen und verwendet? Der Vf. behauptet: »Die Katechismuskultur, mit der Luther die Wahrheit der mönchischen Lebensform behalten wollte, ist für jeden Menschen heilsnotwendig« (107). Er meint, Luther habe »die Mönchsgelübde im Sinne radikaler Nachfolge neu« wahrgenommen, »die Wahrheit des Gehorsams, der Keuschheit und der Armut neu zur Geltung« gebracht (ebd). Aber erhellt das wirklich Luthers Stellung zum Mönchtum, wenn man Luthers Bejahung der Ehe als Gabe Gottes und seine harsche Kritik am Keuschheitsgelübe und Zölibat als neu zur Geltung gebrachte Wahrheit des Mönchtums interpretiert? Hat er nicht auch hier die Heilige Schrift von Menschen erdachten Gelübden entgegengestellt? Idealtypische Vorstellungen fördern selten das Verstehen geschichtlicher Vorgänge und Wahrheiten.

In dem Kapitel »Philosophie und Theologie« arbeitet der Vf. heraus, wie Luther darauf drang, auf die unterschiedliche Bedeutung von Begriffen in verschiedenen Wissenschaften zu achten, und damit die Theologie gegen die Überfremdung von seiten anderer Wissenschaften verteidigte. Der Vf. behauptet, für Luther sei die Theologie »konstitutiv Konfliktwissenschaft« (116). Er zeigt, wie Luther philosophische Begrifflichkeit in den Dienst seiner Argumentation stellte, ohne auszuführen, wie Luther andere Wissenschaften für die Theologie in Dienst nahm. Manche Begründungen Luthers ließen sich auch anhand der humanistischer Philologie einsichtig machen.

Melanchthon behandelt der Vf. weder als Verderber (Orthodoxie) noch als Vollender (Aufklärung) von Luthers Theologie, noch als Fortführer der humanistischen Reformtheologie des Erasmus (Siegfried Wiedenhofer), sondern betont, »daß am lutherisch-reformatorischen Charakter seiner Theologie kein Zweifel sein kann« (120). Da er Melanchthons »Loci communes rerum theologicarum ...« nicht als erste evangelische Dogmatik betrachtet, sondern ihr methodisches Vorgehen in den Vordergrund rückt, wird deutlich, wie sehr Melanchthon darin mit Luther übereinstimmt und durch das Heranziehen der humanistischen Locimethode

zugleich Neues schafft: ein Instrumentarium zum richtigen Schriftstudium. Der Vf. zollt dieser Demut Anerkennung, die Dogmatik als »Hilfswissenschaft« versteht (135). Der Vf. beklagt Melanchthons Erweiterungen seiner Loci nicht, sondern bringt sie zutreffend mit dessen Mühen um einen Consensus ecclesiae catholicae Christi in Verbindung.

Die Eigenheit von Melanchthons Aristotelesrezeption sieht der Vf. darin, daß Melanchthon sich gegen die Isolierung und Überbetonung der Dialektik wandte und stattdessen die Verbindung von Dialektik, Grammatik und Rhetorik betonte und die Geschichte einbezog. Einen wunden Punkt findet der Vf. dort, wo Melanchthon den Begriff der Gewißheit aus der Mathematik in die Theologie überträgt, ohne die ihm bekannten Zweifel des Glaubens einzubringen. Daher sei Melanchthons Theologie »nicht in dem Maße Konfliktwissenschaft wie bei Luther« (150). Andererseits hebt der Vf. hervor, daß Melanchthon in seiner Theologie mit Luther die Unterscheidung von Gesetz und Evangelium, von Philosophie und Theologie sowie von Evangelium und Philosophie einprägte und anwandte. Vor allem stimmten beide darin überein, daß beständiges Lesen und Meditieren der Heiligen Schrift für die christliche Existenz gundlegend ist (152).

In einem eigenen Abschnitt (379-388) stellt der Vf. zunächst fest, daß Luther und Karl Barth die »Theologie als Lehre vom Wort Gottes« betreiben. Nach Feststellung dieser Gemeinsamkeit bringt er ihre Gegensätze auf die Formel, daß wo der eine unterscheidet, der andere auf Einheit drängt. Während Barth die Einheit des Wortes Gottes betont, unterscheidet Luther zwischen Gesetz und Evangelium. Wo Barth zwischen Offenbarungswort und Menschenwort unterscheidet, hält Luther an der Zusammengehörigkeit fest. Der Vf. sieht bei Barth einen modernen Spiritualismus, so daß man von Luther gegen Täufer, »Schwärmer« und Zwingli geschriebene Texte als gegen Barth geschrieben lesen kann.

Dies ist nur ein flüchtiger Blick in ein umfangreiches Werk, das geschickt zentrale Texte zu den jeweiligen Fragen interpretiert, von Einsichten Luthers durchtränkt und geeignet ist, zu einem notwendigen grundsätzlichen Nachdenken über die sachgemäße Methode der Theologie zu gelangen. Es verdient Leser, die sich darauf wirklich einlassen.

KIRCHE IN DER SCHULE LUTHERS = FESTSCHRIFT FÜR D. JOACHIM HEUBACH/ hrsg. von Bengt Hägglund und Gerhard Müller. Erlangen: Martin-Luther-Verlag, 1995. 462 S.

Diese Festschrift vereinigt 33 Beiträge, welche Luther-Akademie und Martin-Luther-Bund ihrem Präsidenten, dem 70jährigen ehemaligen Landesbischof der Evang.-Luth. Landeskirche Schaumburg-Lippe, gewidmet haben. Unter den Autoren befinden sich 14 Ausländer, besonders aus Skandinavien, was den Wirkungsbereich des Jubilars verdeutlicht. Die Themen spannen sich von der Lutherforschung über die systematische, historische und praktische Theologie bis zur Ökumene mit häufigen Bezügen zu Luther (vgl. LuB 1997, Nr. 031). Es können hier nur wenige Beiträge erwähnt werden, um Interesse für den Band zu wecken. Register fehlen.

Oswald Bayer beantwortet in »Disputationskunst und Seelsorge: mein Weg in der Schule Luthers« die Fragen zweier norwegischer Theologiestudenten zu seiner theologischen Entwicklung (117-129) und gibt damit ein aufschlußreiches persönliches Beispiel für die Thematik der Festschrift.

Karin Bornkamm analysiert in »Teilhaben an Christi Thronen zur Rechten Gottes: ein Scholion Luthers zu Psalm 110, 1-2« einen Text aus Luthers erster Psalmvorlesung (23-36). Sie zeigt auf, wie Luther im Unterschied zur christologischen oder tropologischen Auslegung des Mittelalters Anthropologie und Christologie zusammendenkt, den Glauben als Sein in Christus versteht. Sie hebt heraus, wie Luther auf

die ganze Person zielt, vor allem aber, wie er Gott als Urheber aller Weisheit und Kraft im Menschen sieht. Das gilt auch für die Demut, die der Glaubende – im Gegensatz zur mittelalterlichen Demutstheologie – zuerst passivisch, »als ein Sich-demütigen-Lassen«, erlebt, ehe er zur rechten Selbstdemütigung fähig ist. Schon dieser Gesichtspunkt zeigt, daß es sich um einen Beitrag zu Luthers reformatorischer Entdeckung handelt. Die Autorin spricht zurückhaltend von einem theologischen Aufbruch.

Hans Roser skizziert mit leichter Hand in »Der europäische Luther: der Beitrag der Reformation zum Reichtum der Vielfalt; ein Überblick über die Anfänge« (399-422) wie Luther selbst in die europäische Universität, den europäischen Humanismus und den europäischen Augustinereremitenorden eingebunden war und europaweit wirkte. Er nimmt damit ein Thema auf, das mit dem Ausbau der Einheit Europas an Bedeutung gewinnen wird. Dabei entnimmt der Vf. einer Gedenktafel in Gottesgab, daß Luther Johannes Mathesius in St. Joachimsthal ordiniert habe (415), was aber am 29. März 1542 in Wittenberg geschah. Während die deutsche Geschichtsschreibung seit dem 19. Jahrhundert weithin klagt, daß Deutschland im 16. Jahrhundert keinen geschlossenen Nationalstaat ausbildete, urteilt der Vf. erfrischend, daß es in Deutschland »zur Begründung des staats- und wirtschaftspolitisch äußerst fruchtbaren Föderalismus« kam (401).

Bernt T. Oftestad stellt in »Öffentliches Amt und kirchliche Gemeinschaft: Luthers theologische Auslegung des Begriffs ›öffentlich‹« Luthers Sprachgebrauch in den spätmittelalterlichen Kontext (90-102). Er weist auf die Metaphorik hin, in der Licht und Finsternis mit Öffentlichkeit und Verborgenheit verknüpft sind. Daher gehören für Luther Licht, Öffentlichkeit, Pfarrkirche, Berufung, äußeres Wort mit Klarheit der Heiligen Schrift, Bewahren der Kirche als Gemeinschaft einerseits sowie Finsternis, Schaden für die Gesellschaft und Kirche, Verborgenheit, Klöster, Versammlungen in

Wäldern und Häusern, Umherschleichen – wie die Schlangen und daher wie der Teufel –, andererseits zusammen. Die Kenntnis dieser Metaphorik ist hilfreich, entsprechende Aussagen und Wertungen Luthers besser zu verstehen. Der Vf. zeigt aber auch die große Veränderung in der Vorstellung über »Öffentlichkeit« auf, die heute von einem privaten Bereich ausgeht, so daß die darin individuell gewonnenen Überzeugungen in der Öffentlichkeit diskutiert werden können, während im Mittelalter und damit bei Luther die Öffentlichkeit die vor Schaden zu schützende Gemeinschaft – in Gesellschaft und Kirche – war, die durch den Rückzug ins Individuelle aufgelöst wird. Die Beschäftigung mit dem Bedeutungsinhalt von »Öffentlichkeit« kann zur Kulturkritik führen und Fragen aufwerfen, wie das Evangelium heute anders als zu Luthers Zeit zu verkündigen ist. Diese Hinweise lassen ahnen, was es heißt, daß die Kirche in die Schule Luthers gegangen ist und noch gehen kann.

TOM KLEFFMANN: Die Erbsündenlehre in sprachtheologischem Horizont: eine Interpretation Augustins, Luthers und Hamanns. TÜ: Mohr, 1994. VIII, 396 S. (Beiträge zur historischen Theologie; 86) – GÖ, Univ., theol. Diss. 1993.

Obgleich diese Dissertation im hohen Maße theologiegeschichtliches Material verarbeitet, indem sie sich auf Ausführungen von Augustinus, Luther und Hamann stützt (38-305), handelt es sich doch keinesfalls um eine theologiegeschichtliche Untersuchung. Vf. hat sich die Aufgabe gestellt, den theologischen Gedanken der Erbsünde, der »gegenwärtig praktisch nicht mehr vertreten wird« (3), als unverzichtbar für die Darstellung des christlichen Glaubens zu erweisen. Darum liegt ihm weniger an der Beschreibung der Erbsündenlehre dieser drei Autoren als vielmehr an der Interpretation aus ihren Werken ausgewählter Aussagen.

Der Vf. benutzt als Grundlage für seine Interpretation die Psychologie der Ich-Identität und die Sprachphilosophie, die er zu einer Sprachtheologie spezifiziert. Die Beziehung des Menschen zu Gott und anderen Menschen wird als Kommunikationsgeschehen verstanden. Die Erbsünde erscheint als »Verkehrtheit der unbekehrten Identität«, die von der Bekehrung her erfahrbar wird. Das Selbst, das dem Wort Gottes glaubt, versteht sich so, daß es die Wahrheit seines Lebens in der Liebe Gottes erhält. Für eine sprachtheologische Erbsündenlehre gilt, daß das Selbst des Menschen an die Stelle des Gottesverhältnisses, »welches im sich auf das Wort Gottes verlassendes Verstehen besteht« (14) ein Selbstverhältnis setzt, das nun das Verhältnis zu anderen Menschen und zur Natur bestimmt. Diese Andeutungen zur theoretischen Grundlage dieser Dissertation (1-20) müssen hier genügen.

Der Vf. erfaßt Luthers Erbsündenlehre zutreffend unter dem Begriff »Unglaube«. Ob er Luthers Aussagen immer in ihrer ursprünglichen Intention oder dessen Erbsündenlehre erschöpfend erfaßt hat, ist hier nicht zu beurteilen, weil sich das Interesse des Vf. nicht darauf gerichtet hat und er auch selbst ausdrücklich »den lutherischen Vorstellungsrahmen sprengende« Konsequenzen zieht. Es fällt aber auf, wie sehr sich die Ausführungen des Vf. von Luthers Vorstellungen unterscheiden. Luther wußte infolge seiner scholastischen Kenntnisse, daß philosophische Begrifflichkeit das Verstehen des Wortes Gottes – von dem der Vf. viel spricht (Sprachtheologie) – nicht erhellt, sondern verdunkelt. Aus der humanistischen Rhetorik hatte er gelernt, seine Schriften auf die jeweils ins Auge gefaßte Leserschaft auszurichten. Die vorliegende Dissertation setzt ein solches Vertrautsein mit Identitätspsychologie und Sprachphilosophie voraus, wie es so nicht als verbreitetes Allgemeinwissen angesehen werden kann, um darüber ein neu erwachendes Interesse an dem Wahrheitsgehalt der Erbsündenlehre zu vermitteln. Der Vf. hat aus Luther nicht aufgenommen, daß dieser unter Rückgriff auf biblische Aussagen wie 9. und 10. Gebot oder 1 T 6, 10 den Inhalt der Erbsünde vor allem in der Habgier sah. Sollte es in der Gegenwart wirklich leichter sein, den Zugang zur Wirklichkeit der Erbsünde auf einer hochtheoretischen Ebene mit Hilfe von Identitätspsychologie und Sprachtheologie zu finden als in den Niederungen der täglichen Erfahrung mit der eigenen und fremden Habgier?

FRÜHNEUHOCHDEUTSCHES WÖRTERBUCH/ hrsg. von Ulrich Goebel und Oskar Reichmann. Bd. 3, Lfg. 1: Barmherzigkeit-befremden/ bearb. von Oskar Reichmann. B; NY: de Gruyter, 1995. 512 Sp.

Das Lexem »bauch« listet Komposita auf, in die eine tropische Verwendung von »Bauch« im Sinne von »Gefräßigkeit, Wohlleben, Sorglosigkeit« eingegangen ist. Aus Texten von Luther wurde dafür »bauchdiener«, »bauchdienst«, »bauchlere«, »bauchpredigt« und »bauchsorge« herangezogen.

Das Lexem »bauer« verdeutlicht mit seinen Komposita auf 42 Spalten (192-233) seine vielseitige Anwendung. Während einige Komposita mit den Bauern verbundene Sachverhalte wie »bauernschrit« – großer, weiter Schritt – oder »bauernwirt« – Wirt, bei dem überwiegend Bauern verkehren – ohne Wertung erfassen, spricht bei anderen »bauer« Einfachheit und Schlichtheit an wie »bauernfässung« – schlichte Radnabe – oder »Bauerzaum«. Da »bauer« aber auch »abwertend sowie als Schimpfwort und Spottname« verwendet wurde, finden sich auch entsprechende Komposita: »bauerköter«, »bauernarzt« – ungebildeter Arzt, Dorfarzt, Kurpfuscher – »Bauernsitte« – derbes Benehmen.

Bei dem Lexem »baum« fällt die große Zahl phrasematischer und sprichwörtlicher Verwendung ins Auge, wobei einige Beispiele auch aus Luther entnommen sind. Das Zitat »ein fauler baum bringt arge früchte« mit Hinweis auf WA

22, 145, 15 (1545) läßt allerdings nicht erkennen, daß es sich um Mt 7, 17 handelt.

Besondere Beachtung verdient der Artikel »bedeuten« mit 27 unterschiedlichen Erläuterungen. Dazu gehört auch »16. ›etw. durch eine als Zeichen fungierende Bezuggröße, durch einen Text oder durch eine zeichenhafte Handlung zum Ausdruck bringen‹«. Allerdings ist Luther hier kaum berücksichtigt worden, so daß über die Verwendung von »bedeuten« und »Bedeutung« in Luthers Aussagen zum Abendmahl nicht direkt unterrichtet wird, was z.B. bei »Die bedeutung odder das werck dißes sacraments (WA 2, 743, 7)« hilfreich gewesen wäre.

Der Artikel zu »befreien« ist geeignet, sich in die Verwendung dieses Verbs während der Frühen Neuzeit hineinzudenken. Denn reflexiv ist es nur in der Bedeutung »sich verheiraten, heiraten« aufgeführt, auch bei Luther. Zu »das solche laster nicht gebüsset noch gebessert, sondern gesterckt, befreihet und gelobt werden (WA 30 III, 305, 23)« erläutert die WA »gutheißen, privilegiert« und der Revisionsnachtrag der WA hat aus anderen Lexika einfach »zu etw. ermächtigen, privilegieren, die Freiheit gewähren« übernommen, wogegen der vorliegende Artikel nach ähnlichen Umschreibungen »etw. fördern« hinzufügt. Das verdeutlicht, daß das »Frühneuhochdeutsche Wörterbuch« selbst dort zur Vertiefung des Verstehens herangezogen werden kann, wo die Revisionsnachträge schon Erläuterungen gegeben haben.

ALBRECHT PETERS: Kommentar zu Luthers Katechismen. Bd. 4: Die Taufe. Das Abendmahl/ hrsg. von Gottfried Seebaß. GÖ: V&R, 1993. 202 S. – Bd. 5: Die Beichte. Die Haustafel. Das Traubüchlein. Das Taufbüchlein/ mit Beiträgen von Frieder Schulz und Rudolf Keller; hrsg. von Gottfried Seebaß. GÖ: V&R, 1994. 221 S.

Mit diesen beiden Bänden ist der Kommentar zu Luthers Katechismen des 1987 verstorbenen Heidelberger Systematikers vollständig veröffentlicht. Er erstreckt sich nicht nur auf die drei Hauptstücke des Katechismus, sondern auch auf alle Stücke, die Luther oder der Wittenberger Drucker Nikolaus Schirlentz hinzufügten und die in den »Bekenntnisschriften der evangelisch-lutherischen Kirche« Aufnahme fanden. Als Kommentar zu den im Titel verschwiegenen Hausgebeten (Morgen- und Abendsegen, Gebete vor und nach Tisch) wurde entsprechend dem Wunsch von Peters die Auslegung des Heidelberger Hymnologen Frieder Schulz (LuB 1985, Nr. 915) nachgedruckt. Rudolf Keller steuerte die »Bibliographie Albrecht Peters von 1983 bis 1994« bei.

Peters verwendet viel Mühe darauf, Luthers Texte theologiegeschichtlich detailliert einzuordnen. Er greift bei den einzelnen Stücken sowohl in der Lehre als auch in der Praxis auf die Alte Kirche im Osten und Westen – besonders Augustinus – zurück, skizziert die mittelalterliche Entwicklung, wobei er vor allem die Karolingische Reform, Petrus Lombardus, Hugo von St. Viktor, Thomas von Aquino und das Spätmittelalter beachtet. Er spürt auf, welche Vorlagen Luther benutzte – für das Taufbüchlein eine »Agenda communis« aus dem Köln-Trierer Raum (5, 158) –, wie er diese bearbeitete, indem er tilgte, straffte oder ergänzte, an welche Fragestellung und Vorstellungen Luther ablehnend oder fortführend anknüpfte. Er zeichnet Luther »im Gespräch mit der kirchlichen Überlieferung« aufgrund biblischer Texte (4, 62). Infolge dieses Vorgehens vermag er Luthers Intentionen und Neuansatz herauszuarbeiten. Dabei beschränkt er sich nicht auf die beiden Katechismen, sondern zieht weitere Schriften und Predigten Luthers heran, so daß für die behandelten Themen sowohl die Entwicklung in Luthers Lehre als auch das über die Katechismen Hinausgehende deutlich wird.

Der Vf. hält auch fest, wo Luther in seinen Katechismuserläuterungen Erfahrungen aus den Visitationen Rechnungen trägt oder sich von einer Abgrenzung gegenüber den Schweizern leiten läßt, obgleich er die Einfältigen

unpolemisch unterrichten will. Er bleibt nicht bei der theologiegeschichtlichen Analyse stehen, sondern hat zugleich die gegenwärtige lutherische Kirche – die geltende Agende – und die eigene Frömmigkeit im Auge, was die Verwendung von »wir« und »uns« unübersehbar macht. Der Vf. erörtert die systematischen Fragen, die sich aus verschiedenen Aussagen Luthers ergeben, wobei er sich nicht scheut, Luther auch zu kritisieren, z. B. weil er mit dem Streichen von »et pro multis« im Kelchwort die universale Dimension abblendete (4, 154). Er bezeichnet es als ein Defizit, daß in der Abendmahlsvermahnung der Christus-Victor den Hohenpriester zurücktreten läßt (4, 185).

Der Vf. verbindet seine Erläuterungen mit ökumenischen Überlegungen, die sich vorrangig auf die römisch-katholische Theologie und Kirche richten, aber auch auf die Reformierten eingehen. Er nimmt Entscheidungen des Tridentinums ebenso auf wie gegenwärtige Lehrentscheidungen und Überlegungen. Dabei nennt er inhaltliche Annäherungen – Luthers Unterscheidung von Versöhnung mit Gott und Gewissenstrost in der Beichte »klingt auch im Tridentinum an« (5, 47), bei der Ehesegnung wird die »Scheidewand zwischen den Konfessionen ... hauchdünn« (5, 152) –, weist auf eine von römisch-katholischen Theologen bis heute noch nicht überwundene Aporie (58) und kritisiert Ausführungen von Karl Rahner, weil sie den Beichtenden als echte Mitursache der sakramentalen Gnade feiern (5, 71).

Weil der Vf. den geschichtlichen Ort von Luthers Texten wahrnimmt, kann er sie auch für die Gegenwart erschließen. So verweist er darauf, daß Luthers Ausführungen über die Beichte polemisch gegen die spätmittelalterliche Bußlehre und Beichtpraxis gewendet sind, daneben aber positive Intentionen vorhanden sind, die es angesichts der veränderten Situation gilt, in eine bewußt ökumenische Interpretation einzubringen (5, 36).

In Band 4 geht dem Kommentar zu Luthers Texten über Taufe und Abendmahl das Kapitel

»Luthers Sakramentszeugnis in seiner Zuordnung zur abendländischen Tradition sowie in seiner inneren Entwicklung« voraus (11-67). Der Vf. macht darauf aufmerksam, daß Luther nicht von einem vorgeordneten Sakramentsbegriff ausgeht. Für ihn sei das Übergreifende »Gottes geschichtliches, worthaftes und leibliches Heilshandeln am Menschen« (4, 64). Die Betonung des vom trinitarischen Gott ausgehenden Handelns durchzieht beide Bände. So sieht er den Pfarrer von Luther bei der Trauung »in die Bewegung von oben nach unten« hineingestellt und spricht von der »Kernstruktur Zusage – Glaube (promissio – fides)« (5, 141). Für die Abendmahlslehre fordert er, sich von Luthers einseitiger Orientierung an den Verba testamenti zu lösen und für unsere »Sakramentslehre und -praxis ... die trinitarische Weite« zurückzugewinnen (4, 172). Hier muß bedacht werden, wieweit biblische Grundlagen ergänzt werden dürfen, ohne der Glaubensgewißheit verlustig zu gehen, auf die es Luther ankam.

Der Vf. interpretiert Luthers Aussagen zu Taufe, Abendmahl und Beichte nicht als von einem Sakramentverständnis bestimmt, sondern als von vier Stiftungen des Heilshandelns Gottes – Verkündigung des Evangeliums, Taufe, Abendmahl und Schlüsselamt – geprägt, wobei er die personale Grundordnung »Verheißung – Glaube« stetig aufweist. Diese Deutung schematisiert nicht, sondern schärft das Auge für Eigentümlichkeiten Luthers.

Dem Herausgeber bleibt zu danken, daß er eine so umfassende, theologiegeschichtlich erhellende, systematisch reflektierte und auf die gegenwärtige Theologie und Praxis zielende Kommentierung von zwei Bekenntnisschriften zum Druck gebracht hat, die sowohl für die Forschung als auch für den Dienst in der Gemeinde gewinnbringend ist.

DENIS R. JANZ: Luther on Thomas Aquinas: the Angelic Doctor in the thought of the reformer. S: Steiner, 1989. 124 S. (Veröffentlichungen des Instituts für Europäische Geschichte Mainz; 140: Abt. für Abendländische Religionsgeschichte)

Nachdem Heinrich Denifle und Hartmann Grisar am Anfang dieses Jahrhunderts Luther Unkenntnis der Scholastik und besonders der Lehre des Thomas von Aquino vorgeworfen hatten, sind ihnen viele – wenn auch in abgestufter Wertung – darin gefolgt. Erst die vorliegende Arbeit hat Luthers Verhältnis zu Thomas von Aquino in ihrer ganzen Breite untersucht, wofür die Vorarbeiten zum Personenregister WA 63, 562-565 die Voraussetzungen geschaffen hatten. Der Vf. stellt erst Luthers Aussagen über die Person des Aquinaten dar, ehe er sich denen zu dessen Theologie zuwendet. Er ermittelt, was Luther über des Thomas von Aquino Vorstellung von Erfahrung, Aristoteles, Heiliger Schrift, Buße und Ablaß, Abendmahl, Mönchtum, Rechtfertigung, Gesetz, Taufe, Engel, päpstliche Autorität, Fegefeuer sowie Bilderverehrung ausgeführt hat. Dabei spürt der Vf. aus dem Kontext Luthers Quellen und Intentionen nach und scheut sich nicht, jeweils zu beurteilen, wie weit Luther richtig oder auch unzutreffend referiert und geurteilt hat. Das Ergebnis korrigiert die vorherrschende Meinung erheblich:

Luther verdankt seine tatsächlich vorhandene Thomaskenntnis nicht nur den vielen, ausführlichen, in der Regel korrekten Zitaten bei Gabriel Biel, sondern auch seiner Lektüre von Thomasschriften. Das läßt sich besonders gut in den Fällen nachweisen, in denen die von Luther zitierten Texte oder referierten Meinungen von Biel nicht angeführt worden sind. Der Vf. ist Luthers Möglichkeiten, Thomaskenntnisse zu erwerben, sorgfältig nachgegangen. Er hat nach Thomasschriften in Erfurter und Wittenberger Bibliotheken ebenso gefragt wie nach Theologen, aus denen Luther Thomaszitate oder Ausführungen zu Thomas von Aquino entnehmen konnte. So kann er schließlich auflisten, welche Thomasschriften Luther – mindestens teilweise – gelesen hat (102-110), und die Behauptung Denifles widerlegen, daß Luther nur ein Ignorant und »Halbwisser« gewesen sei. Der Vf. gewinnt das Urteil über Luthers Thomaskenntnis durch Vergleich mit dessen Zeitgenossen. Danach verfügte Luther gewiß nicht über die Thomaskenntnis eines Cajetan, aber über eine bessere als die Theologen ohne gründliche scholastische Ausbildung (Philipp Melanchthon, Johannes Calvin), ja sogar als Thomisten (Andreas Bodenstein aus Karlstadt, Sylvester Prierias, Johann Tetzel) oder nicht-thomistische Scholastiker wie Johann Eck.

Der Vf. erörtert auch die Bewertung der vielzitierten Lutheraussage, daß Thomas von Aquino Brunnen und Grundsuppe aller Ketzerei, Irrtümer und Vertilgung des Evangeliums sei. Er setzt sie mit anderen, durchaus auch positiven Urteilen Luthers über den Aquinaten in Beziehung und versteht sie vorwiegend als ein Urteil Luthers über den zeitgenössischen Thomismus, da Luther 1521 zu der Überzeugung gekommen war, daß die Kirche eine thomistische Kirche geworden sei.

Die sorgfältige, im historischen Kontext verstehende und argumentierende Untersuchung verdient von jedem beachtet zu werden, der sich mit Luthers Verhältnis zu Thomas von Aquino oder zur Scholastik überhaupt beschäftigt.

THEO BELL: Divus Bernhardus: Bernhard von Clairvaux in Martin Luthers Schriften (Bernhardus dixit: Bernardus van Clairvaux in Martin Luthers werken ⟨dt.⟩). MZ: von Zabern, 1993. IX, 418 S. (Veröffentlichungen des Instituts für Europäische Geschichte Mainz; 148: Abt. Religionsgeschichte)

Die Beschäftigung mit dem Thema »Martin Luther und Bernhard von Clairvaux« erhielt 1977 einen neuen Anstoß durch die Behauptung des römisch-katholischen Kirchenhistorikers Erich Kleineidam, Bernhard habe nicht nur durch seine Frömmigkeit und Christozentrik

auf Luther gewirkt, sondern er sei vielmehr durch seine Betonung des persönlichen Glaubens zum Ausgangspunkt für Luthers Lehre vom Glauben und von der Glaubensgewißheit geworden. Ihm folgend hat in den USA der römisch-katholische Kirchenhistoriker Franz Posset die Bedeutung Bernhards für Luther herausgestellt. Bell ordnet sich mit seiner Amsterdamer Dissertation von 1989 entschieden in diese Entwicklung ein: »Wir sind der Meinung, daß die Gedanken Bernhards entscheidend zum reformatorischen Durchbruch beigetragen haben« (121).

Die vorliegende Darstellung unterscheidet sich aber von den vorhergehenden Behandlungen dieses Themas dadurch, daß sie versucht, Luthers Beziehungen zu Bernhard erschöpfend zu erfassen. Das führt sogar zu Ergänzungen und Korrekturen des Zitatenregisters WA 63, 93-98 (378-383). Ein besonderes Register verzeichnet, wo die einzelnen Bernhardzitate vom Vf. behandelt worden sind, was für weitere Untersuchungen sehr förderlich ist. Der Vf. führt auch Stellen an, wo Luther Bernhard zitierte, ohne ihn zu nennen (z. B. 134). Er berichtet über die Bernhardzitate, die Johann Eck Luther in Leipzig vorhielt, auch wenn Luther nicht auf sie einging. Vor allem aber achtet er darauf, wie Luther diese Zitaten rezipierte. Weitgehend kommt er zu dem Ergebnis, daß sich Luther nicht um die Gedankenführung der Predigten Bernhards kümmerte, aus denen die von ihm verwendeten Zitate stammten.

Der Vf. ordnet das Material zunächst chronologisch, wodurch die Entwicklung von Luthers Bernhardbild deutlich wird. Gleichzeitig ergeben sich Schwerpunkte wie Luthers Verwendung von Bernhardzitaten in seiner Auseinandersetzung mit der römischen Kirche oder den Mönchsgelübden. Das 5. Kapitel beschäftigt sich damit, wie Luther in seinen Predigten bis 1520 Bernhard benutzte, das 6. – nach Themen geordnet – in seinen Schriften nach 1521. Hier wird »Bernhards Todesschrei: Perdite vixi« zusammenfassend behandelt (290-292). Während

Luther in diesem Ausspruch anfänglich einen Ausdruck von Bernhards aufrichtiger Bußfertigkeit sah, interpretierte er ihn ab 1521 als Bruch mit dem Mönchtum. Problematisch ist, daß dieses Bernhardwort aus dessen 20. Ansprache zum Hohenlied etwa 15 Jahre vor seinem Tod stammt. Heinrich Denifle hat das zum Anlaß genommen, Luther als Lügner hinzustellen, was eine jahrzehntelange Diskussion zur Folge hatte. Der Vf. weist nach, daß Luther selbst 1533 als Quelle für dieses Bernhardwort Johannes Gerson angibt, der es bereits mit Krankheit und Sterben in Verbindung gebracht hatte, so daß es seinen Platz in der ars moriendi fand. Luther hat es also entsprechend der spätmittelalterlichen Überlieferung aufgenommen. Wie hier zeichnet der Vf. auch an anderen Stellen die jeweilige Interpretationsgeschichte nach, ehe er seine eigene Deutung einbringt.

Die Durchsicht von Luthers Gesamtwerk erbringt, daß Luther vor allem bis 1521 auf Bernhard zurückgriff, seiner aber auch weiterhin gedachte. Außerdem wird dabei deutlich, daß Bernhards Mystik für Luther keine nennenswerte Bedeutung hatte.

Woher hatte Luther seine Bernhardkenntnisse? Der Vf. ist sehr vorsichtig, bei Luther ein Bernhardstudium zu behaupten. Er nimmt zwar für Luthers Erfurter Klosterzeit an, es »steht außer Zweifel, daß Bernhard zu Luthers geistlicher Lektüre zählte« (31), geht aber dann sehr sorgfältig anderen Überlieferungen nach. So führt er aus Gabriel Biels »Canonis misse expositio« – die Luther bekanntlich 1507 intensiv studierte – Bernhardzitate an, die bei Luther später eine Rolle spielten, und verweist auf eine monastische Theologie, die fromme Sprüche und beherzenswerte Sprichwörter mündlich tradierte. Er wertet damit eine nichtscholastische Mönchfrömmigkeit auf, nach deren Bedeutung für Luthers Entwicklung neuerdings mehr gefragt wird. Wie schwer zu ermitteln ist, was Luther von Bernhard wirklich gelesen hat, zeigt auch der Beitrag zur Benutzung von Bernhardpredigten durch Luther von Posset LuJ 61 (1994),

93-116, und Bells kritische Entgegnung (LuB 1996, Nr. 384 f). Eins wird immerhin deutlich: ein Bernhardstudium Luthers analog zu seinem Studium von Kirchenvätern, besonders Augustinus, läßt sich nicht nachweisen.

Philipp Melanchthon berichtete 1546, im Erfurter Kloster habe ein alter Mann Luther auf den Glauben an die persönliche Sündenvergebung verwiesen und dafür einen Ausspruch Bernhards herangezogen. Es handelt sich um ein Wort aus Bernhards Predigt über Mariä Verkündigung, auf das Luther in seiner Römerbriefvorlesung zu R 8, 16 ausführlich einging (91-99). Wann förderte dieses Bernhardzitat Luthers Glaubensverständnis? Nach Melanchthon bereits im Erfurter Kloster. Der Vf. weist darauf hin, daß ein Teil des Zitates Luther bereits aus Biels »Canonis misse expositio« entnehmen konnte (31). Er hält es für möglich, daß Luther aus derselben Predigt in den »Dictata super Psalterium« zitierte (66), betont aber andererseits, daß das berühmte Bernhardzitat zum ersten Mal in der Römerbriefvorlesung auftaucht (91). Er möchte erst hier den entscheidenden Einfluß dieses Bernhardzitates auf Luther ausmachen. Der Vf. sieht die Spätdatierung von Luthers reformatorischer Entdeckung – und zwar nicht als plötzlichen Bruch, sondern als Abschluß eines Prozesses – als eindeutiges Ergebnis der modernen Lutherforschung an und läßt sich von daher bei seiner Beurteilung von Luthers Bernhardrezeption hier und an anderen Stellen leiten, was aber keinesfalls die einzige Möglichkeit bleiben muß. Trotz mancher Anfragen liegt in diesem Buch eine grundlegende Studie zu Luthers Bernhardrezeption vor.

MARKUS WRIEDT: Gnade und Erwählung: eine Untersuchung zu Johann von Staupitz und Martin Luther. MZ: von Zabern, 1991. IX, 272 S. (Veröffentlichungen des Instituts für Europäische Geschichte Mainz; 141: Abt. Religionsgeschichte) – Zugl.: Überarb. HH, Univ., Fachbereich Evang. Theologie, Diss., 1989/90.

Der Vf. bemängelt in seiner sorgfältigen Untersuchung an den bisherigen Staupitzdarstellungen, daß sie zu einseitig nach mystischen bzw. thomistischen Wurzeln von Staupitz fragten, ihn zu sehr in eine diesem fremde Systematik zwängten oder durch eine statistische Methode (Aufreihen von mittelalterlichen Quellen, die übereinstimmende Gedanken enthalten) einer bestimmten Strömung zuzuordnen versuchten. Im Unterschied dazu will der Vf. die »tragenden Motive seiner seelsorgerlich fruchtbaren Theologie« erheben (26). Um dieses Ziel zu erreichen, analysiert er gründlich den »Libellus de exsecutione aeternae praedestinationis«, dem 24 Predigten zugrunde liegen, die Staupitz im Advent 1516 in Nürnberg gehalten hat. Infolge dieses Vorgehens kann der Vf. nachzeichnen, wie Staupitz »die zentralen Topoi der klassischen Dogmatik von der Gotteslehre bis hin zu Eschatologie« unter dem Gesichtspunkt der Erwählungslehre entfaltet, wie sich dieser dem daraus erwachsenden Trost zuwendet. Der Vf. erhebt als grundlegende Intention für die Theologie von Staupitz die »Sorge um den Trost der von der Frage nach dem Heil individuell angefochtenen Christen« (145), verbunden mit starker Berücksichtigung der Glaubenserfahrung des einzelnen und Vernachlässigung der Kirche als Institution.

Die Folgen von Gottes Heilszuwendung stellt der Vf. unter den Begriff »confirmitas«, dem Gleichförmigwerden mit Christus. Er stellt zuerst ihre passive, von Gott bzw. Christus bewirkte Verwirklichung dar, die als Herzensfrieden erfahrbar wird. Sie geht der aktiven voraus, in der der erwählte Christ zu Gehorsam und Liebe gegenüber Gott und zu einer Liebesgemeinschaft mit Christus fähig ist.

Im dritten Kapitel geht der Vf. den möglichen Quellen für die Theologie von Staupitz nach: Biblizismus, via antiqua, via moderna, Mystik und Augustinréveil. Er zeigt Elemente auf, die in diesen Traditionen vorhanden sind und von Staupitz verwendet werden, ohne ihn aber als Schüler einer bestimmten mittelalterlichen Tradition zu charakterisieren. Damit trägt er der Tatsache Rechnung, daß sich kaum erfassen läßt, was Staupitz wirklich gelesen hat. Der Vf. betont vielmehr, daß Staupitz umlaufende Gedanken in den Dienst seiner seelsorgerlichen Intention stellte. Auffallend ist allerdings, in welchem Maße Staupitz seine Ausführungen aus der Heiligen Schrift begründete: »Stärker als mancher spätmittelalterliche Theologe argumentierte Staupitz von der Schrift ausgehend« (189). Gerade in dem untersuchten Libellus ist bemerkenswert, wie häufig Staupitz Worte der Heiligen Schrift aufnimmt und die Scholastiker vernachlässigt. Das drängt die Frage auf: Welche Beziehungen hatte Staupitz zu Humanisten? Leider ist der Vf. ihr nicht nachgegangen. Er bescheidet sich mit der Feststellung, daß Staupitz »von den exegetischen Arbeiten zeitgenössischer Humanisten eigentümlich unberührt« blieb (187).

Es läßt sich aber schon aufhorchen, daß der Nürnberger Humanist Christoph Scheurl die Einladung zu den Adventspredigten 1516 organisierte und daß zu ihren Hörern eine Gruppe zählte, die er als Sodalitas Staupitiana bezeichnete. Um den Humanisten Willibald Pirckheimer dafür zu gewinnen, veranlaßte Staupitz den Erfurter Augustinereremiten und Gräzisten Johann Lang, an Pirckheimer griechisch und lateinisch zu schreiben. Das läßt erwarten, daß Staupitz sich auf die Einladenden einstellte. Staupitz pflegte Beziehungen zu Humanisten seit Jahren. Als Mitbegründer der Leucorea förderte er sie. Da der Vf. sich der Biographie von Staupitz nur knapp gewidmet hat, treten diese Verbindungen nicht in Erscheinung. Indem Staupitz sich von den scholastischen Autoritäten ab- und zur Heiligen Schrift intensiv hinwendete, verwirklichte er einen wichtigen Programmpunkt der Bibelhumanisten. Daß ihm dafür philologische Kenntnisse und Methoden nicht so zur Verfügung standen wie einigen anderen, darf nicht übersehen lassen, daß er von Humanisten als einer der ihren angesehen werden konnte. Das erklärt auch, daß Scheurl von dem Libellus sogleich eine deutsche Übersetzung herstellte. Eine Untersuchung der ganzen Breite bibelhumanistischer Bewegung, die deren unterschiedliche Ausprägungen erfaßt und differenzierte Zuordnung einzelner Personen und Schriften erlaubt, steht noch aus. Johann von Staupitz müßte darin einen Platz finden.

Im Kapitel »Staupitz als Begleiter des jungen Luther« vermeidet es der Vf., Staupitz als geistigen Vater bestimmter Vorstellungen Luthers herauszustellen, obgleich Luther selbst behauptet hatte, er habe alles von Staupitz. Der Vf. zählt zwar einzelne Punkte auf, die sich bei Staupitz finden und bei Luther in derselben oder einer verwandelten Form hervortreten, begnügt sich aber damit, von einer theologischen Offenheit bei Staupitz zu sprechen, die Luther Raum für seine Entwicklung gewährte und ihm sehr förderlich war. Unter diesem Blickwinkel gewinnt die »Atmosphäre« an Bedeutung, die der Vf. in einer beginnenden Auflösung scholastischer Strukturen und Hinwendung zu anderen Traditionen – vertiefte Schriftauslegung und Wiederbelebung des augustinischen Erbes – sieht. Spiegelt sich da nicht bei Staupitz und Luther die Abkehr von der Scholastik und die Hinwendung zu Bibel und Kirchenvätern wider, wie sie die Bibelhumanisten betrieben?

ANTICLERICALISM IN LATE MEDIEVAL AND EARLY MODERN EUROPE/ hrsg. von Peter A. Dykema; Heiko A. Oberman. Leiden; NY; Köln: Brill, 1993. XI, 704 S. (Studies in medieval and Reformation thought; 51)

Dieser informative Sammelband enthält 50 Beiträge des internationalen Kolloquiums, das die Division of Late Medieval and Reformation Studies der University of Arizona vom 20. bis 22. September 1990 unter den beiden Herausgebern durchführte. Es beschäftigte sich breitgestreut mit einem Phänomen der Kirchengeschichte vom 12. bis ins 17. Jahrhundert in Europa, wobei eine Auseinandersetzung mit der von Hans-Jürgen Goertz aufgestellten sozialgeschichtlichen These stattfand, daß der Antiklerikalismus die gemeinsame gesellschaftliche Ursache der Reformation gewesen sei. Die Aufteilung der Aufsätze auf vier Kapitel lassen die Schwerpunkte erkennen: Spätmittelalter, Übergang zur frühmodernen Gesellschaft, Reform und Reformation, konfessionelles Zeitalter.

Da der Begriff »Antiklerikalismus« nicht eindeutig ist, kommt es leicht zu Mißverständnissen und Fehlinterpretationen. Die »Brockhaus Enzyklopädie« erläutert: »die Ablehnung jedes kirchl. Einflusses in Staat und Gesellschaft«. Damit ist eine Bedeutung aufgenommen, wie sie im 19. Jahrhundert unter Einfluß des Liberalismus und des Kulturkampfes ausgeprägt wurde. Wäre dieser Bedeutungsinhalt zum Kriterium erhoben worden, würde der Berichtsband recht schmal sein. Vielleicht hätte man dann behandeln können, wie die deutschen Reichsstände sich im 14. Jahrhundert vom Einfluß des Papstes auf die deutsche Königswahl befreiten, wobei allerdings zu den Reichsständen auch Bischöfe zählten. So aber durchzieht den ganzen Band eine Darlegung des Antiklerikalismus, die sich von dessen neuzeitlichem Verständnis abgrenzt.

Kaspar Elm leitet mit »Antiklerikalismus im deutschen Mittelalter« in diese Problematik ein (3-18). Er spricht zunächst einen Antiklerikalismus an, der in der Kritik der Laien an Leben und Amtsführung der Kleriker bestand und vom Mittelalter bis in die Gegenwart vorhanden ist. Im hohen und späten Mittelalter habe sich eine generelle Ablehnung der Kleriker und Mönche als Vertreter eines eigenen Lebensstils herausgebildet. Ein Antiklerikalismus, der sich gegen die privilegierte Rechtsstellung der Kleriker wandte, führte im ausgehenden Mittelalter zu Ritterbünden, Klosterstürmen und Bauernerhebungen. In den aufkommenden Städten entstand ein bürgerlicher Antiklerikalismus. Die Kritik an Papst und Kurie schlug u. a. in den »Gravamina deutscher Nation« nieder. Antiklerikalismus war aber nicht nur eine Sache der Laien. Es gab nicht nur gegenseitige Kritik unter den Klerikern, sondern auch Kleriker, die die Kluft zwischen Laien und Kleriker kritisierten. Für das Mittelalter hält Elm einen vorwiegend »systemimmanenten Protest« fest, der seinen letzten Grund in der Sorge um die Kirche und das Seelenheil hatte, benennt aber auch einen fundamentalen Protest gegen die hierarchische Struktur der Kirche. Am Schluß reiht Elm die Einwände verschiedener Forschungsrichtungen gegen die Vorstellung auf, bei dem Antiklerikalismus handele es sich um einen Emanzipationsprozeß, und richtet den Blick darauf, daß die Kleriker ihrerseits einen »Antilaizismus« entwickelten.

Die Beiträge zum Mittelalter untersuchen den Antiklerikalismus in der Devotio moderna, bei den Lollarden, während der Pestepidemie um 1348, unter den Hussiten, in deutschen Dichtungen, am Vierwaldstättersee und 1431 in Florenz. Die stärker sozialgeschichtlichen Beiträge verfolgen den Antiklerikalismus in deutschen Städten, Sachsen, Spanien, Frankreich, Niederlanden und Italien in ganz unterschiedlicher Beziehung und auch mit sehr verschiedenem Ergebnis, bis zu der Behauptung, daß in Italien die Veränderung der Beziehung zwischen Laien und Klerikern nicht aus einem Antiklerikalismus erwuchs, sondern aus einer Klerikalisierung der ganzen Gesellschaft (280 f.). Zur Sprache kommt auch ein Antiklerikalismus, der aus der demütigenden Stellung erwuchs, die der Klerus den Frauen zuwies.

Die 14 Aufsätze zum Antiklerikalismus in Reform und Reformation beschränken sich im wesentlichen auf Vorgänge bis 1525 und bilden das umfangreichste der vier Kapitel. Martin Brecht macht geltend, daß der »Antiklerikalismus keineswegs ein Hauptthema des jungen Luther« war (350). Auch wenn er später Kirchenkritik aufnahm, ging es ihm doch nicht um die Beseitigung der Theologen, sondern um eine alternative Theologie. Bernd Moeller stellt fest, daß in »An den christlichen Adel ...« Luthers Kritik eher Antipapalismus als Antikle-

rikalismus darstelle. Er fügt aber hinzu, daß Luther gleichzeitig mit seiner Lehre vom allgemeinen Priestertum für einen Antiklerikalismus den Grund legte, der von da an zu einem reformatorischen Programmpunkt wurde (353-365). Bernd Hamm behandelt, wie die Reformation einem mittelalterlichen Klerikalismus, der für sich eine besondere Geistbegabung behauptete, einen pneumatologischen Antiklerikalismus in vier verschiedenen Typen (integrativer, polarisierender, spiritualistischer, müntzerischer) entgegenstellte (379-440). Scott H. Hendrix unterrichtet nicht nur über die Kritik am Klerus durch Urbanus Rhegius und Johann Eberlin von Günzburg, sondern hält zugleich fest, daß beide auch von altgläubigen frommen Priestern wußten. Er richtet seinen Blick auf die Empfindungen des altgläubigen Klerus angesichts der gegen diesen gerichteten Polemik. Er zitiert die Klage des Nikolaus Marschalk, daß Luther das große Ansehen der Kleriker zerstört habe. Der Vf. versetzt sich in die Lage des städtischen Klerus, dem die Städte Privilegien entzogen haben und der sich trotzdem verstärkter Kritik ausgesetzt sah, und in die Lage der Landpriester, die wochentags unter großen Anstrengungen praktisch umsonst sowie sonntags arbeiteten und sich vorhalten lassen mußten, sie dürften keinen Extrapfennig verdienen. Anerkennung für ihr Tun fanden diese Kleriker kaum. Der Vf. vermutet, daß die Kleriker ebenso verärgert waren und sich betrogen fühlten wie die Laien und daher mancher von ihnen seine Macht mißbrauchte. »Aber, wie es oft in den Fällen des Mißbrauches geschieht, die Quellen berichten viel lieber über die Ungerechtigkeiten an den Mißbrauchten als daß sie den Gesichtspunkt der Mißbrauch Übenden aufdecken« (459).

Das abschließende Kapitel widmet sich dem Antiklerikalismus in England, bei Calvin, in Genf und in den Niederlanden, in denen Heinz Schilling einen neuen, politischen Antiklerikalismus entstehen sieht, der im 19. Jahrhundert hervortritt. Aus dieser Konferenz ist ein Handbuch zum Antiklerikalismus des Mittelalters und der Frühen Neuzeit hervorgegangen, das sowohl in die Vielfalt des Phänomens »Antiklerikalismus« als auch in die Variationsbreite seiner methodischer Erfassung und Beurteilung sehr informativ und differenzierend einführt.

Joachim Knape: Philipp Melanchthons »Rhetorik«. TÜ: Niemeyer, 1993. 174 S. (Rhetorik-Forschung; 6)

Seit etwa 30 Jahren wächst das Interesse an der Verwendung der Rhetorik durch die Reformatoren zunehmend. Nur die Kenntnis der ihnen vertrauten Rhetorik ermöglicht es, ihre rhetorische Interpretation von Texten richtig zu erfassen und die Intentionen zu begreifen, die sie mit dem rhetorischen Aufbau und der Verwendung rhetorischer Elemente in ihren Schriften, Briefen und Predigten verfolgten. Nachdem Heinrich Lausberg 1963 mit seinem »Handbuch der literarischen Rhetorik« einen breiten Zugang zu den rhetorischen Elementen seit der Antike geöffnet hat, sind weitere Einführungen und Grundrisse zur Rhetorik erschienen. Für die Erforschung der Reformationsgeschichte muß aber die humanistische Rhetorik von besonderem Interesse sein.

Diesem Interesse kommt die vorliegende Veröffentlichung entgegen. In einer Einführung unterrichtet sie über Melanchthons Verhältnis zur Rhetorik, über die drei Fassungen seiner Rhetorik und über die rhetorische Tradition, aus der Melanchthon schöpfte. Ediert wird die dritte Ausgabe, das Lehrbuch »Elementorum rhetoricae libri duo« von 1531. Eine Übersetzung trägt den heutigen, meist nur noch geringen Lateinkenntnissen Rechnung, orientiert sich am Inhalt und – um mit Thomas Müntzer zu reden – malt nicht Männlein gegen Männlein. Das Buch ist geeignet, in das Thema »Reformatoren und Rhetorik« einzuführen.

Für die wissenschaftliche Erschließung von Melanchthons Rhetorik bleibt noch viel zu tun. Die Übersetzung überspringt einige Abschnitte, die für manche Benutzer besonders interessant sind. Der Text ist einfach ein Faksimiledruck aus dem »Corpus reformatorum«. Notwendig ist eine Neuedition aller drei Ausgaben, die Melanchthons Quellen zu den einzelnen Textabschnitten aufweist, wobei neben den antiken Rhetoriken auch die von Humanisten – und zwar auch die weniger bekannten – berücksichtigt werden müßten. Nur dann kann sichtbar werden, ob jemand – z.B. Luther – eine von der antiken Rhetorik abweichende rhetorische Besonderheit von Melanchthon übernommen hat oder aus derselben humanistischen Tradition wie Melanchthon schöpfte. Bis zu dessen Tod sollen mindestens 80 Ausgaben seiner Rhetorikbücher erschienen sein (23). VD16 hat allerdings für das gesamte 16. Jahrhundert kaum 60 Drucke erfaßt.

Auf jeden Fall waren Melanchthons Rhetorikbücher sehr einflußreich. Daher ist es wichtig und verdienstvoll, wenn der Zugang zu ihnen erleichtert wird, damit sie für die Interpretation von Texten derjenigen Autoren, die sie berücksichtigten, bequem zur Verfügung stehen. Sie auf hohem Niveau zu edieren, bleibt noch eine wichtige Aufgabe.

Lutherbibliographie 1997

Mit Dr. Matthieu Arnold, Strasbourg (Frankreich); Dr. Hans Ulrich Bächtold, Zürich (Schweiz); Professor Dr. Johannes P. Boendermaker, Amsterdam (Niederlande); Curator Terrance L. Dinovo, St. Paul, MN (USA); Professor Dr. Tibor Fabiny, Budapest (Ungarn); Professor Dr. Bengt Hägglund, Lund (Schweden); Dr. Gerhard Hammer, Tübingen (Deutschland); Førstelektor Dr. Oddvar J. Jensen, Bergen-Sandviken (Norwegen); Dozent Dr. Igor Kišš, Bratislava (Slowakei); Professor Dr. Steffen Kjeldgaard-Pedersen, Frederiksberg (Dänemark); Universitätsdozent DDr. Rudolf Leeb, Wien (Österreich); Bischof Sen. D. Janusz Narszyński, Warszawa (Polen); Liisa Rajamäki, Helsinki (Finnland); Dozentin Dr. Noemi Rejchrtová, Praha (Tschechien); Professor Dr. Paolo Ricca, Roma (Italien); Professor Dr. Ricardo Rieth, São Leopoldo (Brasilien); Professor Dr. Maurice E. Schild, Adelaide (Australien) und Professor Dr. Jos E. Vercruysse, Roma (Italien) bearbeitet von Professor Dr. Helmar Junghans, Wissenschaftlichem Mitarbeiter Dr. Michael Beyer sowie Wissenschaftlichem Assistent Dr. Hans-Peter Hasse, Leipzig (Deutschland).

Der Leiterin und den Mitarbeiterinnen der Außenstelle Theologie der Universitätsbibliothek Leipzig und den Mitarbeitern von Die Deutsche Bibliothek – Deutsche Bücherei Leipzig, der Sächsischen Landesbibliothek in Dresden, der Lutheran Brotherhood Foundation – Reformation Library in St. Paul, MN, des Melanchthonhauses in Bretten und der Theologischen Abteilung der Universitätsbibliothek Tübingen danke ich für ihre Unterstützung herzlich. Ein besonderer Dank gilt der Fritz Thyssen Stiftung für Hilfe bei der Finanzierung von Computertechnik zum Herstellen des »Lutherjahrbuches«.

ABKÜRZUNGSVERZEICHNIS

1 Verlage und Verlagsorte

ADVA	Akademische Druck- und Verlagsanstalt	FR	Freiburg im Breisgau
AnA	Ann Arbor, MI	GÖ	Göttingen
B	Berlin	GÜ	Gütersloh
BL	Basel	GVH	Gütersloher Verlagshaus
BP	Budapest	HD	Heidelberg
BR	Bratislava	HH	Hamburg
CV	Calwer Verlag	L	Leipzig
DA	Darmstadt	LO	London
dtv	Deutscher Taschenbuch Verlag	LVH	Lutherisches Verlagshaus
EPV	Evangelischer Presseverband	M	München
EVA	Evangelische Verlagsanstalt	MEES	A Magyarországi Evangélikus Egyház
EVW	Evangelisches Verlagswerk		Sajtóosztálya
F	Frankfurt, Main	MP	Minneapolis, MN

MRES	A Magyarországi Református Egyház Zsinati Irodájának Sajtóosztálya	PWN	Pánstwowe Wydawníctwo Naukowe
MS	Münster	Q&M	Quelle & Meyer
MZ	Mainz	S	Stuttgart
NK	Neukirchen-Vluyn	SAV	Slovenská Akadémia Vied
NV	Neukirchener Verlag	SH	Stockholm
NY	New York, NY	StL	Saint Louis, MO
P	Paris	TÜ	Tübingen
PB	Paderborn	UMI	University Microfilm International
Phil	Philadelphia, PA	V&R	Vandenhoeck & Ruprecht
PO	Portland, OH	W	Wien
PR	Praha	WB	Wissenschaftliche Buchgesellschaft
PUF	Presses Universitaires de France	WZ	Warszawa
		ZH	Zürich

2 Zeitschriften, Jahrbücher

AEKHN	Amtsblatt der Evang. Kirche in Hessen und Nassau (Darmstadt)	EN	Evangélikus Naptár az ... èvre (Budapest)
AG	Amt und Gemeinde (Wien)	EP	Evanjelický Posol spod Tatier (Liptovsky Mikuláš)
AGB	Archiv für Geschichte des Buchwesens (Frankfurt, Main)	EThR	Etudes théologiques et religieuses (Montpellier)
AKultG	Archiv für Kulturgeschichte (Münster; Köln)	EvD	Evangelische Diaspore (Kassel)
ALW	Archiv für Liturgiewissenschaft (Regensburg)	EvEG	Evangelium – ›euaggelion‹ – Gospel (Bremen)
ARG	Archiv für Reformationsgeschichte (Gütersloh)	EvK	Evangelische Kommentare (Stuttgart)
		EvTH	Evangelische Theologie (München)
ARGBL	ARG: Beiheft Literaturbericht (Gütersloh)	GuJ	Gutenberg-Jahrbuch (Mainz)
BEDS	Beiträge zur Erforschung der deutschen Sprache (Leipzig)	GWU	Geschichte in Wissenschaft und Unterricht (Offenburg)
BGDS	Beiträge zur Geschichte der deutschen Sprache und Literatur (Tübingen)	He	Helikon (Budapest)
BlPfKG	Blätter für pfälzische Kirchengeschichte und religiöse Volkskunde (Otterbach)	HThR	The Harvard theological review (Cambridge, MA)
		HZ	Historische Zeitschrift (Müchen)
BlWKG	Blätter für württembergische Kirchengeschichte (Stuttgart)	IL	Igreja Luterana (Porto Alegre)
		ITK	Irodalomtörténeti Közlemények (Budapest)
BPF	Bulletin de la Societé de l'Histoire du Protantisme Fançais (Paris)	JBrKG	Jahrbuch für Berlin-Brandenburgische Kirchengeschichte (Berlin)
BW	Die Bibel in der Welt (Stuttgart)	JEH	Journal of ecclesiastical history (London)
CA	CA: Confessio Augustana (Oberursel)	JHKV	Jahrbuch der Hessischen Kirchengeschichtlichen Vereinigung (Darmstadt)
ChH	Church history (Chicago, IL)		
CJ	Condordia journal (St. Louis, MO)	JLH	Jahrbuch für Liturgik und Hymnologie (Kassel)
CL	Cirkevné listy (Bratislava)		
Cath	Catholica (Münster)	JNKG	Jahrbuch der Gesellschaft für Niedersächsische Kirchengeschichte (Blomberg/Lippe)
CThQ	Concordia theological quarterly (Fort Wayne, IN)		
		JGPrÖ	Jahrbuch für Geschichte des Protestantismus in Österreich (Wien)
CTM	Currents in theology and mission (Chicago, IL)	JRG	Jahrbuch für Regionalgeschichte und Landeskunde (Weimar)
DLZ	Deutsche Literaturzeitung (Berlin)	JWKG	Jahrbuch dür Westfälische Kirchengeschichte (Lengerich/Westf.)
DPfBl	Deutsches Pfarrerblatt (Essen)		
DTT	Dansk teologisk tidsskrift (København)	KÅ	Kyrkohistorisk årsskrift (Uppsala)
EÉ	Evangélikus Élet (Budapest)	KD	Kerygma und Dogma (Göttingen)

KR	Křestanská revue (Praha)	RSz	Református Szemle (Kolozsvár, Rumänien)
LF	Listy filologické (Praha)		
LK	Luthersk kirketidende (Oslo)	RW	Rondom het woord (Hilversum)
LM	Lutherische Monatshefte (Hamburg)	SCJ	The sixteenth century journal (Kirksville, MO)
LP	Lelkipásztor (Budapest)		
LQ	Lutheran quarterly N. S. (Milwaukee, WI)	STK	Svensk theologisk kvartalskrift (Lund)
LR	Lutherische Rundschau (Stuttgart)	StZ	Stimmen der Zeit (Freiburg im Breisgau)
LThJ	Lutheran theological journal (Adelaide, South Australia)	TA	Teologinen aikakauskirja / Teologisk tidskrisft (Helsinki)
LThK	Lutherische Theologie und Kirche (Oberursel)	TE	Teológia (Budapest)
		ThLZ	Theologische Literaturzeitung (Leipzig)
Lu	Luther: Zeitschrift der Luther-Gesellschaft (Göttingen)	ThPh	Theologie und Philosophie (Freiburg im Breisgau)
LuB	Lutherbibliographie	ThPr	Theologia practica (Hamburg)
LuBu	Luther-Bulletin (Kampen)	ThR	Theologische Rundschau (Tübingen)
LuD	Luther digest (Shorewood, MI)	ThRe	Theologische Revue (Münster)
LuJ	Lutherjahrbuch (Göttingen)	ThREN	Theological Research Exchange Network
MD	Materialdienst des Konfessionskundlichen Institutes (Bensheim)	ThSz	Theológiai Szemle (Budapest)
		ThZ	Theologische Zeitschrift (Basel)
MEKGR	Monatshefte für evangelische Kirchengeschichte des Rheinlandes (Köln)	TRE	Theologische Realenzyklopädie (Berlin; New York, NY)
MKSz	Magyar Könyvszemle (Budapest)	TTK	Tidsskrift for teologi og kirke (Oslo)
ML	Martin Luther (Wien)	US	Una sancata (München)
NAKG	Nederlands archief voor kerkgeschiedenis (Leiden)	VE	Vox evangelii (Buenos Aires)
		Vi	Világosság (Budapest)
NELKB	Nachrichten der Evangelisch-Lutherischen Kirche in Bayern (München)	ZBKG	Zeitschrift für bayerische Kirchengeschichte (Nürnberg)
NTT	Norsk teologisk tidsskrift (Oslo)	ZDZ	Die Zeichen der Zeit (Leipzig)
NZSTh	Neue Zeitschrift für systematische Theologie und Religionsphilosophie (Berlin)	ZEvE	Zeitschrift für evangelische Ethik (Gütersloh)
ODR	Ortodoxia: Revista Patriarhiei Romine (Bucureşti)	ZEvKR	Zeitschrift für evangelisches Kirchenrecht (Tübingen)
ORP	Odrodzenie reformacja w Polsce (Warszawa)	ZKG	Zeitschrift für Kirchengeschichte (Stuttgart)
PBl	Pastoralblätter (Stuttgart)	ZKTh	Zeitschrift für katholische Theologie (Wien)
PL	Positions luthériennes (Paris)		
Pro	Protestantesimo (Roma)	ZRGG	Zeitschrift für Religions- und Geistesgeschichte (Köln)
PTh	Pastoraltheologie (Göttingen)		
RE	Református Egyház (Budapest)	ZSRG	Zeitschrift der Syvigny-Stiftung für Rechtsgeschichte: Kanonistische Abteilung (Wien; Köln)
RHE	Revue d'histoire ecclésiastique (Louvain)		
RHPhR	Revue d'histoire et de philosophie religieuses (Paris)	ZThK	Zeitschrift für Theologie und Kirche (Tübingen)
RL	Reformátusok Lapja (Budapest)	ZW	Zeitwende (Gütersloh)
RoJKG	Rottenburger Jahrbuch für Kirchengeschichte (Sigmaringen)	Zw	Zwingliana (Zürich)

3 Umfang der Ausführungen über Luther

L"	Luther wird wiederholt gestreift.
L 2-7	Luther wird auf diesen Seiten ausführlich behandelt.
L 2-7+"	Luther wird auf diesen Seiten ausführlich behandelt und sonst wiederholt gestreift.
L*	Die Arbeit konnte nicht eingesehen werden.

01 **Die Albertus-Universität zu Königsberg und ihre Professoren: aus Anlaß der Gründung der Albertus-Universität vor 450 Jahren**/ hrsg. von Dietrich Rauschning; Donata von Nerée. B: Duncker & Humblot, 1995. 860 S. (Jahrbuch der Albertus-Universität zu Königsberg/Pr.; 29 [1994]) – Siehe Nr. 645. 745. 904. 949. 1056.

02 **Der Mensch Luther und sein Umfeld:** Katalog der Ausstellung zum 450. Todesjahr 1996, Wartburg und Eisenach/ hrsg. von der Wartburg-Stiftung Eisenach; Gesamtkonzeption und Redaktion: Jutta Krauß; Günter Schuchardt [Gotha]: Gotha Druck [1996]. 423 S.: Ill., Taf. – Siehe Nr. 83. 89. 92. 95. 117. 126. 128. 146. 179. 181. 185. 190 f. 398. 488. 504. 538. 567. 601. 608. 647. 655. 721. 812. 821.

03 **Analecta Paracelsica:** Studien zum Nachleben Theophrast von Hohenheims im deutschen Kulturgebiet der frühen Neuzeit/ hrsg. von Joachim Telle. S: Steiner, 1994. XV, 590 S.: Ill. – Siehe Nr. 765. 972. 980. 984.

04 Becker, Jürgen: **Annäherungen:** zur urchristlichen Theologiegeschichte und zum Umgang mit ihren Quellen; ausgewählte Aufsätze zum 60. Geburtstag mit einer Bibliographie des Verfassers/ hrsg. von Ulrich Mell. B; NY: de Gruyter, 1995. VIII, 495 S. (Beihefte zur Zeitschrift für die neutestamentliche Wissenschaft und die Kunde der älteren Kirche; 76) – Siehe Nr. 273. 370 f.

05 Brecht, Martin: **Ausgewählte Aufsätze.** Bd. 1: **Reformation.** S: Calwer, 1995. 576 S. – Siehe Nr. 3. 178. 266. 298. 318. 336. 386. 390. 473. 475. 657. 712. 753. 760. 772-774. 826-833. 1089.

06 **Calvinism in Europe, 1540-1610:** collection of documents/ hrsg. von Andrew Pettegree; Alastair Duke; Gillian Lewis. Cambridge: Cambridge University, 1994. XII, 283 S.: Ktn. – Siehe Nr. 783. 896.

07 **... da Tod und Leben rungen:** Tod und Leben in der Sicht Martin Luthers und heute; Wittenberger Sonntagsvorlesungen/ hrsg. vom Evang. Predigerseminar Wittenberg; mit einem Vorwort von Peter Freybe. Wittenberg: Drei Kastanien, 1996. 94 S.: Ill. – Siehe Nr. 177. 305. 536. 540.

08 **Von der Reform zur Reformation:** (1450-1530) (De la réform à la Réformation [1450-1530]... ⟨dt.⟩)/ hrsg. von Marc Venard. Deutsche Ausgabe/ bearb. und hrsg. von Heribert Smolinsky; übers. von Christine Boesten-Stengel ...; wissenschaftl. Redaktion: Georgios Makris; Christine Boesten-Stengel. FR; BL; W: Herder, 1995. XX, 892 S.: Ill., Kt., Farbtaf. (Die Geschichte des Christentums: Religion, Politik, Kultur [Histoire du christianisme des origines à nos jours ⟨dt.⟩]; 7) [Vgl. LuB 1996, Nr. 012] – Siehe Nr. 173. 626 f. 728. 736. 751.

09 **Dresden:** treasures from the Saxon State Library/ hrsg. von Margrit B. Krewson. Washington: [Library of Congress], 1996. 104 S.: Ill. – Siehe Nr. 839. 887.

010 Ebeling, Gerhard: **Theologie in den Gegensätzen des Lebens.** TÜ: Mohr, 1995. XXII, 687 S. (Ebeling, Gerhard: Wort und Glaube; 4) – Siehe Nr. 227. 267. 275. 400 f. 525 f. 1057. 1091. 1093. 1134. 1136-1141.

011 **Encyclopédie du protestantisme**/ hrsg. von Pierre Gisel. P: du Cerf; Genève: Labor et Fides, 1995. 1711 S.: Ill. – Siehe Nr. 217. 230. 243. 274. 299 f. 317. 347 f. 411. 467. 486. 498. 535. 704. 761. 1125. 1168.

012 **Erfurt:** Geschichte und Gegenwart/ hrsg. von Ulman Weiß. Weimar: Böhlau, 1995. 522 S.: Ill., Ktn. (Schriften des Vereins für die Geschichte und Altertumskunde von Erfurt; 2) – Siehe Nr. 637. 686. 752. 824. 853. 864 f.

013 **Festschrift Gustav Adolf Benrath = Ebernburg-Hefte**/ hrsg. im Auftrag der Ebernburg-Stiftung von Otto Böcher; Traudel Himmighöfer. Bd. 30. Speyer: Zechner, 1996. 183 S.: Ill., Frontisp. = BlPfKG 63 (1996), 253-435. – Siehe Nr. 194. 397. 424. 835. 934. 987.

014 **Frauen mischen sich ein:** Katharina Luther, Katharina Melanchthon, Katharina Zell, Hille Feicken und andere; Wittenberger Sonntagsvorlesungen, Evangelisches Predigerseminar/ hrsg. vom Evang. Predigerseminar Lutherstadt Wittenberg; Vorwort: Peter Freybe. Wittenberg: Drei Kastanien, 1995. 110 S.: Ill. – Siehe Nr. 202. 545. 681.

015 **Geschichte der christlichen Spiritualität.** Bd. 2: **Hochmittelalter und Reformation** (Christian spirituality: high middle ages and Reformation [1987] ⟨dt.⟩)/ hrsg. von Jill Raitt in Verb. mit Bernard McGinn; John Meyendorff mit einem Vorwort von Josef Sudbrack; aus dem Amerikan. übers. von Cordula Drossel Brown ... Würzburg: Echter, 1995. 488 S.: Ill. [Vgl. LuB 1991, Nr. 070] – Siehe Nr. 234. 531. 586 f. 639. 764. 775.

016 **Geschichte der Seelsorge in Einzelporträts/** hrsg. von Christian Möller. Bd. 2: **Von Martin Luther bis Matthias Claudius.** GÖ; ZH: V&R, 1995. 430 S.: Ill. – Bespr.: Eschmann, Holger: ThLZ 121 (1996), 309-311. – Siehe Nr. 306 f. 606. 779. 788. 988. 1021. 1044.

017 **Gottfried Arnold (1666-1714):** mit einer Bibliographie der Arnold-Literatur ab 1714/ hrsg. von Dietrich Blaufuß; Friedrich Niewöhner. Vorträge, gehalten anläßlich eines Arbeitsgespräches vom 10.-13. Juni 1990 in der Herzog August Bibliothek Wolfenbüttel. Wiesbaden: Harrassowitz, 1995. 436 S.: Ill. (Wolfenbütteler Forschungen; 61) – Siehe Nr. 1012. 1014. 1032. 1049.

018 **Handbuch der deutschen Bildungsgeschichte. Bd. 1: 15. bis 17. Jahrhundert:** von der Renaissance und der Reformation bis zum Ende der Glaubenskämpfe/ hrsg. von Notker Hammerstein unter Mitw. von August Buck. M: Beck, 1996. XVIII, 475 S.: Ill., Tab. – Siehe Nr. 338. 507. 510 f. 517.

019 [Harnack, Adolf von]: **Adolf von Harnack als Zeitgenosse:** Reden und Schriften aus den Jahren des Kaiserreichs und der Weimarer Republik/ hrsg. und eingeleitet von Kurt Nowak; mit einem bibliogr. Anhang von Hanns-Christoph Picker. Teil 1: Der Theologe und Historiker. B; NY: de Gruyter, 1996. XIV, 972 S. – Siehe Nr. 556-558. 663. 1058 f.

020 Hendrix, Scott H.: **Tradition and authority in the Reformation.** Aldershot, Hampshire; Brookfield, VT: Variorum, 1996. XII, 330 unpag. S. (Variorum collected studies series: CS; 535) – Siehe Nr. 183. 276 f. 419 f. 559. 588-590. 619-624. 717. 795.

021 Hirschler, Horst: **Luther ist uns weit voraus.** Hannover: LVH, 1996. 234 S. – Siehe Nr. 215 f. 321. 425. 529. 1159 f.

022 **Histoire du christianisme en Suisse:** une perspective œcuménique/ hrsg. von Lukas Vischer ...; französ. Ausgabe: Olivier Fatio. Genève: Labor et Fides; Fribourg: Saint-Paul, 1995. 345 S.: Ill. – Siehe Nr. 735. 778. 780. 782.

023 **Historische Bildkunde:** Probleme – Wege – Beispiele/ hrsg. von Brigitte Tolkemitt; Rainer Wohlfeil. B: Duncker & Humblot, 1991. 260 S.: Ill. (Zeitschrift für historische Forschung: Beiheft; 12) – Siehe Nr. 810. 817. 822. 942.

024 **Humanismus und Wittenberger Reformation:** Festgabe anläßlich des 500. Geburtstages des Praeceptor Germaniae Philipp Melanchthon am 16. Februar 1997; Helmar Junghans gewidmet/ hrsg. von Michael Beyer; Günther Wartenberg

unter Mitw. von Hans-Peter Hasse. L: EVA, 1996. 444 S.: Ill., Tab. – Siehe Nr. 2. 189. 402. 522. 617. 654. 658. 661. 665. 682. 687. 703. 708 f. 729. 744. 750. 882. 966.

025 **Im Anfang war das Wort:** Nürnberg und der Protestantismus; Ausstellung im Stadtmuseum Fembohaus aus Anlaß des 450. Todestages von Martin Luther 10. Mai bis 03. November 1996/ hrsg. von den Museen der Stadt Nürnberg; Redaktion: Ursula Kubach-Reutter. Nürnberg: Museen der Stadt Nürnberg, 1996. 84 S.: Ill.: Taf. – Siehe Nr. 860. 912. 918 f.

026 Jacobs, Manfred: **Confessio und Res publica:** Aufsätze zur neuzeitlichen Kirchengeschichte. GÖ: V&R, 1994. 380 S. – Siehe Nr. 341 f. 1061 f. 1102 f.

027 **Die katholische Konfessionalisierung:** wissenschaftliches Symposion der Gesellschaft zur Herausgabe des Corpus Catholicorum und des Vereins für Reformationsgeschichte 1993/ hrsg. von Wolfgang Reinhard; Heinz Schilling. GÜ: GVH, 1995. XIII, 472 S. (Schriften des Vereins für Reformationsgeschichte; 198) [Parallelausgabe mit LuB 1997, Nr. 948] – Siehe Nr. 294. 537. 924. 939. 944. 952. 973. 975 f. 1009.

028 **Katholische Reform und Gegenreformation in Innerösterreich 1564-1628 = Katoliška prenova in protireformacija v notranjeavstrijskih deželah 1564-1628 = Riforma cattolica e controriforma nell'Austria Interna 1564-1628/** hrsg. von France M. Dolinar ...; Redakteur: Werner Drobesch. Klagenfurt: Hermagoras; Ljubljana: Mohorjeva; W: Styria: 1994. 795 S.: Ill., Kt. – Siehe Nr. 889. 906. 923. 931. 994.

029 **Die Kirche als historische und eschatologische Größe:** Festschrift für Kurt Niederwimmer zum 65. Geburtstag/ hrsg. von Wilhelm Pratscher; Georg Sauer. F; Bern; NY; P; W: Lang, 1995. 355 S.: Frontispiz. – Siehe Nr. 971. 1182.

030 **Kirche im Tourismus:** Dokumentation über das Seminar für Mitarbeiter/innen aus touristisch bedeutsamen Kirchen; 18.-21. September 1995 in Krummenhennersdorf/Sachsen/ zsgest. von Hans Zinnow. [B]: Arbeitsgemeinschaft Missionarische Dienste in der Evang. Kirche in Deutschland, 1995. 46 S.: Ill. – Siehe Nr. 811. 1170.

031 **Kirche in der Schule Luthers:** Festschrift für D. Joachim Heubach/ hrsg. von Bengt Hägglund; Gerhard Müller. Erlangen: Martin Luther, 1995. 462 S. – Siehe Nr. 264. 289. 301-303. 309. 325. 363. 385. 702. 907. 1122. 1154. 1192.

032 Kolb, Robert: **Luther's heirs define his legacy:** studies on Lutheran confessionalization. Alder-

shot, Hampshire; Brookfield, VT: Variorum, 1996. XII, 322 unpag. S. (Variorum collected studies series: CS; 539) – Siehe Nr. 670. 953-961. 963-965. 967-969.

033 Lehmann, Hartmut: **Alte und Neue Welt in wechselseitiger Sicht:** Studien zu den transatlantischen Beziehungen im 19. und 20. Jahrhundert. GÖ: V&R, 1995. 271 S. (Veröffentlichungen des Max-Planck-Instituts für Geschichte; 119) – Siehe Nr. 120. 1065 f. 1068. 1070-1072. 1074.

034 **Literatur, Musik und Kunst im Übergang vom Mittelalter zur Neuzeit:** Bericht über Kolloquien der Kommission zur Erforschung der Kultur des Spätmittelalters 1989 bis 1992/ hrsg. von Hartmut Boockmann ... GÖ: V&R, 1995. 470 S.: Ill. (Abhandlungen der Akademie der Wissenschaften in Göttingen: Phil.-Hist. Klasse: Folge 3; 208) – Siehe Nr. 122. 479. 487. 802. 858.

035 **Lutero:** che ne è della sua eredità (Luther: was uns sein Erbe angeht)/ unter Leitung von Maurizio de Paoli; Vincenzo Marras. Jesus 18 (Torino 1996) Heft 2, S. 57-79. – Siehe Nr. 555. 1148. 1151. 1153. 1199 f. 1227.

036 **Luther mit dem Schwan:** Tod und Verklärung eines großen Mannes; Katalog zur Ausstellung in der Lutherhalle Wittenberg anläßlich des 450. Todestages von Martin Luther vom 21. Februar bis 10. November 1996/ hrsg. von der Lutherhalle Wittenberg in Verb. mit Gerhard Seib, Mühlhausen; Grußwort: Reinhard Höppner; Vorwort: Martin Treu; Redaktion und Bildredaktion: Jutta Strehle; Fotos: Wilfried Kirsch. B: Schelzky & Jeep, 1996. 180 S.: Ill. – Siehe Nr. 7. 103 f. 111 f. 114 f. 149. 152. 159. 850. – Bespr.: Mendt, Dietrich: ZDZ 50 (1996), 113.

037 **Luther oder nicht Luther:** der Stuttgarter Bibelfund scheint allenfalls in die Umgebung des Reformators zu führen/ Martin Brecht; Stefan Strohm; Henning Ritter. In: Wissenschaftsjahrbuch '96: Natur und Wissenschaft, Geisteswissenschaften; Frankfurter Allgemeine/ aus der Mittwochsbeilage »Natur und Wissenschaft« und »Geisteswissenschaften« der »Frankfurter Allgemeinen Zeitung« des Jahres 1995 ausgew. und bearb. von Rainer Flöhl; Henning Ritter. F: Insel, 1996, 405-415. (Insel-Taschenbuch; 1821) – Siehe Nr. 388. 452. 463.

038 **Luther und die trinitarische Tradition:** ökumenische und philosophische Perspektiven/ hrsg. von Joachim Heubach. Erlangen: Martin Luther, 1994. 223 S. (Veröffentlichungen der Luther-Akademie Ratzeburg; 23) – Siehe Nr.

239. 241. 247 f. 250 f. 255. 261. 593. 598. 1126. 1208.

039 **Luther und Leipzig:** Beiträge und Katalog zur Ausstellung; Ausstellung vom 17. Februar bis 21. April 1996 im Alten Rathaus zu Leipzig anläßlich des 450. Todestages Martin Luthers/ hrsg. von Ekkehard Henschke; Klaus Sohl; Katalogredaktion: Ekkehard Henschke. L: Universitätsbibliothek Leipzig, 1996. 177 S.: Taf. (Schriften aus der Universitätsbibliothek Leipzig; 3) – Siehe Nr. 6. 855. 917. 922.

040 **Luther-Gedenken '96:** Aufbrüche und Anstösse der Reformation/ Texte von Walter Jens ...; Redaktion und Gestaltung: Helmut Ruppel in Zsarb. mit Wolfgang Giese ...; hrsg. vom Institut für Katechetischen Dienst, Berlin. Informationen: evang. Religionsunterricht in Berlin 26 (1996) Nr. 1. 60 S.: Ill. – Siehe Nr. 70. 81. 134. 143. 160. 226. 530. 565. 740. 1127. 1209. 1241. 1264.

041 **Lutherjahrbuch:** Organ der internationalen Lutherforschung/ im Auftrag der Luther-Gesellschaft hrsg. von Helmar Junghans. Bd. 63. GÖ: V&R, 1996. 200 S. – Siehe Nr. 178. 323. 528. 722. 1225. 1237. 1274. 1276.

042 **Luthers Deutsch:** sprachliche Leistung und Wirkung/ hrsg. von Herbert Wolf. F; Bern; NY; W: Lang, 1996. 387 S. (Dokumentation germanistischer Forschung; 2) – Siehe Nr. 362. 364. 367 f. 373-377. 392 f. 399. 403-406. 415. 421. 430. 432 f. 437. 440. 443 f. 447. 456. 460. 469. 1267.

043 **Luthers erfenis:** teksten van het Luthercongres 22. 2. 1996 (Luthers Erbschaft: Texte des Lutherkongresses vom 22. Februar 1996)/ hrsg. von Klaas Zwanepol. Woerden: Luth. Uitgeverij en Boekhandel: Interconf. werkgroep Lutheronderzoek Nederland, 1996. 157 S. – Siehe Nr. 184. 316. 380. 523. 533. 539. 1230. 1239.

044 **Luthers Handexemplar gefunden?** Thesen und Fragen zur Herkunft der Randbemerkungen in der Stuttgarter Vulgata-Ausgabe von 1519. In: 074, 100-144. – Siehe Nr. 391. 454. 465.

045 **Martin Luther:** Images, appropriations, relectures/ hrsg. von Monique Samuel-Scheyder. Nancy: Centre de Recherches Germaniques et Scandinaves de l'Université de Nancy II, 1995. 302 S. (Bibliothèque le texte et l'idée; 5) – Siehe Nr. 478. 570. 1018. 1020. 1037. 1051. 1054 f. 1060. 1063. 1078-1081. 1083. 1095. 1108. 1253. 1258.

046 **Martin Luther:** Reden anläßlich des Festaktes der Lutherstadt Eisleben zum Gedenken des 450. Todestages Martin Luthers am 18. Februr-

ar 1996/ hrsg. von Jörg Ohlemacher. Erfurt: Desotron, 1996. 30 S.: Ill. (Ein LuiSA Buch im Desotron Verlag) – Siehe Nr. 46. 561. 563. 571.

047 **Martin Luther und die Reformation in Ostpreußen:** Gedenkschrift zum 450. Todestage Martin Luthers/ Geleitwort: Wilhelm von der Trenck; Klaus Schulz-Sandhof; Einführung: Georg Michels. Groß Oesingen: Harms, 1996. 72 S. (Veröffentlichungen aus dem Projektbereich Ostdeutsche Landesgeschichte an der Universität Bonn; 15) – Siehe Nr. 890. 893. 901.

048 **La nascita della letteratura tedesca:** dall'Umanesimo agli albori dell'illuminismo (Die Entstehung der deutschen Literatur: vom Humanismus bis zur beginnenden Aufklärung)/ hrsg. von Paolo Ricca. Roma: La Nuova Italia Scientifica, 1995. 330 S. (Studi superiori NIS; 267) – Siehe Nr. 381-383. 633.

049 Neue Beiträge zur Paracelsus-Forschung/ hrsg. von Peter Dilg; Hartmut Rudolph. S: Akademie der Diözese Rottenburg-Stuttgart, 1995. 202 S. (Hohenheimer Protokolle; 47) – Siehe Nr. 757. 759. 763. 770. 981.

050 **Op weg met Luther** (Auf dem Weg mit Luther). Woerden: Luth. Uitgeverij en Boekhandel, 1996. 67 S. – Siehe Nr. 1132 f. 1164. 1181. 1223. 1240.

05: **The Oxford encyclopedia of the Reformation/** hrsg. von Hans J. Hillerbrand. Bd. 1. NY; Oxford: Oxford University, 1996. XIV, 496 S. – Siehe Nr. 365. 372. 426.

052 **The Oxford encyclopedia of the Reformation/** hrsg. von Hans J. Hillerbrand. Bd. 2. NY; Oxford: Oxford University, 1996. 506 S. – Siehe Nr. 187. 201. 208. 288.

053 **The Oxford encyclopedia of the Reformation/** hrsg. von Hans J. Hillerbrand. Bd. 4. NY; Oxford: Oxford University, 1996. 484 S. – Siehe Nr. 263. 360.

054 **Der Pietismus im achtzehnten Jahrhundert/** in Zsarb. mit Friedhelm Ackva ... hrsg. von Martin Brecht; Klaus Deppermann. GÖ: V&R, 1995. XIV, 826 S.: Ill., Faks. (Geschichte des Pietismus; 2) – Siehe Nr. 1013. 1019. 1022. 1029. 1034.

055 **Pietismus und Neuzeit:** ein Jahrbuch zur Geschichte des neueren Protestantismus/ im Auftrag der Historischen Kommission zur Erforschung des Pietismus hrsg. von Martin Brecht ... Bd. 21: **Festschrift für Johannes Wallmann zum 65. Geburtstag.** GÖ: V&R, 1995 (gedruckt 1996). 404 S. – Siehe Nr. 240. 594. 990. 1026. 1036. 1050. 1284.

056 Plathow, Michael: **Freiheit und Verantwortung:** Aufsätze zu Martin Luther im heutigen Kontext. Erlangen: Luther, 1996. 375 S. – Siehe Nr. 256-260. 270. 281. 310 f. 353. 445. 541. 1202 f.

057 Prunzel, Clóvis Jair: **Estudos na teologia de Lutero** (Studien zu Luthers Theologie). São José dos Pinhais [Brasilien]: Adesão, 1996. 126 S. – Siehe Nr. 291-293. 449 f. 600. 741.

058 **Rationalisme analogique et humanisme théologique:** la culture de Thomas de Vio »il Gaetano«; actes du Colloque de Naples 1ᵉʳ-3ᵉ novembre 1990/ hrsg. von Bruno Pinchard; Saverio Ricci. Napoli: Vivarium, 1993. 393 S. (Biblioteca Europea; 2) – Siehe Nr. 710. 715. 723. 725. 730.

059 **Recht und Reich im Zeitalter der Reformation = Festschrift für Horst Rabe/** hrsg. von Christine Roll unter Mitarb. von Bettina Braun; Heide Stratenwerth. F; Bern; NY; P; W: Lang, 1996. XIX, 530 S. – Siehe Nr. 283 f. 345. 471. 711. 848. 1007. 1283.

060 **Reformation und Reichsstadt:** Luther in Augsburg; Ausstellung der Staats- und Stadtbibliothek Augsburg in Zusammenarbeit mit der Evang.-Luth. Gesamtkirchengemeinde Augsburg im 450. Gedenkjahr von Luthers Tod 28. April bis 11. August 1996; Katalog/ hrsg. von Helmut Gier; Reinhard Schwarz. Augsburg: Wißner, 1996. 143 S.: Ill. – Siehe Nr. 834. 836. 857. 861. 875 f. 886. 915. 950.

061 **Reichstage und Kirche:** Kolloquium der Historischen Kommission bei der Bayerischen Akademie der Wissenschaften; München, 9. März 1990/ hrsg. von Erich Meuthen. GÖ: V&R, 1991. 272 S. (Schriftenreihe der Historischen Kommission bei der Bayerischen Akademie der Wissenschaften; 42) – Siehe Nr. 830. 935.

062 Scheible, Heinz: **Melanchthon und die Reformation:** Forschungsbeiträge/ hrsg. von Gerhard May; Rolf Decot. MZ: von Zabern, 1996. VIII, 578 S.: Ill. (Veröffentlichungen des Instituts für Europäische Geschichte Mainz: Beiheft; 41: Abt. Religionsgeschichte) – Siehe Nr. 193 f. 640-642. 688 f. 691-701. 746-748. 793. 871. 1281.

063 **Scheidewege der deutschen Geschichte:** von der Reformation bis zur Wende 1517-1989/ hrsg. von Hans-Ulrich Wehler. M: Beck, 1995. 253 S. (Beck'sche Reihe; 1123) – Siehe Nr. 644. 755. 996.

064 Schulz, Frieder: **Mit Singen und mit Beten:** Forschungen zur christlichen Gebetsliteratur und zum Kirchengesang; gesammelte Aufsätze mit Nachträgen 1994/ hrsg. von Alexander Völker. Hannover: LVH, 1995 (© 1996). 350 S.: Ill., Faks., Noten. – Siehe Nr. 490-493.

065 **700 Jahre Wittenberg:** Stadt, Universität, Re-

formation/ im Auftrag der Lutherstadt Wittenberg hrsg. von Stefan Oehmig. Weimar: Böhlau, 1995. 604 S.: Ill. – Siehe Nr. 22. 90. 98. 118 f. 153. 335. 346. 431. 607. 616. 635. 638. 683. 768. 852. 854. 878. 932. 934. 993. 1030. 1033. 1088.

066 **Storia della religioni** (Religionsgeschichte)/ hrsg. von Giovanni Filoramo. Bd. 2: **Ebraismo e Cristianesimo** (Judentum und Christentum). Bari: Laterza, 1995. 704 S. (Enciclopedie del sapere) – Siehe Nr. 222. 914.

067 **Die Territorien des Reichs im Zeitalter der Reformation und Konfessionalisierung:** Land und Konfession 1500-1650. Bd. 6: **Nachträge/** mit Beiträgen von Rainer Babel ... hrsg. von Anton Schindling; Walter Ziegler. MS: Aschendorff, 1996. 248 S.: Ktn. (Kath. Leben und Kirchenreform im Zeitalter der Glaubensspaltung; 56) – Siehe Nr. 825. 844. 849. 851. 862. 873. 880 f. 883. 891. 894.

068 **Volksfrömmigkeit in der frühen Neuzeit/** mit Beiträgen von Klaus Ganzer ... hrsg. von Hansgeorg Molitor; Heribert Smolinsky. MS: Aschendorff, 1994. 138 S. (Kath. Leben und Kirchenreform im Zeitalter der Glaubensspaltung; 54) – Siehe Nr. 312. 497.

069 **»Vom christlichen abschied aus diesem tödlichen Leben des Ehrwirdigen Herrn D. Martini Lutheri«:** drei zeitgenössische Texte zum Tode D. Martin Luthers/ mit einer Einführung von Peter Freybe, Direktor des Ev. Predigerseminars Wittenberg, und einem Nachwort zur Entstehungsgeschichte der drei im Reprint vorliegenden Texte von Siegfried Bräuer. Einführung und Nachwort: dt./engl. S: Siener, 1996. 120 S.: Faks., Ill. – Siehe Nr. 27 f. 44. 176. 182.

070 **Von der Liberey zur Bibliothek:** 440 Jahre Sächsische Landesbibliothek/ hrsg. von Günter Gattermann; Redaktion: Lothar Koch. Dresden: Sächsische Landesbibliothek – Staats- und Universitätsbibliothek, 1996. 175 S.: Ill. L 69+". – Siehe Nr. 840. 842. 888. 1266.

071 **Vor 450 Jahren starb Martin Luther:** kirchliches Gedenken und städtischer Festakt in Eisleben. epd-Dokumentation (1996) Nr. 12 (11. März). 39 S. – Siehe Nr. 560. 562. 566. 568. 572. 580. 1143 f. 1167. 1176. 1197. 1234.

072 Wallmann, Johannes: **Theologie und Frömmigkeit im Zeitalter des Barock:** gesammelte Aufsätze. TÜ: Mohr, 1995. XII, 439 S. – Siehe Nr. 997-1003. 1005 f. 1043. 1045-1047.

073 **Wartburg-Jahrbuch:** Sonderband 1996; Wissenschaftliches Kolloquium »Der Mensch Luther und sein Umfeld« vom 2.-5. Mai 1996 auf der Wartburg/ hrsg. von der Wartburgstiftung Eisenach; Redaktion: Hilmar Schwarz ... Eisenach: Wartburg-Stiftung, 1996. 256 S.: Ill. – Siehe Nr. 188. 195 f. 200. 327. 389. 428. 502. 634. 650. 664. 1120.

074 **»Was Christum treibet«:** Martin Luther und seine Bibelübersetzung/ hrsg. von Siegfried Meurer. S: Deutsche Bibelgesellschaft, 1996. 147 S. (Bibel im Gespräch; 4) (Jahrbuch der Deutschen Bibelgesellschaft) – Siehe Nr. 408. 418. 427. 438. 457. 466 sowie Nr. 044, mit den Nr. 391. 454. 465.

075 **Weltgeschichte in 12 Bänden/** hrsg. von Heinrich Pleticha. Bd. 7: Entdecker und Reformatoren: die Welt im 16. Jahrhundert. GÜ: Bertelsmann Lexikon, 1996. 352 S.: Ill., Ktn. – Siehe Nr. 480. 505. 614. 648. 716. 734.

076 **Zum Luther-Gedenken 1996/** Helmar Junghans; Wolfgang Ratzmann. Amtsblatt der Evang.-Luth. Landeskirche Sachsens (1995) Nr. 24, B 65-B 72. – Siehe Nr. 42 f. 1204.

A   QUELLEN

1   Quellenkunde

1 Aland, Kurt: **Hilfsbuch zum Lutherstudium/** bearb. in Verbindung mit Ernst Otto Reichert; Gerhard Jordan. 4., durchges. und erw. Aufl. Bielefeld: Luther-Verlag, 1996. 700 S. [Mit Nachträgen zu neueren Lutherausgaben im Anhang]

2 Bräuer, Siegfried: **Die Überlieferung von Melanchthons Leichenrede auf Luther:** mit einem Quellenanhang. In: 024, 185-252: Faks.

3 Brecht, Martin: **Luthers Fragment »Wider den** rechten aufrührischen, verräterischen und mordischen Ratschlag der ganzen Mainzischen Pfafferei und Warnung«: eine Episode aus der Nachgeschichte des Bauernkrieges. (1989). In: 05, 120-133.

4 Claus, Helmut: **New light on the presses of Adam Dyon and Kaspar Libisch in Breslau (1518-1540).** In: The German book 1450-1750: studies presented to David L. Paisey in his retirement/

hrsg. von John L. Flood; William Kelly. LO: The British Library, 1995, 61-80: Faks.

5 **Dawne biblie w zbiorach Biblioteki Uniwersyteckiej w Toruniu: rękopisy stare druki** (Alte Bibeln in den Sammlungen der Universitätsbibliothek in Thorn: Handschriften, Altdrucke). Toruń: Uniwersytet Mikołaja Kopernika, 1995. 89 S. L 39+".

6 Döring, Thomas: **Der Buchdruck in Leipzig zu Lebzeiten Luthers.** In: 039, 25-50.

7 Fabiny, Tibor: **Martin Luthers Originaltestament.** In: 036, 21-24: Faks.

8 Germann, Martin: **Die reformierte Stiftsbibliothek am Großmünster Zürich im 16. Jahrhundert und die Anfänge der neuzeitlichen Bibliographie:** Rekonstruktion des Buchbestandes und seiner Herkunft, der Bücheraufstellung und des Bibliotheksraumes; mit Edition des Inventars von 1532/1551 von Conrad Pellikan. Wiesbaden: Harrassowitz, 1994. XIII, 413 S. L 172. (Beiträge zum Buch- und Bibliothekswesen; 34) – Bespr.: Czubatynski, Uwe: Wolfenbütteler Notizen zur Buchgeschichte 20 (1995), 179-186.

9 **Handbuch der historischen Buchbestände in Deutschland/** in Zsarb. mit Severin Corsten ... hrsg. von Bernhard Fabian. Bd. 5: **Hessen – A-L/** hrsg. von Berndt Dugall. Hildesheim; ZH; NY: Olms-Weidmann, 1992. 363 S. L 140+".

10 **Handbuch der historischen Buchbestände in Deutschland/** in Zsarb. mit Severin Corsten ... hrsg. von Bernhard Fabian. Bd. 7: **Baden-Württemberg und Saarland – A-H/** hrsg. von Wolfgang Kehr ... Hildesheim; ZH; NY: Olms-Weidmann, 1994. 309 S. L 136+".

11 **Handbuch der historischen Buchbestände in Deutschland/** in Zsarb. mit Severin Corsten ... hrsg. von Bernhard Fabian. Bd. 8: **Baden-Württemberg und Saarland – I-S/** hrsg. von Wolfgang Kehr ... Hildesheim; ZH; NY: Olms-Weidmann, 1994. 456 S. L 311+".

12 **Handbuch der historischen Buchbestände in Deutschland/** in Zsarb. mit Severin Corsten ... hrsg. von Bernhard Fabian. Bd. 9: **Baden-Württemberg und Saarland – T-Z/** hrsg. von Wolfgang Kehr ... Hildesheim; ZH; NY: Olms-Weidmann, 1994. 323 S. L 210+".

13 **Handbuch der historischen Buchbestände in Österreich/** in Zsarb. mit dem Handbuch der historischen Buchbestände in Deutschland hrsg. von Bernhard Fabian ... hrsg. von der Österreichischen Nationalbibliothek; bearb. von Wilma Buchinger; Konstanze Mittendorfer unter

Leitung von Helmut W. Lang. Hildesheim; ZH; NY: Olms-Weidmann, 1994. 272 S. L 113+".

14 **Handbuch zum Evangelischen Gesangbuch.** Bd. 1: **Konkordanz zum Evangelischen Gesangbuch:** mit Verzeichnis der Strophenanfänge, Kanons, mehrstimmigen Sätze und Wochenlieder/ erarb. und hrsg. im Auftrag der EKD von Ernst Lippold; Günter Vogelsang. GÖ: V&R, 1995. 572 S.

15 Joestel, Volkmar: **»Luther Digital«: elektronische Archivierung in der Lutherhalle Wittenberg.** ZDZ 50 (1997), 113.

16 Laminski, Adolf: **Die offizielle Einführung der Reformation in Brandenburg begann am 1. November 1539 zu Berlin-Cöln.** HCh 19 (1995), 107-109.

17 **Luther-Drucke des XVI. Jahrhunderts:** Katalog der Universitätsbibliothek Rostock/ hrsg. von der Universitätsbibliothek Rostock; erarb. von Waltraut Wienke. Rostock, 1995. XI, 156, [24] S. Ill. (Veröffentlichungen der Universitätsbibliothek Rostock; 120)

18 **Neue Quellen zur Visitation im ernestinischen Thüringen 1528/29/** hrsg. von Ernst Koch. HCh 19 (1995), 111-115.

19 Paschen, Christine: **Buchproduktion und Buchbesitz in der frühen Neuzeit:** Amberg in der Oberpfalz. AGB 43 (1995), 1-201.

20 Pegg, Michael A.: **A catalogue of german Reformation pamphlets (1516-1550) in Swedish libraries.** Baden-Baden: Koerner, 1995. X, 181 S. (Bibliotheca bibliographica Aureliana; 150)

21 **Quellen zur Geschichte des Papsttums und des römischen Katholizismus/** hrsg. von Carl Mirbt. Microfiche-Ausgabe der 4., verb. und wesentlich verm. Aufl. TÜ, 1924. Egelsbach; F; St. Peter Port: Hänsel-Hohenhausen, 1995. 6 Mikrofiches.

22 Schulz, Erika: **Bücher aus den beiden Wittenberger Klosterbibliotheken in der Bibliothek des Evang. Predigerseminars.** In: 065, 519-534.

23 **Verzeichnis der im deutschen Sprachbereich erschienenen Drucke des XVI. Jahrhunderts:** VD 16/ hrsg. von der Bayerischen Staatsbibliothek in München in Verb. mit der Herzog August Bibliothek in Wolfenbüttel; Redaktion: Irmgard Bezzel. 1. Abt.: **Verfasser, Körperschaften, Anonyma.** Bd. 22: **Wel-Zy.** S: Hiersemann, 1995. LV, 654 S.

24 **Wertvolle Bücher, Zeitschriften, Autographen und Graphik aus fünf Jahrhunderten.** 35. Gemeinschaftskatalog: Verkaufskatalog. Köln: Verband Deutscher Antiquare, 1996. 144 S.: Ill. L 71+".

2 Wissenschaftliche Ausgaben und Übersetzungen der Werke Luthers sowie der biographischen Quellen

Den Ausgaben von einzelnen Lutherschriften bzw. ihrer Teile sind deren Originaltitel in Kursive hinzugefügt und dienen innerhalb der Gruppen A 2 und A 3 b zum alphabetischen Ordnen der Titel.

25 Bauer, Joachim: **Martin Luther: seine letzte Reise;** mit Abdruck und Kommentar zum Druck »Vom Christlichen abschied aus diesem tödlichen leben des Ehrwirdigen Herrn D. Martini Lutheri / bericht / durch D. Justum Jonam M. Michaelem Celium / vnd ander die dabey gewesen / kurtz zusamen gezogen. Gedruckt zu Wittemberg durch Georgen Rhaw. Anno M. D. XLVI.«. Rudolstadt: Seichter, 1996. 119 S.: Ill., Faks., Kt.

26 **Bibliothek der Deutschen Literatur:** Bibliographie und Register; Microfiche-Gesamtausgabe nach den Angaben des Taschengoedeke. M: Saur, [1994]. 19.963 Microfiches. [Enthält u. a. L, LA, LS, Leipzig 1729-1740 (B. 13 F. 6018-6073) und W¹, Halle 1734-1753 (B. 6 F. 2421-2542); vgl. LuB 1997, Nr. 1272, das »Register«]

27 [Bugenhagen, Johannes]: **Eine Christliche Predigt / vber der Leich vnd begrebnis / des Ehrwirdigen D. Martini Luthers / durch Ern Johan Bugenhagen Pomern / Doctor / vnd Pfarrher der Kirchen zu Wittemberg / gethan.** In: 069, [45-70: A1-D1ᵛ].

28 [Jonas, Justus; Coelius, Michael]: **Vom Christlichen Abschied aus diesem tödlichen Leben des Ehrwirdigen Herrn D. Martini Lutheri / bericht / durch D. Justum Jonam / M. Michaelem Celium / vnd ander die dabey gewesen / kurtz zusamen gezogen.** In: 069, [15-44: A1-D3ᵛ].

29 Luther [, Martin]: **A szolgai akarat** (*De servo arbitrio* (ungar.))/ übers. von Eszter Csizmadia Jakabné; Ödön Weltler; Sándor Weltler. Sopron: Evang. Lyceum Berzsenyi, 1996. 269 S. – Bespr.: Csepregi, Zoltán: Credo (BP 1996), Heft 3/4, 84 f.

30 [Luther, Martin]: **De la prière à l'épreuve en passant par la tentation: comment, selon Luther, devenir un bon théologien** (*Der erste Teil der Bücher D. M. Luthers ... Vorrede Luthers* [zu Wi deutsch 1] (franz.) [Auszug])/ übers. und eingel. von Albert Greiner. PL 43 (1995), 81-95.

31 Luther, Martin: **Commentary on Galatians: modern-English edition** (*In epistolam Sancti Pauli ad Galatas commentarius, ...* (engl.))/ eingel. von D. Stuart Briscoe. Grand Rapids, MI: Fleming H. Revell, 1988. 415 S.

32 Luther, Martin: **Verklaring van de brief aan de Galaten** (*In epistolam Sancti Pauli ad Galatas*

commentarius, ... (niederl.))/ übers. von G. P. Sandberg; H. Schoonderwoerd nach der dt. Ausgabe von Hermann Kleinknecht. Houten: den Hertog, 1992. 387 S.

33 Luther, Martin: **Isbrannye proiswedenija** (Ausgewählte Schriften (russ.))/ übers. von Jurij Alexejewisch Golubkin ... St. Petersburg: Andrejew i Soglasije, 1994. 427 S.

34 [Luther, Martin] Lutero, Martinho: **Obras selecionadas** (Ausgewählte Werke (port.)). Bd. 5: **Ética:** fundamentos, oração, sexualidade, educação, economia (Ethik: Grundlage, Gebet, Sexualität, Erziehung, Wirtschaft)/ hrsg. im Auftrag der Comissão Interluterana de Literatura; übers. von Ilson Kayser; Walter Altmann; Walter O. Schlupp. São Leopoldo: Sinodal; Porto Alegre: Concórdia, 1995. 516 S., Register.

35 [Luther, Martin] Lutero, Martinho: **Obras selecionadas** (Ausgewählte Werke (port.)). Bd. 6: **Ética:** fundamentação da ética política, governo, Guerra dos Camponeses, guerra contra os turcos, paz social (Ethik: Grundlegung der politischen Ethik, Regierung, Bauernkrieg, Krieg gegen die Türken, sozialer Frieden)/ hrsg. im Auftrag der Comissão Interluterana de Literatura; übers. von Ilson Kayser; Walter O. Schlupp; Martin N. Dreher; Helberto Michel; Ricardo W. Rieth. São Leopoldo: Sinodal; Porto Alegre: Concórdia, 1996. 554 S., Register.

36 [Luther, Martin] Lutero, Martin: **Opere scelte** (Ausgew. Werke (ital.))/ hrsg. unter Leitung von Paolo Ricca. Bd. 4: **Ai borgomastri e ai consiglieri di tutte le città tedesche perché istituiscano e mantengano scuole cristiane (1524)** (An die Ratherren aller Städte deutschen Lands, daß sie Christliche Schulen aufrichten und halten sollen (ital.)). **Una predica sul dovere di tenere i figli a scuola** (Eine Predigt, daß man Kinder zur Schule halten solle (ital.))/ hrsg. von Maria Cristina Laurenzi. Torino: Claudiana, 1990. 160 S.: Ill., Taf. [Einbandtitel: Lutero: Opere scelte 4: Scuola e cultura: compiti delle autorità doveri dei genitori: (1524 e 1530); Rückentitel: Lutero: Scuola e cultura]

37 [Luther, Martin] Lutero, Martin: **I sette salmi penitenziali (1525). Il bel »Confitemini« (1530)** (Die sieben Bußpsalmen. Das schöne Confitemini (dt./ital.))/ eingel., übers. und komm. von

Franco Buzzi; Ill.: Paolo Molesti. Deutsch-Italienisch. Milano: Biblioteca universale Rizzoli, 1996. 445 S.: Ill. (Classici della Bur)

38 Luther, Martin: **Studienausgabe/** in Zsarb. mit Helmar Junghans; Joachim Rogge; Günther Wartenberg hrsg. von Hans-Ulrich Delius. Bd. 3. 2., verb. und um Literaturnachträge erw. Aufl. L: EVA, 1996. 496 S.

39 Luther, Martin: **Pourquoi les vierges peuvent en toute piété quitter les couvents** (*Ursache und Antwort, daß Jungfrauen Klöster göttlich verlassen dürfen* ⟨franz.⟩)/ übers. und eingel. von Nicol De Laharp. PL 44 (1996), 4-15.

40 Luther, Martin: **Wremja moltschanija proschlo:** isbrannye proiswedenija 1520-1526 (Die Zeit des Schweigens ist vorbei: ausgewählte Schriften 1520-1526 ⟨russ.⟩)/ ausgew. und übers. von Jurij Alexejewitsch Golubkin. Charkow: Oko, 1992. 352 S.

41 Luther, Martin: **Wremja moltschanija proschlo:** isbrannye proiswedenija 1520-1526 (Die Zeit des Schweigens ist vorbei: ausgewählte Schriften 1520-1526 ⟨russ.⟩)/ ausgew. und übers. von Jurij Alexejewitsch Golubkin. 2. Aufl. Charkow: Oko, 1994. 352 S.

42 **Luthers letzte Aufzeichnung/** übers. und erl. von Helmar Junghans. In: 076, B 65 f.

43 **Luthers letzte Tage/** übertr. und erl. von Helmar Junghans. In: 076, B 66-B 70.

44 [Melanchthon, Philipp]: **Oratio Vber der Leich des Ehrwirdigen herrn D. Martini Luthers /** gethan durch Philippum Melanthon / am xxij. tag Februarij. Verdeudscht aus dem Latin durch D. Caspar Creutziger. In: 069, [71-101: A1-D4].

45 **Das 16. Jahrhundert/** Heiner Faulenbach. Düsseldorf: Presseverband der Evang. Kirche im Rheinland, 1991. XVI, 448 S. (Quellen zur rheinischen Kirchengeschichte; 1)

3 Volkstümliche Ausgaben und Übersetzungen der Werke Luthers sowie der biographischen Quellen

a) Auswahl aus dem Gesamtwerk

46 [Luther, Martin]: **Aus Martin Luthers Schriften.** In: 046, 25-29.

47 Luther, Martin: **Auslegung des Vaterunsers. Sermon von den guten Werken/** hrsg. von Wolfgang Metzger. Lizenzausgabe. S: Hänssler, 1996. 223 S. (Calwer Lutherausgabe; 3)

48 Luther, Martin: **Christlicher Wegweiser für jeden Tag.** Neuausgabe des gleichnamigen Buches des Korinth-Verlages, HH. Neuhausen-S: Hänssler, 1996. 397 S. (Hänssler-Andachten)

49 [Luther, Martin]: **Die Freiheit eines Christenmenschen:** Thesen und Texte von Martin Luther/ hrsg. von Christian Zippert. Wuppertal; GÜ: Kiefel, 1995. 48 S.: Ill.

50 Luther, Martin: **Der Große Katechismus. Die Schmalkaldischen Artikel/** hrsg. von Wolfgang Metzger. Lizenzausgabe. S: Hänssler, 1996. 222 S. (Calwer Lutherausgabe; 1)

51 [Luther, Martin]: **Luther: Arbeite mit fröhlichem Herzen.** CA (1996) Heft 3, 9 f: Ill.

52 Luther, Martin: **Das Magnifikat. Vorlesung über den 1. Johannesbrief/** hrsg. von Wolfgang Metzger. Lizenzausgabe. S: Hänssler, 1996. 221 S. (Calwer Lutherausgabe; 9)

53 Luther, Martin: **Predigten über den Weg der Kirche/** hrsg. von Wolfgang Metzger. Lizenzausgabe. S: Hänssler, 1996. 240 S. (Calwer Lutherausgabe; 6)

54 Luther, Martin: **Predigten über die Christusbotschaft/** hrsg. von Wolfgang Metzger. Lizenzausgabe. S: Hänssler, 1996. 255 S. (Calwer Lutherausgabe; 5)

55 Luther, Martin: **Das schöne Confitemini/** hrsg. von Wolfgang Metzger. Lizenzausgabe. S: Hänssler, 1996. 202 S. (Calwer Lutherausgabe; 7)

56 Luther, Martin: **Sur le roc de la Parole:** six textes inédits en français/ eingel., übers. und mit Anm. vers. von Albert Greiner. P: Les Bergers et les Mages, 1996. 87 S.

57 Luther, Martin: **Von der Freiheit eines Christenmenschen.** [Fünf Schriften aus den Anfängen der Reformation]/ hrsg. von Wolfgang Metzger. Lizenzausgabe. S: Hänssler, 1996. 190 S. (Calwer Lutherausgabe; 2)

58 [Luther, Martin]: **Von der Freiheit eines Christenmenschen. Von weltlicher Obrigkeit. Sermon von den guten Werken.** GÜ: GVH, 1995. 152 S. (Kaiser-Taschenbücher; 143)

59 Luther, Martin: **Von wahrer und falscher Frömmigkeit/** hrsg. von Wolfgang Metzger. Lizenzausgabe. S: Hänssler, 1996. 255 S. (Calwer Lutherausgabe; 8)

60 Luther, Martin: **Von weltlicher Obrigkeit/** hrsg. von Wolfgang Metzger. Lizenzausgabe. S: Hänssler, 1996. 236 S. (Calwer Lutherausgabe; 4)

61 Luther, Martin: **Worte für jeden Tag/** hrsg. von Hans Christian Knuth unter Mitarb. von Michael Bruhn. GÜ: GVH, 1995. 128 S. (GTB Siebenstern; 1311)

62 [Luther, Martin] Luter, Marcin: **Zwiastuję wam radość:** rozmyślania i modlitwy (Verkünde euch Freude: Meditationen und Gebete ⟨poln.⟩)/ übers. von Ryszard Janik. Bielsko-Biała: Augustana, 1996. 46 S.

63 **Martin Luther gibt Antwort:** 30 Fragen von Menschen unserer Zeit und Antworten des Reformators zusammengestellt aus seinen Schriften/ von Christoph Warnke; Konzeption: Stefan Blattner ...; Zusammenstellung der Lutherworte: Albrecht Beutel; Michael Beyer ...; Redaktion: Hannelore Jahr. S: Deutsche Bibelgesellschaft, 1996. 72 S.: Ill.

64 **Protestantische Mystik:** von Martin Luther bis Friedrich D. Schleiermacher; eine Textsammlung/ hrsg. von Klaus Ebert. Weinheim: Deutscher Studien Verlag, 1996. 341 S. L 103-109+".

65 **Reclams lateinisches Zitaten-Lexikon/** von Muriel Kasper. S: Reclam, 1996. 432 S. L".

b) Einzelschriften und Teile von ihnen

66 **El encuentro ecuménico entre los teólogos de Wittenberg y de Roma en Augsburgo** (Die ökumenische Zusammenkunft zwischen Wittenberger und römischen Theologen in Augsburg [Confessio Augustana. Confutatio] ⟨span.⟩)/ übers. von Roberto Hoeferkamp; E. J. Keller; hrsg. von Viesturs Pavasars-Blaumanis. Santafé de Bogotá/Kolumbien: IELCO-SELITE, 1996. 68 S.

67 Luther, Martin: **Eine Friedensmahnung an Regierende** (Briefe ⟨dt.⟩)/ bearb. von Reinhard Schwarz. Lu 66 (1995), 104-109.

68 Luther, Martin: **Lästerung, Hohn, Spott, Gefahr: Theologie des Kreuzes in einem Brief an den sterbenden Vater** (Briefe ⟨dt.⟩). CA (1996) Heft 2, 25-27: Ill.

69 [Luther, Martin] Luther, Márton: **Előszók a Szentírás könyveihez** (Deutsche Bibel: Vorreden [Bornkamm-Ausgabe] ⟨ungar.⟩)/ hrsg. von Tibor Fabiny Jr.; übers. von Szilvia Szita. BP: Magyarországi Luther Szövetség, 1995. 170 S. (Magyar Luther könyvek; 2)

70 Luther, Martin: **Vorrede auf den Psalter** (Deutsche Bibel: Vorreden ⟨neuhochdt.⟩ [Auszug]). In: 040, 33.

71 Luther, Martin: **Wie man beten soll:** Martin Luther als Beter (Gebete ⟨neuhdt⟩)/ hrsg. von Gerhard Schittko. Gießen; BL: Brunnen, 1996. 64 S. (ABC team)

72 Luther, Martin: **Mit Lust und Liebe singen:** dreißig Lieder Martin Luthers (Geistliche Lieder ⟨neuhdt.⟩ [Auswahl])/ hrsg. von Hartmut Bietz; mit einer Einführung von Siegfried Bräuer. M: Strube, 1996. 49 S.: Noten.

73 Luther, Martin: **Kommentar zum Galaterbrief** (In epistolam Pauli ad Galatas ... commentarius ⟨dt.⟩)/ hrsg. von Wolfgang Metzger. Lizenzausgabe. S: Hänssler, 1996. 319 S. (Calwer Lutherausgabe; 10)

74 [Luther, Martin]: **Der Kleine Katechismus Doktor Martin Luthers:** mit der Theologischen Erklärung von Barmen 1934, einer Sammlung von Gebeten, Bibelversen und Liedern sowie Übersichten über das Kirchenjahr und die Bücher der Bibel. 27., unv. Aufl. GÜ: GVH, 1996. 61 S. (GTB Siebenstern; 1000)

75 [Luther, Martin]: **Dr. Martin Luthers kleiner Katechismus mit Erklärung** (Der kleine Katechismus für die gemeinen Pfarrherrn und Prediger). 22. Aufl. (1040.-1120. Tsd). HH: Korinth, s. a. 187, [5] S.: Frontisp.

76 [Luther, Martin]: **Luthers Sprichwörtersammlung** (Luthers Sprichwörtersammlung)/ hrsg. und mit Anm. vers. von Ernst Thiele. Reprint der Originalausgabe Weimar, 1900. Holzminden: Reprint-Verlag Leipzig, [1996]. XXII, 448 S.

77 [Luther, Martin:] **Was Luther zu Johannes 3, 16 sagte:** der Schelm plagt Gott, und dessen Antwort ist Liebe (Predigten). CA 1 (1996) Heft 1, 19 f.

78 Luther, Martin: **Sing mir das Lied gegen den Tod** (Predigten: Vier Predigten. Von der Toten Auferstehung ... ⟨dt.⟩ [Auszug]/ bearb. von Martin Brecht. Lu 67 (1996), 52-58.

79 [Luther, Martin]: **Luther Márton utolsó prédikációja** (Predigten: Vier Predigten D. M. Luthers zu Eisleben ... [Letzte Predigt] ⟨ungar.⟩)/ übers. von Zoltán Dóka. Keresztyén igazság (1996) Heft 29, 10-16.

80 Luther, Martin: **Den Tod erfahren und trotzdem des ewigen Lebens gewiß sein** (Das schöne Confitemini ⟨neuhdt.⟩ [Auszug])/ erl. von Reinhard Schwarz. Lu 67 (1996), 2-8: Faks.

81 [Luther, Martin] Luther, Márton: **Az igazi egyház** (Von den Konziliis und Kirchen [Auszug] ⟨ungar.⟩)/ übers. von Zoltán Dóka. Keresztyén igazság (BP 1992) Heft 13, 4-7.

82 [Luther, Martin]: **Luthers Bericht über seinen reformatorischen Durchbruch** (Vorrede Luthers zum 1. Bd. der Wittenberger Gesamtausgabe seiner lat. Schriften ⟨dt.⟩ [Auszug]) In: 040, 60.

83 **Aller Knecht und Christi Untertan – der Mensch Luther und sein Umfeld:** Ausstellung auf der Wartburg vom 1. 3. bis zum 31. 10. 1996/ Katalogkonzeption: Günter Schuchardt; Gestaltung: Renate Hicke ... In: 02, 121-308: Ill., Taf.

84 **Ars moriendi:** Kunst des Sterbens; Begleitheft zur Sonderausstellung der Lutherstadt Eisleben/ Projektleitung: Rosemarie Knape; Text: Elfriede Starke; Herausgeber: Lutherstätten und Museen Eisleben. Wernigerode: Schmidt-Buch, 1996. 32 S.: Ill.

85 **In Martin Luther's footsteps** (Auf Martin Luthers Spuren ⟨engl.⟩)/ Text: Matthias Gretzschel; Fotographien: Toma Babovic. HH: Ellert & Richter, 1996. 96 S.: Ill.

86 **Augsburg:** zwölf historische Plätze der Reformationsstadt; Luther-Jahr '96. [Augsburg]: [Tourist-Information Augsburg], [1995]. 1 Faltbl.: Ill., Kt.

87 Badstübner, Ernst; Schwarz, Hilmar: **Ausstellung auf der Wartburg 1993.** Wartburg-Jahrbuch 2 (1993 [gedruckt 1994]), 204-209.

88 **Bilderflut und Bildersturm:** eine Ausstellung des Kulturamtes der Stadt Eisenach; Thüringer Museum aus Anlaß des 450. Todestages Martin Luthers; Predigerkirche zu Eisenach 20. April bis 29. September 1996. Erfurt: Repro, 1996. 56 S.: Ill.

89 **Bilderflut und Bildersturm:** Ausstellung Thüringer Museum/Predigerkirche [Eisenach] vom 20. 4. bis 29. 9. 1996/ Hanna Sabine Hummel ... In: 02, 335-360: Ill.

90 Blaschke, Karlheinz: **Wittenberg vor 1547:** vom Landstädtchen zur Weltgeltung. In: 065, 29-38.

91 Böcher, Otto: **Martin Luther und das Lutherbild im 16.-19. Jahrhundert.** Familiengeschichtliche Mitteilungen des Vereins zur Förderung der Zentralstelle für Personen- und Familiengeschichte und der Stiftung Zentralstelle zu Berlin: N. F. 4 (1995) Nr. 13, 163.

92 Breitsprecher, Cornelia: **Das Lutherhaus in Eisenach.** In: 02, 311 f: Ill.

93 **Cimelia Erlangensia:** aus den Schätzen der Universitätsbibliothek; Ausstellung im 250. Jahr der Friedrich-Alexander-Universität 7. Mai - 4. Juni 1993/ Katalog: Hans-Otto Keunecke; unter Mitarbeit von Martina Wirth; Konrad Wickert. Erlangen: Universitätsbibliothek, 1993. 167 S.: Ill. L 82 f. (Schriften der Universitätsbibliothek Erlangen-Nürnberg; 24)

94 **Colloquium charitativum 1645:** Dokumenty i ikonografia Braterskiej Rozmowy odbytej w

toruńskim ratuszu 28.8.-21.11.1645; Katalog (Colloquium charitativum 1645: Dokumente und Ikonographie des liebreichen Gesprächs im Rathaus zu Thorn, abgehalten 28.8.-21.11.1645; Katalog). Toruń: Muzeum Okręgowe, 1995. 54 S. L 24 f.

95 Dauth, Martin: **Martin Luther neu entdecken:** die neue Ausstellung im Lutherhaus Eisenach. In: 02, 315-320: Ill.

96 Dömötör, Ákos: **Luther-ábrázolások német szükségpénzeken** (Luther-Abbildungen auf deutschen Notmünzen). LP 70 (1995), 358-359.

97 **Dresden:** treasures from the Saxon State Library. [Washington]: [Library of Congress], 1996. 10 unpag. Bl.: Ill.

98 Findeisen, Peter: **Zur Bedeutung des Wittenberger Denkmalbestandes.** In: 065, 67-77.

99 Finger, Heinz: **Reformation und katholische Reform im Rheinland:** Begleitheft zur Ausstellung der Universitäts- und Landesbibliothek Düsseldorf; zum 500. Geburtstag Konrad Heresbachs und zum 450. Todestag Martin Luthers; 7. Mai bis 22. Juni 1996. Düsseldorf: Universitäts- und Landesbibliothek, 1996. 174 S.: Ill., Faks. L 110-117+". (Schriften der Universitäts- und Landesbibliothek Düsseldorf; 26)

100 Freybe, Peter: **Wittenberg:** zu Hans Kanitz: Was mit ihm anfangen?: Luther und Wittenberg. LM 35 (1996) Heft 4, 22. [Replik zu LuB 1997, Nr. 116]

101 **Gedruckte Porträts 1500-1618:** aus der Graphischen Sammlung des Germanischen Nationalmuseums. M: Saur, [1996]. CD-ROM.

102 **Gemeinsamer Kirchentag der Evangelischen und Katholischen Kirchen:** »Alte Wurzeln – Neues Leben«; Lutherstadt Eisleben, 21.-23.6.1996/ Programm. Vorwort von Christoph Demke; Leo Nowak; Helge Klassohn. [Eisleben], [1996]. 18 S.: Ill., Kt.

103 Goethe, Friedrich: **Schwäne als Wetterfahnen auf lutherischen Kirchen in Ostfriesland, Oldenburg und anderswo.** In: 036, 70-79: Ill.

104 Goethe, Friedrich: **So wurde der Schwan zum Luther-Emblem.** In: 036, 62-65: Ill.

105 Hildmann, Andreas: **Tod und Auferstehen im Hause Luther:** Theologie in weicher Kreide; eine Bildbetrachtung. CA (1996) Heft 1, 50-52: Ill.

106 **Historische Touren durch Luthers Land:** Sachsen-Anhalt, Sachsen, Thüringen/ hrsg. von ADAC Niedersachsen/Sachsen-Anhalt, ADAC Hessen-Thüringen, ADAC Sachsen, GFI – Gesellschaft zur Förderung der kommunalen In-

frastruktur und des Fremdenverkehrs, Hannover; Text: Stefan Schaper. Oldenburg: Haferkamp, 1995. 1 Faltbl.: Kt., Ill. (ADAC Freizeitservice)

107 Hoffmann, Wolfgang: **Luther:** ein praktischer Reiseführer zu den bedeutendsten Wirkungsstätten des Reformators in Deutschland. Wernigerode: Schmidt-Buch, 1995. 264 S.: Ill. (Kleine Touristenreihe)

108 Hoffmann, Wolfgang: **Luther:** a practical travel guide to the Reformer's most significant stations in Germany (Luther: ein praktischer Reiseführer zu den bedeutendsten Wirkungsstätten des Reformators in Deutschland (engl.))/ übers. von Dale Anne Hambrecht. Wernigerode: Schmidt-Buch, 1995. 264 S.: Ill. (Kleine Touristenreihe)

109 Jeziorowski, Jürgen: **Martin in Erfurt:** Auftakt zum Lutherjahr mit Martinslaternen. LM 34 (1995) Heft 12, 36.

110 Jeziorowski, Jürgen: **Mein Vaterland war Eisleben:** der Auftakt zum Luther-Gedenken anläßlich des 450. Todesjahres des Reformators. LM 35 (1996) Heft 4, 30 f.

111 Joestel, Volkmar: **Die Gans und der Schwan:** eine Allegorie auf Jan Hus und Martin Luther. In: 036, 9-12.

112 Joestel, Volkmar: **Tod und Verklärung eines großen Mannes** [Katalog zur Ausstellung]. In: 036, 119-139: Ill.

113 Junghans, Helmar: **Martin Luther und Wittenberg.** M: Koehler & Amelang, 1996. 224 S.: Ill., Ktn., Faks.

114 Kammer, Otto: **Lutherus redivivus:** die Totenmaske und die umstrittene Effigie in Halle. In: 036, 25-32: Ill.

115 Kammer, Otto: **Non cultus sed memoriae causa – zum Gedächtnis des hochwürdigen Mannes:** ein Blick auf die Vorgeschichte der Lutherdenkmäler. In: 036, 33-61: Ill.

116 Kanitz, Hans: **Was mit ihm anfangen?:** Luther und Wittenberg – ein kühles Verhältnis. LM 35 (1996) Heft 2, 10 f: Ill. [Vgl. LuB 1997, Nr. 100]

117 Kneise, Ulrich: **Lebensspuren:** ein Fotoessay. In: 02, 99-119: Taf.

118 Krenzlin, Ulrike: **Unter dem »geringen Schirm des Doctorhuthes«:** das Lutherdenkmal in Wittenberg, ein vaterländisches Denkmal. In: 065, 385-404: Ill.

119 Krüger, Jürgen: **Die Restaurierung der Wittenberger Schloßkirche:** ein Schlüssel zur wilhelminischen Kirchenbaupolitik. In: 065, 405-417: Ill.

120 Lehmann, Hartmut: **The Luther statues in Washington, D.C., and Baltimore.** (1993). In: 033, 72-88.

121 **Leipzig:** die Stadt und Martin Luther/ Hrsg.: Stadt Leipzig, der Oberbürgermeister, Fremdenverkehrs- und Kongreßamt. L: Monade, 1995. 1 Faltbl.: Ill., Kt.

122 Löcher, Kurt: **Humanistenbildnisse – Reformatorenbildnisse:** Unterschiede und Gemeinsamkeiten. In: 034, 352-390: Ill.

123 **Die Lutherausstellung auf der Wartburg.** ZDZ 50 (1996), 114.

124 **Lutherjahr '96 in Worms/** Konzeption und Gestaltung: Klaus Krier. [Worms], [1995]. 1 Faltbl.: Ill.

125 Martin Luther: **sei mir willkommen, edler Gast/** veröffentl. von der Bundesarbeitsgemeinschaft Evang. Jugendferiendienste; Autor: Christian Utpatel. Halle: Kontaktbüro Luther-Jahr '96, 1995. 48 S.: Ill.

126 **Martin Luther – der deutsche Reformator:** Dauerausstellung im Lutherhaus Eisenach ab 1. 3. 1996/ Cornelia Breitsprecher ... In: 02, 309-326: Ill.

127 **Martin Luther – Sterbehaus:** Sonderausstellung; Ars moriendi – Kunst des Sterbens; 11. November 1995 bis 30. August 1996, Lutherstadt Eisleben [16. September bis 31. Oktober 1996, Bretten, Melanchthonhaus]/ Text: Elfriede Starke; hrsg. von den Lutherstätten und Museen, Lutherstadt Eisleben. [Eisleben], [1995]. 1 Faltbl.: Ill.

128 **Martin Luther und die evangelische Kirchenmusik – Quellen, Dokumente, Nachwirken:** Ausstellung im Bachhaus Eisenach vom 23. 3. bis 31. 10. 1996/ Claus Oefner; Gisela Vogt. In: 02, 365-399: Ill.

129 **Martin Luther 1483-1546:** Ausstellung der Staatsbibliothek zu Berlin – Preußischer Kulturbesitz, 29. Februar - 13. April 1996/ Ausstellung und Katalog: Jutta Fliege; Karla Faust; Andreas Wittenberg. Wiesbaden: Reichert, 1996. 110 S.: Ill. (Staatsbibliothek zu Berlin – Preußischer Kulturbesitz: Ausstellungskataloge, N. F.; 15)

130 **Das Martin-Luther-Gymnasium in Eisenach:** Beiträge zu seiner Geschichte und seinem Neuanfang/ hrsg. vom Verein der Freunde von Luthers Schule zu Eisenach e.V. Eisenach, [1994]. 94 S.

131 **Museum der Bildenden Künste Leipzig:** Katalog der Gemälde 1995/ Bearb. und Redaktion: Dietulf Sander. S: Hatje, 1995. 422 S.: Ill. L 35+".

132 **Die neue Ausstellung im Lutherhaus Eisenach.** ZDZ 50 (1996), 114.

133 **Nürnberg:** Luther-Jahr '96/ hrsg. von der Congress- und Tourismuszentrale Nürnberg in Zsarb. mit dem Evang. Dekanat und den Mu-

seen der Stadt Nürnberg; Text: Phillipp Roser; Redaktion: Herbert Walchshöfer in Zsarb. mit Hartmut Hövelmann ... Nürnberg: Druckerei Tümmel, 1995. 24 S.: Ill.

134 Oswald, Cornelia: **Luther als Idee:** vom Helden zum Heiligen. In: 040, 44-46: Ill.

135 Petzoldt, Martin: **Luther und Leipzig:** zur gleichnamigen Ausstellung im Alten Rathaus zu Leipzig. Universität Leipzig: Mitteilungen und Berichte für die Angehörigen und Freunde der Universität Leipzig (1996) Heft 2 (April), 37-39: Ill.

136 Popov, Nikolai: **Stätten der Reformation:** von Eisleben bis Trient/ mit einem Vorwort von Jens Reich. Oschersleben: Ziethen, 1996. 310 S.: Ill.

137 Raschzok, Klaus: **Luther-Bilder aus Nördlinger Besitz.** Kirche + Kunst 74 (1996) Heft 2, 27-32: Ill.

138 **Reporter:** der Infodienst für Kirche und Touristik zum Luther-Jahr '96/ hrsg. im Auftrag des Evang. Arbeitskreises Freizeit – Erholung – Tourismus in der EKD durch die Bundesarbeitsstelle Evang. Jugendferiendienste (BRJ), Kontaktbüro Luther-Jahr '96, Halle; Redaktion: Christian Utpatel. Nr. 3. Halle, 1995. 10 S., 4 S. Anhang: Veranstaltungsübersicht.

139 **Reporter:** der Infodienst für Kirche und Touristik zum Luther-Jahr '96/ hrsg. im Auftrag des Evang. Arbeitskreises Freizeit – Erholung – Tourismus in der EKD durch die Bundesarbeitsstelle Evang. Jugendferiendienste (BRJ), Kontaktbüro Luther-Jahr '96, Halle; Redaktion: Christian Utpatel. Nr. 4. Halle, 1995. 12 S., 4 S. Anhang: Veranstaltungsübersicht.

140 **Reporter:** der Infodienst für Kirche und Touristik zum Luther-Jahr '96/ hrsg. im Auftrag des Evang. Arbeitskreises Freizeit – Erholung – Tourismus in der EKD durch die Bundesarbeitsstelle Evang. Jugendferiendienste (BRJ), Kontaktbüro Luther-Jahr '96, Halle; Redaktion: Christian Utpatel. Nr. 5 (März). Halle, 1996. 16 S., 3 S. Anhang: Veranstaltungsübersicht.

141 **Reporter:** der Infodienst für Kirche und Touristik zum Luther-Jahr '96/ hrsg. im Auftrag des Evang. Arbeitskreises Freizeit – Erholung – Tourismus in der EKD durch die Bundesarbeitsstelle Evang. Jugendferiendienste (BRJ), Kontaktbüro Luther-Jahr '96, Halle; Redaktion: Christian Utpatel. Nr. 6 (Juni). Halle, 1996. 13 S., 2 S. Anhang: Veranstaltungsübersicht.

142 Reuter, Fritz: **Reichstagsstadt Worms:** (Maximilian I. 1495, Martin Luther 1521); ein historischer Rundgang. Hamm/Rheinhessen: Kehl, 1995. 24 S.: Ill. – Bespr.: Böcher, Otto: BlPfKG 63 (1996), 420 = Ebernburg-Hefte 30 (1996), 168.

143 Ruppel, Helmut; Schmidt, Ingrid: **Ein Jahrhundert wird besichtigt:** das Bauernkriegspanorama von Werner Tübke in Bad Frankenhausen; zwei Szenen. In: 040, 4-11: 2 Taf.

144 Schuchardt, Günter: **Hessen und Thüringen:** von den Anfängen bis zur Reformation; Sonderausstellung auf der Wartburg 26. August - 25. Oktober 1992. Wartburg-Jahrbuch ([gedruckt 1993]), 127-129.

145 Schuchardt, Günter: **Zur Geschichte der Wartburg-Stiftung Eisenach:** Teil 1: 1922-1960. Wartburg-Jahrbuch 2 (1993 [gedruckt 1994]), 153-180.

146 **Schule zur Zeit Luthers: Ausstellung im Luther-Gymnasium Eisenach vom 25. 4. bis 31. 10. 1996.** In: 02, 361-364: Ill.

147 Schwarz, Hilmar: **Die Legende vom Tintenfleck:** die Lutherstube auf der Wartburg/ hrsg. von der Wartburg-Stiftung, Eisenach. Kassel: Druckhaus Dierichs, 1991. 32 S.: Ill. (Kleine Schriftenreihe der Wartburg-Stiftung; 4)

148 Schwarz, Hilmar: **Zur Wartburggeschichte in neuerer Literatur.** Wartburg-Jahrbuch 2 (1993 [gedruckt 1994]), 239-250.

149 Seib, Gerhard: **Luther mit dem Schwan als Frontispize in hessischen Gesangbüchern.** In: 036, 66-69: Ill.

150 Simmank, Lothar: **Wo Martin Luther predigte, tafelte und begraben wurde: auf den Spuren des Reformators:** Bruderhilfe Journal 70 (1996) Heft 1 (Februar-April), 62-66: Ill.

151 Streffer, Heinrich: **Der Tischbecher:** eine Reliquie von Martin Luther. Familienblatt der Lutheriden-Vereinigung 69 (1995) Heft 23, 8 f.

152 Strehle, Jutta: **Luther mit dem Schwan** [Katalog zur Ausstellung]. In: 036, 81-118: Ill.

153 Treu, Martin: **Die Entwicklung Wittenbergs zur Lutherstadt:** das preußische Jahrhundert 1817-1917. In: 065, 53-65.

154 Treu, Martin: **Martin Luther aus der Sicht von Lovis Corinth:** ein Beitrag zu der Frage nach dem »guten« Lutherbild. Lu 67 (1996), 26-35: Ill.

155 **Veranstaltungen zum Luther-Gedenken 1996:** in der Lutherstadt Eisleben, in Mansfeld und Hettstedt; »Mein Vaterland war Eisleben«/ hrsg. von der Lutherstadt Eisleben und dem Landkreis Mansfelder Land anläßlich des 450. Todestages des Reformators Dr. Martin Luther; Redaktion: Kulturamt der Lutherstadt Eisleben, Amt für Wirtschaftsförderung – Tourismus – der Kreisverwaltung Mansfelder Land und der Arbeitsgruppe »Luther '96« der Lutherstadt Eis-

leben und des Landkreises Mansfelder Land unter Mitarbeit der Evang. und Kath. Kirchengemeinden der Lutherstadt Eisleben und des Landkreises Mansfelder Land. [Halberstadt]: Halberstädter Druckhaus, [1995]. 7 S.: Ill., Kt.

156 **Veranstaltungskalender zum Luther-Gedenkjahr 1996 der bayerischen Luther-Städte:** Augsburg, Coburg, Nürnberg; die Evang.-Luth. Kirche in Bayern lädt ein/ Landeskirchenamt der Evang.-Luth. Kirche in Bayern; Christoph Reichenbacher. M: gwd Hans Venus, [1995]. 10 S. (Leporello).

157 **Von der Liberey zur Bibliothek:** Kostbarkeiten aus der Sächsischen Landesbibliothek/ Redaktion: Lothar Koch; Texte: Valentin Weber ...; Konzeption: Manfred Mühlner ... Dresden: Sächsische Landesbibliothek – Staats- und Universitätsbibliothek, 1996. 15 S.: Ill. L 6.

158 Wenke, Ursula: **Kurzer Abriß zur Geschichte der Wartburg-Bibliothek.** Wartburg-Jahrbuch 2 (1993 [gedruckt 1994]), 181-194.

159 **Werkverzeichnis der Gemälde und plastischen Darstellungen [Luther mit dem Schwan]/** bearb. von Jutta Strehle. In: 036, 141-168: Ill.

160 Wilhelm, Wolfgang: **Versöhnte Einheit:** Skizze Gabriele Mucchi, 1993; Wandbild für die Dorfkirche in Staaken. In: 040, 48-50: Ill.

161 Winter, Christian: **Luther in Borna.** Der Sonntag 51 (Dresden 1996) Nr. 11 (17. März), 8: Ill.

162 Zimmermann, Klaus: **Luther Márton élete képekben:** 19. századi illusztrációk alapján; a Kőbányai Evangélikus Egyházközség kiadványa (Martin Luthers Leben: Illustrationen des 19. Jahrhunderts [1983] ⟨ungar.)/ hrsg. und übers. von Tamás Fabiny. BP: Evang. Gemeinde BP-Kőbánya, 1996. 38 S.: Ill. – Bespr.: Kinczler, Irén: Credo 2 (BP 1996), Heft 3/4, 85 f.

B DARSTELLUNGEN

1 Biographische Darstellungen

a) Das gesamte Leben Luthers

163 Arnold, Matthieu: **La correspondance de Luther:** étude historique, littéraire et théologique. MZ: von Zabern, 1996. XIV, 673 S.: Zusammenfassung, 601-608. (Veröffentlichungen des Instituts für Europäische Geschichte Mainz; 168: Abt. Religionsgeschichte) – Überarb. – Strasbourg, Univ., Fak. für Evang. Theol., Diss., 1994.

164 Bainton, Roland [H.]: **Tak oto stoję:** Marcin Luter (Here I stand: a life of Martin Luther ⟨poln.)/ übers. von Wojciech Maj. Katowice: Wydawnictwo Areopag, 1995. 366 S.

165 Ebeling, Gerhard: **Martin Lutero:** l'itinerario e il messaggio (Martin Luthers Weg und Wort ⟨ital.)/ hrsg. von Paolo Ricca. Torino: Claudiana, 1988. 90 S. (Lutero, Martin: Opere scelte: introduzione) – Bespr.: Eckert, Ulrich: Pro 50 (1995), 161 f.

166 Fausel, Heinrich: **D. Martin Luther: sein Leben und Werk 1483-1521.** 2. Aufl. Lizenzausgabe. S: Hänssler, 1996. 211 S.

167 Fausel, Heinrich: **Martin Luther:** shisn i delo (D. Martin Luther: sein Leben und Werk ⟨russ.)). Bd. 1: 1483-1521/ übers. und hrsg. von Jurij Alexejewitsch Golubkin. Charkow: Maidan, 1995. 240 S.

168 Fausel, Heinrich: **D. Martin Luther: sein Leben und Werk 1522-1546.** 2. Aufl. Lizenzausgabe. S: Hänssler, 1996. 211 S.

169 Febvre, Lucien: **Martin Luther** (Martin Luther: un destin ⟨dt.)/ hrsg., neu übers. und mit einem Nachwort von Peter Schöttler. F; NY: Campus; P: Fondation Maison des Sciences de l'Homme Paris, 1996. 340 S.: Ill.

170 Genthe, Hans Jochen: **Martin Luther: sein Leben und Denken.** GÖ: V&R, 1996. 343 S.: Ill.

171 Junghans, Helmar: **Martin Luther:** 1483-1546; eine interaktive Computeranimation/ Gesellschaft für Multimediaproduktion in Berlin (mib) (Zusammenarb. mit dem MedienLabor für kommunikative Strategien und dem MedienInstitut am Museumspädagogischen Dienst); Konzeption: Arthur Engelbert ...; Programmierung: Winfried Gerling ...; Gestaltung: Winfried Gerling ...; Materialkoordination: Ansgar Gerling ...; Bildunterschriften: Thekla Junghans; Fotografen: Wilfried Kirsch ...; Booklet: Dorothee Weinlich; Betreuung: Manuela Rost-Hein (IBM). B: mib, [1996]. 1 CD-ROM & Beil. (1 Booklet, 12 S.): Ill. (eine CD-ROM der mib)

172 Landgraf, Wolfgang: **Martin Luther:** Biogra-

phie. 3., überarb. Aufl. B: Neues Leben, 1995. 301 S.: Ill.

173 Lienhard, Marc: **Martin Luther** (Martin Luther ⟨dt.⟩)/ übers. von Manfred Heim. In: 08, 679-722: Ill.

174 Oberman, Heiko A.: **Marcin Luter: człowiek między Bogiem a diabłem** (Martin Luther: Mensch zwischen Gott und Teufel ⟨poln.⟩)/ übers. von Elżbieta Adamiak. Gdańsk: Wydawnictwo Marabut, 1996. 270 S.

175 Uglorz, Manfred: **Marcin Luther:** ojciec Reformacji (Martin Luther: Vater der Reformation). Bielsko-Biała: Augustana, 1995. 168 S.

b) Einzelne Lebensphasen und Lebensdaten

176 Bräuer, Siegfried: **Entstehung und Überlieferung der Texte** [Luthers Tod und Begräbnis]/ Übers. des dt. Originals: Beate Eulenhöfer. In: 069, 105-112 (dt.), 113-120 (engl.).

177 Bräuer, Siegfried: **Der Tod des Propheten:** die Nachricht von Luthers Tod in Wittenberg und anderswo. In: 07, 23-40: Ill.

178 Brecht, Martin: **Der Zusammenhang von Luthers reformatorischer Entdeckung und reformatorischem Programm als ökumenisches Problem.** (1982). In: 05, 62-78.

179 Breitsprecher, Cornelia: **Luthers Schulzeit in Eisenach.** In: 02, 313 f: Ill.

180 Feld, Helmut: **Wurde Martin Luther 1521 in effigie in Rom verbrannt?** LuJ 63 (1996), 11-18.

181 Feldmann, Harald: **Martin Luthers Krankheiten.** In: 02, 93-98: Ill.

182 Freybe, Peter: **Einführung** [Luthers Tod und Begräbnis]/ Übers. des dt. Originals: Beate Eulenhöfer. In: 069, 3-8 (dt.), 9-14 (engl.): Ill.

183 Hendrix, Scott H.: **Luther's loyalties and the Augustinian order.** (1990). In: 020, Nr. XIII, S. 236-258: Zusammenfassung, 258.

184 Hiebsch, Sabine: **Maarten Luthers laatste wil** (Martin Luthers letzter Wille). In: 043, 145-156.

185 Höß, Irmgard: **Der Wartburgaufenthalt Martin Luthers vom 4. Mai 1521 bis 1. März 1522.** In: 02, 55-60: Ill.

186 Joestel, Volkmar: **1517:** Luthers 95 Thesen; der Beginn der Reformation. B: Brandenburgisches Verlagshaus, 1995. 159 S.: Ill. (Das Tagebuch Europas)

187 Junghans, Helmar: **Leipzig disputation.** In: 052, 417 f.

188 Lohse, Bernhard: **Luthers Selbstverständnis.** In: 073, 44-62.

189 Lohse, Bernhard: **Luthers Selbstverständnis in seinem frühen Romkonflikt und die Vorge-** schichte des Begriffs der »Theologia crucis«: untersucht anhand seines Briefwechsels zwischen 1517 und 1519/20. In: 024, 15-31.

190 Mau, Rudolf: **Entscheidung in Worms.** In: 02, 47-54: Ill.

191 Moeller, Bernd: **Luthers Berühmtwerden 1517-1519.** In: 02, 37-40: Ill.

192 Neumann, Hans-Joachim: **Luthers Leiden:** die Krankheitsgeschichte des Reformators. B: Wichern, 1995. 212 S.: Ill.

193 Scheible, Heinz: **Die Gravamina, Luther und der Wormser Reichstag 1521.** (1971). In: 062, 393-409.

194 Scheible, Heinz: **Die Universität Heidelberg und Luthers Disputation.** (1983). In: 062, 371-391.

195 Schuchardt, Günter: **Der Aufenthalt Martin Luthers auf der Wartburg 1521/22:** Ereignis und Nachwirkung. In: 073, 149-153.

196 Schwarz, Reinhard: **Martin Luther – eine theologische Existenz.** In: 073, 22-43: Ill.

197 Sommer, Wolfgang: **Luthers letzte Predigt.** Lu 67 (1996), 58-66.

198 Vinke, Rainer: **Luther auf der Coburg, Melanchthon in Augsburg und das Augsburger Bekenntnis.** BlPfKG 63 (1996), 305-325: Ill. = Ebernburg-Hefte 30 (1996), 53-73: Ill.

c) Familie

199 Borchardt, Karl: **Martin Luther:** doch nicht vorehelich gezeugt?; eine Ergänzung zur Martin-Luther-Miszelle von Ludwig Schmugge. ARG 87 (1996), 393-399: abstract, 399. [Vgl. LuB 1993, Nr. 136]

200 Bornkamm, Karin: **»Gott gab mir Frau und Kinder«:** Luther als Ehemann und Familienvater. In: 073, 63-83: Ill.

201 Brecht, Martin: **Luther, Katharina.** In: 052, 460 f.

202 Delhaas, Sieth: **Katharina Luther:** Wege und Entscheidungen im Zeitalter der Hexenjagd. In: 014, 24-36: Porträt.

203 Liebehenschel, Wolfgang: **Luthers Vetter Cyriakus Lindemann und die Lateinschule Schulpforta.** Familienblatt der Lutheriden-Vereinigung 68 (1993) Heft 18, 3 f.

204 Resch, C[arl]: **Das Kloster Nimbschen und seine berühmte Nonne, Katharina von Bora, Luthers Frau:** mit Bildnis von Katharina von Bora/ Unv. Nachdruck der Ausgabe Grimma, 1933/ mit einem Vorwort und einer Betrachtung an den Dichter Jochen Klepper von Friedrich Wermuth. Grimma: Fremdenverkehrsamt Grimma: Ev.-luth. Pfarramt Grimma, 1996. 16 S.: Port.

205 Treu, Martin: **Katharina von Bora**. Wittenberg: Drei Kastanien, 1995. 90 S.: Ill.

206 Volk, Ernst: **Luther:** als Ehemann ein Edelmann. CA (1996) Heft 3, 33-36: Ill.

d) Volkstümliche Darstellungen seines Lebens und Werkes, Schulbücher, Lexikonartikel

207 Blöchle, Herbert: **Wir sind Bettler.** LM 35 (1996) Heft 2, 7.

208 Brecht, Martin: **Luther, Martin.** In: 052, 461-467.

209 Christophe, Paul: **Breve diccionario de la historia de la Iglesia** (Petit dictionnaire de l'histoire de L'Église ⟨port.⟩)/ übers. von M. Montes. Bilbao: Desclée de Brouwer, 1995. 122 S. L".

210 Dreher, Martin N[orberto]: **A crise e a renovação da Igreja no período da Reforma** (Die Krise und die Erneuerung der Kirche im Zeitalter der Reformation). São Leopoldo: Sinodal, 1996. 131 S. L 23-52. (Coleção história da Igreja; 3)

211 **Fäuste des Satans:** Martin Luther, vermeintlich eine Kraftnatur, war in Wahrheit ein schwerkranker Dauerpatient. Der Spiegel (1996) Nr. 10 (4. März), 222-224: Ill.

212 Geiger, Ulrich: **Martin Luther und die Reformation:** 26 Arbeitsblätter mit didaktisch-methodischen Kommentaren; Sekundarstufe I. S; Dresden: Klett-Verlag für Wissen und Bildung, 1995. 96 S.: Ill. (Arbeitsblätter Religion)

213 **Den Glauben feiern:** Feste im Kirchenjahr/ hrsg. von Helmut Hanisch; Werner Müller; Dieter Reiher. F: Diesterweg; L: EVA, 1994. 160 S.: Ill. L".

214 Gutschera, Herbert; Maier, Joachim; Thierfelder, Jörg: **Kirchengeschichte ökumenisch.** Bd. 2: **Von der Reformation bis zur Gegenwart.** Überarb. Studienausgabe eines Teils von »Die Geschichte der Kirchen«. MZ; Grünewald; S: Quell, 1995. 226 S. [Vgl. LuB 1994, Nr. 96]

215 Hirschler, Horst: **Dieser Mensch Martin Luther:** biographische und theologische Grundlinien. In: 021, 19-39.

216 Hirschler, Horst: **Einstieg:** Erzählungen von der Wartburg. In: 021, 7-17: Ill.

217 Lienhard, Marc: **Martin Luther (1483-1546).** In: 011, 921 f.

218 **Martin Luther:** Leben und Wirken des Reformators; 450. Todestag 1546-1996/ Text und Bildzusammenst.: D[ietrich] Steinwede nach dem Sachbilderbuch zur Kirchengeschichte »Reformation – Martin Luther«. Jubiläums-Sonderausgabe der Ausgabe Lahr, 1982, für die Reise- und Versandbuchhandlung des Rauhen Hauses HH. Lahr: Kaufmann, 1996 (© 1982). 10 S., [3] Bl.: Ill.

219 Martina, Giacomo: **História da Igreja de Lutero a nossos dias** (Storia della chiesa: da Lutero ai nostri giorni ⟨port.⟩)/ Bd. 1: **A era da Reforma** (L'età della Riforma ⟨port.⟩)/ übers. von Orlando Soares Moreira. São Paulo: Loyola, 1996. 348 S. L".

220 Matos, Henrique Cristiano José: **Caminhando pela história da Igreja: uma orientação para iniciantes** (Wandern durch die Kirchengeschichte: eine Orientierung für Anfänger). Bd. 2. Belo Horizonte: O Lutador, 1995. 216 S.: Ill. L 12-42.

221 Müller, Werner: **Die gute Nachricht hören:** Reformationstag. In: Den Glauben feiern: Feste im Kirchenjahr; Begleitbuch für die Praxis in Schule und Gemeinde/ hrsg. von Helmut Hanisch; Werner Müller; Dieter Reiher. F: Diesterweg; L: EVA, 1996, 113-125.

222 Ricca, Paolo: **La Riforma protestante (1517-1580)** (Die protestantische Reformation 1517-1580). In: 066, 363-417.

223 Rostagno, Sergio: **Lutero:** la fede e le opere (Luther: Glaube und Werk). Rocca 55 (1996), 48-50.

224 Schlenke, Manfred: **Vom Reformator zum Revolutionär: warum 1520 für Luther zum Entscheidungsjahr wurde.** EvK 29 (1996), 72-74: Ill.

225 Stein, Werner: **Der große Kulturfahrplan:** die wichtigsten Daten der Weltgeschichte; Politik, Kunst, Religion, Wirtschaft/ Hrsg. für die Jahrgänge 1990-1992: Wolf Bachmann; Redaktion: Martin Janik. Limitierte Sonderausgabe; 740. Tsd.; erw. Aufl. M: Herbig, 1993. 1980 S. L".

226 Thol-Hauke, Angelika: **Eine zeitgemäße Entscheidung ...:** Fegefeuer, Ablaß und der ganze Rest; drei Szenen. In: 040, 12-18: Ill.

2 Luthers Theologie und einzelne Seiten seines reformatorischen Wirkens

a) Gesamtdarstellungen seiner Theologie

227 Ebeling, Gerhard: **Das rechte Unterscheiden:** Luthers Anleitung zu theologischer Urteilskraft. (1988). In: 010, 420-459.

228 George, Timothy: **Teologia dos reformadores** (Theology of the reformers ⟨port.⟩)/ übers. von Gérson Dudus; Valéria Vontana. São Paulo: Vida Nova, 1994. 339 S. L 53-108.

229 Härle, Wilfried: **Dogmatik.** B; NY: de Gruyter, 1995. XVIII, 719 S. L 136-139+". (De-Gruyter-Lehrbuch)

230 Kaennel, Lucie: **Rose de Luther.** In: 011, 1358.

231 Kelly, Robert A.: **Oratio, meditatio, tentatio faciunt theologum: Luther's piety and the formation of theologians.** Consensus 19 (Winnipeg, Manitoba 1993), 9-27. – Bespr.: Maschke, Timothy H.: LuD 4 (1996), 79-81.

232 Knuth, Hans Christian: **Luthers Theologie gehört auch die Zukunft.** idea spectrum (1996) Nr. 6, 20: Ill.

233 Korsch, Dietrich: **Luthers Siegel:** eine elementare Deutung seiner Theologie. Lu 67 (1996), 66-87.

234 Lienhard, Marc: **Luther und die Anfänge der Reformation** (Luther and the beginnings of the Reformation [1987] ⟨dt.⟩). In: 015, 277-307: Portr.

235 Lohse, Bernhard: **Luthers Theologie in ihrer historischen Entwicklung und ihrem systematischen Zusammenhang.** GÖ: V&R, 1995. 378 S. – Bespr.: Frenschkowski, M[arco]: BlPfKG 63 (1996), 422 f = Ebernburghefte 30 (1996), 170 f; Gritsch, Eric W.: ThLZ 121 (1996), 695-697.

236 Luojola, Yrjö: **Martti Luther:** yhteinen ikituore opettajamme (Martin Luther: unser gemeinsamer, immer aktueller Lehrer). Kerava: Osumakustannus, 1995. 186 S.

237 Mannermaa, Tuomo: **Kaksi rakkautta:** johdatus Lutherin uskonmaailmaan (Zwei Arten der Liebe: Einleitung in die Glaubenswelt von Luther). 2., erg. Aufl. Helsinki: Suomalainen teologinen kirjallisuuseura, 1995. 115 S. (Suomalaisen teologisen kirjallisuuseuran julkaisuja; 194) – Bespr.: Syreeni, Kari: Perusta (Helsinki 1995), 252 f.

238 Pol, Frits van der: **Een bedelaar vindt rust:** Maarten Luther 1546-1996 (Ein Bettler findet Ruhe: Martin Luther 1546-1996). Goes: Oosterbaan & le Cointre, 1996. 192 S.

b) Gott, Schöpfung, Mensch

239 Asendorf, Ulrich: Die Trinitätslehre als integrales Problem der Theologie Martin Luthers. In: 038, 113-130. [Vgl. LuB 1997, Nr. 225]

240 Bayer, Oswald: **Das Wunder der Gottesgemeinschaft:** eine Besinnung auf das Motiv der »unio« bei Luther und im Luthertum Bachs. In: 055, 20-28.

241 Bienert, Wolfgang A.: **Christologische und trinitätstheologische Aporien der östlichen Kirche aus der Sicht Luthers:** Korreferat zu Jouko Martikainen: Christologische und trinitätstheologische Aporien der östlichen Kirche aus der Sicht Martin Luthers. In: 038, 95-112. [Vgl. LuB 1997, Nr. 251]

242 Courth, Franz: **Trinität:** von der Reformation bis zur Gegenwart. FR; BL; W: Herder, 1996. 176 S. L 10-23. (Handbuch der Dogmengeschichte; 2 I)

243 Evrard, Patrick; Gisel, Pierre: **Dieu.** In: 011, 362-417.

244 Flogaus, Reinhard: **Einig in Sachen Theosis und Synergie?** KD 42 (1996), 224-243: summary, 243.

245 Heine, Susanne: **In Windeln und Krippen: der verborgene Gott bei Martin Luther; eine aktuelle Botschaft.** LM 35 (1996) Heft 4, 19-22.

246 Herms, Eilert: **Offenbarung V: Theologiegeschichte und Dogmatik.** TRE 25 (1995), 146-210.

247 Jenson, Robert W.: Die trinitarische Grundlegung der Theologie: östliche und westliche Trinitätslehre als ökumenisches Problem. In: 038, 9-23. [Vgl. LuB 1997, Nr. 248]

248 Kretschmar, Georg: **Der Weg der kirchlichen Theologie zum Bekenntnis des dreieinigen Gottes:** Korreferat zu Robert W. Jenson: Die trinitarische Grundlegung der Theologie. In: 038, 25-41. [Vgl. LuB 1997, Nr. 247]

249 Leoni, Stefano: **Motus essentia Dei, Deus essentia beatorum:** ontologia e teologia in una predica giovanile di Lutero (Ontologie und Theologie in einer Johannespredigt Luthers). Pro 51 (1996), 219-246.

250 Mannermaa, Tuomo: **Hat Luther eine trinitarische Ontologie?** In: 038, 43-60. [Vgl. LuB 1997, Nr. 261]

251 Martikainen, Jouko: **Christologische und trinitätstheologische Aporien der östlichen Kirche aus der Sicht Luthers.** In: 038, 71-94. [Vgl. LuB 1997, Nr. 241]

252 Maurer, Ernstpeter: **Der Mensch im Geist:** Untersuchungen zur Anthropologie bei Hegel und

Luther. GÜ: Kaiser; GVH, 1996. 316 S. (Beiträge zur evang. Theologie; 116) – Zugl.: Bonn, Univ., Habil., 1994.

253 Müller, Gerhard: **Luthers trinitarische theologie als oecumenische uitdaging vandaag** (Luthers trinitarische Theologie als ökumenische Herausforderung heute). LuBu 4 (1995), 35-46: Zusammenfassung, 45 f.

254 Peters, Albrecht: **Der Mensch.** 2., unv. Aufl. GÜ: GVH, 1994. 219 S. L 27-59+". (Handbuch systematischer Theologie; 8)

255 Peura, Simo: **Das Sich-Geben Gottes:** Korreferat zu Ulrich Asendorf: Die Trinitätslehre als integrales Problem der Theologie Martin Luthers. In: 038, 131-146. [Vgl. LuB 1997, Nr. 239]

256 Plathow, Michael: **Das Cooperatio-Verständnis Luthers im Gnaden- und Schöpfungsbereich:** zur Frage nach dem Verhältnis von Mensch und Schöpfung. (1985). In: 056, 135-158.

257 Plathow, Michael: **Der Geist hilft unserer Schwachheit:** ein aktualisierender Forschungsbericht zu M. Luthers Rede vom heiligen Geist. (1994). In: 056, 45-80.

258 Plathow, Michael: **Menschenleid als Leiden an Gottes Verborgenheit:** theologische Überlegungen zur psychoanalytischen Sicht von menschlicher Sünde und göttlichem Zorn. (1984). In: 056, 81-104.

259 Plathow, Michael: **Theologische Überlegungen zu Sünde, Anfechtung und Leiden.** (1982). In: 056, 32-44.

260 Plathow, Michael: **Versöhnende Liebe und versöhnte Liebe:** zu Luthers 28. These der Heidelberger Disputation. (1981). In: 056, 11-31.

261 Slenczka, Notger: **Über Aristoteles hinaus?:** Korreferat zu Tuomo Mannermaa: Hat Luther eine trinitarische Ontologie?. In: 038, 61-70. [Vgl. LuB 1997, Nr. 250]

262 Wenz, Gunther: **Unser perverses Verhältnis zu Gott:** Serie Augsburger Bekenntnis Artikel 2: **Von der Erbsünde.** CA (1996) Heft 3, 11-14: Ill.

263 Zur Mühlen, Karl-Heinz: **Sin.** In: 053, 61-65.

c) Christus

264 Austad, Torleiv: **Die Auferstehung Jesu als Ausgangspunkt der Christologie.** In: 031, 103-116.

265 Borski, Ryszard: **Wcielenie syna Bożego w teologii Marcina Lutra** (Die Inkarnation des Gottessohnes in der Theologie Martin Luthers). In: W służbie wcielonego Słowa (Im Dienst des inkarnierten Wortes) = Festschrift zum 60. Geburtstag von Bischof Jan Szarek/ hrsg. von Zofia

Siewak-Sojka. Bielsko-Biała: Augustana, 1996, 102-110.

266 Brecht, Martin: **Der rechtfertigende Glaube an das Evangelium von Jesus Christus als Mitte von Luthers Theologie.** (1978). In: 05, 13-47.

267 Ebeling, Gerhard: **»Christus ... factus est peccatum metaphorice«.** (1992). In: 010, 583-609.

268 Lippi, Adolfo: **Lutero e la Theologia crucis** (Luther und die Kreuzestheologie). La sapienza della croce 10 (Roma 1995), 339-357.

269 Ngien, Dennis: **The suffering of God according to Martin Luther's Theologia crucis/** mit einem Vorwort von Jürgen Moltmann. NY; Washington, D.C.; Baltimore; San Francisco; Bern; F; B; W; P: Lang, 1995. XII, 289 S. (American university studies: series 7, theology and religion; 181) – Toronto, University of St. Michael's College, PhD, 1993.

270 Plathow, Michael: **Aspekte zu Martin Luthers Kreuzestheologie heute.** In: 056, 351-374.

271 Toniolo, Andrea: **Theologia crucis e modernità: spunti di riflessione per la teologia fondamentale** (Kreuzestheologie und Moderne: Stichworte zur Reflexion durch die Fundamentaltheologie). Studia Patavina 42 (Padova 1995), 307-325.

272 Uglorz, Marek: **Jak Luther głosił ewangelię o wcieleniu syna Bożego** (Wie hat Luther das Evangelium von der Inkarnation des Gottessohnes gepredigt). Kalendarz ewangelicki 110 (Bielsko-Biała 1995), 104-112.

d) Kirche, Kirchenrecht, Bekenntnisse

273 Becker, Jürgen: **Zum Schriftgebrauch der Bekenntnisschriften.** (1977). In: 04, 419-427.

274 Birmelé, André: **Église.** In: 011, 483-499.

275 Ebeling, Gerhard: **Der Lauf des Evangeliums und der Lauf der Welt:** die Confessio Augustana einst und jetzt; (1980). (1982). In: 010, 246-269.

276 Hendrix, Scott H.: **Luther et la papauté.** (1976)/ aus dem Amerikan. übers. von André Divault. In: 020, Nr. IX, S. 49-57.

277 Hendrix, Scott H.: **Luther's communities.** (1984). In: 020, Nr. XV, S. 43-68.

278 Karski, Karol: **Symbolika (Symbolik).** WZ: Chrześcijańska Akademia Teologiczna, 1994. 194 S. L 125-144+".

279 Müller, Gerhard: **Theorie und Praxis von Kirchenleitung in der Reformation.** KD 42 (1996), 154-173: summary, 173.

280 Pannenberg, Wolfhart: **Überlegungen zum Problem der Bekenntnishermeneutik in den evan-**

gelischen Kirchen. KuD 41 (1995), 292-302: summary, 302.

281 Plathow, Michael: **Die Bedeutung der »Ortskirche« in der luth. Ekklesiologie.** (1988). In: 056, 189-212.

282 Rogge, Joachim: **Luthers Kirchenverständnis in seinen Spätschriften.** ThLZ 120 (1995), 1051-1058.

283 Seebaß, Gottfried: **Evangelische Kirchenordnung im Spannungsfeld von Theologie, Recht und Politik:** die Gutachten der Nürnberger Juristen zum Entwurf der Brandenburgisch-nürnbergischen Kirchenordnung von 1533 und ihre Bedeutung für deren endgültige Gestalt. In: 059, 231-273. L".

284 Sieglerschmidt, Jörn: **Das kanonische Recht und seine Überlieferung in den welfischen Territorien um 1600.** In: 059, 331-356. L 333 f+".

285 Trowitzsch, Michael: **Die nachkonstantinische Kirche, die Kirche der Postmoderne und Martin Luthers antizipierende Kritik.** Berliner theol. Zeitschrift 13 (1996), 3-35.

286 Wenz, Gunther: **Theologie der Bekenntnisschriften der evangelisch-lutherischen Kirche:** eine historische und systematische Einführung in das Konkordienbuch. Bd. 1. B; NY: de Gruyter, 1996. 719 S.: 1 Taf. (de Gruyter Lehrbuch)

e) Sakramente, Beichte, Ehe

287 Diestelmann, Jürgen: **Actio sacramentalis:** die Verwaltung des Heiligen Abendmahles nach den Prinzipien Martin Luthers in der Zeit bis zur Konkordienformel. Groß Oesingen: Harms, 1996. 436 S.

288 Gerrish, B[rian] A.: **Eucharist.** In: 052, 71-81.

289 Huovinen, Eero: **Die unverlierbare Gabe der Taufe (»character indelebilis«) in der Theologie Luthers.** In: 031, 49-57.

290 Ohst, Martin: **Pflichtbeichte:** Untersuchungen zum Bußwesen im hohen und späten Mittelalter. TÜ: Mohr, 1995. IX, 315 S. (Beiträge zur historischen Theologie; 89) – Zugl.: GÖ, Univ., Theol. Fak., Habil., 1993/94.

291 Prunzel, Clóvis Jair: **Análise »Da Ceia de Cristo – Confissão« de 1528** (Untersuchung der Schrift »Vom Abendmahl Christi, Bekenntnis«, 1528). In: 057, 117-126.

292 Prunzel, Clóvis Jair: **Aspectos pastorais na Santa Ceia em Lutero** (Seelsorgerliche Aspekte im Abendmahl bei Luther). In: 057, 99-116.

293 Prunzel, Clóvis Jair: **A Santa Ceia em Lutero** (Das Abendmahl bei Luther). In: 057, 39-46.

294 Smolinsky, Heribert: **Ehespiegel im Konfessionalisierungsprozeß.** In: 027, 311-330: Diskussion, 330 f.

295 Wenz, Gunther: **Die Deutung der Sakramente in der Predigt: dogmatische Grundlagen.** Luth. Kirche in der Welt 43 (1996), 109-124.

f) Amt, Seelsorge, Diakonie, Gemeinde, allgemeines Priestertum

296 Beyer, Michael: **Die Kastenordnung – ein besonderes Zeichen evangelischer Sozialgesinnung:** Martin Luther im sächsischen Leisnig. Der Sonntag 51 (Dresden 1996) Nr. 15 (14. April), 8: Ill.

297 Bradshaw, Paul Frederick; Müller, Hans Martin: **Ordination IV: Kirchengeschichte.** TRE 25 (1995), 343-362.

298 Brecht, Martin: **Geistliche Gemeindeerneuerung und Geistesgaben – ihre Beurteilung in der ev. Kirche Deutschlands vom 16. bis zur Mitte des 19. Jahrhunderts.** (1988). In: 05, 148-163.

299 Dermange, François; Fuchs, Éric: **Vocation.** In: 011, 1627-1655.

300 Dubied, Pierre-Luigi: **Pasteur.** In: 011, 1126-1138.

301 Ebeling, Gerhard: **Trostbriefe Luthers an Leidtragende.** In: 031, 37-48.

302 Keller, Rudolf: **Luther als Seelsorger und theologischer Berater der zerstreuten Gemeinden.** In: 031, 58-78.

303 Kretschmar, Georg: **Die Wiederentdeckung des Konzeptes der »Apostolischen Sukzession« im Umkreis der Reformation.** In: 031, 231-279.

304 Maffeis, Angelo: **Il sacerdozio universale dei fedeli secondo Lutero:** valenza critica e implicazioni ecclesiologiche di una dottrina (Das allgemeine Priestertum der Gläubigen nach Luther: kritische Valenz und ekklesiologische Implikationen einer Lehre). Quaderni teologici del Seminario di Brescia 5 (Brescia 1995), 123-152.

305 Mennecke-Haustein, Ute: **Hilfe für bedrohtes Leben:** wie Luther Trauernde und Angefochtene tröstet. In: 07, 41-58: Ill.

306 Möller, Christian: **Einführende Bemerkungen zur Seelsorge im 16., 17. und 18. Jahrhundert.** In: 016, 9-21.

307 Möller, Christian: **Martin Luther.** In: 016, 24-44: Portr.

308 Morgner, Christoph: **Luther wollte die kleinen Gruppen.** idea spectrum (1996) Nr. 6, 23: Ill.

309 Oftestad, Bernt T.: **Öffentliches Amt und kirchliche Gemeinschaft:** Luthers theologische Auslegung des Begriffs »öffentlich«. In: 031, 90-102.

310 Plathow, Michael: **Christus als Arzt: zu Luthers integrierendem Verständnis von Diakonie und Seelsorge.** (1993). In: 056, 105-117.

311 Plathow, Michael: **Ministerium ecclesiasticum:** Berufskunst als Anspruch an den Pfarrer und als Anspruch des Pfarrers. (1991). In: 056, 213-229.

312 Schneider, Bernhard: **Wandel und Beharrung:** Bruderschaften und Frömmigkeit in Spätmittelalter und Früher Neuzeit. In: 068, 65-87.

313 Smith, Ralph F.: **Luther, ministry, and ordination rites in the early Reformation church.** NY; Washington, D.C.; Baltimore; Bern; F; B; W; P: Lang, 1996. 292 S. (Renaissance and baroque: studies and texts; 15) – Überarb. Notre Dame, IN, University of Notre Dame, PhD, 1988: »Ordering ministry: the liturgical witness of sixteenth-century German ordination rites«.

314 Stolle, Volker: **Luther, das »Amt« und die Frauen.** LThK 19 (1995), 2-22.

g) Gnade, Glaube, Rechtfertigung, Werke

315 Aranguren, José Luis L.: **La ética protestante** (Die protestantische Ethik). In: Historia de la ética (Geschichte der Ethik)/ hrsg. von Victoria Camps. Bd. 1: De los griegos al renacimiento (Von den Griechen bis zur Renaissance). Barçelona: Crítica, 1988, 490-506. L".

316 Bakker, Jan T.: **Beeld dat blijft spreken:** de vrolijke ruil (Bleibende Bildsprache: der fröhliche Wechsel). In: 043, 88-106.

317 Birmelé, André; Widmer, Gabriel-Ph.: **Salut.** In: 011, 1376-1399.

318 Brecht, Martin: **Umgang mit Schuld in der reformatorischen Tradition.** In: 05, 164-187. [Erw. Fassung von LuB 1994, Nr. 207]

319 Denecke, Axel: **Paränese II: Praktisch-theologisch.** TRE 25 (1995), 742-746.

320 Grislis, Egil: **Piety, faith, and spirituality in the quest for the historical Luther.** Consensus 19 (Winnipeg, Manitoba 1993), 29-51. – Bespr.: Maschke, Timothy H.: LuD 4 (1996), 41-43.

321 Hirschler, Horst: **Die Freiheit eines Christenmenschen:** Luthers vergessener Markenartikel. In: 021, 39-73: Ill.

322 Hohenberger, Thomas: **Lutherische Rechtfertigungslehre in den reformatorischen Flugschriften der Jahre 1521-22.** TÜ: Mohr, 1996. XVI, 445 S.: Ill. (Spätmittelalter und Reformation: N. R.; 6) – Überarb. Erlangen/Nürnberg, Univ., Theol. Fak., Diss., 1993/94.

323 Krodel, Gottfried G.: **Luther – an Antinomian?** LuJ 63 (1996), 69-101.

324 Lexutt, Athina: **Rechtfertigung im Gespräch:** das Rechtfertigungsverständnis in den Religionsgesprächen von Hagenau, Worms und Regensburg 1540/41. GÖ: V&R, 1996. 299 S. L 73-75+". (Forschungen zur Kirchen- und Dogmengeschichte: 64) – Zugl.: Bonn, Univ., Evang.-Theol. Fak., Diss., 1994/95.

325 Mannermaa, Tuomo: **Grund der Freiheit in der Theologie Martin Luthers.** In: 031, 79-89.

326 Pöhle, Andreas H.: **Luther en de wet:** het begrip wet in het licht van Luthers prediking over teksten uit het Oude Testament (Luther und das Gesetz: »Gesetz« im Lichte von Luthers Predigten über alttestamentliche Texte). LuBu 4 (1995), 86-93.

327 Seils, Martin: **Frei und dienstbar zugleich:** Christsein aus der Sicht Martin Luthers. In: 073, 9-14: Ill.

328 Seils, Martin: **Glaube.** GÜ: GVH, 1996. 547 S. L 27-90. (Handbuch systematischer Theologie; 13)

329 Wöhle, Andreas H.: **Dilectio legis:** der Gesetzesbegriff Martin Luthers im Licht seiner alttestamentlichen Predigten; eine Quellenstudie. Amsterdam: Universität, 1995. 221 S. – Amsterdam, Universiteit van Amsterdam, [theol.] Diss., 1995.

330 Wöhle, Andreas H.: **Luthers visie op de wet** (Luthers Gesetzesverständnis). RW 37 (1995) Heft 4, 44-49.

331 Wöhle, Andreas H.: **Luthers welbehagen in de Tora** (Luthers Wohlgefallen an der Torah). ELK 27 (Woerden 1995) Heft 10, 3 f.

332 Wöhle, Andreas H.: **De vreugde der engelen:** Luthers visie op de wet (Die Freude der Engel: Luthers Sicht des Gesetzes). Interpretatie 3 (Zoetermeer 1995) Heft 7, 13 f.

h) Sozialethik, politische Ethik, Geschichte

333 Anselm, Reiner: **Jüngstes Gericht und irdische Gerechtigkeit:** protestantische Ethik und die deutsche Strafrechtsreform. S; B; Köln: Kohlhammer, 1994. 258 S. L 19-21+". – Zugl.: M, Univ., Evang.-Theol. Fak., Diss., 1993.

334 Asheim, Ivar: **Etisk argumentasjon hos Luther** (Ethische Argumentation bei Luther). TTK 66 (1995), 159-176.

335 Blickle, Peter: **Freiheit:** ein Problem der Deutschen und Martin Luther. In: 065, 79-94. [Vgl. LuB 1996, Nr. 235]

336 Brecht, Martin: **Luthertum als politische und soziale Kraft in den Städten.** (1980). In: 05, 471-494.

337 Dieter, Theodor: **Zinskauf und Wucher:** Luthers

theologische Kritik an einem Rechtsinstitut der Wirtschaft seiner Zeit. LuBu 4 (1995), 47-64: Samenvatting, 64.

338 Endres, Rudolf: **Armenwesen und Armenfürsorge.** In: 018, 425-431.

339 Frey, Christofer: **Die Ethik des Protestantismus von der Reformation bis zur Gegenwart/** unter Mitarb. von Martin Hoffmann. 2. durchges. und erg. Aufl. GÜ: GVH, 1994. 287 S. (GTB Siebenstern; 1424)

340 Ihmig, Harald: **Ein Luther für die Marktwirtschaft?:** zu Andreas Pawlas: Kapital zu Erfurt; Geld und Zins bei Martin Luther. LM 34 (1995) Heft 9, 19. [Vgl. LuB 1996, Nr. 253]

341 Jacobs, Manfred: **Luther über die weltliche Obrigkeit:** der Staat zwischen dem Reich Gottes und den weltlichen Ordnungen. (1983). In: 026, 38-68.

342 Jacobs, Manfred: **Der Ordnungsgedanke bei Luther:** theologisch und politisch. (1979). In: 026, 9-37.

343 Kibe, Takashi: **Frieden und Erziehung in Martin Luthers Drei-Stände-Lehre:** ein Beitrag zur Klärung des Zusammenhangs zwischen Integration und Sozialisation im politischen Denken des frühneuzeitlichen Deutschlands. F; Bern; NY; P; W: Lang, 1996. 223 S. (Europäisches Forum; 12) – Zugl.: TÜ, Univ., Fakultät für Sozial- und Verhaltenswissenschaften, Diss., 1995.

344 Lehmann, Klaus Peter: **Der Mammon ist aller Welt Gott:** Rechtfertigungsbotschaft und Kapitalismuskritik bei Martin Luther. LM 35 (1996) Heft 1, 14-16.

345 Lohse, Bernhard: **Die Bedeutung des Rechtes bei der Frage des obrigkeitlichen Widerstandes in der frühen Reformation.** In: 059, 217-229.

346 Lück, Heiner: **Wittenberg als Zentrum kursächsischer Rechtspflege:** Hofgericht, Juristenfakultät, Schöffenstuhl, Konsistorium. In: 065, 231-248.

347 Molla, Serge: **Violence.** In: 011, 1610-1625.

348 Müller, Denis: **Morale.** In: 011, 1018-1043.

349 Müller, Norbert: **Luthers Gerechtigkeitsverständnis und die Problematik einer politischen Ethik.** In: Reformation und Neuzeit: 300 Jahre Theologie in Halle/ hrsg. von Udo Schnelle. B; NY: de Gruyter, 1994, 323-356.

350 Padberg, Lutz E. von: **Luthers Sicht des Herrscheramtes nach seinen Schriften bis 1525:** ein Beitrag zu der Debatte um den historischen Ort der Reformation. Lu 67 (1996), 9-25.

351 Pawlas, Andreas: **Luther und die sogenannte »gerechte« Krieg.** Lu 66 (1995), 109-124.

352 Pawlas, Andreas: **Luther zu Geld und Zins.** Zeitschrift für Betriebswirtschaft 66 (1996), 129-145.

353 Plathow, Michael: **Widerstand – aus evang. Sicht.** In: 056, 293-312.

354 Prosperi, A[driano]: **I Cristiani e la guerra: una controversia tra '500 e '700** (Christen und Krieg: eine Kontroverse zwischen 16. und 18. Jahrhundert). Rivista di storia e letteratura religiosa 30 (Firenze 1994), 57-83.

355 Rieth, Ricardo: **»Habsucht« bei Martin Luther:** ökonomisches und theologisches Denken, Tradition und soziale Wirklichkeit im Zeitalter der Reformation. Weimar: Böhlau, 1996. 240 S. (Arbeiten zur Kirchen- und Theologiegeschichte; 1) – Überarb. L, Univ., Theol. Fak., Diss., 1992.

356 Terni, Massimo: **La pianta della sovranità:** teologia e politica tra medioevo ed età moderna (Der Plan von der Oberherrschaft: Theologie und Politik zwischen Mittelalter und Neuzeit). Bari: Laterza, 1995. 218 S. L 68-99. (Biblioteca di cultura moderna; 1083)

357 Thun-Hohenstein, Romedio Graf von: **Wenn die Obrigkeit zu den Räubern zählt:** Luthers Auffassungen vom Widerstandsrecht. LM 35 (1996) Heft 10, 16-19.

358 Voigt, Gottfried: **Gottes Mummenschanz:** zu Luthers Verständnis der Geschichte. CA (1996) Heft 1, 7-12: Ill.

359 Wöhle, Andreas H.: **In de lijn van Luther:** enkele systematisch-ethische aspecten (Auf Luthers Linie: einige systematisch-ethische Gesichtspunkte). Interpretatie 4 (Zoetermeer 1996) Heft 4, 26 f.

360 Zur Mühlen, Karl-Heinz: **Two kingdoms.** In: 053, 184-188.

361 Zwanepol, Klaas: **Twee-rijken-leer en democratie:** enkele theologie-historische kanttekeningen (Zwei-Reiche-Lehre und Demokratie: einige theologiehistorische Bemerkungen). In: Christelijke ethiek in een democratie/ hrsg. von Gerrit Manenschijn. Kampen: Kok, 1995, 25-48. (Kamper Cahiers; 82)

i) Gottes Wort, Bibel, Predigt, Sprache

362 Arndt, Erwin: **Luther im Lichte der Sprachgeschichte.** (1970 [Auszug]). In: 042, 78-90.

363 Asendorf, Ulrich: **Martin Luther als Prediger:** Anmerkungen zur Bedeutung seiner Predigten im Rahmen seiner gesamten Theologie. In: 031, 11-22.

364 Bach, Heinrich: **Wo liegt die entscheidende Wirkung der »Luthersprache« in der Entwicklung der deutschen Standardsprache?** (1984). In: 042, 126-135.

365 Backus, Irena: **Bible: biblical hermeneutics and exegesis.** In: 051, 152-158.

366 Bader, Günter: **Psalterium affectuum palaestra:** Prolegomena zu einer Theologie des Psalters. TÜ: Mohr, 1996. IX, 266 S. (Hermeneutische Untersuchungen zur Theologie; 33)

367 Bahder, Karl von: **Grundlagen des neuhochdeutschen Lautsystems:** Beiträge zur Geschichte der neuhochdeutschen Schriftsprache im 15. und 16. Jahrhundert. (1890 [Auszug]). In: 042, 215-220.

368 Bahder, Karl von: **Zur Wortwahl in der frühneuhochdeutschen Schriftsprache.** (1925 [Auszug]). In: 042, 146-148.

369 Bayer, Oswald: **Die Bibel, ein göttliches Epos:** Luthers letzte Worte artikulieren göttlichen Erfahrungsreichtum und eigene Verstehensarmut. EvK 29 (1996), 69-71: Ill.

370 Becker, Jürgen: **Die Anfänge neuzeitlicher Bibelauslegung in Humanismus und Reformation.** (1981). In: 04, 428-436.

371 Becker, Jürgen: **Luther als Bibelausleger.** (1983). In: 04, 437-451.

372 Bedouelle, Guy: **Bible: editions of the Bible.** In: 051, 158-163.

373 Bentzinger, Rudolf; Kettmann, Gerhard: **Zu Luthers Stellung im Sprachschaffen seiner Zeit:** Anmerkungen zur Sprachverwendung in der Reformationszeit. (1983). In: 042, 201-214.

374 Berger, Arnold E.: **Luthers Stellung in der deutschen Sprachgeschichte.** (1948 [Drei Schriften von Martin Luther, Auszug]). In: 042, 303-316.

375 Bergmann, Rolf: **Der rechte Teutsche Cicero oder Varro:** Luther als Vorbild in den Grammatiken des 16. bis 18. Jahrhunderts. (1983). In: 042, 291-302: [mit Literaturnachtrag].

376 Besch, Werner: **Die Entstehung der neuhochdeutschen Schriftsprache:** die Rolle Luthers. (1967 [Auszug]). In: 042, 91-108.

377 Besch, Werner: **Sprachliche Änderungen in Lutherbibel-Drucken des 16.-18. Jahrhunderts.** (1984). In: 042, 250-269: Tab.

378 Bodenmann, Reinhard: **La Bible et l'art d'écrire des lettres:** pratiques dans l'aire germanique du XVIᵉ siècle. BPF 141 (1995), 357-382.

379 Boendermaker, Johannes P.: **Rosenzweigs visie ob Luthers vertaalwerk** (Rosenzweigs Sicht auf Luthers Übersetzungswerk). LuBu 4 (1995), 4-17: Zusammenfassung, 17.

380 Boendermaker, Johannes P.: **Schriftlezen als spoorzoeken:** de hermeneutische sleutel in Luthers laatste woorden (Die Schrift lesen als Spurensuche: der hermeneutische Schlüssel in Luthers letzten Worten). In: 043, 58-87.

381 Bonfatti, Emilio: **Agli albori dell'Illuminismo** (In den Anfängen der Aufklärung). In: 048, 229-272. L".

382 Bonfatti, Emilio: **Controriforma e Barocco** (Gegenreformation und Barock). In: 048, 109-228. 135-137+".

383 Bonfatti, Emilio: **Für und wider die »actio«:** von Martin Luther bis Jodocus Willich. In: Körpersprache und Sprachkörper: semiotische Interferenzen in der deutschen Literatur = La parola del corpo – il corpo della parola: tensioni semiotiche nella letteratura tedesca/ hrsg. von Claudia Monti ... Bozen: Sturzflüge; Innsbruck; W: Studien-Verlag, 1996, 11-28. (Essay & Poesie; 3)

384 Bonfatti, Emilio: **Rinascimento e Riforma** (Renaissance und Reformation). In: 048, 47-107. L 47-58. 92-97+".

385 Bornkamm, Karin: **Teilhaben an Christi Thronen zur Rechten Gottes:** ein Scholion Luthers zu Psalm 110, 1-2. In: 031, 23-36.

386 Brecht, Martin: **Architectus popularis sermonis:** das Predigtbuch Arsacius Seehofers von 1538. (1988). In: 05, 380-393.

387 Brecht, Martin: **Die nötige Scheidung der Hände.** Frankfurter Allgemeine Zeitung (1995) Nr. 296 (20. Dezember), N 6. [Replik zu LuB 1997, Nr. 455]

388 Brecht, Martin: **Die nötige Scheidung der Hände.** (1995). In: 037, 406-408.

389 Brecht, Martin: **Der Streiter Martin Luther.** In: 073, 120-148.

390 Brecht, Martin: **Zur Typologie in Luthers Schriftauslegung.** (1987). In: 05, 134-147.

391 Bubenheimer, Ulrich: **Eine unechte Lutherreliquie in der Württembergischen Landesbibliothek Stuttgart.** In: 044, 140-144.

392 Burdach, Konrad: **Luthers Bedeutung für die Ausbildung der neuhochdeutschen Schriftsprache.** (1891 [Auszug]). In: 042, 42-44.

393 Burdach, Konrad: **Zur Geschichte der neuhochdeutschen Schriftsprache.** (1894 [Auszug]). In: 042, 45 f.

394 Chau, Wai-Shing: **The letter and the spirit:** a history of interpretation from Origen to Luther. NY; Washington, D.C.; Baltimore; San Francisco; Bern; F; B; W: Lang, 1995. 250 S. L 163-206+". (American university studies: series 7, theology and religion; 167)

395 Childs, Brevard S.: **Die Theologie der einen Bibel** (Biblical theology of the Old and New Testament: theological reflexion on the Christian Bible ⟨dt.⟩). Bd. 1: **Grundstrukturen**/ aus dem Engl. übers. von Christiane Oeming. FR; BL; W: Herder, 1994. 411 S. L 66-69+".

396 Childs, Brevard S.: **Die Theologie der einen Bibel** (Biblical theology of the Old and New Testament: theological reflexion on the Christian Bible ⟨dt.⟩). Bd. 2: **Hauptthemen/** aus dem Engl. übers. von Christiane und Manfred Oeming. FR; BL; W: Herder, 1996. 495 S. L".

397 Dienst, Karl: **Geistliches und Weltliches:** Martin Luther im Spiegel seiner Tischreden. BlPfKG 63 (1996), 327-341: Portr. = Ebernburg-Hefte 30 (1996), 75-89: Portr.

398 Dienst, Karl: **Luther im Spiegel seiner Tischreden.** In: 02, 67-72: Ill.

399 Dückert, Joachim: **Das Grimmsche Wörterbuch und Luther.** (1984). In: 042, 149-159.

400 Ebeling, Gerhard: **Befreiende Autorität:** Schrift, Wort und Geist im Sinne der Reformation. (1987). In: 010, 313-318.

401 Ebeling, Gerhard: **Die Bibel als ein Dokument der Universität:** (1979). (1981). In: 010, 335-349.

402 Edwards, Mark U., Jr.: **Die Heilige Schrift als gedruckter Text** (Printing, propaganda, and Martin Luther. Kap. 5: Scripture as printed text ⟨dt.⟩)/ aus dem Amerikan. übers. von Michael Beyer. In: 024, 33-52: Tab.

403 Erben, Johannes: **Luther und die neuhochdeutsche Schriftsprache.** (1974 [Auszug]). In: 042, 136-145.

404 Erben, Johannes: **Die sprachgeschichtliche Stellung Luthers:** eine Skizze vom Standpunkt der Syntax. (1954). In: 042, 177-189.

405 Fleischer, Wolfgang: **Zur Entwicklung des Systems der Wortbildung in der deutschen Literatursprache unter dem Blickpunkt von Luthers Sprachgebrauch.** (1983). In: 042, 160-176.

406 Franke, Carl: **Der geschichtliche Kern der Legende von Luthers Schöpfung der neuhochdeutschen Schriftsprache.** (1914). In: 042, 58-64.

407 Frech, Stephan Veit: **Magnificat und Benedictus deutsch:** Martin Luthers bibelhumanistische Übersetzung in der Rezeption des Erasmus von Rotterdam. Bern; B; NY; P; W: Lang, 1995. 320 S.: Ill. (Zürcher Germanistische Studien; 44) – Erw. ZH, Univ., Phil. Fak. I, Diss., 1993.

408 Fricke, Klaus Dietrich: **»Dem Volk aufs Maul sehen«:** Bemerkungen zu Luthers Verdeutschungsgrundsätzen. (1978). In: 074, 24-37.

409 **Frühneuhochdeutsches Wörterbuch/** hrsg. von Ulrich Goebel und Oskar Reichmann; begr. von Robert R. Anderson ... Bd. 3, Lfg. 1: **barmherzigkeit – befremden/** bearb. von Oskar Reichmann. B; NY: de Gruyter, 1995. 512 Sp.

410 Funk, Christine: **Fortbewegungsverben in Luthers Übersetzung des Neuen Testaments.** F; Bern; NY; P; W: Lang, 1995. XIV, 331 S.

411 Gisel, Pierre; Zumstein, Jean: **Bible.** In: 011, 115-137.

412 Goudineau, Hubert: **Luther et Calvin commentateurs de l'Êpître aux Romains:** une comparaison. PL 44 (1996), 16-52.

413 Greef, Willem de: **De ware uitleg:** hervormers en hun verklaring van de Bijbel (Die wahre Auslegung: Reformatoren und ihre Bibelerklärung). Leiden: Groen, 1995. 247 S.

414 Green, Lowell C.: **Luther's understanding of the freedom of God and the salvation of man:** his interpretation of 1 Timothy 2, 4. ARG 87 (1996), 57-73: Zusammenfassung, 73.

415 Große, Rudolf: **Luthers Bedeutung für die Entwicklung der deutschen Sprache.** (1984). In: 042, 109-117.

416 Hafenscher, Károly: **Luther viszonya a Szentiráshoz** (Luthers Beziehungen zur Bibel). LP 70 (1995), 342.

417 Hammann, Gottfried: **Clarté et autorité de l'Ecriture:** Luther en débat avec Zwingli et Erasme. EThR 71 (1996), 175-206.

418 Haubrichs, Wolfgang: **Die Sprache Martin Luthers.** (1983). In: 074, 52-69.

419 Hendrix, Scott H.: **The authority of scripture at work:** Luther's exegesis of the Psalms. (1982). In: 020, Nr. II, S. 144-159.

420 Hendrix, Scott H.: **Luther against the background of the history of biblical interpretation.** (1983). In: 020, Nr. I, S. 229-239.

421 Henzen, Walter: **Luther, der Buchdruck und die Ausbreitung der nhd. Schriftsprache.** (1954 [Schriftsprache und Mundarten, Auszug]). In: 042, 69-77.

422 Herzog, Urs: **Predigt als »ministerium verbi«.** Freiburger Zeitschrift für Philosophie und Theologie 42 (1995), 118-133.

423 Heubach, Joachim: **Mein liebster Luther-Text.** ZDZ 50 (1996), 12.

424 Himmighöfer, Traudel: **Luthers Lebensarbeit an der Deutschen Bibel.** BlPfKG 63 (1996), 283-304: Faks. = Ebernburg-Hefte 30 (1996), 31-52: Faks.

425 Hirschler, Horst: **Das hat Gott selbst gesagt:** Predigen lernen bei Dr. Martinus. In: 021, 75-120: Ill.

426 Hobbs, R. Gerald: **Bible:** translations of the Bible; biblical commentaries. In: 051, 163-171.

427 Hövelmann, Hartmut: **Die Markierung von Kernstellen in der Lutherbibel:** ihre Entstehung, ihre Entwicklung, ihre Problematik. (1988). In: 074, 70-88.

(Europäische Hochschulschriften: Reihe 1, Deutsche Sprache und Literatur; 1517) – Zugl.: Bonn, Univ., Phil. Fak., Diss., 1994.

428 Junghans, Helmar: **Die Worte Christi geben das Leben.** In: 073, 154-175: Ill.

429 Kaiser, Bernhard: **Luther und die Auslegung des Römerbriefes:** eine theologisch-geschichtliche Beurteilung. Bonn: Verlag für Kultur und Wissenschaften – Culture and Science Publ. Schirrmacher, 1995. 331 S. (Biblia et symbiotica; 9) – Stellenbosch, Univ., Diss., 1988.

430 Kettmann, Gerhard: **Studien zum graphematischen Status der Wittenberger Druckersprache in der ersten Hälfte des 16. Jahrhunderts.** (1987). In: 042, 236-249.

431 Kettmann, Gerhard: **Die Wittenberger Drucker in der Reformationszeit und ihr Umgang mit der deutschen Sprache.** In: 065, 143-153.

432 Kluge, Friedrich: **Luthers sprachgeschichtliche Stellung.** (1904/05). In: 042, 47-52.

433 Korhonen, Jarmo: **Luthers Sprachgebrauch im Lichte neuerer syntaktischer Untersuchungen.** (1984). In: 042, 190-200.

434 Kowalik, Krzysztof: **Wejrzał na nicość swojej służebnicy: teologiczno-ekumeniczne studium komentarza Dr. Lutra do Magnificat** (Er hat angesehen die Nichtigkeit seiner Magd: eine theol.-ökumen. Studie zum Magnificatkommentar Luthers). Lublin: Katolickiego Uniwersytetu Lubelskiego, 1995. 208 S. (Studia i rozprawy Instytutu Ekumenicznego KUL; 4)

435 Kraege, Jean-Denis: **L'ecriture seule:** pour une lecture dogmatique de la Bible; l'exemple de Luther et Barth. Genève: Labor et Fides, 1995. 304 S. (Lieux théologiques; 27)

436 Kraege, Jean-Denis: **Luther lecteur de l'épître aux Romains.** Foi et vie 94 (P 1995), 99-110.

437 Lemmer, Manfred: Zur Bewertung von Luthers Bibelwortschatz im 17./18. Jahrhundert. (1988). In: 042, 270-290.

438 Lohse, Eduard: **Martin Luthers Übersetzung der Bibel:** Sprache, Theologie und Schriftverständnis. (1983). In: 074, 38-51.

439 Milerski, Bogusław: **Z problemów hermeneutyki protestanckiej** (Zu den Problemen der protestantischen Hermeneutik). Łódź: Wydawnictwo św. Mateusza, 1996. 135 S. L 21-24. (Biblioteka myśli protestanckiej)

440 Moser, Virgil: **Historisch-grammatische Einführung in die frühneuhochdeutschen Schriftdialekte.** (1909 [Auszug]). In: 042, 65-68.

441 Mostert, Walter: **Az »önmagát értelmező Szentírás«:** Luther hermeneutikájáról (Scriptura sacra sui ipsius interpres: Bemerkungen zum Verständnis der Heiligen Schrift durch Luther ⟨ungar.⟩). BP: Hermeneutikai Kutatóközpont, 1996. 44 S. (Hermeneutikai füzetek; 9)

442 Pani, Giancarlo: **Lutero e la lattera ai Romani** (Luther und der Römerbrief). In: La lettera ai Romani ieri e oggi/ hrsg. von Settimio Cipriani. Bologna: EDB, 1995, 33-47. (Epifania della parola; 2)

443 Paul, Hermann: **Die Entstehung der Gemeinsprache.** (1916 [Deutsche Grammatik I, Auszug]). In: 042, 53-57.

444 Pietsch, Paul: **Martin Luther und die hochdeutsche Schriftsprache.** (1883 [Auszug]). In: 042, 31-41.

445 Plathow, Michael: **Bildhafter Glaube:** Martin Luthers Theologie in Bildern. In: 056, 329-350.

446 Polenz, Peter von: **Martin Luther und die Anfänge der deutschen Schriftlautung.** In: Sprache in der sozialen und kulturellen Entwicklung: Beiträge eines Kolloquiums zu Ehren von Theodor Frings (1886-1968). B: Akademie, 1990, 185-196. (Abhandlungen der Sächsischen Akademie der Wissenschaften zu Leipzig: Phil.-hist. Klasse; 72: Heft 1)

447 Polenz, Peter von: **Martin Luther und die Anfänge der deutschen Schriftlautung.** (1990). In: 042, 221-235.

448 Prüfer, Christian: »**Gut und klar Deutsch«:** die Revisionen der Lutherbibel. Bibel aktuell (1996) Heft 1, 6 f.

449 Prunzel, Clóvis Jair: **Lutero como hermeneuta e exegeta** (Luther als Hermeneut und Exeget). In: 057, 47-58.

450 Prunzel, Clóvis Jair: **O uso da fé e da razão como empreendimento** (Der Gebrauch des Glaubens und der Vernunft als hermeneutisches Unternehmen). In: 057, 21-38.

451 Ritter, Henning: **Sprachereignis:** Martin Luther als Übersetzer. Frankfurter Allgemeine Zeitung (1995) Nr. 284 (6. Dezember), N 5. [Vgl. LuB 1997, Nr. 455]

452 Ritter, Henning: **Sprachereignis:** Martin Luther als Übersetzer. (1995). In: 037, 412-415.

453 Rössler, Andreas: **Auf den Bibelübersetzer Martin Luther fällt neues Licht:** einzigartige Entdeckung in der Württembergischen Landesbibliothek. Evang. Gemeindeblatt für Württemberg 90 (1995) Nr. 50 (10. Dezember), 16 f: Ill.

454 Santos Noya, Manuel: **Luthers Wartburg-Bibel:** ein Fund aus den Beständen der Württembergischen Landesbibliothek Stuttgart. In: 044, 101-115: Faks. [Überarb. und erw. Fassung von LuB 1997, Nr. 455]

455 Santos-Noya, Manuel: **Vom Papst verstoßen, aber aufgenommen vom Herrn:** entdeckt: Martin Luthers persönliche Vulgata, aus der er das Neue Testament und die Fünf Bücher Mose

übersetzte. Frankfurter Allgemeine Zeitung (1995) Nr. 272 (22. November), 35: Faks. [Vgl. LuB 1997, Nr. 451, sowie die Repliken Nr. 387. 462]

456 Schildt, Joachim: **Zum deutschen Sprachschaffen Martin Luthers**: Schwerpunkte und Entwicklungstendenzen der Forschung. (1986). In: 042, 118-125.

457 Schloemann, Martin: **Die zwei Wörter**: Luthers Notabene zur »Mitte der Schrift«. (1994). In: 074, 89-99. [Nachdruck von LuB 1996, Nr. 294]

458 Sjöblom, Marko: **Raamattu, tunnustuskirjat ja uusprotestantismin varjo** (Die Bibel, die Bekenntnisschriften und der Schatten des Neuprotestantismus). Perusta (Helsinki 1995), 51-57.

459 Stolt, Birgit: **Lächeln, Lachen und Auslachen**: rhetorischer Humor in Martin Luthers Schrifttum. Carleton Germanic papers 23 (Ottawa 1995), 53-63.

460 Stolt, Birgit: **Lieblichkeit und Zier, Ungestüm und Donner**: Martin Luther im Spiegel seiner Sprache. (1989 [Auszug]). In: 042, 317-339.

461 Stolt, Birgit: **Rhetorik und Musik in Martin Luthers Bibelübersetzung.** LuBu 4 (1995), 18-34: Noten; Samenvatting, 34. [Vgl. LuB 1995, Nr. 369]

462 Strohm, Stefan: **Geistig sekundär und studentenhaft.** Frankfurter Allgemeine Zeitung (1995) Nr. 296 (20. Dezember), N 6. [Replik zu LuB 1997, Nr. 455]

463 Strohm, Stefan: **Geistig sekundär und studentenhaft.** (1995). In: 037, 408-412.

464 Strohm, Stefan: **Linea indivisibilis puncti**: der Ursprung von Luthers Bibelsprache. In: Philosophia perennis = Erich Heintel zum 80. Geburtstag/ hrsg. von Hans-Dieter Klein; Johann Reikersdorfer. Bd. 1. Bern; F; NY: Lang, 1993, 284-307.

465 Strohm, Stefan: **Der Ursprung von Luthers Bibelübersetzung.** In: 044, 116-139.

466 Tschirch, Fritz: **Luthers Septembertestament**: eine Wende in der Übersetzung der Bibel ins Deutsche. (1973). In: 074, 11-23.

467 Vincent, Gilbert: **Communication.** In: 011, 224-237.

468 Wabel, Thomas: **The simplicity of Scripture in Luther's Christmas sermons.** LQ 9 (1995), 241-262.

469 Wolf, Herbert: **Einführung.** In: 042, 9-29.

470 Wolf, Herbert: **Luthers sprachliche Selbstbeurteilungen.** Zeitschrift für deutsche Philologie 115 (1996), 349-370: abstract, 349.

471 Zeeden, Ernst Walter: **»... denn Daniel lügt nicht«**: Daniels Prophetie über den Gang der

Geschichte in der Exegese des Kirchenvaters Hieronymus und Martin Luthers; von der Dominanz der Tradition über das Bibelwort. In: 059, 357-385.

k) Gottesdienst, Gebet, Kirchenlied, Musik

472 Albrecht, Christoph: **Einführung in die Liturgik.** 5., überarb. und erw. Aufl. GÖ: V&R, 1996. 146 S. L".

473 Brecht, Martin: **Erfahrung – Exegese – Dogmatik**: Luthers Lied »Nun freut euch, lieben Christen gmein«. (1990). In: 05, 93-104.

474 Brecht, Martin: **Der gefressene Tod – Luthers Osterlied »Christ lag in Todesbanden«.** ZDZ 50 (1996), 68 f.

475 Brecht, Martin: **Zum Verständnis von Luthers Lied »Ein feste Burg«.** (1979). In: 05, 105-119.

476 Burba, Klaus: **»Es ist das Heil uns kommen her«**: von Speratus selbst dem Gemeinde erläutert. BlWKG 95 (1995), 27-48.

477 Duffy, Kathryn Ann Pohlmann: **The Jena choirbooks**: music and liturgy at the Castle church in Wittenberg under Frederick the Wise, Elector of Saxony. 2 Bde. AnA: UMI, 1995. XIX, 531 S.; S. 532-1212: Ill., Kt., Noten. – Zugl.: Chicago, IL, Univ., Faculty of the Division of the Humanities, Department of Music, Diss., 1995.

478 Ferraton, Yves: **Le choral »Ein' feste Burg ist unser Gott« et ses métamorphoses.** In: 045, 233-238.

479 Finscher, Ludwig: **»auss sunderem Lust zu den überschönen worten«**: zur Psalmenkomposition bei Josquin Desprez und seinen Zeitgenossen. In: 034, 246-261: Ill.

480 Glanz, Johannes: **Musik im 16. Jahrhundert.** In: 075, 216-231: Ill.

481 Hahn, Gerhard: **Nun freut euch, lieben Christen, g'mein**: zu Martin Luthers »Evangeliumslied«. CA (1996) Heft 1, 4-6.

482 **Handbuch der Liturgik**: Liturgiewissenschaft in Theologie und Praxis der Kirche/ hrsg. von Hans-Christoph Schmidt-Lauber; Karl-Heinrich Bieritz. 2., korr. Aufl. GÖ: V&R; L: EVA, 1995. 1023 S.

483 Krummacher, Christoph: **Das Evangelische Gesangbuch.** ThLZ 120 (1995), 763-778.

484 Krummacher, Christoph: **Musik als praxis pietatis**: zum Selbstverständnis evangelischer Kirchenmusik; mit zahlreichen Notenbeispielen. GÖ: V&R, 1994. 157 S.: Noten. L 11-40+". (Veröffentlichung zur Liturgik, Hymnologie und theol. Kirchenmusikforschung; 27) – Rostock, Univ., Diss., 1991/92.

485 Mahrenholz, Jürgen Christian: **Mitten wir im Leben sind:** Strukturanalyse eines Luther-Liedes. LM 35 (1996) Heft 2, 8-10.

486 Mottu, Henry: **Rites.** In: 011, 1338-1354.

487 Niemöller, Klaus Wolfgang: **Zum Paradigmenwechsel in der Musik der Renaissance:** vom »numerus sonorus« zur »musica poetica«. In: 034, 187-215: Ill.

488 Oefner, Claus: **Soli deo gloria:** Luther und die evangelische Kirchenmusik. In: 02, 368 f: Ill.

489 Peura, Simo: **Jumalan sydämen syvyydet:** jumalanpalveluksen trinitaarinen perusta Isossa Katekismuksessa (Die Tiefen des Herzens Gottes: der trinitarische Grund des Gottesdienstes im Grossen Katechismus). In: Jumalan kasvot: Jumala ihmisen todellisuudessa (Das Angesicht Gottes: Gott in der Wirklichkeit des Menschen). Tampere: Kirkon tutkimuskeskus, 1995, 52-64. (Kirkon tutkimuskeskus: Sarja A; 64)

490 Schulz, Frieder: **Ein Abendmahlsgebet Luthers:** die Frage nach der Würdigkeit zum Sakrament; mit einem Nachtrag. (1963). In: 064, 11-27.

491 Schulz, Frieder: **»Discibuit Jesus«:** Verbreitung und Herkunft eines evangelischen Abendmahlsgesanges. (1981). In: 064, 231-255: Faks.

492 Schulz, Frieder: **Die Hausgebete Luthers.** (1983). In: 064, 68-80.

493 Schulz, Frieder: **Singen wir heut mit einem Mund:** hymnologisch-liturgische Studie zu einem Osterlied der Böhmischen Brüder. (1989/91). In: 064, 255-302: Ill., Faks., Noten.

494 Stolle, Volker: **1 Kor 14, 26-40 und die Gottesdienstreform der lutherischen Reformation:** die biblische Grundlegung des Gottesdienstes als hermeneutische Frage. LThK 19 (1995), 98-135.

495 Stupperich, Robert: **Luthers itio spiritualis.** ZKG 107 (1996), 19-28.

496 Trajtler, Gábor: **Luther és a zene** (Luther und die Musik). LP 70 (1995), 343-347.

497 Vogler, Bernard: **Volksfrömmigkeit im Luthertum deutschsprachiger Länder.** In: 068, 37-48.

498 Weber, Edith: **Choral luthérien.** In: 011, 214.

499 **Werkbuch zum Evangelischen Gesangbuch/** hrsg. im Auftrag der Evangelischen Kirche in Deutschland von Wolfgang Fischer; Dorothea Monninger; Rolf Schweizer. Lfg. 1: **Advent und Weihnachten.** GÖ: V&R, 1993. 112 S.

500 **Werkbuch zum Evangelischen Gesangbuch/** hrsg. im Auftrag der Evangelischen Kirche in Deutschland von Wolfgang Fischer; Dorothea Monninger; Rolf Schweizer. Lfg. 2: **Erhaltung der Schöpfung – Frieden und Gerechtigkeit.** GÖ: V&R, 1994. 129 S.

501 **Werkbuch zum Evangelischen Gesangbuch/** hrsg. im Auftrag der Evangelischen Kirche in Deutschland von Wolfgang Fischer; Dorothea Monninger; Rolf Schweizer. Lfg. 3: **Passion – Ostern.** GÖ: V&R, 1995. 106 S.

502 Wilsdorf, Susanne: **Lob und Preis der himmlischen Kunst Musica.** In: 073, 230-235: Ill.

l) Katechismus, Konfirmation, Schule

503 Beutel, Albrecht: **»Gott fürchten und lieben«:** Luthers Katechismusformel; Genese und Gehalt. ThLZ 121 (1996), 511-524.

504 Beutel, Albrecht: **Luther als Doktor und Professor.** In: 02, 31-36: Ill.

505 Böhm, Winfried: **Neue Wege der Erziehung im Geiste von Humanismus und Reformation.** In: 075, 232-248: Ill.

506 Graf, Friedrich Wilhelm: **Daß wir frei und sicher seien:** die zehn Gebote als Grundlage christlicher Ethik. LM 34 (1995) Heft 12, 11-13.

507 Hammerstein, Notker: **Die historische und bildungsgeschichtliche Physiognomie des konfessionellen Zeitalters.** In: 018, 57-101.

508 Heltai, János: **Néhány gondolat XVI-XVII. századi protestáns iskoláügyünkről** (Einige Gedanken über das protestantische Schulwesen des 16. und 17. Jahrhunderts). Credo 2 (BP 1996) Heft 3/4, 25-28.

509 Kolb, Robert: **Luthers Auslegung des ersten Gebots als Impuls für ein lutherisches Bekenntnis heute.** LThK 19 (1995), 50-60.

510 Koppitz, Hans-Joachim: **Medien.** In: 018, 433-448.

511 Kühlmann, Wilhelm: **Pädagogische Konzeptionen.** In: 018, 153-196.

512 Monteil, Michéle: **Le »Petit Catéchisme« (1529) de Luther et la »Brève explication écrite« (1534) de Bucer:** deux modèles d'instruction catéchétique. Études Germaniques 50 (P 1995), 447-466.

513 Reist, J. E.: **The knife that cuts better than another:** Luther and liberal arts education. Perspectives in religious studies 21 (Richmond 1994), 93-114.

514 Sander-Gaiser, Martin Hans: **Lernen als Spiel bei Martin Luther.** F: Haag & Herchen, 1996. VIII, 294 S.: Ill. – Amsterdam, Universiteit van Amsterdam, theol. Diss., 1995.

515 Sander-Gaiser, Martin Hans: **Het woord van God als weg om te leren:** Luthers visie op leren en speelse leervormen (Das Wort Gottes als Lernweg: Luthers Vorstellung vom Lernen in spielerischen Lehrformen). LuBu 4 (1995), 65-76: Zusammenfassung, 76.

516 Seebaß, Gottfried: **Reformation der Kirche und Bildungsreform.** Korrespondenzblatt evang. Schulen und Heime 33 (1992), 87-97.

517 Seifert, Arno: **Das höhere Schulwesen, Universitäten und Gymnasien.** In: 018, 197-374.

518 Smolinsky, Heribert: **Kirchenreform als Bildungsreform im Spätmittelalter und in der frühen Neuzeit.** In: Bildungs- und schulgeschichtliche Studien zu Spätmittelalter, Reformation und konfessionellem Zeitalter/ hrsg. von Harald Dickerhof. Wiesbaden: Reichert, 1994, 35-51. (Wissensliteratur im Mittelalter: Schriften des Sonderforschungsbereiches 226 Würzburg/Eichstätt; 19)

519 Szontagh, Pál: **Luther Márton, a pedagógus** (Martin Luther als Pädagoge). Credo 2 (BP 1996) Heft 1/2, 19-24.

520 Weber, Volker: **Der Einfluß von Reformatoren auf Kirchen- und Schulordnungen im 16. und 17. Jahrhundert in Thüringen:** Anfänge der Institutionalisierung des Schulwesens. Mühlhäuser Beiträge 18 (1995), 59-70.

521 Wiczián, Dezső: **Luther mint Professor** (Luther als Professor)/ hrsg. von Tibor Fabiny Jr. Reprint der Ausgabe BP 1930. BP: Magyarországi Luther Szövetség, 1996. 111 S. (Magyar Luther könyvek; 3)

522 Wriedt, Markus: **Die theologische Begründung der Schul- und Universitätsreform bei Luther und Melanchthon.** In: 024, 155-184: Faks.

m) Weitere Einzelprobleme

523 Akerboom, Theodorus H. M.: »**Je moet de dood in het leven zien ...**«: over het verband tussen de »Ars moriendi« en Luthers Sermon von der Bereitung zum Sterben (»Du mußt den Tod im Leben sehen«: über den Zusammenhang zwischen »Ars moriendi« und Luthers Sermon von der Bereitung zum Sterben). In: 043, 107-133.

524 Blöchle, Herbert: **Luthers Stellung zum Heidentum im Spannungsfeld von Tradition, Humanismus und Reformation.** F; Bern; NY; P; W: Lang, 1995. 534 S. (Europäische Hochschulschriften: Reihe 23: Theologie; 531) – Zugl.: Kiel, Univ., Theol. Fak., Diss., 1994.

525 Ebeling, Gerhard: **Luthers Wirklichkeitsverständnis.** (1993). In: 010, 460-475.

526 Ebeling, Gerhard: **Des Todes Tod:** Luthers Theologie der Konfrontation mit dem Tode. (1987). In: 010, 610-642.

527 Fros, Henryk: **Pamiętając o mieszkańcach nieba:** kult świętych w dziejach i w liturgii (Der Himmelsbewohner eingedenk: der Heiligenkult in Geschichte und Liturgie). Tarnów: Biblos, 1994. 204 S. L 108-111+".

528 Gritsch, Eric W.: **Der Humor bei Martin Luther.** LuJ 63 (1996), 19-38.

529 Hirschler, Horst: **Wie ein Tod den andern fraß:** Luthers Bereitung zum Sterben. In: 021, 173-234: Ill.

530 Hirth, Volkmar: **Luther und die Engel:** ein Blick in seine Genesisvorlesung. In: 040, 26 f: Ill.

531 Johnson, Elizabeth A.: **Marienfrömmigkeit in der Westkirche** (Marian devotion in the western church [1987] ⟨dt.⟩). In: 015, 400-422: Ill.

532 Johnson, Maxwell E.: **The one mediator, the saints, and Mary:** a Lutheran reflection. Worship 67 (Collegeville, MN 1993), 226-238. – Bespr.: Maschke, Timothy H.: LuD 4 (1996), 77 f.

533 Jüngel, Eberhard: **Met de dood voor ogen** (Mit dem Tode vor Augen). In: 043, 19-27.

534 Jüngel, Eberhard: **Ein Spott aus dem Tod ist worden.** Die Zeit 51 (HH 1996) Nr. 7 (15. Februar), 42.

535 Karakash, Clairette; Vincent, Gilbert; Widmer, Gabriel-Ph.: **Raison.** In: 011, 1241-1279.

536 Körtner, Ulrich: »**Die Lebenden freilich ängstigen sich ...**«: Lebensende und Weltende in der Sicht Luthers und heute. In: 07, 75-93: Ill.

537 Midelfort, Erik H. C.: **Selbstmord im Urteil von Reformation und Gegenreformation.** In: 027, 296-309: Diskussion, 309 f.

538 Müller-Bohn, Jost: **Der Mensch Martin Luther als Freund der Natur und Tiere.** In: 02, 83-88: Ill.

539 Pesch, Otto H[ermann]: **Tod und Sterben in der Theologie Martin Luthers.** In: 043, 28-57.

540 Pietz, Hans-Wilhelm: »**Auch deine Seele wird ein Schwert durchdringen**«: vom Leiden und Sterben der Kinder in Luthers Leben und Denken. In: 07, 59-74: Ill.

541 Plathow, Michael: »**Dein heiliger Engel sei mit mir**«: Martin Luthers Engelpredigten. (1994). In: 056, 159-187.

542 Plathow, Michael: **Luther und die Angelologie:** Luthers Engelpredigten. Zeitschrift für dialektische Theologie 12 (1996), 27-50.

543 Roper, Lyndal: **Das fromme Haus:** Frauen und Moral in der Reformation (The holy household ⟨dt.⟩)/ aus dem Engl. von Wolfgang Kaiser. F; NY: Campus, 1995. 296 S.: Ill. (Geschichte und Geschlechter: Sonderband) [Vgl. LuB 1993, Nr. 437]

544 Sauter, Gerhard: **Einführung in die Eschatologie.** DA: WB, 1995. XIV, 232 S. L 172-174+". (Die Theologie)

545 Schorn-Schütte, Luise: **Gefährtin und Mitre-**

gentin: die Rolle der Frau und Pfarrfrau vom 16. bis 18. Jahrhundert. In: 014, 8-23. [Vgl. LuB 1995, Nr. 470]

546 Thiede, Werner: **Sanft entschlafen:** Luthers Tod und Todesverständnis. EvK 29 (1996), 74 f.

547 Torno, Armando: **Pro e contro Dio:** tre millenni di ragione e di fede (Für und gegen Gott: drei Jahrtausende der Vernunft und des Glaubens). Milano: Mondadori, 1993. 263 S. L 109 f+". (Saggi; 419)

3 Beurteilung der Persönlichkeit und ihres Werkes

548 Bahr, Hans-Eckehard: **Das protestantische Prinzip.** Frankfurter Rundschau (1996) Nr. 41 (17. Februar): Zeit im Bild, 3.

549 Bayer, Oswald: **Zeitenbruch.** LM 35 (1996) Heft 2, 2-4: Ill.

550 Beyer, Michael: **10. Dezember 1520:** Luther verbrennt die Bannandrohungsbulle. ZDZ 49 (1995), 209 f.

551 Blaufuß, Dietrich: **Luther, der Versager, Luther, der Erfolgreiche.** CA (1996) Heft 1, 53-56: Ill.

552 Brosseder, Johannes: **Der Glaube schnarcht nicht:** Einspruch, Protest, Widerstand; Martin Luther und die Erneuerung der Kirche – damals und heute. Süddeutsche Zeitung 52 (1996) Nr. 40 (17./18. Februar), I: SZ am Wochenende.

553 Eliade, Mircea: **Historia wierzeń i ideú religijnych** (Die Geschichte des Glaubens und der religiösen Ideen ⟨poln.⟩)/ übers. von Agnieszka Kuryś. Bd. 3. WZ: Instytut Wydawniczy Pax, 1995. 271 S. L 157-166+".

554 Fabiny, Tibor, Jr.: **Mit jelent nekem Luther?** (Was bedeutet Luther für mich?). LP 71 (1996), 124 f.

555 Guerriero, Elio: **Teologo geniale:** figlio del suo secolo (Genialer Theologe: Kind seines Jahrhunderts). In: 035, 74 f: Ill.

556 Harnack, Adolf von: **Die Bedeutung der Reformation innerhalb der allgemeinen Religionsgeschichte.** (1899). In: 019, 273-304.

557 Harnack, Adolf von: **Martin Luther in seiner Bedeutung für die Geschichte der Wissenschaft und der Bildung.** (1883). In: 019, 196-222.

558 Harnack, Adolf von: **Die religionsgeschichtliche Bedeutung der Reformation Luthers.** (1926). In: 019, 329-342.

559 Hendrix, Scott H.: **Luther's impact on the sixteenth century.** (1985). In: 020, Nr. XVII, S. 3-14.

560 Herzog, Roman: **Grußwort:** Festakt der Lutherstadt Eisleben zum 450. Todestag Martin Luthers, 18. Februar 1996. In: 071, 21 f. [Vgl. LuB 1997, Nr. 561]

561 Herzog, Roman: **Zum 450 Todestag von Martin Luther.** In: 046, 9-12. [Veränd. Fassung von LuB 1997, Nr. 560]

562 Höppner, Reinhard: **Grußwort:** Festakt der Lutherstadt Eisleben zum 450. Todestag Martin Luthers, 18. Februar 1996. In: 071, 27. [Vgl. LuB 1997, Nr. 563]

563 Höppner, Reinhard: **Martin Luther – eine Provokation.** In: 046, 21-23. [Veränd. Fassung von LuB 1997, Nr. 562]

564 Huntemann, Georg: **Luther wurde vielen seiner Reformen untreu.** idea spectrum (1996) Nr. 6, 24: Ill.

565 Jens, Walter: **Martin Luther:** Prediger, Poet und Publizist; aus einer Vorlesung. (1984 [Kanzel und Katheder, Auszug]). In: 040, 32. 34.

566 Lehmann, Karl: **Grußwort:** Gedenkveranstaltungen zum 450. Todestag Martin Luthers, Eisleben, 17. Februar 1996. In: 071, 15-17.

567 Liebing, Heinz: **Martin Luther zwischen Mittelalter und Neuzeit.** In: 02, 19-24: Ill.

568 **Martin Luthers Wirken in Politik und Kirche gewürdigt:** Bundespräsident Roman Herzog beim Höhepunkt des Lutherjahres in Eisleben. In: 071, 38 f.

569 Pósfay, György: **Mit jelentett egykor Luther tanitása Magyarországon és mit jelent ma?** (Was bedeutete Luthers Lehre für Ungarn damals und was bedeutet sie heute?). LP 71 (1996), 251-253.

570 Samuel-Scheyder, Monique: **Luther vu par les historiographes catholiques du XXe siècle:** de Heinrich Denifle à Joseph Lortz. In: 045, 45-54.

571 Schröder, Richard: **Getroster Sisyphus.** In: 046, 13-20: Ill. [Veränd. Fassg. von LuB 1997, Nr. 572]

572 Schröder, Richard: **Rede zu Luthers Todestag in Eisleben am 18. Februar 1996:** Festakt der Lutherstadt Eisleben zum 450. Todestag Martin Luthers, 18. Februar 1996. In: 071, 23-26. [Vgl. LuB 1997, Nr. 571]

573 Seebaß, Gottfried: **Die Reformation kam aus dem Inneren der Kirche:** zum 450. Todestag Martin Luthers. Frankfurter Allgemeine Zeitung (1996) Nr. 40 (16. Februar), 8.

574 Tagliaferri, Maurizio: **Lutero, una vita per la Riforma** (Luther, ein Leben für die Reformation). Settimana 30 (Bologna 1996) Nr. 12 (24. März), 11.

575 Uglorz, Manfred: **Od samoświadomości do świadectwa wiary** (Vom Selbstbewußtsein zum Zeugnis des Glaubens). WZ: Chrześcijańska Akademia Teologiczna, 1995. 143 S. L 19 f+".

576 Vajta, Vilmos: **A »lutheri« theológia – mindig korrektívum:** a reformáció mint az egyház egysége melletti hitvallás (Die »Lutherische« Theologie – immer ein Korrektiv). Credo 2 (BP 1996) Heft 1/2, 8-12.

577 Véghelyi, Antal: **Mit jelent nekem Luther?** (Was bedeutet Luther für mich?). LP 71 (1996), 125 f.

578 Virág, Jenő: **Doktor Luther Márton önmagáról** (Dr. Martin Luther über sich selbst). 5. Aufl. BP: Ordass Lajos Baráti Kör, 1996. 191 S.

579 Wojak, Tadeusz: **Zarys historii Kościoła** (Grundriß der Kirchengeschichte). Bielsko-Biała: Augustana, 1995. 167 S. L 56-65+".

580 **Wort zum 450. Todesjahr Martin Luthers aus der evangelischen und katholischen Kirche in Thüringen und Sachsen-Anhalt:** Eisenach, Erfurt, Magdeburg, Dessau, 2. 2. 1996/ Roland Hoffmann; Christoph Demke; Helge Klassohn; Joachim Wanke; Leopold Nowak. In: 071, 31-33.

581 Wulf, Christian: **Bemerkungen zum Lutherjahr.** Civis mit Sonde: Vierteljahresschrift für eine offene und solidarische Gesellschaft (1996) Heft 3/4, 89-91

4 Luthers Beziehungen zu früheren Strömungen, Gruppen, Persönlichkeiten und Ereignissen

582 Andreatta, Eugenio: **La presenza di Aristotele in Lutero negli anni della maturità e della vecchiaia** (Aristotelesrezeption beim reifen und späten Luther). Pro 51 (1996), 263-278.

583 Basse, Michael: **Theologiegeschichtsschreibung und Kontroverstheologie:** die Bedeutung der Scholastik für die protestantische Kirchengeschichtsschreibung. ZKG 107 (1996), 50-71.

584 Dieter, Theodor: **Il giovane Lutero e Aristotele** (Der junge Luther und Aristoteles)/ aus dem Dt. von Eugenio Andreatta. Pro 51 (1996), 247-262.

585 Grosse, Sven: **Existentielle Theologie in der vorreformatorischen Epoche am Beispiel Johannes Gersons:** historische Überlegungen zum ökumenischen Disput. KuD 41 (1995), 80-111: summary, 111.

586 Gründler, Otto: **Devotio moderna.** In: 015, 188-204: Ill.

587 Haas, Alois M[aria]: **Schulen spätmittelalterlicher Mystik (14. und 15. Jahrhundert).** In: 015, 154-187: Ill.

588 Hendrix, Scott H.: **Deparentifying the fathers:** the reformers and patristic authority.(1993). In: 020, Nr. V, S. 55-68.

589 Hendrix, Scott H.: **In quest of the »vera ecclesia«:** the crises of late medieval ecclesiology. (1976). In: 020, Nr. VI, S. 347-378.

590 Hendrix, Scott H.: **»We are all Hussites"?:** Hus and Luther revisited. (1974). In: 020, Nr. VII, S. 134-161.

591 Hoffmann, Fritz: **Magister Martin Luther – die Ursprünge seines Lebens und Wirkens an der abendländischen Universität:** zum Werk von Graham White »Luther as Nominalist«. ThLZ 120 (1995), 611-616. [Bespr. zu LuB 1995, Nr. 526]

592 Innocenti, Ennio: **La gnosi spuria I:** dalle origini all Cinquecento (Die unechte Gnose I: von den Ursprüngen bis zum 16. Jahrhundert). 2. Aufl. Roma: Sacra Fraternitas Aurigarum, 1993. 164 S. L 127-159.

593 Knuuttila, Simo: **Glaube und Vernunft bei Thomas von Aquin und Luther:** Korreferat zu Bruce D. Marshall: Entscheidung über die Wahrheit nach Thomas von Aquin und Martin Luther. In: 038, 218-222. [Vgl. LuB 1997, Nr. 598]

594 Köpf, Ulrich: **Protestantismus und Mittelalter.** In: 055, 319-341.

595 Kretschmar, Georg: **Das Heilsverständnis Luthers im Rahmen von Patristik und Scholastik.** Cristianesimo nella storia 14 (Bologna 1993), 221-261: summary, 261.

596 McDonnel, Kilian: **The Summae confessorum on the integrity of confession as prolegomena for Luther and Trent.** Theological studies 54 (1993), 405-426. – Bespr.: Eckardt, Burnell F.: LuD 4 (1996), 136-139.

597 McGrath, Alister E.: **The intellectual origins of the European Reformation.** Oxford; NY: Blackwell, 1992. 232 S.

598 Marshall, Bruce D.: **Entscheidung über die Wahrheit nach Thomas von Aquin und Martin Luther.** In: 038, 175-217. [Vgl. LuB 1997, Nr. 593]

599 Pani, Giancarlo: **L'Expositio quarundam propositionum ex Epistola ad Romanos di Agostino e la Römerbriefvorlesung di Martin Lutero** (Die Expositio quarundam propositionum ex

Epistula ad Romanos Augustins und die Römerbriefvorlesung Martin Luthers). Augustinianum 35 (Roma 1995), 885-906.

600 Prunzel, Clóvis Jair: **A teologia de Agostinho
em Lutero** (Die Theologie des Augustinus bei
Luther). In: 057, 9-20.

601 Schwarz, Hilmar: **Luthers Äußerungen über
Elisabeth von Thüringen.** In: 02, 89-92: Ill.

602 Starnawski, Jerzy: **Wieki średnie in wiek rene-
sansowy** (Das Mittelalter und das Jahrhundert
der Renaissance). Łódź: Wydawnictwo Uniwersytetu Łódźkiego, 1996. 245 S. L 89-92+".

603 Stolt, Birgit: »**Hjärtats teolog**«: Martin Luther
och mystiken (»Der Theologe des Herzens«:
Luther und die Mystik). Vägen inåt till Gud:
kyrkligt magasin (Stockaryd 1995) Heft 6, 17-41.

604 Wieneke, Josef: **Luther und Petrus Lombardus:**

Martin Luthers Notizen anläßlich seiner Vorlesung über die Sentenzen des Petrus Lombardus Erfurt 1509/11. St. Ottilien: EOS, [1995].
217 S. (Dissertationen: Theologische Reihe; 71)
– Zugl.: FR, Univ., Theol. Fak., Diss., 1993.

605 Wilczek, Piotr: **Spory o biblię w literaturze Re-
nesansu i Reformacji** (Die Kontroverse um die
Bibel in der Renaissanceliteratur und der Reformation). Kielce: Wydawnictwo Szumacher,
1995. 41 S. L 20+". (Spotkania z literaturą; 17)

606 Wriedt, Markus: **Johann von Staupitz.** In: 016,
46-64: Portr.

607 Wriedt, Markus: **Johannes von Staupitz als
Gründungsmitglied der Wittenberger Universität.** In: 065, 173-186.

608 Wriedt, Markus: **Luther und Staupitz.** In: 02,
25-30: Ill.

5 Beziehungen zwischen Luther und gleichzeitigen Strömungen, Gruppen, Persönlichkeiten und Ereignissen

a) Allgemein

609 **Argula von Grumbach:** a womans voice in the
Reformation/ hrsg. von Peter Matheson.
Edinburgh: Clark, 1995. IX, 213 S.

610 Bainton, Roland H.: **Frauen der Reformation:**
von Katharina von Bora bis Anna Zwingli; 10
Porträts (Women of the Reformation in Germany and Italy [Teil 1] ⟨dt.⟩)/ aus dem Engl. übers.
und bearb. von Marion Obitz. GÜ: GVH, 1995.
191 S.: Ill. L 17-39+". (GTB Siebenstern; 1422)

611 Bainton, Roland H.: **Frauen der Reformation:**
von Katharina von Bora bis Anna Zwingli; 10
Porträts (Women of the Reformation in Germany and Italy [Teil 1] ⟨dt.⟩)/ aus dem Engl. übers.
und bearb. von Marion Obitz. 2., unv. Aufl. GÜ:
GVH, 1996. 191 S.: Ill. L 17-39+". (GTB Siebenstern; 1422)

612 Brady, Thomas A., Jr.: **Protestant politics:** Jacob
Sturm (1489-1553) and the German Reformati-
on. Atlantic Highlands, NJ: Humanities, 1995.
XIX, 447 S.: Ill., Kt. (Studies in German
histories)

613 Brady, Thomas A., Jr.: **Zwischen Gott und
Mammon:** protestantische Politik und die deutsche Reformation (Protestant politics ⟨dt.⟩)/ aus
dem Amerikan. übers. von Matthias Vogel. B:
Siedler, 1996. 332 S.

614 Firnkes, Manfred: **Die politischen Verhältnisse
in Europa.** In: 075, 133-169: Ill.

615 Hamm, Berndt: **Bürgertum und Glaube:** Kon-

turen der städtischen Reformation. GÖ: V&R,
1996. 256 S.: Ill. (Sammlung Vandenhoeck)

616 Hasse, Hans-Peter: **Bücherzensur an der Universität Wittenberg im 16. Jahrhundert.** In: 065,
187-212.

617 Hendrix, Scott H.: **Die Bedeutung des Urbanus
Rhegius für die Ausbreitung der Wittenberger
Reformation.** In: 024, 53-72.

618 Hendrix, Scott H.: **Christianizing domestic re-
lations:** women and marriage in Johann Freder's
»Dialogus dem Ehestand zu Ehren«. SCJ 23
(1992), 251-266.

619 Hendrix, Scott H.: **Christianizing domestic re-
lations:** women and marriage in Johann Freder's
»Dialogus dem Ehestand zu Ehren«. (1992). In:
020, Nr. XII, S. 251-266.

620 Hendrix, Scott H.: **Considering the clergy's si-
de:** a multilateral view of anticlericalism.
(1993). In: 020, Nr. VIII, S. 449-459.

621 Hendrix, Scott H.: **Luther's contribution to the
disunity of the Reformation.** (1993). In: 020, Nr.
XIV, S. 48-63.

622 Hendrix, Scott H.: **Urbanus Rhegius and the
Augsburg Confession.** (1980). In: 020, Nr. X, S.
63-74: Ill.

623 Hendrix, Scott H.: **The use of scripture in esta-
blishing Protestantism:** the case of Urbanus
Rhegius. (1990). In: 020, Nr. III, S. 37-49. 202-
209.

624 Hendrix, Scott H.: **Validating the Reformation:** the use of church fathers by Urbanus Rhegius. (1988). In: 020, Nr. IV, S. 281-305.

625 Hinrichs, Ernst: **Von der Reformation bis zum Westfälischen Frieden (Ende 15. Jahrhundert bis 1648).** In: Kleine deutsche Geschichte/ von Ulf Dirlmeier ... S: Reclam, 1995, 109-180: Tab., Kt. L 133-137+".

626 Lienhard, Marc: **Die Ausbreitung der lutherischen Botschaft** (La diffusion du message luthérien ⟨dt.⟩)/ übers. von Marianne Mühlenberg. In: 08, 723-773.

627 Lienhard, Marc; Venard, Marc: **Die Vielfalt der Reformation** (Le foisonnement de la Réforme ⟨dt.⟩)/ übers. von Elisabeth Mainberger-Ruh. In: 08, 774-843: Ill.

628 Lienhard, Marc: **A reformáció, a protestantizmus és Európa** (Die Reformation, der Protestantismus und Europa). LP 70 (1995), 137-140.

629 Lindberg, Carter: **The European Reformations.** Oxford; Cambridge, MA: Blackwell, 1996. XV, 444 S.: Ill., Ktn.

630 Louthan, Howard: **Johannis Crato and the Austrian Habsburgs:** reforming a counter-reform court. Princeton, NJ: Princeton Theological Seminary, 1994. VII, 44 S. (Studies in reformed theology and history; 2 III)

631 Luttenberger, Albrecht P.: **Kaiser, Kurie und Reichstag:** Kardinallegat Contarini in Regensburg 1541. In: 061, 89-136.

632 Moeller, Bernd: **Geschichte des Christentums in Grundzügen.** 6., verb. und durch eine Zeittafel erg. Aufl. GÖ: V&R, 1996. 432 S. L 224-250+". (UTB für Wissenschaft: Uni Taschenbücher; 905: Theologie)

633 Morisi, Anna: **La Germania all'inizio dell'età moderna** (Deutschland zu Beginn der Neuzeit). In: 048, 11-46. L 33-41+".

634 Müller, Gerhard: **Luthers Beziehungen zu Reich und Rom.** In: 073, 207-229: Ill.

635 Oehmig, Stefan: **Die Wittenberger Bewegung 1521/22 und ihre Folgen im Lichte alter und neuer Fragestellungen:** ein Beitrag zum Thema (Territorial-)Stadt und Reformation. In: 065, 97-130.

636 Pozzo, Riccardo: **Wissenschaft und Reformation:** die Beispiele der Universitäten Königsberg und Helmstedt. Berichte zur Wissenschaftsgeschichte 18 (1995) Heft 2, 103-113.

637 Rabenau, Konrad von: **Erfurter Buchbinder im 16. Jahrhundert.** In: 012, 347-378: Ill.

638 Rabenau, Konrad von: **Wittenberger Einbandkunst im 16. Jahrhundert:** vier Beobachtungen. In: 065, 365-384: Ill.

639 Raitt, Jill: **Heilige und Sünder:** römisch-katholische und protestantische Spiritualität im 16. Jahrhundert (Saints and sinners: Roman catholic and protestant spirituality in the sixteenth century [1987] ⟨dt.⟩). In: 015, 462-471: Ill.

640 Scheible, Heinz: **Fürsten auf dem Reichstag.** (1971). In: 062, 411-441 mit 221. 271. 469: Ill.

641 Scheible, Heinz: **Reform, Reformation, Revolution:** Grundsätze zur Beurteilung der Flugschriften. (1974). In: 062, 442-468: abstract, 468.

642 Scheible, Heinz: **Das reformatorische Schriftverständnis in der Flugschrift »Vom alten und nüen Gott«.** (1978). In: 062, 470-480.

643 Schilling, Heinz: **Die Reformation: ein revolutionärer Umbruch oder Hauptetappe eines langfristigen reformierenden Wandels?** In: Konflikt und Reform: Festschrift für Helmut Berding/ hrsg. von Winfried Speitkamp; Hans-Peter Ullmann. GÖ: V&R, 1995, 26-40.

644 Schilling, Heinz: **Die Reformation in Deutschland.** In: 063, 15-27.

645 Seebaß, Gottfried: **Andreas Osiander d. Ä. und der Osiandrische Streit:** ein Stück preußischer Landes- und reformationsteologischer Theologiegeschichte. In: 01, 33-47.

646 Seebaß, Gottfried: **Osiander, Andreas, d. Ä.** TRE 25 (1995), 507-515.

647 Stievermann, Dieter: **Martin Luther in sozialgeschichtlicher Sicht:** ein exemplarischer Lebensweg vom Mittelalter zur Neuzeit. In: 02, 126-130.

648 Vocke, Roland: **Die Reformation in den europäischen Ländern.** In: 075, 80-102: Ill.

649 Wenz, Gunther: **Sine vi, sed verbo?:** Toleranz und Intoleranz im Umkreis der Wittenberger Reformation. KuD 41 (1995), 136-157: summary, 157.

650 Wolgast, Eike: **Luthers Beziehungen zu den Reichsbischöfen.** In: 073, 176-206: Ill.

651 **Das Wormser Buch:** der letzte ökumenische Konsensversuch vom Dezember 1540 in der deutschen Fassung von Martin Bucer/ hrsg. von Richard Ziegert; bearb. von Cornelis Augustijn. F: Spener, 1995. 95 S.

652 Zimmermann, Gunter: **Osianders Lehre vom zweifachen Gebrauch des Gesetzes.** KuD 41 (1995), 56-77: summary, 77.

b) Wittenberger Freunde

653 Berwald, Olaf: **Philipp Melanchthons Sicht der Rhetorik.** Wiesbaden: Harrassowitz, 1994. VI, 172 S. (Gratia; 25)

654 Beyer, Michael: **Luther übersetzt Melanchthon.** In: 024, 145-154.

655 Beyer, Michael: **Luther und Kurfürst Friedrich der Weise von Sachsen.** In: 02, 61-66: Ill.

656 B[laufuß], D[ietrich]: **Die Crucigers:** Gefährten und Freunde Luthers. CA (1996) Heft 2, 50: Ill.

657 Brecht, Martin: **Die Predigt des Simon Haferitz zum Fest der heiligen drei Könige 1524 in Allstedt.** (1991). In: 05, 300-310.

658 Brecht, Martin: **Die reformatorische Kirche in Philipp Melanchthons ekklesiologischen Reden.** In: 024, 297-312: Faks.

659 Büttner, Manfred: **Mercator, Danaeus, Melanchthon:** zur christologischen Auseinandersetzung der Physik (Kosmographie / Geographie) im Gefolge der Reformation. Frühneuzeit-Info 6 (1996), 24-35.

660 Classen, Carl J[oachim]: **Melanchthon's use of rhetorical categories in criticism of the bible.** In: The passionate intelect: essays on the transformation of classical traditions; presented to Professor I. G. Kidd. hrsg. von Lewis Ayres. New Brunswick, NJ: Transaction, 1995, 297-322. (Rutgers University studies in classical humanities; 7)

661 Frank, Günter: **Philipp Melanchthons »Liber de anima« und die Etablierung der frühneuzeitlichen Anthropologie.** In: 024, 313-326.

662 Frank, Günter: **Die theologische Philosophie Melanchthons (1497-1560):** ein Plädoyer zur Rehabilitierung des Humanisten und Reformators. KD 42 (1996), 22-36: summary, 36.

663 Harnack, Adolf von: **Philipp Melanchthon.** (1897). In: 019, 253-272.

664 Hasse, Hans-Peter: **Luther und seine Wittenberger Freunde:** zum Erscheinungsbild einer Gruppe in der Kunst und Publizistik des 16. Jahrhunderts. In: 073, 84-119: Ill.

665 Hasse, Hans-Peter: **Wittenberger Theologie im »Stammbuch«:** Eintragungen Wittenberger Professoren im Album des Wolfgang Ruprecht aus Eger. In: 024, 88-120: Ill.

666 Herrmann, Gerhart: **Melanchthon wird 500.** Melanchthon-Gymnasium Nürnberg: Jahresbericht 470 (1995/96), 33-36.

667 Jung, Martin: **Ökumene im Zeitalter der Glaubensspaltung:** Melanchthons Begegnung mit Caritas Pirckheimer. DPfBl 96 (1996), 374-376. 381.

668 Keen, Ralph: **Political authority and ecclesiology in Melanchthon's »De ecclesiae autoritate«.** ChH 65 (1996), 1-14.

669 Kokoska, Kira: **Melanchthon-Bildnisse der Cranach-Werkstatt.** Zeitschrift des Vereins 1000 Jahre Kronach 5 (1995) Heft 12, 8-12.

670 Kolb, Robert: **Nikolaus von Amsdorf on vessels of wrath and vessels of mercy:** a Lutheran's doctrine of double predestination. (1976). In: 032, Nr. II, S. 325-343.

671 Kühne, Heinrich: **Die Wittenberger Buchhändlerfamilie Rühel im 16. Jahrhundert.** Marginalien 138 (1995), 17-24: Ill.

672 Maurer, Wilhelm: **Der junge Melanchthon:** zwischen Humanismus und Reformation. Studienausgabe beider Teilbde. GÖ, 1967, 1969 in 1 Bd. GÖ: V&R, 1996. 247 S., S. 6-617.

673 [Melanchthon, Philipp]: **Melanchthons Briefwechsel:** kritische und kommentierte Gesamtausgabe/ im Auftrag der Heidelberger Akademie der Wissenschaften hrsg. von Heinz Scheible. Bd. 8: **Regesten 8072-9301 (1557-1560)/** bearb. von Heinz Scheible; Walter Thüringer. S-Bad Cannstatt: Frommann-Holzboog, 1995. 470 S. – Bespr.: Blaschke, Karlheinz: HCh 19 (1995), 197 f; Junghans, Helmar: LuJ 63 (1996), 137 f; Ricca, Paolo: Pro 51 (1996), 299-301; Rogge, Joachim: ThLZ 121 (1996), 568 f.

674 [Melanchthon, Philipp]: **Melanchthons Briefwechsel:** kritische und kommentierte Gesamtausgabe/ im Auftrag der Heidelberger Akademie der Wissenschaften hrsg. von Heinz Scheible. Bd. T 2: **Texte 255-520 (1523-1526)/** bearb. von Richard Wetzel unter Mitw. von Helga Scheible. S-Bad Cannstatt: Frommann-Holzboog, 1995. 563 S. – Bespr.: Junghans, Helmar: LuJ 63 (1996), 138 f; Ricca, Paolo: Pro 51 (1996), 298 f; Rogge, Joachim: ThLZ 121 (1996), 568 f.

675 **Melanchthon zeytung:** 500 Jahre Philipp Melanchthon/ Redaktion: Gabriele Meyer; Stefan Rhein. Ausgabe Nr. 1. [Pforzheim]: Pforzheimer Zeitung; Essliger, [1996]. 4 S.: Ill.

676 **Melanchthon zeytung:** 500 Jahre Philipp Melanchthon/ Redaktion: Gabriele Meyer; Stefan Rhein. Ausgabe Nr. 2. [Pforzheim]: Pforzheimer Zeitung; [Bretten]: Rehberger, [1996]. 4 S.: Ill.

677 Müller, Hans Martin: **Theologie einer Braut:** Elisabeth Cruciger, die erste evangelische Liederdichterin. CA (1996) Heft 2, 47-49: Ill.

678 Pauls, R[obert] P[aul] H[ubert]: **Melanchthon gelezen** (Melanchthon gelesen). LuBu 4 (1995), 77-85: Zusammenfassung, 85.

679 **Philipp Melanchthon – ein Lehrer Deutschlands/** hrsg. von der Landeszentrale für politische Bildung Baden-Württemberg, Siegfried Schiele; Redaktion: Dietrich Rolbetzki; Beiträge von Hermann Ehmer ... Neudruck. S: Landeszentrale für politische Bildung Baden-Württemberg, 1996. 56 S.: Ill., Ktn. (Die deutsche Frage im Unterricht; 17 [1989]) [Vgl. LuB 1991, Nr. 653]

680 Ptolemaeus, Claudius: **Tetrabiblos:** nach der von Philipp Melanchthon besorgten seltenen Ausgabe aus dem Jahre 1553/ ins Dt. übertr. von M. Erich Winkel; hrsg. von Reinhardt Stiehle. Nachdruck der Ausgabe Berlin-Pankow, 1923. Mössingen: Chiron, 1995. 282 S.: Ill.

681 Rhein, Stefan: **»Catharina magistri Philippi Melanthonis Ehelich weib«:** ein Wittenberger Frauenschicksal der Reformationszeit. In: 014, 37-54: Ill.

682 Rhein, Stefan: **»Italia magistra orbis terrarum«:** Melanchthon und der italienische Humanismus. In: 024, 367-388.

683 Rhein, Stefan: **Katharina Melanchthon, geb. Krapp:** ein Wittenberger Frauenschicksal der Reformationszeit. In: 065, 501-518.

684 Rhein, Stefan: **Melanchthon und Europa.** Gustav Adolf Kalender 137 (1996), 9-17.

685 Rhein, Stefan: **Philipp Melanchthon:** Reformator, Lehrer Deutschlands, Weggefährte Luthers; zum 500. Geburtstag 1497-1997. Lahr: Kaufmann, 1996. 15 S.: Ill.

686 Rhein, Stefan: **Philipp Melanchthon und Eobanus Hessus:** Wittenberger Reformation und Erfurter »Poetenburg«. In: 012, 283-295.

687 Scheible, Heinz: **Aristoteles und die Wittenberger Universitätsreform:** zum Quellenwert von Lutherbriefen. In: 024, 123-144.

688 Scheible, Heinz: **Luther und Melanchthon.** (1984). In: 062, 139-152.

689 Scheible, Heinz: **Melanchthon neben Luther.** (1995). In: 062, 153-170: Ill.

690 Scheible, Heinz: **Melanchthon, Philipp.** In: The Oxford encyclopedia of the Reformation/ hrsg. von Hans J. Hillerbrand. Bd. 3. NY; Oxford: Oxford University, 1996, 41-45.

691 Scheible, Heinz: **Melanchthon und Bucer.** (1993). In: 062, 245-270: Portr.

692 Scheible, Heinz: **Melanchthon und Luther während des Augsburger Reichstags 1530.** (1985). In: 062, 198-221: Ill.

693 Scheible, Heinz: **Melanchthons Auseinandersetzung mit dem Reformkatholizismus.** (1989). In: 062, 222-244.

694 Scheible, Heinz: **Melanchthons Beziehungen zum Donau-Karpaten-Raum bis 1546.** (1985). In: 062, 272-303: résumé, 301 f; summary, 302 f.

695 Scheible, Heinz: **Melanchthons Bildungsprogramm.** (1986). In: 062, 99-114.

696 Scheible, Heinz: **Melanchthons biographische Reden:** literarische Form und akademischer Unterricht. (1993). In: 062, 115-138.

697 Scheible, Heinz: **Melanchthons Brief an Carlowitz.** (1966). In: 062, 304-332: abstract, 332.

698 Scheible, Heinz: **Melanchthons Pforzheimer Schulzeit:** Studien zur humanistischen Bildungselite. (1989). In: 062, 29-70: Ill.

699 Scheible, Heinz: **Reuchlins Einfluß auf Melanchthon.** (1993). In: 062, 71-97.

700 Scheible, Heinz: **Die Verfasser der kurpfälzischen Schulordnung von 1556.** (1991). In: 062, 507-516.

701 Scheible, Heinz: **Von Meiningen nach Bretten:** Melanchthon und Aquila über den Kirchenbann. (1994). In: 062, 333-351: Ill.

702 Schild, Maurice: **Bugenhagens De coniugio episcoporum et diaconorum.** In: 031, 281-290.

703 Schilling, Johannes: **Melanchthons Loci communes deutsch.** In: 024, 337-352.

704 Stupperich, Robert: **Philipp Melanchthon 1497-1560.** In: 011, 959 f.

705 Urban, Georg: **Philipp Melanchthon:** 1497-1560; sein Leben. 4. Aufl. Unv. Nachdruck der 2., von Willy Bickel neubearb. und neugestalt. Aufl. Bretten, 1978. Bretten: Melanchthonverein, 1996. 91 S.: Ill.

706 Visser, Derk: **Niets menselijks is mij vreemd:** leven en werk van Philippus Melanchthon (1497-1560) (Nichts Menschliches ist mir fremd: Leben und Werk Philipp Melanchthons). Kampen: Groot Goudriaan, 1995. 222 S.: Ill.

707 Wengert, Timothy J.: **»With friends like this ...«:** the biography of Philip Melanchthon by Joachim Camerarius. In: The rhetorics of life-writing in early modern Europe: forms of biography from Cassandra Fedele to Louis XIV/ hrsg. von Thomas F. Mayer ... AnA: The University of Michigan, 1995, 115-131. (Studies in medieval and early modern civilization)

708 Wolgast, Eike: **Melanchthons Fürstenwidmungen in der Wittenberger Lutherausgabe.** In: 024, 253-265.

709 Zur Mühlen, Karl-Heinz: **Melanchthons Auffassung vom Affekt in den Loci communes von 1521.** In: 024, 327-336.

c) Altgläubige

710 Backus, Irena: **Le contenu doctrinal des traités sur les indulgences (1517, 1518, 1521-22) de Thomas de Vio-Cajétan.** In: 058, 239-252.

711 Baumgart, Peter: **Die Renaissancepäpste Julius II. und Leo X. und die Anfänge der Reformation.** In: 059, 309-329.

712 Brecht, Martin: **Curavimus enim Babylonem, et non est sanata.** (1980). In: 05, 79-92.

713 Dipple, Geoffrey L.: **Luther, Emser and the development of Reformation anticlericalism.**

ARG 87 (1996), 38-56: Zusammenfassung, 56.

714 Filser, Hubert: **Ekklesiologie und Sakramen-
tenlehre des Kardinals Johannes Gropper:** eine
Glaubenslehre zwischen Irenik und Kontroverstheologie im Zeitalter der Reformation. MS:
Lit, 1995. 500 S. (Studien zur systematischen
Theologie und Ethik; 6) – Zugl.: M, Univ., Diss.,
1994.

715 Gunten, A. F. von: **Cajétan dans la correspondance d'Erasme.** In: 058, 297-323.

716 Häusler, Lothar: **Die katholische Kirche im 16.
Jahrhundert.** In: 075, 103-130: Ill.

717 Hendrix, Scott H.: **Martin Luther und Albrecht
von Mainz:** Aspekte von Luthers reformatorischem Selbstbewußtsein. (1982). In: 020, Nr.
XVI, S. 96-114.

718 Henkel, Annegret: **Geistliche Erfahrung und
geistliche Übungen bei Ignatius von Loyola und
Martin Luther:** die ignatianischen Exerzitien in
ökumenischer Relevanz. F; Bern; NY; P; W: Lang,
1995. 402 S. (Europäische Hochschulschriften:
Reihe 23, Theologie; 528) – Zugl.: F, Univ., Fachbereich Evang. Theologie, Diss., 1994.

719 Jeanne de Jussie: **Kleine Chronik:** Bericht einer
Nonne über die Anfänge der Reformation in
Genf/ übers. und hrsg. von Helmut Feld. MZ:
von Zabern, 1996. XIV, 203 S. L 29-32. (Veröffentlichungen des Instituts für Europäische
Geschichte Mainz: Beiheft; 40: Abt. Religionsgeschichte)

720 Jeanne de Jussie: **Petite chronique:** Einleitung,
Edition, Kommentar/ hrsg. von Helmut Feld.
MZ: von Zabern, 1996. LXXV, 326 S. (Veröffentlichungen des Instituts für Europäische Geschichte Mainz; 167: Abt. Religionsgeschichte)

721 Kohnle, Armin: **Luthers römischer Prozeß.** In:
02, 41-46: Ill.

722 Laube, Adolf: **Das Gespannn Cochläus / Dietenberger im Kampf gegen Luther.** ARG 87
(1996), 119-135: abstract, 135.

723 Morerod, Charles: **La controverse entre Cajétan
et Luther à propos de l'excommunication, à
Augsbourg, en 1518; Appendice:** Thomas de Vio
– Cajétan: De excommunicatione; traduction
française. In: 058, 253-296.

724 Rabe, Horst: **Karl V. und die deutschen Protestanten:** Wege, Ziele und Grenzen der kaiserli-
chen Religionspolitik. In: Karl V.: Politik und
politisches System/ hrsg. von Horst Rabe. Konstanz: UVK, Universitätsverlag Konstanz, 1966,
317-345. (UVK Geschichte)

725 Robinet, André: **Cajétan dans l'oeuvre de Leib-
niz.** In: 058, 341-368.

726 Samuel-Scheyder, Monique: **Johannes Cochlae-**
us et Martin Bucer: itinéraires croisés et controverse religieuse. Études Germaniques 50 (P
1995), 467-490.

727 Schulze, Manfred: **Johannes Eck im Kampf gegen Martin Luther:** mit der Schrift der Kirche
wider das Buch der Ketzer. LuJ 63 (1996), 39-
68: Ill.

728 Smolinsky, Heribert: **Die altgläubige Kontroverstheologie bis 1530.** In: 08, 844-855: Ill.

729 Smolinsky, Heribert: **Humanistische römisch-
katholische Gegner Luthers:** das Beispiel des
Jodocus Chlichtoveus; Überlegungen und Perspektiven. In: 024, 73-86.

730 Vasoli, Cesare: **Conclusioni.** In: 058, 369-393.

d) Humanisten

731 Agnoletto, Attilio: **Considerazioni sull'umanesimo luterano tedesco cinquecentesco:** la
giudeofobia (Überlegungen zum deutschen lutherischen Humanismus des 16. Jahrhunderts:
der Judenhaß). Augustinianum 35 (Roma 1995),
907-917.

732 [Erasmus Roterodamus, Desiderius]: **Collected
works of Erasmus.** Bd. 71: **Controversies**/ hrsg.
von J. K. Sowards. Toronto; Buffalo; LO: University of Toronto, 1993. 190 S.

733 [Erasmus Roterodamus, Desiderius]: **Erasmus
on women**/ hrsg. von Erika Rummel. Toronto;
Buffalo; LO: University of Toronto, 1996. 251 S.

734 Eyssen, Jürgen: **Europäische Literatur des Humanismus und der Renaissance.** In: 075, 199-
215: Ill.

735 Fellay, Jean-Blaise: **Erasme et le cercle huma-
niste de Bâle.** In: 022, 100-103.

736 Godin, André: **Humanismus und Christentum**
(Humanisme et christianisme ⟨dt.⟩)/ übers. von
Christine Boesten-Stengel. In: 08, 612-672: Ill.

737 Helmstaedter, Gerhard: **Thomas Morus und die
deutschen Humanisten:** Hindernisse auf dem
Weg der Freundschaft. Thomas Morus Jahrbuch
(1994 [gedruckt 1995]), 63-67.

738 Junghans, Helmar: **Georgius Agricola zwischen
Papsttreuen, Humanisten und Evangelischen.**
HCh 19 (1995), 117-144.

739 Margolin, Jean-Claude: **Erasme, précepteur de
l'Europe.** P: Juillard, 1995. 421 S. L 219-225+".

740 Müller-Kent, Jens: **Süß scheint der Krieg den
Unerfahrenen:** Erasmus von Rotterdam; ein Wegbereiter des Pazifismus. In: 040, 20-25: Portr.

741 Prunzel, Clóvis Jair: **Lutero e Erasmo:** pontos
de contato e divergências (Luther und Erasmus:
Berührungspunkte und Abweichungen). (1994).
In: 057, 59-98. [Vgl. LuB 1996, Nr. 450]

742 Rapp, Francis: **Les humanistes alsaciens, les abus et la réforme.** Études Germaniques 50 (P 1995), 377-387.

743 Rummel, Erika: **The humanist-scholastic debate in the Renaissance & Reformation.** Cambridge, MA: Harvard University, 1995. 249 S.

744 Schäfer, Bärbel: **Mit den Waffen der Dichtkunst für die Reformation:** Melanchthons Schüler Johann Stigel. In: 024, 389-407.

745 Scheible, Heinz: **Georg Sabinus (1508-1560):** ein Poet als Gründungsrektor. In: 01, 17-31.

746 Scheible, Heinz: **Georg Sabinus (1508-1560):** ein Poet als Gründungsrektor. (1995). In: 062, 533-547.

747 Scheible, Heinz: **Melanchthon zwischen Luther und Erasmus.** (1984). In: 062, 171-197: Ill.

748 Scheible, Heinz: **Simon Grynaeus schreibt an Joachim Camerarius:** eine Neuerwerbung der Universitätsbibliothek Heidelberg. (1989). In: 062, 517-532: Ill.

749 Stadtwald, Kurt: **Roman popes and German patriots:** antipapalism in the politics of the German humanist movement from Gregor Heimburg to Martin Luther. Genève: Droz, 1996. 237 S. (Travaux d'humanisme et Renaissance; 299)

750 Treu, Martin: **Hutten, Melanchthon und der nationale Humanismus.** In: 024, 353-366: Faks.

751 Venard, Marc: **Erasmus gegen Luther** (Erasme contre Luther ⟨dt.⟩)/ übers. von Isabel Greschat. In: 08, 856-863: Ill.

e) Thomas Müntzer und Bauernkrieg

752 Bräuer, Siegfried: **Simon Hoffmann: »ein lybhaber ewangelischer warheytt".** In: 012, 297-321.

753 Brecht, Martin: **Der theologische Hintergrund der Zwölf Artikel der Bauernschaft in Schwaben von 1525:** Christoph Schappelers und Sebastian Lotzers Beitrag zum Bauernkrieg. (1974). In: 05, 311-347.

754 Fauth, Dieter: **Verfassungs- und Rechtsvorstellungen im Bauernkrieg 1524/25.** ZSRG 81 (1995), 225-248.

755 Schulze, Winfried: **Der deutsche Bauernkrieg 1524-1526.** In: 063, 39-51.

756 Vice, Roy L.: **Ehrenfried Kumpf, Karlstadt's patron and peasants' war rebel.** ARG 86 (1995), 153-174: Zusammenfassung, 174.

f) »Schwärmer« und Täufer

757 Baron, Frank: **Paracelsus und seine Drucker (1527-1539).** In: 049, 141-150: summary, 150.

758 [Bodenstein, Andreas aus Karlstadt]: **The essential Carlstadt:** fifteen tracts by Andreas Bodenstein (Carlstadt) from Karlstadt/ übers. und hrsg. von E. J. Furcha. Waterloo, Ont.; Scottdale, PA: Herald, 1995. 449 S.: Portr., Ill., Kt. L 395-398+". (Classics of the radical Reformation; 8)

759 Brecht, Martin: **Der Psalmenkommentar des Paracelsus und die Reformation.** In: 049, 71-88: summary, 88.

760 Brecht, Martin: **Die Theologie Bernhard Rothmanns.** (1985). In: 05, 348-379.

761 Bühler, Pierre: **Andreas Bodenstein, dit Carlstadt (1486-1541).** In: 011, 193 f.

762 Franck, Sebastian: **Paradoxa/** hrsg. und eingel. von Siegfried Wollgast. 2., neubearb. Aufl. B: Akademie, 1995. 464 S.: Faks. L 224+".

763 Gause, Ute: **Aspekte der theologischen Anthropologie des Paracelsus.** In: 049, 59-70: summary, 70.

764 George, Timothy: **Die Spiritualität der Radikal-Reformation** (The spirituality of radical Reformation [1987] ⟨dt.⟩). In: 015, 341-382: Ill.

765 Gilly, Carlos: **»Theophrastica sancta«:** der Paracelsismus als Religion im Streit mit den offiziellen Kirchen. In: 03, 425-488: Ill.

766 Gummelt, Volker: **Bugenhagens Handschrift von Karlstadts Jeremiavorlesung aus dem Jahre 1522.** ARG 86 (1995), 56-66: abstract, 66.

767 Joestel, Volkmar: **Ostthüringen und Karlstadt:** soziale Bewegung und Reformation im mittleren Saaletal am Vorabend des Bauernkrieges (1522-1524). B: Schelzky & Jeep, 1996. 171 S. – Überarb. L, Univ., phil. Diss., 1991.

768 Looß, Sigrid: **Karlstadts Bild vom Menschen in seiner Wittenberger Zeit (1520-1523).** In: 065, 275-287.

769 Packull, Werner O.: **Hutterite beginnings:** communitarian experiments during the Reformation. Baltimore; LO: Johns Hopkins University, 1995. XI, 439 S. L 26 f+".

770 Wollgast, Siegfried: **Chiliasmus und soziale Utopie im Paracelsismus.** In: 049, 111-138: summary, 138.

g) Schweizer und Oberdeutsche

771 Brecht, Martin: **Martin Bucer und die Heidelberger Disputation.** In: Calvin – Erbe und Auftrag = Festschrift für Wilhelm Heinrich Neuser zum 65. Geburtstag/ hrsg. von Willem van't Spijker. Kampen: Kok, 1991, 214-228.

772 Brecht, Martin: **Martin Bucer und die Heidelberger Disputation.** (1991). In: 05, 48-61.

773 Brecht, Martin: **Matthäus Albers Theologie.** (1962). In: 05, 237-268.

774 Brecht, Martin: **Zwingli als Schüler Luthers:** zu seiner theologischen Entwicklung 1518-1522. (1985). In: 05, 217-236.

775 Büsser, Fritz: **Spiritualität in der Zürcher Reformation bei Zwingli und Bullinger.** In: 015, 308-323: Portr.

776 Bullinger, Heinrich: **Briefwechsel.** Bd. 6: **Briefe des Jahres 1536**/ bearb. von Hans Ulrich Bächtold; Rainer Henrich. ZH: Theol. Verlag, 1995. 518 S. L". (Werke/ Heinrich Bullinger: Abt. 2, Briefwechsel; 6)

777 Calvin, Johannes: **Opera exegetica.** Bd. 19: **Commentarius in epistolam ad Hebraeos**/ hrsg. von T. H. L. Parker. Genève: Droz, 1996. XLVI, 268 S. (Calvin, Johannes: Opera omnia, series 2: Opera exegetica Veteris et Novi Testamenti; 19)

778 Fellay, Jean-Blaise: **La Réforme en Suisse romande.** In: 022, 117-128.

779 Friedrich, Reinhold: **Martin Bucer.** In: 016, 85-101: Portr.

780 Gäbler, Ulrich; Ziegler, Albert: Huldrych **Zwingli et la Réforme à Zurich.** In: 022, 103-111.

781 Gäbler, Ulrich: **Oekolampad.** TRE 25 (1995), 29-36.

782 Gäbler, Ulrich; Ziegler, Albert: **La Réforme en Suisse alémanique.** In: 022, 111-117.

783 Gordon, Bruce: **Calvin and the Swiss Reformed churches.** In: 06, 64-81.

784 Himmighöfer, Traudel: **Die Zürcher Bibel bis zum Tode Zwinglis (1531):** Darstellung und Bibliographie. MZ: von Zabern, 1995. XIV, 500 S. L 19-33+". (Veröffentlichungen des Instituts für Europäische Geschichte Mainz; 154: Abt. Religionsgeschichte) – MZ, Univ., Fachbereich Evang. Theologie, Diss., 1992/93.

785 Jung, Martin H.: **Katharina Zell geb. Schütz (1497/98-1562):** eine »Laientheologin« der Reformationszeit? ZKG 107 (1996), 145-178.

786 Kaufmann, Thomas: **Pfarrfrau und Publizistin: das reformatorische »Amt« der Katharina Zell.** Zeitschrift für historische Forschung 23 (1996), 169-218.

787 Lienhard, Marc: **Un inclassable du XVIᵉ siècle strasbourgeois:** Otto Brunfels. Études Germaniques 50 (P 1995), 435-446.

788 Lutz, Samuel: **Huldrych Zwingli.** In: 016, 65-84: Portr.

789 McKee, Elsie Anne: **Reforming popular piety in sixteenth-century Strasbourg:** Katharina Schütz Zell and her hymnbook. Princeton, NJ: Princeton Theological Seminary, 1994. 82 S. (Studies in reformed theology and history; 2 IV)

790 Pásztor, János: **Kálvin és az egyház istentiszteletének megujitása** (Calvin und die Erneue-

rung des Gottesdienstes der Kirche). LP 71 (1996), 212-216.

791 Piwko, Stanisław: **Jan Kalwin (Johannes Calvin).** WZ: Wydawnictwo Naukowe Semper, 1995. 176 S. L 10 f+".

792 Rimbach, Harald: **Gnade und Erkenntnis in Calvins Prädestinationslehre:** Calvin im Vergleich mit Pighius, Beza und Melanchthon. F; Bern; NY; P; W: Lang, 1996. 473 S. (Kontexte; 19) – GÖ, Univ., Theol. Fak., Diss., 1991.

793 Scheible, Heinz: **Luther und die Anfänge der Reformation am Oberrhein.** (1983). In: 062, 481-505: Ill.

794 Zwingli, Huldrych: **Schriften.** 4 Bde./ im Auftrag des Zwinglivereins hrsg. von Thomas Brunnschweiler; Samuel Lutz unter Mitarb. von Hans Ulrich Bächtold ... ZH: Theol. Verlag, 1995. XXVI, 486 S.: Faks.; VIII, 548; VIII, 511 S.: Kt; VIII, 504 S.

h) Juden

795 Hendrix, Scott H.: **Toleration of the Jews in the German Reformation:** Urban Rhegius and Braunschweig (1535-1540). **Appendix:** Niedersächsisches Staatsarchiv Wolfenbüttel 2 Alt 13155: **Urbanus Rhegius to Superintendent Martin Görlitz and the Ministers of Braunschweig Celle, September 22, 1540.** (1990). In: 020, Nr. XI, S. 189-215: Zusammenfassung, 209.

796 Homolka, Walter: **Jewish identity in modern times:** Leo Baeck and German protestantism/ Vorwort: Albert H. Friedlander; Nachwort: Esther Seidel. Providence, RI; Oxford: Berghahn, 1995. XX, 143 S.: Ill. L". (European judaism; 2)

797 Kleiner, John W.: **Martin Luther and the Jews.** Consensus 19 (Winnipeg, Man. 1993), 109-126. – Bespr.: Hagen, Kenneth: LuD 4 (1996), 114-118.

798 Martin, Jason: **An abandonment of hope:** Martin Luther and the Jews. The churchman 107 (LO 1993), 331-338. – Bespr.: Kiecker, James G.: LuD 4 (1996), 130 f.

799 Wöhle, Andreas H.: **Aan Mozes zouden we genoeg hebben** (Mose sollte uns genügen). Tijdschrift kerk en Israel 8 (Zoetermeer 1995) Heft 4, 7.

800 Wöhle, Andreas H.: **Luther en Israel** (Luther und Israel). Interpretatie 3 (Zoetermeer 1995) Heft 8, 21-24.

i) Künstler und Kunst

801 **Das Bild in der Bibel:** Bibelillustrationen von der Reformation bis zur Gegenwart/ aus evang.

Archiven und Bibliotheken in Bayern hrsg. von Bernhard Bach. M: Claudius, 1995. 148 S.: Ill.

802 Boockmann, Hartmut: **Nürnberger Maler und Bildschnitzer um 1500 in ihrer sozialen Welt.** In: 034, 301-320.

803 Christin, Olivier: **La querelle des images au temps des Réformes.** Revue d'histoire moderne et contemporaine 43 (1996), 366-370.

804 Cottin, Jérôme: **Le regard et la parole:** une théologie protestante de l'image. Genève: Labor et Fides, 1994. 342 S. L 259-283+". (Lieux théologiques; 25)

805 Düfel, Hans: **Zum Cranach-Jahr 1994.** Lu 66 (1995), 140-143.

806 Dürer, Albrecht: **Schriften und Briefe/** hrsg. von Ernst Ullmann; Textbearbeitung: Elvira Pradel. 6., unv. Aufl. L: Reclam, 1993. 344 S.: Ill. L 54+".

807 Gibbons, Mary Weitzel: **Giambologna:** narrator of the catholic Reformation. Berkeley; Los Angeles; LO: University of California Press, 1995. XVIII, 262 S.: Ill. (California studies in the history of art; 33)

808 Hauser, Arnold: **História social da arte e da literatura** (Sozialgeschichte der Kunst und der Literatur (port.))/ übers. von Álvaro Cabral. São Paulo: Martins Fontes, 1995. 1032 S. L 376-413.

809 Heckner, Ulrike: **Im Dienst von Fürsten und Reformation: Fassadenmalerei an den Schlössern in Dresden und Neuburg an der Donau im 16. Jahrhundert.** M: Deutscher Kunstverlag, 1995. 227 S.: Ill. L 115-118+". – Bespr.: Michalski, Sergiusz: Zeitschrift des historischen Vereins für Schwaben 88 (1995), 388-390.

810 Hoyer, Siegfried: **Das Symbol des Glücksrades auf Illustrationen aus der Zeit von Reformation und Bauernkrieg.** In: 023, 65-82: Ill.

811 Kammel, Frank-Matthias: **Zum Streit um das Bild in der Reformationszeit.** In: 030, 25-31: Ill.

812 Kunz, Tobias: **Bilderflut und Bildersturm:** Ursachen, Verlauf und Folgen der Eisenacher Unruhen im April 1525. In: 02, 337-352: Ill.

813 Poloni, Bernard: **L'image et sa fonction dans le »Grand Fol luthérien« de Thomas Murner.** Études Germaniques 50 (P 1995), 491-508.

814 Poscharsky, Peter: **Luther und die Bilderwelt des Spätmittelalters.** Kirche + Kunst 74 (1996) Heft 2, 22-24: Ill.

815 Poscharsky, Peter: **Martin Luther und Lukas Cranach.** Kirche + Kunst 74 (1996) Heft 2, 25-27: Ill.

816 Schnitzler, Norbert: **Ikonoklasmus – Bildersturm:** theologischer Bilderstreit und ikonoklastisches Handeln während des 15. und 16. Jahrhunderts. M: Fink, 1996. 355 S.: Ill. L 237+". –

Zugl.: BL, Univ., Phil.-hist. Fak., Diss., 1994.

817 Scribner, Robert W.: **Reformatorische Bildpropaganda.** In: 023, 83-106: Ill.

818 Timann, Ursula: **Untersuchungen zu Nürnberger Holzschnitt und Briefmalerei in der ersten Hälfte des 16. Jahrhunderts:** mit besonderer Berücksichtigung von Hans Guldenmund und Niclas Meldeman. MS: Lit, 1993. III, 287 S.: Ill. L 77+". (Kunstgeschichte; 18) – Zugl.: Erlangen-Nürnberg, Univ., Diss., 1993.

819 Ullmann, Ernst: **Renaissance:** deutsche Baukunst 1520-1620. L: Seemann, 1995. 136 S.: Ill. L 28-31+".

820 Végh, János: **Albrecht Dürer, a reformáció festője (1471-1528)** (Albrecht Dürer, der Maler der Reformation [1471-1528]). Credo 2 (BP 1996) Heft 1/2, 98-102: Ill.

821 Weimer, Christoph: **Reformatorische Bildgedanken – die Zusammenarbeit von Theologe und Künstler:** Martin Luther und Lucas Cranach. In: 02, 73-82: Ill.

822 Wohlfeil, Rainer: **Pax Antwerpiensis:** eine Fallstudie zu Verbildlichungen der Friedensidee im 16. Jahrhundert am Beispiel der Allegorie »Kuß von Gerechtigkeit und Friede«. In: 023, 211-258: Ill.

j) Territorien und Orte innerhalb des Deutschen Reiches

823 Baumbach, Udo: **Burg und Stadt Rochlitz als fürstliche Hofhaltung und Residenz.** In: 1000 Jahre Rochlitz: Festschrift. Beucha: Sax, 1995, 33-49. 161 f: Ill.

824 Blickle, Peter: **Die Reformation in Stadt und Landschaft Erfurt:** ein paradigmatischer Fall. In: 012, 253-273.

825 Böhme, Ernst: **Lippe, Schaumburg.** In: 067, 152-169: Kt.

826 Brecht, Martin: **Anfänge reformatorischer Kirchenordnung und Sittenzucht bei Johannes Brenz.** (1969). In: 05, 495-516.

827 Brecht, Martin: **Brenz als Zeitgenosse:** die Reformationsepoche im Spiegel seiner Schriftauslegungen. (1970). In: 05, 269-299.

828 Brecht, Martin: **Die gemeinsame Politik der Reichsstädte und die Reformation.** (1977). In: 05, 411-470.

829 Brecht, Martin: **Die gescheiterte Reformation in Rottweil.** (1975). In: 05, 517-534.

830 Brecht, Martin: **Herkunft und Ausbildung der protestantischen Geistlichen des Herzogtums Württemberg im 16. Jahrhundert.** (1969). In: 05, 394-407.

831 Brecht, Martin: **Reformation und Kirchenordnung in Minden 1530.** (1980). In: 05, 545-563.

832 Brecht, Martin: **Die Ulmer Kirchenordnung von 1531, die Basler Reformationsordnung von 1529 und die Münsteraner Zuchtordnung von 1533.** (1983). In: 05, 535-544.

833 Brecht, Martin: **Via antiqua, Humanismus und Reformation – der Mainzer Theologieprofessor Adam Weiß.** (1991). In: 05, 207-216.

834 Burkhardt, Johannes: **Luther und die Augsburger Handelsgesellschaften.** In: 060, 50-55.

835 Dixon, C. Scott: **The Reformation and parish morality in Brandenburg-Ansbach-Kulmbach.** ARG 87 (1996), 255-286: Zusammenfassung, 286.

836 Dobschütz, Detlef von; Freudenberger, Rudolf; Schmid, Helmut: **Luther und die reformatorische Neuordnung des reichsstädtischen Gemeinwesens in Augsburg.** In: 060, 96-101.

837 Drößler, Rudolf: **Zeitz:** Stätte der Reformation (I): **vom Beginn der Reformation 1517 bis zum Tod von Bischof Philipp 1541.** Zeitz: Stadt Zeitz, 1995. 60 S.: Ill. L 27-29+".

838 Drößler, Rudolf: **Zeitz:** Stätte der Reformation (II): **vom Tod Bischof Philipps 1541 bis zum Tod Bischof Julius von Pflugs 1564.** Zeitz: Stadt Zeitz, 1995. 60 S.: Ill. L 39+".

839 Eigenwill, Reinhardt: **Political ambition versus cultural commitment:** the house of Wettin. In: 09, 16-23: Ill.

840 Eigenwill, Reinhardt: **Zwischen politischem Ehrgeiz und kulturellem Engagement:** die albertinischen Wettiner in der frühen Neuzeit. In: 070, 105-120: Ill.

841 Flegel, Christoph: **Die lutherische Kirche in der Kurpfalz von der Reformation bis zur Union (1518-1818).** BlPfKG 63 (1996), 265-281. = Ebernburg-Hefte 30 (1996), 13-29.

842 Frühauf, Wolfgang: **Von der kurfürstlichen Privatbibliothek zur Sächsischen Landesbibliothek.** In: 070, 13-27: Ill.

843 Graf, Herrmann [Hermann!]: **Anhaltisches Pfarrerbuch:** die evangelischen Pfarrer seit der Reformation/ hrsg. vom Landeskirchenrat der Evang. Landeskirche Anhalts. Dessau: 1996. XIV, 529 S. L 2-4+".

844 Graßmann, Antjekathrin: **Lübeck, Freie Reichsstadt und Hochstift; Wendische Hansestädte Hamburg, Wismar, Rostock, Stralsund.** In: 067, 114-128: Kt.

845 Großkopp, Günter: **Tambach-Dietharz und Martin Luther:** eine kleine Schrift zum Lutherjahr 1996/ hrsg. vom Geschichts- und Heimatverein »Meister Eckhart« e.V. Tambach-Dietharz, in Verb. dem Verkehrsamt. Tambach-Dietharz, 1996. [4 Bl.]: Kt.

846 Hamm, Berndt: **»Ist das gut evangelisch?«:** Hans Sachs als Wortführer und Kritiker der Reformation. Lu 66 (1995), 125-140.

847 Hasse, Hans-Peter: **Luther in Zwickau:** auf den Spuren eines Reformators. Der Sonntag 51 (Dresden 1996) Nr. 51 (16. Juni), 8: Ill.

848 Haug-Moritz, Gabriele: **Kursachsen und der Schmalkaldische Bund.** In: 059, 507-524.

849 Hoffmann, Christian: **Oldenburg.** In: 067, 130-151: Kt.

850 Hoyer, Siegfried: **Luther, Hus und »die Böhmen«.** In: 036, 13-20.

851 Immenkötter, Herbert; Wüst, Wolfgang: **Augsburg, Freie Reichsstadt und Hochstift.** In: 067, 8-35: Ktn.

852 Joestel, Volkmar: **Auswirkungen der Wittenberger Bewegung 1521/22: das Beispiel Eilenburg.** In: 065, 131-142.

853 Joestel, Volkmar: **Konflikte um zwei Erfurter Kleriker in Ostthüringen während der Reformation.** In: 012, 323-329.

854 Junghans, Helmar: **Kirche und Theologie in Wittenberg.** In: 065, 39-52.

855 Junghans, Helmar: **Luthers Beziehungen zu Leipzig bis zu seinem Tode 1546.** In: 039, 7-24.

856 Kandler, Karl-Hermann: **Luthers Beziehungen zur Freiberger Familie Weller auf Grund seiner Briefe:** ein Beitrag zum 450. Todestag Martin Luthers am 18. Februar 1995 [!]. Mitteilungen des Freiberger Altertumsvereins 76 (1995), 22-35: Portr.

857 Kießling, Rolf: **»dann iedermann wolt gen himl«:** Laienfrömmigkeit und Humanismus, Kirchgemeinden und Prädikaturen. In: 060, 16-21.

858 Krause, Hans-Joachim: **Die Marktkirche zu Halle:** der Neubau und seine geschichtliche Bedeutung. In: 034, 391-458: Ill. [Enthält: Schmitt, Reinhard: Archäologische Untersuchungen in der Marktkirche St. Marien in Halle/Saale, 433-438]

859 Krumwiede, Hans-Walter: **Kirchengeschichte Niedersachsens.** [Bd. 1]: **Von der Sachsenmission [sic!] bis zum Ende des Reiches 1806.** GÖ: V&R, 1995. 271 S.: Ill., Ktn. L 156 f.

860 Kubach-Reutter, Ursula: **Nürnberg wird protestantisch.** In: 025, 9-31: Ill., Taf.

861 Künast, Hans-Jörg: **Martin Luther und der Buchdruck in Augsburg, 1518-1530.** In: 060, 65-70.

862 Lanzinner, Maximilian: **Passau.** In: 067, 58-76: Kt.

863 Mägdefrau, Werner; Gratz, Frank: **Die Anfänge der Reformation und die thüringischen Städte.** F: Haag und Herchen, 1996. 90 S.

864 Moeller, Bernd: **Erwägungen zur Bedeutung Erfurts als Kommunikationszentrum der frühen Reformation.** In: 012, 275-282.

865 Moraw, Peter: **Die ältere Universität Erfurt im Rahmen der deutschen und europäischen Hochschulgeschichte.** In: 012, 189-205.

866 Peters, Christian: **Vom Wormser Edikt (1521) bis zum Augsburger Religionsfrieden (1555):** der Beitrag der Prädikanten zur Soester Stadtreformation. In: Soest: Geschichte der Stadt. Bd. 3: Zwischen Bürgerstolz und Fürstenstaat; Soest in der frühen Neuzeit/ hrsg. von Ellen Widder in Verb. mit Wilfried Ehbrecht; Gerhard Köhn. Soest: Westfälische Verlagsbuchhandlung Mocker & Jahn, 1995, 179-248: Ill.

867 Petrejus, Petrus: **Eine Grundlegung der nordfriesischen und insbesondere der eiderstedtischen Kirchengeschichte/** hrsg. von Albert Panten; Heinz Sandelmann. Bräist/Bredstedt, NF: Nordfriisk Instituut, 1995. 176 S.: Ill. L 90-95+". (Nordfriisk Instituut; 120b)

868 Petzoldt, K[laus]: **Reformversuch und Ende des Klosters Bürgel (mit Remse): 1510-1533.** Zum Burgelin 3 (1993), 29-63. L".

869 **Quellen zur Geschichte Thüringens:** von der Reformation bis 1918/ hrsg. von Jürgen John. Erfurt: Landeszentrale für politische Bildung, 1995. 259 S. L 48-50+".

870 Sauer, Paul: **Geschichte der Stadt Stuttgart.** Bd. 2: **Von der Einführung der Reformation bis zum Ende des 17. Jahrhunderts.** S; B; Köln: Kohlhammer, 1993. 411 S.: Ill. L 15+".

871 Scheible, Heinz: **Gründung und Ausbau der Universität Wittenberg.** (1978). In: 062, 353-369.

872 Schirmer, Uwe: **Das Amt Grimma 1485 bis 1548:** demographische, wirtschaftliche und soziale Verhältnisse in einem kursächsischen Amt am Ende des Mittelalters und zu Beginn der Neuzeit. Beucha: Sax, 1996. 402 S.: Tab., 1 Kt. L 129+". (Schriften der Rudolf-Kötzschke-Gesellschaft; 2) – Zugl.: Dresden, Techn. Univ., Phil. Fak., Diss., 1994/95.

873 Schmid, Peter: **Regensburg, Freie Reichsstadt, Hochstift und Reichsklöster.** In: 067, 36-57: Kt.

874 Scholzen, Reinhard: **Franz von Sickingen:** ein adliges Leben im Spannungsfeld zwischen Städten und Territorien. Kaiserslautern: Verlag des Instituts für pfälzische Geschichte und Volkskunde, 1996. 510 S.: Ill. (Beiträge zur pfälzischen Geschichte; 9) – Zugl.: Trier, Univ., Diss., 1992. – Bespr.: Böcher, Otto: BlPfKG 63 (1996), 428-430 = Ebernburg-Hefte 30 (1996), 176-178.

875 Schwarz, Reinhard: **Luther und die Reformation in Augsburg.** In: 060, 5-12.

876 Schwarz, Reinhard: **Die reformatorische Bewegung bricht sich Bahn.** In: 060, 30 f.

877 Spengler, Lazarus: **Schriften.** Bd. 1: **Schriften der Jahre 1509 bis Juni 1525/** hrsg. und bearb. von Berndt Hamm; Wolfgang Huber unter Mitarb. von Claus Bachmann; Katrin Berger. GÜ: GVH, 1995. XXXVII, 513 S.: Ill. (Quellen und Forschungen zur Reformationsgeschichte; 61)

878 Straube, Manfred: **Wittenberg in den Anfangsjahren der Universität und der Reformation:** wirtschaftliche Herausforderungen und soziale Probleme am Beginn einer neuen Stadtentwicklung. In: 065, 431-448.

879 **Thüringer Pfarrerbuch.** Bd. 1: **Herzogtum Gotha/** hrsg. von der Gesellschaft für Thüringische Kirchengeschichte; bearb. von Bernhard Möller ... Neustadt an der Aisch: Degener, 1995. 784 S. L 165+".

880 Warmbrunn, Paul: **Pfalz-Zweibrücken, Zweibrückische Nebenlinien.** In: 067, 170-197: Kt.

881 Wartenberg, Günther: **Mansfeld.** In: 067, 78-91: Kt.

882 Wartenberg, Günther: **Melanchthon und die reformatorisch-humanistische Reform der Leipziger Universität.** In: 024, 409-415.

883 Weiß, Dieter J.: **Deutscher Orden.** In: 067, 224-248: Ktn.

884 Winterhager, Wilhelm E.: **Kurbrandenburg als Zentrum des frühen Kampfes gegen Luther:** die Entwicklung der frühen Jahre und ein Quellenfund aus dem März 1518. Wichmann-Jahrbuch des Diözesangeschichtsvereins Berlin 34/35 N.F. 3 (1994/95), 113-140.

885 Wirth, Susanne: **Luther – Leipzig – Luther.** Familienblatt der Lutheriden-Vereinigung 69 (1995) Heft 23, 10-12.

886 Zschoch, Hellmut: **Augsburg zerfällt in sechs Richtungen!** frühkonfessioneller Pluralismus in den Jahren 1524 bis 1530. In: 060, 78-82.

887 Zühlke, Christian: **The protestant Reformation in Saxony.** In: 09, 24-31: Ill.

888 Zühlke, Christian: **Die Reformation in Sachsen.** In: 070, 121-137: Ill.

k) Länder und Orte außerhalb des Deutschen Reiches

889 Amon, Karl: **Abwehr der Reformation und Rekatholisierungsversuche in Innerösterreich unter Ferdinand I. und Karl II.** In: 028, 405-418.

890 Arnold, Udo: **Luther und die Reformation im Preußenland.** (1991). In: 047, 9-36.

891 Babel, Rainer: **Freigrafschaft Burgund/Franche-Comté; Freie Reichsstadt Besançon.** In: 067, 198-223: Kt.

892 Bense, Gertrud: **Die frühen Jahrzehnte der Universität Königsberg und die Anfänge des litauischen Schrifttums.** Nordost-Archiv N. F. 3 (1994), 309-329. [Langfassung der folgenden Nr.]

893 Bense, Gertrud: **Preußisch-litauische Theologen des 16. Jahrhunderts in Königsberg.** In: 047, 56-67. [Vgl. die vorangehende Nr.]

894 Blaschke, Karlheinz: **Lausitzen.** In: 067, 92-113: Ktn.

895 Bobzin, Hartmut: **Der Koran im Zeitalter der Reformation:** Studien zur Frühgeschichte der Arabistik und Islamkunde in Europa. S: Steiner, 1995. XIV, 598 S. (Beiruter Texte und Studien; 42)

896 Daniel, David P.: **Calvinism in Hungary:** the theological and ecclesiastical transition to the Reformed faith. In: 06, 205-230.

897 Duke, Alastair: **Reformation and revolt in the low countries.** LO; Ronceverte, WV: Hambledon, 1990. XXII, 308, 32 S. – Bespr.: Macinnes, Angus: History 77 (LO 1992), 110 f; Mörke, Olaf: HZ 255 (1992), 195 f.

898 Dworzaczkowa, Jolanta: **Reformacja i kontrreformacja w Wielkopolsce** (Die Reformation und Gegenreformation in Großpolen). Poznań: Wydawnictwo Poznańskie, 1995. 362 S. L 64-68+". (Historia, społeczeństwo, kultura Wielkopolska; 3)

899 Enzinas, Francisco de: **Epistolario** (Anleitung zum Briefeschreiben)/ hrsg. und übers. von Ignacio Javier Garcia Pinilla. Genève: Droz, 1995. XXX, 687 S. L". (Travaux d'humanisme et Renaissance; 290)

900 Gundermann, Iselin: **Die Anfänge der Albertus-Universität zu Königsberg.** HCh 19 (1995), 91-106. L 95+".

901 Gundermann, Iselin: **Herzogtum Preußen im**

902 Lichański, Jakub: **Koncjonał Mazurski** (Das masurische Kantional). Borussia 12 (Olszty 1996), 66-84.

903 Małłek, Janusz: **Kościoły ewangelickie w ziemi chełmińskiej, lubarskiej i działdowskiej w XVI-XX wieku** (Die evangelischen Kirchen im Kulmer, Löbauer, Soldauer Land im 16.-20. Jh.). In: Diecezja Toruńska: historia, terazniejszość (Diözese Thorn: Geschichte, Gegenwart). Bd. 1/ Redaktion: Stanisław Kardasz. Toruń: Wydawnictwo Konserwatora Diecezjalnego, 1994, 50-58.

904 Meyer, Rudolf: **Christoph Jonas und Levin Buchius:** die Anfänge der Rechtswissenschaftlichen Fakultät der Universität Königsberg im 16. Jahrhundert. In: 01, 87-101.

905 Ranke, Leopold von: **Englische Geschichte/** hrsg. von Willy Andreas. Bearb., ungekürzte Ausgabe sämtlicher 22 Bücher in 3 Teilbdn. mit Bibliographie, Namens/Ortsregister/ von Alexander Heine; Vorwort von Willy Andreas. 3 Teilbde. in 1 Bd. Essen: Phaidon: Vollmer, [1996?]. XIII, 380, 345, 460 S.: Ill. L".

906 Reingrabner, Gustav: **Feststellungen zur Bedeutung der Gegenreformation in Österreich aus evangelischer Sicht.** In: 028, 691-707.

907 Roser, Hans: **Der europäische Luther:** der Beitrag der Reformation zum Reichtum der Vielfalt; ein Überblick über die Anfänge. In: 031, 399-422.

908 Sólyom, Jenő: **Luther és Magyarország** (Luther und Ungarn)/ hrsg. von Tibor Fabiny Jr. Reprint der Ausgabe BP, 1933. BP: Magyarországi Luther Szövetség, 1996. 194 S. (Magyar Luther könyvek; 4)

909 Venard, Marc: **Un catéchisme offert à Marguerite de Navarre.** BPF 142 (1996), 5-32.

6 Luthers Wirkung auf spätere Strömungen, Gruppen, Persönlichkeiten und Ereignisse

a) Allgemein

910 Braaten, Carl E.: **Die Katholizität der Reformation:** der Ort der Reformation in der Bewegung der Evangelischen Katholiken. KD 42 (1996), 186-201: summary, 201.

911 Braaten, Carl [E.]: **La théologie luthérienne: ses grands principes** (Principles of Lutheran theology ⟨franz.⟩)/ übers. aus dem Engl. mit Unterstützung der Mission Intérieure Luthérienne unter der Leitung von Jacques Fischer. P: du Cerf, 1996. 181 S. (Théologies)

912 Dietzfelbinger, Eckart: **Rückbesinnung als protestantische Haltung.** In: 025, 66-69: Ill.

913 Dompnier, Bernard: **Les marques de l'hérésie dans l'iconographie du XVIIe siècle.** Siècles 50 (Clermont-Ferrand 1995) Heft 2, 77-96: Ill.

914 Ferrario, Fulvio: **Il protestantesimo dalla fine del XVI secolo aii giorni nostri** (Der Protestantismus vom Ende des 16. Jahrhunderts bis in unsere Tage). In: 066, 495-560.

915 Gier, Helmut: **Zur Rezeption Luthers und zu**

den kirchlichen Jubiläumsfeiern in Augsburg. In: 060, 134-139.

916 Junghans, Helmar: **Kirchengeschichtsschreibung in Leipzig im Wandel der Theologie und Wissenschaftskultur.** HCh 19 (1995), 9-25

917 Junghans, Helmar: **Die Lutherrezeption in Leipzig nach 1546.** In: 039, 51-70.

918 Kubach-Reutter, Ursula: **Das evangelische Pfarrhaus.** In: 025, 70-72: Ill.

919 Langner, Bruno; Kubach-Reutter, Ursula: **Leben in einer protestantischen Stadt.** In: 025, 36-45.

920 Laubach, Ernst: **Ein religiöses Mahnschreiben Kaiser Ferdinands I.** ARG 87 (1996), 90-118: abstract, 118.

921 Maron, Gottfried: **Das Konzil von Trient in evangelischer Sicht:** ein Überblick. MD 46 (1995), 107-114.

922 Petzoldt, Martin: **Die Wirkung Luthers auf Musik und Gottesdienst in Leipzig.** In: 039, 71-81.

923 Reingrabner, Gustav: **Faktoren der Konfessionsbildung in den innerösterreichischen Ländern im 16. und 17. Jahrhundert.** In: 028, 233-248.

924 Schilling, Heinz: **Die Konfessionalisierung von Kirche, Staat und Gesellschaft:** Profil, Leistung, Defizite und Perspektiven eines geschichtswissenschaftlichen Paradigmas. In: 027, 1-47: Diskussion, 47-49.

925 Wanegffelen, Thierry: **Vers l'hérésie:** débat sur la grâce et construction confessionnelle en France au XVIᵉ siècle. Siècles 50 (Clermont-Ferrand 1995) Heft 2, 61-76.

926 Wartenberg, Günther: **Kirchengeschichte – Regionalgeschichte:** das Beispiel Sachsen. HCh 19 (1995), 67-79.

b) Orthodoxie und Gegenreformation

927 Baur, Jörg: **Orthodoxie:** Genese und Struktur. TRE 25 (1995), 498-507.

928 Bèze, Théodore de: **Correspondance.** Bd. 18: 1577/ hrsg. von Hippolyte Aubert; Béatrice Nicollier; Reinhard Bodenmann. Genève: Droz, 1995. IX, 270 S. L". (Travaux d'humanisme et Renaissance; 292)

929 Bickert, Hans Günther; Nail, Norbert: **Liebenswertes Lahn-Athen:** das 300jährige Jubelfest der Philipps-Universität; die erste Ehrenpromotion einer Frau; ein Blick in Marburger Stammbücher. Marburg: Universitätsbibliothek, 1992. 262 S.: Ill., Kt. L 160+". (Schriften der Universitätsbibliothek Marburg; 65)

930 Bohus, Imre: **A Formula Concordiae keletkezése és jelentősége** (Die Entstehung und Bedeutung der Konkordienformel). Keresztyén igazság (BP 1995) Heft 28, 11-18.

931 Brunner, Walter: **Kryptoprotestantismus in der Steiermark und in Kärnten im Zeitalter der Gegenreformation.** In: 028, 249-263.

932 Bubenheimer, Ulrich: **Orthodoxie, Heterodoxie, Kryptoheterodoxie in der nachreformatorischen Zeit am Beispiel des Buchmarktes in Wittenberg, Halle und Tübingen.** In: 065, 258-274.

933 Bubenheimer, Ulrich: **Wilhelm Schickard im Kontext einer religiösen Subkultur.** In: Zum 400. Geburtstag von Wilhelm Schickard: zweites Tübinger Schickard-Symposion 25. bis 27. Juni 1992/ hrsg. von Friedrich Seck. Sigmaringen: Thorbecke, 1995, 67-92: Ill. (Contubernium; 41) – Bespr.: Gottschick, Konrad: BlWKG 95 (1995), 335-338.

934 Decot, Rolf: **Kirchenreform durch Konfessionalisierung:** Überlegungen zu Luthers Reformation und ihren Wirkungen im Reich. In: 065, 155-170.

935 Decot, Rolf: **Religionsgespräch und Reichstag:** der Regensburger Reichstag von 1556/57 und das Problem der Religionsgespräche auf Reichstagen. In: 061, 220-235.

936 **Deutsche Bucheinbände der Renaissance um Jakob Krause, Hofbuchbinder des Kurfürsten August I. von Sachsen**/ Konrad von Rabenau; unter Mitarbeit von Susanne Rothe und Andreas Wittenberg. Brussel – Bruxelles: Bibliotheca Wittockiana, 1994. [102 Nummern]: Ill. L Nr. 2+".

937 **Deutsche Bucheinbände der Renaissance um Jakob Krause, Hofbuchbinder des Kurfürsten August I. von Sachsen:** Bildband/ hrsg. von Konrad von Rabenau; Aufnahmen von Sylvia-Marita Plath; Regine Richter. Schöneiche bei Berlin: 1994. [102 Nummern]: Ill. L Nr. 2+".

938 Frenschkowski, Marco: **Katholiken, Juden und Moslems in der »Historia von D. Johann Fausten«:** Beobachtungen zur Rezeption lutherischer Religionskritik in populärer protestantischer Erzählliteratur. BlPfKG 63 (1996), 359-385: Ill. = Ebernburg-Hefte 30 (1996), 107-133: Ill.

939 Ganzer, Klaus: **Das Konzil von Trient und die theologische Dimension der katholischen Konfessionalisierung.** In: 027, 50-68: Diskussion, 69.

940 Gherardini, Brunero: **Lutero nel Concilio di Trento** (Luther auf dem Konzil von Trient). Divinitas 39 (Roma 1995), 168-182.

941 Göttler, Christine: **Die Kunst des Fegefeuers nach der Reformation:** kirchliche Schenkungen,

Ablaß und Almosen in Antwerpen und Bologna um 1600. MZ: von Zabern, 1996. 387 S.: Ill. L 16 f+". (Berliner Schriften zur Kunst; 7)

942 Harasimowicz, Jan: **Lutherische Bildepitaphien als Ausdruck des »Allgemeinen Priestertums der Gläubigen« am Beispiel Schlesiens.** In: 023, 135-164: Ill.

943 Hasse, Hans-Peter: **Die Lutherbiographie von Nikolaus Selnecker:** Selneckers Berufung auf die Autorität Luthers im Normenstreit der Konfessionalisierung in Kursachsen. ARG 86 (1995), 91-123: Ill., abstract, 123.

944 Heckel, Martin: **Die katholische Konfessionalisierung im Spiegel des Reichskirchenrechts.** In: 027, 184-227: Diskussion, 227.

945 **Der Heidelberger Katechismus/** hrsg. von Otto Weber. 5. Aufl. GÜ: GVH, 1996. 89 S. (GTB Siebenstern; 1293)

946 Herrmann, Johannes: **Burggraf Heinrich IV. von Plauen und seine Kirchenordnung 1552.** Mitteilungen des Vereins für vogtländische Geschichte, Volks- und Landeskunde 47 (1995), 60-73.

947 Holtz, Sabine: **Der Fürst dieser Welt: die Bedrohung der Lebenswelt aus lutherisch-orthodoxer Perspektive.** ZKG 107 (1996), 29-49.

948 **Die katholische Konfessionalisierung:** wissenschaftliches Symposion der Gesellschaft zur Herausgabe des Corpus Catholicorum und des Vereins für Reformationsgeschichte 1993/ hrsg. von Wolfgang Reinhard; Heinz Schilling. MS: Aschendorff, 1995. XIII, 472 S. (Reformationsgeschichtliche Studien und Texte; 135) [Parallelausgabe von LuB 1997, Nr. 027]

949 Kaufmann, Thomas: **Königsberger Theologieprofessoren im 17. Jahrhundert.** In: 01, 49-86.

950 Kießling, Rolf: **Die unvollendete Reformation:** Schmalkaldischer Krieg und Interim als Stationen auf dem Weg zur Bikonfessionalität. In: 060, 117-123.

951 Klän, Werner: **Doctrina, fides & confessio:** konfessorische Formeln im Werk Nikolaus Selneckers (1530-1592). LThK 20 (1996), 2-28.

952 Koch, Ernst: **Die deutschen Protestanten und das Konzil von Trient.** In: 027, 88-102: Diskussion, 103.

953 Kolb, Robert: **The advance of dialectic in Lutheran theology:** the role of Johannes Wigand (1523-1587). (1987). In: 032, Nr. XVI, S. 93-102.

954 Kolb, Robert: **Dynamics of party conflict in the Saxon late Reformation:** Gnesio-Lutherans vs. Philippists. (1977). In: 032, Nr. I, S. 1-17.

955 Kolb, Robert: **Festivals of the Saints in late Reformation Lutheran preaching.** (1990). In: 032, Nr. IX, S. 613-626.

956 Kolb, Robert: **The Flacian rejection of the Concordia:** prophetic style and action in the German late Reformation. (1982). In: 032, Nr. VI, S. 196-216.

957 Kolb, Robert: **Georg Major as controversialist:** polemics in the late Reformation. (1976). In: 032, Nr. IV, S. 455-468.

958 Kolb, Robert: **The German Lutheran reaction to the third period of the Council of Trent.** (1984). In: 032, Nr. V, S. 63-95.

959 Kolb, Robert: **God, faith and the devil:** popular Lutheran treatments of the first commandment in the era of the Book of Concord. (1982). In: 032, Nr. VII, S. 71-89.

960 Kolb, Robert: **»Good works are detrimental to salvation«:** Amsdorf's use of Luther's words in controversy. (1980). In: 032, Nr. III, S. 136-151.

961 Kolb, Robert: **The influence of Luther's Galatians commentary of 1535 on later sixteenth-century Lutheran commentaries on Galatians.** (1993). In: 032, Nr. XII, S. 156-183.

962 Kolb, Robert: **Learning to drink from the fountains of Israel:** the biblical exegesis of Cyriakus Spangenberg. Lutheran synod quarterly 34 (Mankato, MN 1994) Heft 1, 16-31. 60-90.

963 Kolb, Robert: **Learning to drink from the fountains of Israel:** the biblical exegesis of Cyriakus Spangenberg. (1994). In: 032, Nr. XIII, S. 1-37.

964 Kolb, Robert: **Matthaeus Judex's condemnation of princely censorship of theologians' publications.** (1981). In: 032, Nr. XIV, S. 401-414.

965 Kolb, Robert: **»Not without the satisfaction of God's righteousness«:** the atonement and the generation gap between Luther and his students. (1993). In: 032, Nr. VIII, S. 136-156.

966 Kolb, Robert: **Passionsmeditation:** Luthers und Melanchthons Schüler predigen und beten die Passion/ aus dem Amerikan. übers. von Michael Beyer. In: 024, 267-293.

967 Kolb, Robert: **Philipp's foes, but followers nonetheless:** late humanism among the Gnesio-Lutherans. (1992). In: 032, Nr. XV, S. 159-177.

968 Kolb, Robert: **Sixteenth-century Lutheran commentary on Genesis and the Genesis commentary of Martin Luther.** (1990). In: 032, Nr. XI, S. 243-258.

969 Kolb, Robert: **Teaching the text:** the commonplace method in sixteenth century Lutheran biblical commentary (1987). (1987). In: 032, Nr. X, S. 571-585.

970 Kordes, Uwe; Walmsley, John Brian: **Eine verschollene Gelehrtenbibliothek:** zum Buchbesitz Wolfgang Ratkes um 1620. Wolfenbütteler Notizen zur Buchgeschichte 20 (1995), 133-171.

971 Leeb, Rudolf: **Zu Geschichte und Konzeption der österreichischen Protestantengeschichtsschreibung.** In: 029, 77-87.

972 Limbeck, Sven: **Paracelsus in einer frühneuzeitlichen Historiensammlung:** die »Rhapsodia vitae Theophrasti Paracelsi« von Peter Payngk. In: 03, 1-58.

973 Maron, Gottfried: **Die nachtridentinische Kodifikationsarbeit in ihrer Bedeutung für die katholische Konfessionalisierung.** In: 027, 104-123.

974 Matthias, Markus: **Orthodoxie I: Lutherische Orthodoxie.** TRE 25 (1995), 464-485.

975 Mennecke-Haustein, Ute: **Konversionen.** In: 027, 242-257: Diskussion, 257.

976 Müller, Rainer A.: **De christiani principis officio:** Religion und katholische Konfession in ausgewählten Fürstenspiegeln der frühen Neuzeit. In: 027, 332-346: Diskussion, 346 f.

977 Neumaier, Helmut: **Jakob Andreae im Streit mit Cyriakus Spangenberg:** Quellen zur Disputation von Sangerhausen 1577. BlWKG 95 (1995), 49-88.

978 Nicollier-De Weck, Béatrice: **Hubert Languet (1518-1581):** un réseau politique international de Mélanchthon à Guillaume d'Orange. Genève: Droz, 1995. XX, 678 S. L". (Travaux d'humanisme et Renaissance; 293)

979 Oelke, Harry: **Konfessionelle Bildpropaganda des späten 16. Jahrhunderts:** die Nas-Fischart-Kontroverse 1568/71. ARG 87 (1996), 149-200: Ill., abstract, 184.

980 Pfefferl, Horst: **Christoph Weickhart als Paracelsist:** zu Leben und Persönlichkeit eines Kantors Valentin Weigels. In: 03, 407-423.

981 Pfefferl, Horst: **Die Rezeption des paracelsischen Schrifttums bei Valentin Weigel:** Probleme ihrer Erforschung am Beispiel der kompilatorischen Schrift »Viererlei Auslegung von der Schöpfung«. In: 049, 151-168: summary, 168.

982 Pfefferl, Horst: **Zur Wirkungsgeschichte des Paracelsus am Ende des 16. Jahrhunderts:** neue Aspekte zu einem Kantor Valentin Weigels. In: Nachlese zum Jubiläumskongreß: 500 Jahre Paracelsus. W: Österreichischer Kunst- und Kulturverlag, 1995, 27-41.

983 Pfeifer, David: **Das religiöse Leipzig oder Buch III des Leipziger Ursprungs und seiner Geschichte:** (Lipsia religiosa seu originum et rerum Lipsiensium liber III ⟨dt.⟩)/ nach der Übers. von Erich von Reeken bearb. von Gerhard Löwe. Beucha: Sax, 1996. 63 S. L 34-44. 46. (Leipziger Hefte)

984 Pfister, Kathrin: **Paracelsus in frühneuzeitlichen Astrologica.** In: 03, 531-540.

985 Piszcz, Edmund: **Colloquium charitativum w Toruniu A. D. 1645** (Das Colloquium charitativum in Thorn im Jahre 1645)/ Redaktion: Stanisław Kardasz. Toruń: Wydawnictwo Konserwatora Diecezjalnego, 1995. 217 S. L 98+". (Diecezja Toruńska: historia, teraznijeszość; 20)

986 Richter, Matthias: **Gesetz und Heil:** eine Untersuchung zur Vorgeschichte und zum Verlauf des sogenannten Zweiten Antinomistischen Streits. L, 1994. III, 600 S. (MS). L 72-79. 454-471+". – L, Univ., Theol. Fak., Diss., 1994.

987 Richter, Matthias: **Gesetz und Heil:** eine Untersuchung zur Vorgeschichte und zum Verlauf des sogenannten Zweiten Antinomistischen Streits. GÖ: V&R, 1996. 470 S. (Forschungen zur Kirchen- und Dogmengeschichte: 67) – L, Univ., Theol. Fak., Diss., 1994.

988 Ruhbach, Gerhard: **Johann Arndt.** In: 016, 214-229: Portr.

989 Scheible, Heinz: **Der Catalogus testium veritatis:** Flacius als Schüler Melanchthons. BlPfKG 63 (1996), 343-357: Portr. = Ebernburg-Hefte 30 (1996), 91-105: Portr.

990 Schneider, Hans: **Johann Arndts »verschollene« Frühschriften.** In: 055, 29-68.

991 Schorn-Schütte, Luise: **Evangelische Geistlichkeit in der Frühneuzeit:** deren Anteil an der Entfaltung frühmoderner Staatlichkeit und Gesellschaft; dargestellt am Beispiel des Fürstentums Braunschweig-Wolfenbüttel, der Landgrafschaft Hessen-Kassel und der Stadt Braunschweig. GÜ: GVH, 1996. 635 S.: Tab., Ktn. L 216-220. (Quellen und Forschungen zur Reformationsgeschichte; 62) – Zugl.: Gießen, Univ., Habil., 1992.

992 Steiger, Johann Anselm: **Das Testament und das Glaubensbekenntnis des todkranken 21jährigen Johann Gerhard (1603):** kritische Edition und Kommentar. ARG 87 (1996), 201-254: abstract, 254.

993 Sträter, Udo: **Wittenberger Responsen zur Zeit der Orthodoxie:** eine Quelle zur Fakultätsgeschichte. In: 065, 289-302.

994 Sutter, Berthold: **Johannes Kepler zwischen lutherischer Orthodoxie und katholischer Gegenreformation.** In: 028, 459-487.

995 Szimon, János: **Luther halála után a reformáció erővonalai Sopronban** (Die Kraftströme der Reformation in Ödenburg nach dem Tode Luthers). LP 71 (1996), 139 f.

996 Thadden, Rudolf von: **Die Konfessionalisierung des kirchlichen und politischen Lebens in Deutschland.** In: 063, 28-38.

997 Wallmann, Johannes: **Einflüsse der Schweiz auf die Theologie und das religiöse Leben des deutschen Luthertums im Konfessionellen Zeitalter 1580-1650.** (1984). In: 072, 146-170.

998 Wallmann, Johannes: **Herzog August d. J. zu Braunschweig und Lüneburg als Gestalt der Kirchengeschichte: unter besonderer Berücksichtigung seines Verhältnisses zu Johann Arndt.** (1980). In: 072, 20-45.

999 Wallmann, Johannes: **Johann Arndt und die protestantische Frömmigkeit:** zur Rezeption der mittelalterlichen Mystik im Luthertum. (1984). In: 072, 1-19.

1000 Wallmann, Johannes: **Johann Sebastian Bach und die »Geistlichen Bücher« seiner Bibliothek:** Anmerkungen und Gedanken zu Robin A. Leavers kritischer Bibliographie »Bachs theologische Bibliothek«. (1986). In: 072, 124-145.

1001 Wallmann, Johannes: **Pietismus und Chiliasmus:** zur Kontroverse um Philipp Jakob Speners »Hoffnung besserer Zeiten«. (1981). In: 072, 390-421.

1002 Wallmann, Johannes: **Reich Gottes und Chiliasmus in der lutherischen Orthodoxie.** (1982). In: 072, 105-123.

1003 Wallmann, Johannes: **Die Rolle der Bekenntnisschriften im älteren Luthertum.** (1980). In: 072, 46-60.

1004 Wallmann, Johannes: **La spécificité de l'orthodoxie luthérienne à Strasbourg:** perspective apocalyptique de la fin des temps et polémique confessionelle chez Johann Conrad Dannhauer. Bulletin de la Société de l'Histoire du Protestantisme Français 136 (Strasbourg 1990), 9-27.

1005 Wallmann, Johannes: **Die Eigenart der Straßburger lutherischen Theologie im 17. Jahrhundert:** apokalyptisches Endzeitbewußtsein und konfessionelle Polemik bei Johann Conrad Dannhauer (La spécificité de l'orthodoxie luthérienne à Strasbourg: perspective apocalyptique de la fin des temps et polémique confessionelle chez Johann Conrad Dannhauer ⟨dt.⟩). In: 072, 87-104.

1006 Wallmann, Johannes: **Zwischen Reformation und Humanismus:** Eigenart und Wirkungen Helmstedter Theologie unter besonderer Berücksichtigung Georg Calixts. (1977). In: 072, 61-86.

1007 Wartenberg, Günther: **Die »Confessio Saxonica« als Bekenntnis evangelischer Reichsstände.** In: 059, 275-294.

1008 Weiss, Hans-Martin: **Vom notwendigen Verstand der Lehre:** Kirchenleitung in der Zeit nach dem Tode Luthers am Beispiel von Georg Karg. Neustadt an der Aisch: Degener, 1991. VII, 250

S. L 22-28+". (Einzelarbeiten aus der Kirchengeschichte Bayerns; 64) – Zugl.: Erlangen-Nürnberg, Univ., Fachbereich Theologie, Diss., 1989.

1009 Wendebourg, Dorothea: **Die Ekklesiologie des Konzils von Trient.** In: 027, 70-86: Diskussion, 86 f.

1010 Wilczek, Piotr: **Biblia w poezji ariańskiej** (Die Bibel in der Dichtung der Antitrinitarier). In: Między średniowieczem a renesansem (Zwischen Mittelalter und Renaissance). Bd. 1/ Redaktion: Jan Malicki; Piotr Wilczek. Katowice: Śląsk, 1994, 123-134. (Prace Komisji Historycznoliterackiej Oddziału PAN w Katowicach; 16)

c) Pietismus und Aufklärung

1011 Bellardi, Werner: **Die Vorstufen der Collegia pietatis bei Philipp Jakob Spener.** Gießen: Brunnen, 1994. XXII, 159 S. (TVG: Monographien und Studienbücher) – Breslau, Univ., Theol. Fak., Diss., 1930. – Bespr.: Matthias, Markus, siehe LuB 1997, Nr. 055, 346-350.

1012 Blaufuß, Dietrich: **Zur Predigt bei Gottfried Arnold.** In: 017, 33-54.

1013 Brecht, Martin: **Der württembergische Pietismus.** In: 054, 225-295: Ill. L".

1014 Breymayer, Reinhard: **Der wiederentdeckte Katalog zur Bibliothek Gottfried Arnolds.** In: 017, 55-143. L 118-122+".

1015 Buschbeck, Reinhard: **»Lobe mit Abrahams Samen«:** Beobachtungen im Gesangbuch. Pietismus und Neuzeit 20 (1994 [gedruckt 1995]), 212-217.

1016 Cassese, M[ichele]: **»Religione del cuore« e devozione al sangue del costato di Cristo nel pietismo luterano Nikolaus L. von Zinzendorf** (»Religion des Kreuzes« und Verehrung des Blutes aus Christi Seitenwunde bei dem lutherischen Pietisten Nikolaus L. von Zinzendorf). Rivista di storia e letteratura religiosa 30 (Firenze 1994), 263-297.

1017 Csepregi, Zoltán: **A történelmi pietizmus és Luther** (Der historische Pietismus und Luther). Credo 2 (BP 1996) Heft 1/2, 15-18.

1018 Deghaye, Pierre: **Les deux Luther de Zinzendorf.** In: 045, 35-43.

1019 Dellsperger, Rudolf: **Der Pietismus in der Schweiz.** In: 054, 588-616: Ill. L".

1020 Driancourt Girod, Janine: **Une confession invariante, une pastorale selon les temps:** la vie religieuse, la pratique et la foi des luthériens de Paris au XVIIIᵉ siècle. In: 045, 13-24.

1021 Görisch, Reinhard: **Matthias Claudius.** In: 016, 403-422: Portr.

1022 Goeters, Johann Friedrich Gerhard: **Der reformierte Pietismus in Bremen und am Niederrhein im 18. Jahrhundert.** In: 054, 372-427: Ill. L 384. 410.

1023 Imańska, Iwona: **Obieg książki w Prusach Królewskich w XVIII wieku** (Umlauf des Buches im königlichen Preußen im 18. Jahrhundert). Toruń: Uniwersytet Mikołaja Kopernika, 1993. 159 S. L 43+".

1024 **Der Josephinismus:** ausgewählte Quellen zur Geschichte der theresianisch-josephinischen Reformen/ hrsg. von Harm Klueting. DA: WB, 1995. XLVI, 414 S. L 269-275+". (Freiherr vom Stein-Gedächtnisausgabe: B, ausgewählte Quellen zur deutschen Geschichte der Neuzeit; 12a)

1025 Junghans, Reinhard: **Herders Auslegung von Luthers Kleinem Katechismus.** In: Sein ist im Werden: Essays zur Wirklichkeitskultur bei Johann Gottfried Herder anläßlich seines 250. Geburtstages/ hrsg. von Wilhelm-Ludwig Federlin. F; Bern; NY; P; W: Lang, 1995, 123-152.

1026 Koch, Ernst: **Dorfpfarrer als Leser:** Beobachtungen an Visitationsakten des 18. Jahrhunderts im Herzogtum Sachsen-Gotha. In: 055, 274-298.

1027 Kriegseisen, Wojciech: **Ewangelicy polscy i literscy w epoce saskiej** (Die Evangelischen in Polen und in Litauen in der sächsischen Epoche). WZ: Wydawnictwo Naukowe Semper, 1996. 307 S. L 16+".

1028 Mahlmann, Theodor: **Johannes Kromayers Wirken für Schule und Kirche im frühen 17. Jahrhundert.** (1991). Pietismus und Neuzeit 20 (1994), 28-54. [Erg. Fassung von LuB 1993, Nr. 831]

1029 Meyer, Dietrich: **Zinzendorf und Herrnhut.** In: 054, 3-106: Ill. L".

1030 Mühlpfordt, Günter: **Wittenberg und die Aufklärung:** zu seiner Bedeutung für die Kulturgeschichte der Frühneuzeit. In: 065, 329-346.

1031 Plachta, Bodo: **Damnatur – Toleratur – Admittitur:** Studien und Dokumente zur literarischen Zensur im 18. Jahrhundert. TÜ: Niemeyer, 1994. 250 S.: Ill., 1 Microfiche. L 30 f+". (Studien und Texte zur Sozialgeschichte der Literatur; 43) – Zugl.: Osnabrück, Fachbereich Sprach- und Literaturwissenschaft, Habil., 1992/93.

1032 Pott, Martin: **Christian Thomasius und Gottfried Arnold.** In: 017, 247-265.

1033 Schippan, Michael: **Zar Peter I. von Rußland und Wittenberg.** In: 065, 535-544.

1034 Schneider, Hans: **Der radikale Pietismus im 18. Jahrhundert.** In: 054, 107-197. L".

1035 Schrader, Hans-Jürgen: **Vom Heiland im Herzen zum inneren Wort:** »poetische« Aspekte der pietistischen Christologie. Pietismus und Neuzeit 20 (1994 [gedruckt 1995]), 55-74.

1036 Schwarz, Reinhard: **Der Satz »Ich bin Christus« im Kontext der Unio mystica:** die Rezeption eines Luther-Textes durch Philipp Jakob Spener. In: 055, 84-103.

1037 Sicard-Arpin, Ghislaine: **La réception de Luther dans la prédication du Grand Siècle:** Bossuet et Bourdaloue. In: 045, 25-33.

1038 Starnes, Thomas C.: **Der Teutsche Merkur:** ein Repertorium. Sigmaringen: Thorbecke, 1994. 694 S. L 137+".

1039 Steiger, Johann Anselm: **Aufklärungskritische Versöhnungslehre:** Zorn Gottes, Opfer Christi und Versöhnung in der Theologie Justus Christoph Kraffts, Friedrich Gottlieb Klopstocks und Christian Friedrich Daniel Schubarts. Pietismus und Neuzeit 20 (1994 [gedruckt 1995]), 125-172.

1040 Steiger, Johann Anselm: **Johann Ludwig Ewald (1748-1822):** Rettung eines theologischen Zeitgenossen. GÖ: V&R, 1996. 598 S.: Ill. L 289-293+". (Forschungen zur Kirchen- und Dogmengeschichte; 62) (Veröffentlichungen des Vereins für Kirchengeschichte in der Evang. Landeskirche in Baden; 52) – Zugl.: L, Univ., Theol. Fak., Habil., 1994.

1041 Sträter, Udo: **Meditation und Kirchenreform in der lutherischen Kirche des 17. Jahrhunderts.** TÜ: Mohr, 1995. X, 190 S. (Beiträge zur historischen Theologie; 91) – Zugl.: Bochum, Univ., Evang. Theol. Fak., Habil., 1991.

1042 Urbański, Piotr: **Natura i łaska w poezji polskiego Baroku** (Natur und Gnade in der polnischen Barockdichtung). Kielce: Wydawnictwo Szumacher, 1996. 149 S. L 9-11+".

1043 Wallmann, Johannes: **Geistliche Erneuerung der Kirche nach Philipp Jakob Spener.** (1986). In: 072, 220-248.

1044 Wallmann, Johannes: **Philipp Jakob Spener.** In: 016, 261-277: Portr.

1045 Wallmann, Johannes: **Philipp Jakob Spener in Berlin 1691-1705.** (1987). In: 072, 295-324.

1046 Wallmann, Johannes: **Spener und Dilfeld:** der Hintergrund des ersten pietistischen Streites. (1968). In: 072, 197-219.

1047 Wallmann, Johannes: **Spener-Studien:** Antwort auf Kurt Aland (1980). (1980). In: 072, 351-389.

1048 Wallmann, Johannes: **Was ist Pietismus?** Pietismus und Neuzeit 20 (1994 [gedruckt 1995]), 11-27.

1049 Wollgast, Siegfried: **Zu den philosophischen Quellen von Gottfried Arnold und zu den As-**

pekten seines philosophischen Systems. In: 017, 301-335.

1050 Zaepernick, Gertraud: **Ein Separatist wider Willen:** Paul Friedrich Lehmann. In: 055, 241-273.

d) 19. und 20. Jahrhundert bis 1917

1051 Alexandre, Pierre: **Les fêtes commémoratives de Luther:** 1817 – 1846 – 1883 – 1917. In: 045, 167-190.

1052 Barth, Karl: **Die protestantische Theologie im 19. Jahrhundert:** ihre Vorgeschichte und ihre Geschichte. 6. Aufl. ZH: Theol. Verlag, 1994. V, 611 S.

1053 Basse, Michael: **Das theologische Geschichtsverständnis Rudolf Hermanns und Hans Joachim Iwands.** KD 42 (1996), 114-135: summary, 135.

1054 Bouchilloux, Hélène: **La Réforme luthérienne dans la philosophie de Hegel.** In: 045, 63-74.

1055 Calvié, Lucien: **La Réforme luthérienne dans la discussion allemande sur l'idée révolutionnaire, de Hegel au jeune Marx.** In: 045, 89-96.

1056 Dembowski, Hermann: **Hans Joachim Iwand (1899-1960).** In: 01, 811-825.

1057 Ebeling, Gerhard: **Kirchengeschichte und Kirchenrecht:** eine Auseinandersetzung mit Rudolph Sohm; (1947/1948). (1990). In: 010, 116-131.

1058 Harnack, Adolf von: **Die Lutherbiographie Grisars.** (1911). In: 019, 468-476.

1059 Harnack, Adolf von: **Pater Denifle, Pater Weiß und Luther.** (1909). In: 019, 431-468.

1060 Hée, Jean-Luc: **Luther et la Guerre des paysans vu par Leopold von Ranke.** In: 045, 151-166.

1061 Jacobs, Manfred: **Das Bekenntnisverständnis des theologischen Liberalismus im 19. Jahrhundert.** (1980). In: 026, 237-297.

1062 Jacobs, Manfred: **Entstehung und Wirkung des Neukonfessionalismus im Luthertum des 19. Jahrhunderts.** (1991). In: 026, 198-236.

1063 Kopper, Joachim: **Luther et la Réforme vus par Fichte dans les »Discours à la nation allemande.** In: 045, 57-62.

1064 Lehmann, Hartmut: **Anti-catholic and anti-protestant propaganda in mid-nineteenth-century America and Europe.** Pietismus und Neuzeit 17 (1991), 121-134.

1065 Lehmann, Hartmut: **Anti-catholic and anti-protestant propaganda in mid-nineteenth-century America and Europe.** (1991). In: 033, 205-219.

1066 Lehmann, Hartmut: **Die Entdeckung Luthers im Amerika des frühen 19. Jahrhunderts.** (1983). In: 033, 27-36.

1067 Lehmann, Hartmut: **Kooperation und Distanz:** Beobachtungen zu den Beziehungen zwischen der deutschen und der amerikanischen Geschichtswissenschaft im 19. und 20. Jahrhundert. In: Nachdenken über Geschichte: Beiträge aus der Ökumene der Historiker; in memoriam Karl Dietrich Erdmann/ hrsg. von Hartmut Boockmann; Kurt Jürgensen. Neumünster: Wachholtz, 1991, 187-201.

1068 Lehmann, Hartmut: **Kooperation und Distanz:** Beobachtungen zu den Beziehungen zwischen der deutschen und der amerikanischen Geschichtswissenschaft im 19. und 20. Jahrhundert. (1991). In: 033, 150-165.

1069 Lehmann, Hartmut: **»Land of divisions – land of culture«:** Anmerkungen zum amerikanischen Europabild. In: Nationale Identität und europäische Einigung: 15 Vorträge/ für die Ranke-Gesellschaft hrsg. von Michael Salewski. GÖ: Muster-Schmidt, 1991, 232-241.

1070 Lehmann, Hartmut: **»Land of divisions – land of culture«:** Anmerkungen zum amerikanischen Europabild. (1991). In: 033, 140-149.

1071 Lehmann, Hartmut: **Die Lutherjubiläen 1883 und 1917 in Amerika.** (1984). In: 033, 54-71.

1072 Lehmann, Hartmut: **Luthers welthistorische Wirkung gezeigt am Beispiel der USA und Australiens im ausgehenden 19. und frühen 20. Jahrhundert.** (1983). In: 033, 37-53.

1073 Lehmann, Hartmut: **»A pilgrimage to Wittenberg, the so called protestant Mecca«:** Anmerkungen zum amerikanischen Deutschland-Tourismus im 19. Jahrhundert. In: Liberalitas: Festschrift für Erich Angermann zum 65. Geburtstag/ hrsg. von Norbert Finzsch; Hermann Wellenreuther. S: Steiner, 1992, 223-237. (Transatlantische historische Studien; 1)

1074 Lehmann, Hartmut: **»A pilgrimage to Wittenberg, the so called protestant Mecca«:** Anmerkungen zum amerikanischen Deutschland-Tourismus im 19. Jahrhundert. (1992). In: 033, 89-105.

1075 **Moderne Theologie:** der Briefwechsel Adolf von Harnack – Christoph Ernst Luthardt 1878-1897/ hrsg. und eingel. von Uwe Rieske-Braun. NK: NV, 1996. VIII, 147 S.: Faks. L 58-60.

1076 Müller, Hans Martin: **Mildes Luthertum:** Geschichtsdeutung und Geschichtsbewußtsein deutscher Lutheraner um 1900. LM 35 (1996) Heft 1, 16-19.

1077 Nowak, Kurt: **Kurt Aland:** 28. 3. 1915 - 13. 4. 1994. Jahrbuch der Sächsischen Akademie der Wissenschaften (1993/94 [gedruckt 1996]), 351-357: Portr.

1078 Paul, Jean-Marie: **Luther, la Réforme et l'Allemagne dans l'œuvre de Renan.** In: 045, 191-203.

1079 Peltre, Monique: **Luther et la réforme vus par Nietzsche.** In: 045, 121-133.

1080 Poisot, Jacques: **La place de Luther dans le combat pour l'Allemagne mené par Arndt.** In: 045, 137-150.

1081 Samuel-Gohin, Véronique: **Architecture et Réforme:** la querelle autour des édifices religieux protestants allemands au XIXᵉ siècle. In: 045, 239-256.

1082 Troeltsch, Ernst: **Die Soziallehren der christlichen Kirchen und Gruppen.** Neudruck der Ausgabe Tübingen, 1912. 2 Teilbde. TÜ: Mohr, 1994. XVI, 426 S.; IV, S. 427-994. (UTB für Wissenschaft: Uni Taschenbücher; 1811 f)

1083 Vergote, Henri-Bernard: **Kierkegaard et l'Église:** une dialectisation du principe luthérien de l'ecclesia semper reformanda. In: 045, 97-119.

1084 Weber, Christian: **Missionstheologie bei Wilhelm Löhe:** Aufbruch zur Kirche der Zukunft. GÜ: GVH, 1996. 576 S.: Tab., Kt. L 274-276+". (Die luth. Kirche: Geschichte und Gestalten; 17) – Zugl.: Neuendettelsau, theol. Diss., 1995.

1085 Winter, Friedrich Wilhelm: **Die Erlanger Theologie und die Lutherforschung im 19. Jahrhundert.** GÜ: GVH, 1995. 236 S. (Die luth. Kirche: Geschichte und Gestalten; 16) – Überarb. M, Univ., Evang.-Theol. Fak., Diss., 1988/89.

e) 1918 bis 1983

1086 Barker, H. Gaylon: **Bonhoeffer, Luther, and theologica crucis.** Dialog 34 (MP 1995), 10-17.

1087 Bräuer, Siegfried: **»Gehorsam gegen den in der völkischen Geschichte wirkenden Gott«:** Hanns Rückert und das Jahr der nationalen Erhebung 1933. In: ... und über Barmen hinaus: Studien zur Kirchlichen Zeitgeschichte = Festschrift für Carsten Nicolaisen zum 4. April 1994/ für die Evang. Arbeitsgemeinschaft für Kirchliche Zeitgeschichte hrsg. von Joachim Mehlhausen. GÖ: V&R, 1995, 204-233.

1088 Bräuer, Siegfried: **Der urdeutsche und tief christliche Reformator:** zur Planung und Vorbereitung der Wittenberger Luther-Festtage 1933. In: 065, 545-563.

1089 Brecht, Martin: **Luthers Angebot an die Gegenwart.** In: 05, 188-203.

1090 Burger, Christoph: **Welches Gesicht zeigt Rudolf Bultmanns Luther?:** zur Luther-Benutzung des großen deutschen Neutestamentlers in seiner Aufsatzsammlung »Glauben und Verstehen«. LuBu 5 (1996), 44-56: samenvatting, 56.

1091 Ebeling, Gerhard: **Gespräch über Dietrich Bonhoeffer:** ein Interview. (1978). In: 010, 647-657.

1092 Ebeling, Gerhard: **Predigten eines »Illegalen« aus den Jahren 1939-1945.** TÜ: Mohr, 1995. IX, 167 S. L 130 f.

1093 Ebeling, Gerhard: **Über die Reformation hinaus?:** zur Luther-Kritik Karl Barths. (1986). In: 010, 270-312.

1094 Frey, Christofer: **Dogmatik:** ein Studienbuch. 3., erg. und überarb. Aufl. GÜ: GVH, 1993. 252 S. & Beil. (Arbeitshilfe, 17 Bl.). L".

1095 Gasse, Jean-Louis: **La réception des conceptions politiques de Luther en République fédérale d'Allemagne après 1945.** In: 045, 217-230.

1096 Hamacher, Bernd: **Zwischen Haß und Liebe:** Thomas Manns schwieriges Verhältnis zu Martin Luther. EvK 29 (1996), 105-107: Ill.

1097 Harnack, Adolf von: **Karl Holl:** Rede bei der Gedächtnisfeier der Universität Berlin am 12. Juni 1926. (1926). In: [Harnack, Adolf von]: Adolf von Harnack als Zeitgenosse: Reden und Schriften aus den Jahren des Kaiserreiches und der Weimarer Republik/ hrsg. und eingel. von Kurt Nowak; mit einem bibliogr. Anhang von Hanns-Christoph Picker. Bd. 2: Der Wissenschaftsorganisator und Gelehrtenpolitiker. B; NY: de Gruyter, 1996, 1581-1594.

1098 Hauptmann, Peter: **Das Bekenntnis als Gestalt heiliger Tradition und als Antwort des Glaubens.** (1982). Luth. Kirche in der Welt 43 (1996), 57-66.

1099 Hermann, Rudolf: **Religionsphilosophie/** mit einer Einl. hrsg. von Heinrich Assel. GÖ: V&R, 1995. 344 S. (Hermann, Rudolf: Gesammelte und nachgelassene Werke; 5)

1100 [Hermann, Rudolf; Iwand, Hans Joachim]: **Rudolf Hermann – Hans Joachim Iwand:** unveröffentlichte Briefe/ hrsg. von Arnold Wiebel. Lu 66 (1995), 52-69.

1101 **»In der DDR gibt es keine Zensur«:** die Evangelische Verlagsanstalt und die Praxis der Druckgenehmigung 1954-1989/ hrsg. von Siegfried Bräuer; Clemens Vollnhals. L: EVA, 1995. 422 S. L 175-184+".

1102 Jacobs, Manfred: **Friedrich Gogarten:** ein Beitrag zu seinem Verständnis. In: 026, 330-354.

1103 Jacobs, Manfred: **Den Menschen annehmen:** die Kirche zwischen Resignation und Vertrauen. (1983). In: 026, 355-377.

1104 Junghans, Reinhard: **Theologe und/oder Revolutionär?:** die Auslegung der Theologie Müntzers durch die Müntzerrezipienten während des »Dritten Reiches«. Kirchliche Zeitgeschichte 8 (1995), 300-313.

1105 Kiec, Olgierd: **Kościoły ewangelickie w Wielko-polsce wobec kwestii narodowościowej w la-tach 1918-1939** (Die evang. Kirchen in Groß-polen angesichts des Nationalitätenproblems 1918-1939). WZ: Upowszechnianie Nauki-Oś-wiała UN-O, 1995. 87 S. L 46. (Rozprawy Wy-działu 1: Nauk społecznych PAN: Historia; 1)

1106 Mahrenholz, Jürgen Christian: **Preiset Gott an eurem Leib:** Lutherfeiern und Kirchenmusik; ein politisch Lied. LM 34 (1995) Heft 10, 32-34.

1107 Nygren, Anders: **»Vissza Lutherhez!«** helyett »Előre Lutherhez!« (Anstatt »Zurück zu Lu-ther!« »Vorwärts mit Luther!«). (1947). Credo 2 (BP 1996) Heft 1/2, 13 f.

1108 Ridé, Jacques: **Martin Luther vu par le natio-nal-socialisme.** In: 045, 205-216.

1109 Sänger, Peter: **»Berufung zur Theologie«:** aus Hans Joachim Iwands Studienjahren (1917-1922). Lu 66 (1995), 88-98.

1110 Schünemann, Rolf: **Do gueto à participação: o surgimento da consciência sócio-política na ILCLB entre 1960 e 1975** (Raus aus dem Ghet-to, um teilzunehmen: die Entstehung des sozio-politischen Bewußtseins in der EKKLB [Evang. Kirche Luth. Bekenntnisses in Brasilien] zwi-schen 1960-1975). São Leopoldo: Sinodal: IEPG/ EST, 1992. 174 S. L 134-138. (Teses e disser-tações; 2)

1111 Schwahn, Barbara: **Der Ökumenische Arbeits-kreis evangelischer und katholischer Theolo-gen von 1946 bis 1975.** GÖ: V&R, 1996. 427 S. L 171-173+". (Forschungen zur systematischen

und ökumenischen Theologie; 74) – Zugl.: M, Univ., Evang.-Theol. Fak., Diss., 1994.

1112 Simons, Rotraut: **Das DDR-Fernsehen und die Lutherehrungen 1983:** zur Entstehungsge-schichte des fünfteiligen Fernsehfilms »Martin Luther«. In: Institut für vergleichende Staat-Kir-che-Forschung: Vorträge – Analysen – Diskus-sionen; 1994-1996/ zsgest. von Wolf D. Hüb-scher. B: Gesellschaft zur Förderung vergli-chender Staat-Kirche-Forschung, 1996, 9-18. (Schriftenreihe des Instituts für vergleichende Staat-Kirche-Forschung; 3)

1113 Vajta, Vilmos: **Die Einheit der Kirche in Chri-stus als Voraussetzung in der »Theologie des Ökumenischen« bei Anders Nygren.** KuD 41 (1995), 196-212: summary, 212.

1114 Weber, Max: **Die protestantische Ethik und der Geist des Kapitalismus:** Textausgabe auf der Grundlage der ersten Fassung von 1904/05 mit einem Verzeichnis der wichtigsten Zusätze und Veränderungen aus der zweiten Fassung von 1920/ hrsg. und eingel. von Klaus Lichtblau; Johannes Weiß. Bodenheim: Athenäum; Hain: Haustein, 1993. XXXV, 203 S. L 34-51+". (Neue wissenschaftliche Bibliothek)

1115 Wiebel, Arnold: **Das Denken in zwei Sphären:** Theologie und Kirchenkampf in der Auseinan-dersetzung zwischen Rudolf Hermann und Hans Joachim Iwand. Lu 66 (1995), 69-88.

1116 Wolgast, Eike: **Biographische Geschichtsschrei-bung:** Heinrich Boehmer (1869-1927). HCh 19 (1995), 45-65.

7 Luthers Gestalt und Lehre in der Gegenwart

1117 Abraham, Ato Emmanuel: **Eine uralte Kirche lernt von Luther:** mutiges Zeugnis trägt in Äthiopien Früchte. CA (1996) Heft 3, 49 f: Ill.

1118 Akerboom, Theodorus H. M.: **Luther was katholieker dan veel kathlieken van nu** (Luther war katholischer als viele Katholiken heute). RW 38 (1996), 43-47.

1119 Altmann, Walter: **Lutero en la teologia latino-americana** (Luther und die lateinamerikan. Theo-logie). Signos 1 (Clai/ Quito 1996), 16-20: Ill.

1120 Badstübner, Ernst: **Bemerkungen zum Beginn und zum Abschluß des Lutherkolloquiums.** In: 073, 15-21.

1121 Bahendwa, Festo: **Tansania:** Schulwesen von Luther geprägt. CA (1996) Heft 3, 47 f: Ill.

1122 Bayer, Oswald: **Disputationskunst und Seelsorge:** mein Weg in der Schule Luthers. In: 031, 117-129.

1123 Beinert, Wolfgang: **»Endechrist oder Zeichen der Barmherzigkeit?«:** die Möglichkeit einer ekklesiologischen Konvergenz zwischen Luthe-ranern und Katholiken über das Papsttum. Cath 50 (1996), 121-143.

1124 Besier, Gerhard: **Der SED-Staat und die Kirche 1983-1991:** Höhenflug und Absturz. B: Propy-läen, 1995. XXV, 976 S.: Taf. L 44-50+".

1125 Birmelé, André; Kaennel, Lucie: **Luthéranisme.** In: 011, 922-924.

1126 Birmelé, André: **Das Thema »Trinität« in den internationalen ökumenischen Dialogen:** Kor-referat zu Michael Root: Die ökumenische Be-deutung der jüngeren Entwicklungen in der lu-therischen Diskussion um die Trinität. In: 038, 161-174. [Vgl. LuB 1997, Nr. 1208]

1127 Böhmer, Annegret: **Protestantismus – Moder-**

nisierung – Individualisierung: Nachdenken über ein lutherisches Erbe. In: 040, 52-55.

1128 Burger, Christoph: **Hij was doordenkt van zijn boodschap:** Luther is nog steeds een boeiend theoloog (Er war durchdrungen von seiner Botschaft: der Theologe Luther fesselt noch immer). RW 38 (1996), 48-52.

1129 Decot, Rolf: **Zögernde Annäherung.** LM 35 (1996) Heft 8, 18 f.

1130 **Deutscher Evangelischer Kirchentag Hamburg 1995:** Dokumente/ im Auftrag des Deutschen Evang. Kirchentages hrsg. von Konrad von Bonin. GÜ: GVH, 1995. 992 S. L 158-160+".

1131 Djereke, Jean-Claude: **What can the contemporary church in Africa learn from Luther.** Hekima review (Nairobi 1996) Nr. 14, 48-56.

1132 Donga, Harry C.: **Aanvaarding, vrijheid en gemeenschap** (Angenommen werden, Freiheit und Gemeinschaft). In: 050, 33-40.

1133 Dulk, M. den: **Verlos ons van het kwade in de kerkorde** (Erlöse uns von dem Übel in der Kirchenordnung). In: 050, 9-22.

1134 Ebeling, Gerhard: **Heiliger Geist und Zeitgeist:** Identität und Wandel in der Kirchengeschichte. (1990). In: 010, 95-115.

1135 Ebeling, Gerhard: **Hermeneutik zwischen der Macht des Gotteswortes und seiner Entmachtung in der Moderne.** ZThK 91 (1994), 80-96.

1136 Ebeling, Gerhard: **Hermeneutik zwischen der Macht des Gotteswortes und seiner Entmachtung in der Moderne.** (1994). In: 010, 209-225.

1137 Ebeling, Gerhard: **Der Mut zum Christsein:** Fragen an Martin Luther. (1993). In: 010, 319-332.

1138 Ebeling, Gerhard: **Reformation einst und jetzt:** Erwägungen in entwurzelter Zeit. (1990). In: 010, 229-245.

1139 Ebeling, Gerhard: **Der Sühnetod Christi als Glaubensaussage:** eine hermeneutische Rechenschaft. (1990). In: 010, 557-582.

1140 Ebeling, Gerhard: **Theologie in den Gegensätzen des Lebens.** (1985). In: 010, 3-23.

1141 Ebeling, Gerhard: **Die theologische Verantwortung und ihre institutionelle Wahrnehmung.** (1986). In: 010, 350-373.

1142 Eles, Rudolf: **Martin Luther und das Frauenpfarramt:** eine Antwort. Groß-Oesingen: Harms, 1995. 32 S. – Bespr.: [Junker, Johannes]: Luth. Beiträge 1 (1996) Heft 1, 59 f.

1143 Engelhardt, Klaus: **»Im Luther-Jahr darauf besinnen, was es heißt, evangelisch zu sein«:** ein epd-Interview/ von Stephan Cezanne; Renate Kortheuer-Schüring, Karlsruhe, 22. Januar 1996. In: 071, 34-37.

1144 Engelhardt, Klaus: **Predigt im Gedenkgottesdienst am 18. Februar 1996:** Lutherstadt Eisleben, St.-Andreas-Kirche, 18. Februar 1996. In: 071, 19 f.

1145 Engelhardt, Klaus: **Vermittler von Wahrheit:** am 18. Februar 1546 starb Martin Luther. Rheinischer Merkur 51 (1996) Nr. 7 (16. Februar), 22: Ill.

1146 **Erklärung der Ev.-luth. Kirche in Amerika an die jüdische Gemeinschaft.** Lu 67 (1996), 97 f.

1147 Fabiny, Tibor: **Luther öröksége** (Das Erbe Luthers). ThSz 40 (1996), 229-231.

1148 Ferrò, Giovanni: **In mezzo al guado gli eredi di Lutero** (Unter Luthers Erben). In: 035, 65-70: Ill.

1149 Fónyad, Pál: **A Luther-kép változásai** (Veränderungen des Lutherbildes). Credo 2 (BP 1996) Heft 3/4, 54-59: Ill.

1150 Frieling, Reinhard: **Des Papstes schiefes Lutherbild.** LM 35 (1996) Heft 8, 18.

1151 Gaeta, Saverio: **Dal dialogo verso l'unità** (Vom Dialog zur Einheit). In: 035, 76-78: Ill.

1152 Goeckel, Robert F.: **Die evangelische Kirche und die DDR:** Konflikte, Gespräche, Vereinbarungen unter Ulbricht und Honecker (The Lutheran Church and the East German State ⟨dt.⟩)/ aus dem Amerikan. von Katharina Gustavs. L: EVA, 1995. 371 S. L 33-35+".

1153 Guerriero, Elio: **La rivincita del Riformatore** (Die Revanche des Reformators). In: 035, 72-74: Ill.

1154 Hauschildt, Karl: **Glauben lernen – mit der Familie.** In: 031, 307-319.

1155 Heine, Gustav: **Felszabadit-e Luther teológiája a diakóniai munkára?** (Durch Luthers Theologie befreit zu diakonischer Arbeit?). LP 71 (1996), 253 f.

1156 Heise, Ekkehard: **Gottes Warten:** die ökumenische Kraft der Befreiungstheologie. LM 34 (1995) Heft 9, 35-37.

1157 Hennig, Gerhard: **»Wir sollen Menschen sein ...«:** Luthers Seelsorge und unsere Seelsorge. Theol. Beiträge 27 (1996), 6-21.

1158 Hillis, Bryan V.: **Spirituality and practise:** Luther and Canadian Lutheran spirituality. Consensus 19 (Winnipeg, Manitoba 1993), 53-76. – Bespr.: Maschke, Timothy H.: LuD 4 (1996), 66-69.

1159 Hirschler, Horst: **Ich bin der Herr, dein Gott:** die Zehn Gebote als Lebenshilfe. In: 021, 121-147: Ill.

1160 Hirschler, Horst: **Keins ist ohne das andere genug:** der Auftrag von Kirche und Staat. In: 021, 149-172: Ill.

1161 Hoburg, Ralf: **Mit Luther gegen Luthertümelei:**

Traditionen, die überwunden werden müssen; Gedanken eines Pfarrers. LM 35 (1996) Heft 3, 2-4: Ill.

1162 Honecker, Martin: **Gottes Ruf zum Beruf:** im alltäglichen Schaffen dient der Christ dem Schöpfer. CA (1996) Heft 3, 19-24: Ill.

1163 Hüffmeier, Wilhelm: **Luther und der sogenannte »gerechte Krieg«:** evangelische Überlegungen. ZDZ 50 (1996), 13-18.

1164 Irik, A. Paula: **Theologie voor de zelfkant van het leven** (Theologie am Rande der sozialen Existenz). In: 050, 44-46.

1165 Jaschke, Hans-Jochen: **Luther ruft heute die Kirche zur Ordnung.** idea spectrum (1996) Nr. 6, 21: Ill.

1166 Jenson, Robert W.: **Rechtfertigung und Ekklesiologie.** KD 42 (1996), 202-217.

1167 Jeremiasz [Bischof, Poln. Orthod. Kirche]: **Grußwort:** Gedenkveranstaltung zum 450. Todestag Luthers, Eisleben, 17. Februar 1996. In: 071, 16 f.

1168 Joly, Alain: **Èglises luthériennes.** In: 011, 503 f.

1169 Jordahn, Ottfried: **Sakramentspredigt als Auslegung der Liturgie.** Luth. Kirche in der Welt 43 (1996), 125-135.

1170 Junghans, Helmar: **Wie wird Luther heute gesehen?** In: 030, 32-40: Ill., Kt.

1171 Kandler, Karl-Hermann: **Um das Evangelium geht es.** ZDZ 49 (1995), 195 f. [Replik zu LuB 1996, Nr. 934; mit Kontrareplik von Dietrich Mendt]

1172 Kanitz, Hans: **Soll der ein Ketzer sein?:** Hus, Hussiten und die Protestanten Osteuropas. LM 35 (1996) Heft 1, 31 f: Ill.

1173 Kipphoff, Petra: **Ein Land wie Luther.** Die Zeit 51 (HH 1996) Nr. 7 (15. Februar), 51 f.

1174 **Kirche und Rechtfertigung:** das Verständnis der Kirche im Licht der Rechtfertigungslehre/ Gemeinsame Röm.-Kath., Evang.-Luth. Kommission. Dt. Originalausgabe. PB: Bonifatius; F: Lembeck, 1994. 151 S. L".

1175 Klaiber, Walter: **Alles am Evangelium prüfen.** idea spectrum (1996) Nr. 6, 22: Ill.

1176 Klein, Christoph: **»... und tröst uns in der letzten Not«:** Ansprache, Gedenkveranstaltung aus Anlaß des 450. Todestages Martin Luthers in Eisleben am 17. Februar 1996. In: 071, 10-14.

1177 Klein, Christoph: **Unsere Predigt zu Beichte, Absolution und Versöhnung.** Luth. Kirche in der Welt 43 (1996), 137-150.

1178 Kleinhans, T. J.: **Luther at Worms.** The Lutheran journal 64 (Edina, MN 1995) Heft 2, 8 f. 27.

1179 Krabbe, Roland: **Vom Ketzer zum Weggefährten.** Weltbild (1996) Heft 2, 10-15: Ill.

1180 Kremers, Helmut: **Wer ist jedermann?:** Obrigkeit und die Freiheit des Christen. LM 35 (1996) Heft 2, 4-7: Ill.

1181 Kruijf, Gerrit G. de: **De naam worde geheiligd – ook in de kerkorde** (Dein Name werde geheiligt – auch in der Kirchenordnung). In: 050, 41-43.

1182 Kühn, Ulrich: **Ökumenische Problemanzeigen:** für eine Theologie des Heiligen Abendmahles. In: 029, 165-174.

1183 Kühn, Ulrich: **Papsttum und Petrusdienst:** evangelische Kritik und Möglichkeiten aus der Sicht reformatorischer Theologie. Cath 50 (1996), 181-192.

1184 Lehmann, Karl: **Luther gibt der ganzen Kirche eine Perspektive:** sein Platz in der katholischen Glaubensgeschichte. CA (1996) Heft 1, 48 f: Ill.

1185 Leipold, Heinrich: **Papsttum II: Die neuere ökumenische Diskussion.** TRE 25 (1995), 676-695.

1186 Lienhard, Marc: **Du chantier historique à l'engagement aujourd'hui.** In: L'historien et la foi/ hrsg. von Jean Delumeau. P: Fayard, 1996, 173-184.

1187 Link, Hans-Georg: **Ökumenezentrum nach Wittenberg!:** wo anders wäre es mehr am Platze? LM 35 (1996) Heft 9, 33 f.

1188 Lønning, Inge: **Die Stellung der Kirche im Heilsgeschehen:** Perspektiven lutherischer Theologie. KD 42 (1996), 218-224.

1189 **Luther-Gedenken 1996:** Informationen und Veranstaltungen aus Kirchen und Gemeinden von Wittenberg bis Eisenach/ hrsg. im Auftrag der Evang. Kirche der Kirchenprovinz Sachsen und der Evang.-Luth. Kirche in Thüringen von der Presse- und Öffentlichkeitsarbeit der Kirchenprovinz Sachsen. s. l.: s. a., [1996]. 99 S.: Ill.

1190 **Martin Luther:** Widerstandsrecht, Sozialhilfekassen und Bildung statt Rüstung/ Richard Schröder im Gespräch mit Lothar Petzold. ZDZ 50 (1996), 88-90.

1191 Meßner, Reinhard: **Rechtfertigung und Vergöttlichung – und die Kirche:** zur ökumenischen Bedeutung neuerer Tendenzen in der Lutherforschung. ZKTh 118 (1996), 23-35.

1192 Müller, Gerhard: **Freimut und Gelassenheit:** Möglichkeiten und Aufgaben lutherischer Kirche heute. In: 031, 175-184.

1193 Müller, Gerhard: **Lutherische Identität in ökumenischer Verpflichtung heute.** Luth. Kirche in der Welt 43 (1996), 37-55.

1194 Napiórkowski, Stanisław C.: **25 liet teologicczieskogo dialoga nieżdu rimsko-katoliczeskoj cerkwiu i wsiemirnoj ljuteranskoj fiederacii**

(25 Jahre theologischer Dialog der röm.-kath. Kirche mit dem Luth. Weltbund). Roczniki teologiczne 41 (Lublin 1994) Heft 7, 47-61. L 52".

1195 Napiórkowski, Stanisław C.: **Kim był Marcin Luter?** (Wer war Martin Luther?). Tygodnik Powszechny 9 (Kraków 1996) Nr. 2434, 1, 9.

1196 **Nicht so leicht übertragbar:** Bernhard Lohse über Luthers Bedeutung heute/ Gespräch; Helmut Kremers. LM 35 (1996) Heft 2, 12-14.

1197 Noko, Ishmael: **Grußwort:** Gedenkveranstaltungen zum 450. Todestag Luthers, »Abend der Begegnung«, Eisleben, 17. Februar 1996). In: 071, 18.

1198 Pawlas, Andreas: **Leib und Gut:** modernes Management und christliches Menschenbild – keineswegs unvereinbar. LM 35 (1996) Heft 1, 10-13.

1199 P[ierini], F[ranco]: **Né angelo, né demonio:** ma testimone di Cristo (Weder Engel noch Teufel: mein Zeugnis von Christus). In: 035, 64: Ill.

1200 Pierini, Franco: **Il papa di Wittenberg** (Der Papst von Wittenberg). In: 035, 58-63.

1201 Planer-Friedrich, Götz: **Zur »Lehre vom gerechten Frieden«:** Möglichkeiten in heutiger Zeit. ZDZ 50 (1996), 18-21.

1202 Plathow, Michael: **Angst und Hoffnung:** ein systematisch-theologischer Beitrag. (1986). In: 056, 118-134.

1203 Plathow, Michael: **Warum ich evang. Christ bin:** ausgeführte Thesen. In: 056, 281-291.

1204 Ratzmann, Wolfgang: **Luthers letzte Aufzeichnungen und Luthers Sterben:** Anregungen für die Gestaltung eines Gemeindeabends aus Anlaß des 450. Todestags des Reformators. In: 076, B 71 f.

1205 Reller, Horst: **Zur kirchlichen Taufverkündigung heute.** Luth. Kirche in der Welt 43 (1996), 151-160.

1206 Ribár, János: **Mi kérdezzük Luthert – Luther kérdez minket** (Wir fragen Luther – Luther fragt uns). LP 71 (1996), 122-124.

1207 Rohrmoser, Günter: **Religion und Politik in der Krise der Moderne.** Graz; W; Köln: Styria, 1989. 206 S. L 46 f+".

1208 Root, Michael: **Die ökumenische Bedeutung der jüngeren Entwicklungen in der lutherischen Diskussion um die Trinität:** eine bescheidene Analyse, die zur Bescheidenheit ruft. In: 038, 147-159. [Vgl. LuB 1997, Nr. 1126]

1209 Ruppel, Helmut: **»Der Glaube ist ein thettig, mechtig, schefftig Ding ...«:** zum Luther-Gedenken 1996. In: 040, 1-3: Ill.

1210 Ruszkowski, Janusz: **Kościół Ewangelicki w NRD:** geneza i rozwój aktywności opozycyjnej w latach 1971-1989 (Die evang. Kirche in der DDR: Entstehung und Entwicklung der oppositionellen Aktivität in den Jahren 1971-1989). Poznań: Instytut Zachodni, 1995. 333 S. L 164-168+". (Studium Niemcoznawcze Instytutu Zachodniego; 69)

1211 Schaffranek, Horst: **Gemeindeerneuerung:** Luther bis heute. M: Lemgo, 1989. 40 S. (Wie wird die Gemeinde wieder neutestamentlich?; 111)

1212 Schlichting, Günter: **Für Aussteiger der falsche Song:** Luthers Berufsbild in Versen; »O Gott, du frommer Gott« (EG 495). CA (1996) Heft 3, 15-18: Ill.

1213 Schlichting, Wolfhart: **An erster Stelle steht Gott:** das Augsburger Bekenntnis erklärt. CA (1996) Heft 2, 9-13: Ill.

1214 Schlichting, Wolfhart: **Una sancta:** das Charisma des Luthertums. CA (1996) Heft 1, 33-41.

1215 Schmoll, Heike: **Wittenberg poliert den Schatz der Erinnerung:** die Lutherstadt hofft auf viele Gäste. Frankfurter Allgemeine Zeitung (1996) Nr. 41 (17. Februar), 3.

1216 Schwarzwäller, Klaus: **Luthers Rechtfertigungslehre – heute.** Theol. Beiträge 27 (1996), 22-44.

1217 Slenczka, Reinhard; Schmidt, Günter R.: **Zur Krise des kirchlichen Lehr- und Leitungsamtes.** Luth. Beiträge 1 (1996) Heft 1, 10-24.

1218 Smith, Louis A.: **Wittenberg durch zehn geteilt:** 9,5 lutherische Thesen aus Amerika. CA (1996) Heft 2, 51-60: Ill.

1219 Sommer, Wolfgang: **Erfundenes und wahres Luthertum:** vom Ende alter Vorurteile und Klischees. CA (1996) Heft 1, 57-60: Ill.

1220 Sparn, Walter: **Einen guten scharfen Text lesen:** des Luther-Traumes zweiter Teil. LM 35 (1996) Heft 6, 20-22.

1221 Sparn, Walter: **Ich lasse meine Feinde lauter Heilige und Engel sein:** ein Luther-Traum; der erste Teil von dreien. LM 35 (1996) Heft 5, 32-34.

1222 Sparn, Walter: **Ein weiser Mann tut keine kleine Torheit:** des Luther-Traumes dritter Teil. LM 35 (1996) Heft 7, 21-23.

1223 Spijkerboer, Annemarijke: **Vrijheid en gebondenheid** (Freiheit und Gebundenheit). In: 050, 48-52.

1224 Timm, Hermann: **Formationen des Geistes:** protestantische Theologie, Religiosität und neuzeitliche Lebenswelt. ThLZ 120 (1995), 859-866.

1225 Treu, Martin: **»... lieber Bruder, lerne Christus«:** mein liebster Luthertext. ZDZ 50 (1996), 112.

1226 Vercruysse, Jos E.: **Luther in der römisch-ka-tholischen Theologie und Kirche.** LuJ 63 (1996), 103-128.

1227 Vicentin, Paolo: **Un anno ricco di manifestazioni** (Ein an Veranstaltungen reiches Jahr). In: 035, 71.

1228 Weber, Erwin: **Luther in death.** The Lutheran journal 65 (Edina, MN 1996) Heft 1, 6-9. 24 f.

1229 Weltler, Sándor: **Luther De servo arbitrojánakk aktuális üzenete** (Die aktuelle Botschaft von Luthers De servo arbitrio). LP 71 (1996), 87-91.

1230 Wendt, Gabriele; Boendermaker, Johannes P.: **Luthers erfenis voor de vereinigde kerk:** de enige troost in leven en in sterven (Luthers Erbschaft für die vereinigte Kirche: der einzige Trost im Leben und im Sterben). In: 043, 134-144.

1231 Wenz, Gunther: **Papsttum und kirchlicher Einheitsdienst nach Maßgabe Evangelisch-Lutherischer Bekenntnistradition.** Cath 50 (1996), 144-163.

1232 Wirsching, Johannes: **Lernziel Glauben:** Einführung in die Theologie. Neudruck der 1. Aufl. GÜ 1976. F; Bern; NY; P; W: Lang, 1995. 239 S.: Ill.

1233 Wittenberg, Andreas: **Der Soldat:** 39 Jahre Rückhalt bei Luther. CA (1996) Heft 3, 37-40: Ill.

1234 Wohmann, Gabriele: **»Herr ich glaube, hilf meinem Unglauben«:** eine Rede bei der Gedenkveranstaltung zum 450. Todestag D. Martin Luthers in Eisleben am 17. Februar 1996. In: 071, 3-9.

1235 Wohmann, Gabriele: **Trost ist ohne Glauben nicht zu bekommen:** was Christen von Martin Luthers Umgang mit Sterben und Tod lernen können. Rheinischer Merkur 51 (1996) Nr. 8 (23. Februar), 22 f.

1236 Zahrnt, Heinz: **Glaubst du, so hast du:** Luther nach dem Tod Gottes; was bleibt von dem Reformator, der das Evangelium ans Licht und die Welt zu Ehren brachte? Frankfurter Allgemeine Zeitung (1996) Nr. 41 (17. Februar): Bilder und Zeiten.

1237 Zorzin, Alejandro: **Si Dios salva gratis ... ¿por qué tantos cobran?** (Wenn Gott umsonst Heil gibt ... warum kassieren einige?) Revista parroquial 101 (IERP/ Buenos Aires 1996) Heft 7, 4-7: Ill.

1238 Zur Mühlen, Karl-Heinz: **In memoriam Walter Mostert.** LuJ 63 (1996), 7-10.

1239 Zwanepol, Klaas: **Luther herdenken** (Luthergedenken). In: 043, 8-18.

1240 Zwanepol, Klaas: **Een op het leven betrokken theologie** (Eine auf das Leben bezogene Theologie). In: 050, 23-32.

8 Romane, Schauspiele, Filme, Varia

1241 Damrath, Maria Luise: **Auf einer Parkbank im Himmel.** In: 040, 28-31. [Luther und Erik H. Erikson]

1242 Dietrich, Stefan: **An der Kitschgrenze entlang durch Luthers Land:** das Mekka der Reformation – eine neue Goldader des Tourismus. Frankfurter Allgemeine Zeitung (1996) Nr. 41 (17. Februar), 7.

1243 **Dr. Martinus Luther zu Wittenberg/** Inhaber: Ronald Hartung. Teil 2. VHS-Videokassette. Eisenach: Hartung, o. J.. 26 Min. (Video-Art) [Vgl. LuB 1997, Nr. 1255. 1257]

1244 Horkel, Wilhelm: **Luther zu Ehren:** Erzählgedichte. Vellmar: Evang. Buchhilfe, 1996. 24 S.

1245 Koch, Ursula: **Rosen im Schnee:** Katharina Luther, geborene von Bora; eine Frau wagt ihr Leben. 2. Aufl. Gießen: Brunnen, 1995. 200 S.

1246 Koch, Ursula: **Rosen im Schnee:** Katharina Luther, geborene von Bora; eine Frau wagt ihr Leben. 3. Aufl. Gießen: Brunnen, 1996. 200 S.

1247 Koch, Ursula: **Rosen im Schnee:** Katharina Luther, geborene von Bora; eine Frau wagt ihr Leben. 4. Aufl. Gießen: Brunnen, 1996. 200 S.

1248 Lemmer, Manfred: **»Hier stehe ich«:** was man von Martin Luther erzählt. Halle: Mitteldeutscher, 1996. 93 S.: Ill.

1249 Luther, Martin: **Ein feste Burg ist unser Gott:** Choralbearbeitungen aus der Schloßkirche Wittenberg von Johann Sebastian Bach; Willy Straube; Johann Christian Heinrich Rinck .../ Herstellung: Karsten Struck ... CD mit Begleitheft. Tetenhusen; Nauen: Klangräume, 1996. 1 CD; 62 S.: Ill. [15 Choralbearbeitungen]

1250 [Luther, Martin]: **Die schönsten Choräle von Martin Luther:** Gelobet seist du Jesus Christ. CD 1: **Luther-Choräle in Sätzen von J. S. Bach.** S: Hänssler, 1996. 1 CD (51, 37 Min). (Hänssler Classic)

1251 [Luther, Martin]: **Die schönsten Choräle von Martin Luther:** Gelobet seist du Jesus Christ. CD 2: **Luther-Choräle im Wandel der Zeit.** S: Hänssler, 1996. 1 CD (45, 08 Min). (Hänssler Classic)

1252 **Lutherbilder/** Matthias-Film; MDR; Film: Dieter Buchmann; Begleitheft: Rainer Lächele. Videokassette. S: CV, 1996. 30 Min.

1253 Maillefer, Jean-Marie: **Luther dans le théâtre de Strindberg.** In: 045, 275-287.

1254 **Martin Luther:** dokumentarischer Spielfilm/ © ZDF; Buch: Theodor Schübel; Regie: Rainer Wolffhardt. 2 Videokassetten. S: Hänssler, 1995. 106; 103 Min. (ZDF Profil)

1255 **Martin Luther:** Eisleben war mein Vaterland/ Inhaber: Ronald Hartung. VHS-Videokassette. Eisenach: Hartung, o. J.. 25 Min. (Video-Art) [Vgl. LuB 1997, Nr. 1243. 1257]

1256 **Martin Luther:** Stätten der Reformation [Wandkalender]. Wernigerode: Schmidt-Buch, 1996. 1 Deckbl., 12 S.: Ill.

1257 **Martin Luther:** der Weg nach Wittenberg/ Inhaber: Ronald Hartung. Teil 1. VHS-Videokassette. Eisenach: Hartung, o. J.. 27 Min. (Video-A.R.T.) [Vgl. LuB 1997, Nr. 1243. 1255]

1258 Morel, Michel: **Le »Luther« de John Osborne ou la résonance emblématique.** In: 045, 289-300.

1259 Nollau, Volker: **Von Menschen und ihrer Ge-** schichte: ein Lesebuch. L: EVA, 1995. 357 S. L 47+".

1260 **Radioprogramma:** Luther – zijn levensverhaal Luther – seine Lebensgeschichte]. Tijdsein Radio: Sendung 13., 20., 27. Februar 1996. Hilversum: EO-radio, 1996. 2 Audio-Cassetten.

1261 Sachau, Ursula: **Lucas der Maler:** biographischer Roman. M: Ehrenwirth, 1995. 349 S.: Ill.

1262 **Ein Sendbrief D. Martin Luthers an den neuen Erzbischof zu Hamburg »De incarnatione«, das ist: »Über Gott, welcher ist ein Mensch worden«/** aufgefunden, mit Anm. vers. und hrsg. von Otto Hermann Pesch. 2. Aufl. HH: Kath. Akademie, 1995. 23 S. (Ansprachen, Reden, Einreden; 1)

1263 Zeller, Eva: **Die Lutherin:** Spurensuche nach Katharina von Bora. S: Deutsche Verlags-Anstalt, 1996. 206 S. – Bespr.: Krahe, Susanne: EvK 29 (1996), 303 f.

1264 Zeller, Eva: **Die Lutherin:** Spurensuche nach Katharina von Bora. In: 040, 36 f: Portr. [Auszug von LuB 1997, Nr. 1263]

C FORSCHUNGSBERICHTE, SAMMELBESPRECHUNGEN, BIBLIOGRAPHIEN

1265 Arnold, Matthieu: **Un événement, plusieurs lectures:** Worms (1521) vu par Luther et par ses récents biographes. PL 44 (1996), 53-64.

1266 **Ausgewählte Literatur zur Sächsischen Landesbibliothek/** zsgest. von Eberhard Stimmel. In: 070, 165-167.

1267 **Bibliographie.** [Luthersprache]. In: 042, 341-387.

1268 **Bibliographie Hans-Günter Leder/** zsgest. von Volker Gummelt. ThLZ 120 (1995), 948-950.

1269 **Bibliographie Hans-Ulrich Delius/** zsgest. von Volker Gummelt. ThLZ 120 (1995), 728-732.

1270 **Bibliographie Kurt Aland** [1990-1995]/ zsgest. von Beate Köster. Jahrbuch der Sächsischen Akademie der Wissenschaften (1993/94 [gedruckt 1996]), 358-361.

1271 **Bibliographie Kurt Aland/** zsgest. von Beate Köster; Christian Uhlig. In: Kurt Aland in memoriam/ Hermann-Kunst-Stiftung zur Förderung der neutestamentlichen Textforschung MS: Regensburg, 1995, 41-71.

1272 **Bibliothek der Deutschen Literatur:** Bibliographie und Register; Mikrofiche-Gesamtausgabe nach Angaben des Taschengoedeke; eine Edition der Kultur-Stiftung der Länder/ bearb. unter Leitung von Axel Frey. M; New Providence; LO; P: Saur, 1995. XV, 581 S. L 162. [Register zu LuB 1997, Nr. 26]

1273 Greiner, Albert; Lienhard, Marc: **Quelques ouvrages récents relatifs à Luther (XIV).** PL 44 (1996), 65-79.

1274 Haendler, Gert: **Der Rostocker Theologe David Chytraeus** († 1600) in neuen Büchern 1994. ThLZ 121 (1996), 3-16.

1275 Hövelmann, Hartmut: **Presseschau zum 18. Februar 1996.** Lu 67 (1996), 88-96.

1276 Junghans, Helmar: **Martin Luther und die Welt der Reformation.** LuJ 63 (1996), 135-142.

1277 **Bibliographie zur Geschichte der Friedrich-Alexander-Universität Erlangen-Nürnberg/** Hans-Otto Keunecke. Erlangen: Universitätsbund, 1993. 303 S. (Erlanger Forschungen: Sonderreihe; 6)

1278 **Lutherbibliographie 1996/** mit ... bearb. von Helmar Junghans; Michael Beyer; Hans-Peter Hasse. LuJ 63 (1996), 143-200.

1279 Oelke, Harry: **Das Konzil von Trient in der Perspektive des dritten Jahrtausends:** »Il Concilio di Trento nella prospettiva del terzo millennio«; internationale Tagung anläßlich des 450. Jubiläums der Eröffnung des Konzils von Trient, 25.-28. September 1995 in Trient. Lu 67 (1996), 35-41.

1280 Schäfer, Rolf: **Dogmatik auf Luthers Spuren.** ThR 61 (1996), 228-245.

1281 Scheible, Heinz: **Aus der Arbeit der Heidelberger Akademie der Wissenschaften:** Überlieferung und Editionen der Briefe Melanchthons. (1968). In: 062, 1-27.

1282 Scheible, Heinz: **Melanchthons Briefwechsel:** kritische und kommentierte Gesamtausgabe; ein Projekt der Heidelberger Akademie der Wissenschaften. Jahrbuch der historischen Forschung in der Bundesrepublik Deutschland (1994 [gedruckt 1995]), 22-24.

1283 **Schriftenverzeichnis Horst Rabe.** In: 059, 525-528.

1284 **Schriftenverzeichnis von Johannes Wallmann.** In: 055, 11-19.

1285 Schwarz, Reinhard: **Aus der Luther-Gesellschaft:** Wissenschaftliches Kolloquium »Der Mensch Luther und sein Umfeld« 2.-5. Mai 1996 auf der Wartburg. Lu 67 (1996), 102 f.

1286 **Wartburgliteratur – Neuerscheinungen und Nachträge zur Zeit nach 1945/** zsgest. von Ursula Henke; Hilmar Schwarz. Wartburg-Jahrbuch 2 (1993 [gedruckt 1994]), 251-254.

1287 **Wartburgliteratur seit 1945/** zsgest. von Ursula Wenke; Hilmar Schwarz. Wartburg-Jahrbuch 1 (1992 [gedruckt 1993]), 171-189.

1288 **Wolfenbütteler Bibliographie zur Geschichte des Buchwesens im deutschen Sprachgebiet (1840-1980) (WBB)/** bearb. von Erdmann Weyrauch unter Mitarb. von Cornelia Fricke. Bd. 4: **Verlagswesen, Buchhandel:** 46669-63887. M; New Providence; LO; P: Saur, 1994. XXIII, 549.

Abgeschlossen am 31. Oktober 1996

Berichtigungen

Es muß heißen in **LuB 1991,** Nr. 135: »Luther and« statt »Luther an«; in Nr. 887: »Christine« statt »Christiane«; in **LuB 1993,** Nr. 828: »Philipp's foes« statt »Philipps's foes«; in Nr. 966: »Sergio« statt »Segio«; in **LuB 1995,** Nr. 966: »Not without« statt »No without«.

NACHTRÄGLICHE BESPRECHUNGEN

LuB 1990

126 Asendorf, Ulrich. – Skocir, Joan: LuD 4 (1996), 169-198.

LuB 1991

· 051 Die dänische Reformation ... – Burigana, Riccardo: Cristianesimo nella storia 15 (Bologna 1994), 464 f.

44 Luther, Martin. – Lexutt, Athina: Lu 67 (1996), 101 f.

317 Mennecke-Haustein, Ute. – Köpf, Ulrich: BGDS 117 (1995), 350-355; Siemens, Andreas: Lu 66 (1995), 101 f.

723 Bubenheimer, Ulrich. – Bräuer, Siegfried: ThLZ 120 (1995), 1095-1097.

740 Goertz, Hans-Jürgen. – Burigana, Riccardo:. Cristianesimo nella storia 14 (Bologna 1993), 173 f.

LuB 1992

05 Bayer, Oswald. – Freudiger, Marc-André: Revue de Théologie et de Philosophie 126 (Lausanne 1994), 390 f.

016 La foi des Églises ... – Freudiger, Marc-André: Revue de Théologie et de Philosophie 126 (Lausanne 1994), 384.

031 Moeller, Bernd. – Frenschkowski, M[arco]: BlPfKG 63 (1996), 421 f = Ebernburg-Hefte 30 (1996), 169 f.

4 Deutsche Bibeldrucke. – Himmighöfer, Traudel: BlWKG 95 (1995), 273-298.

89 Lienhard, Marc. – Burkhalter, Carmen: Revue de Théologie et de Philosophie 126 (Lausanne 1994), 384 f.

284 Gutzen, Dieter. – Markwald, Rudolf K.: LuD 4 (1996), 44-49.

647 Feld, Helmut. – Aston, Margaret: Cristianesimo nella storia 15 (Bologna 1994), 204-207.

LuB 1993

056 Sola scriptura. – Geense, Adriaan: Revue de Théologie et de Philosophie 126 (Lausanne 1994), 386.

8 Heijting, W. – Bange, Petronella: Cristianesimo nella storia 15 (Bologna 1994), 219 f.

9 Heijting, W. – Bange, Petronella: Cristianesimo nella storia 15 (Bologna 1994), 219 f.

109 Brendler, Gerhard. – Kopperi, Kari: TA 100 (1995), 75-77.

403 Lienhard, Marc. – Eckardt, Burnell F., Jr.: LuD 4 (1996), 125-128.

406 Peters, Albrecht. – Schmidt, Gerhard: Lu 67 (1996), 47 f.

477 Bell, Theo M. M. A. C. – Levy, Ian Christopher: LuD 4 (1996), 201-206.

478 Bell, Theo M. M. A. C. – Posset, Franz: LuD 4 (1996), 207-210.

492 Pranger, M. B. – Levy, Ian Christopher: LuD 4 (1996), 219-221.

639 Greschat, Martin. – Genre, Ermanno: Cristianesimo nella storia 15 (Bologna 1994), 703-705.

LuB 1994

01 Anticlericalism ... – Kaufmann, Thomas: Göttingische gelehrte Anzeigen 247 (1995), 112-130.

030 Die luth. Konfessionalisierung ... – Carl, Horst: BlWKG 94 (1994), 284-287.

032 Luthers Wirkung. – Gottschick, Konrad: BlWKG 95 (1995), 329 f.

033 Maron, Gottfried. – Beyer, Michael: LuJ 63 (1996), 129 f; Kerner, Hanns: Lu 66 (1995), 147 f.

15 Luther, Martin. – B[räuer], S[iegfried]: ThLZ 120 (1995), 1101 f.

20 Luther, Martin. – Müller, Marzio: Salesianum 57 (Roma 1995), 581 f.

31 Religionspädagogik I. – Koerrenz, Ralf: Lu 67 (1996), 100 f; Larsson, Rune: STK 71 (1995), 132 f.

51 Joestel, Volkmar. – Schmidt, Gerhard: Lu 66 (1995), 100 f.

59 Oelke, Harry. – Hasse, Hans-Peter: LuJ 63 (1996), 130-132.

78 Böcher, Otto. – Schall, Petra; Schwarz, Hilmar: Wartburg-Jahrbuch 1992 [gedruckt 1993], 157-159.

144 Steinbronn, Anthony J. – Kiecker, James G.: LuD 4 (1996), 155 f.

150 Brandy, Hans Christian. – Ehmer, Hermann: BlWKG 95 (1995), 327-329.

156 Beintker, Michael. – Rossol, Heinz D.: LuD 4 (1996), 15-17.

186 Hempelmann, Reinhard. – Kandler, Karl-Hermann: Lu 66 (1995), 148 f.

243 Mathis, Franz. – Pawlas, Andreas: Lu 67 (1996), 99 f.

257 Asendorf, Ulrich. – Markwald, Rudolf K.: LuD 4 (1996), 3-14.

263 Dithmar, Reinhard. – Rossol, Heinz D.: LuD 4 (1996), 25 f.

272 Hagen, Kenneth. – Asendorf, Ulrich: Lu 67 (1996), 45 f; Isaac, Gordon L.: LuD 4 (1996), 50-65; Pani, Giancarlo: Cristianesimo nella storia 16 (Bologna 1995), 648-650.

275 Hövelmann, Hartmut. – Rossol, Heinz D.: LuD 4 (1996), 70 f.

330 Beißer, Friedrich. – Wirsching, Johannes: ThLZ 121 (1996), 79-82.

379 Bell, Theodorus. – Mennecke-Haustein, Ute: ThLZ 120 (1995), 817-819; Vercruysse, Jos. E.: ThRe 91 (1995), 408-410.

429 Bieber, Anneliese. – Burger, Christoph: NAKG 75 (1995), 129-135.

446 Melanchthon, Philipp. – Ricca, Paolo: Pro 50 (1994), 159 f.

447 Melanchthon, Philipp. – Burigana, Riccardo: Cristianesimo nella storia 15 (Bologna 1994), 465-469.

483 Steinmetz, David C. – Maschke, Timothy H.: LuD 4 (1996), 157-159.

563 Kaufmann, Thomas. – Friedrich, Reinhold: Lu 66 (1995), 149 f.

570 Millet, Olivier. – Burdese, Roberta: Rivista di storia e letteratura religiosa 30 (Firenze 1994), 397-400.

646 Caponetto, Salvatore. – Burigana, R.: Cristianesimo nella storia 15 (Bologna 1994), 469-471; Ronchi De Michelis, L.: Pro 50 (1995), 158 f.

788 Meyer, Matthias. – Kern, Udo: Pietismus und Neuzeit 20 (1994), 264-266.

LuB 1995

05 Baur, Jörg. – Junghans, Helmar: LuJ 63 (1996), 139 f; Lüpke, Johannes von: ThLZ 120 (1995), 1111-1115.

038 Lutherjahrbuch LXI. – Koch, Ernst: ThLZ 120 (1995), 672 f.

039 Martin Bucer and sixteenth ... – Junghans, Helmar: LuJ 63 (1996), 142.

3 Deutsche Bibeldrucke I. – Himmighöfer, Traudel: BlWKG 95 (1995), 273-298; Junghans, Helmar: LuJ 63 (1996), 140 f; Petzoldt, Martin: ThLZ 120 (1995), 634 f.

4 Deutsche Bibeldrucke II. – Himmighöfer, Traudel: BlWKG 95 (1995), 273-298; Junghans, Helmar: LuJ 63 (1996), 140 f; Petzoldt, Martin: ThLZ 120 (1995), 634 f.

5 Deutsche Bibeldrucke III. – Himmighöfer, Trau-
del: BlWKG 95 (1995), 273-298; Junghans,
Helmar: LuJ 63 (1996), 140 f; Petzoldt, Martin:
ThLZ 120 (1995), 634 f.

91 Grane, Leif. – Söderlund, Rune: STK 71 (1995),
188-191.

141 Bayer, Oswald. – Kandler, Karl-Hermann: Lu 67
(1996), 98 f.

165 Ickert, Scott S. – Eckardt, Burnell F., Jr.: LuD 4
(1996), 72-75.

174 Peura, Simo. – Hägglund, Bengt: ThLZ 121
(1996), 387-389.

215 Pósfay, George. – Maschke, Timothy H.: LuD 4
(1996), 143-147.

236 McDonnel, Kilian. – Maschke, Timothy H.:
LuD 4 (1996), 132-135.

285 Arffman, Kaarlo. – Juntunen, Sammeli: TA 100
(1995), 74 f.

331 Ebeling, Gerhard. – Maschke, Timothy H.: LuD
4 (1996), 27-38.

364 Schmidt-Lauber, Gabriele. – Burger, Christoph:
ThLZ 120 (1995), 674-677; Gummelt, Volker:
Lu 66 (1995), 146.

367 Steinmetz, David C. – Eckardt, Burnell F., Jr.:
LuD 4 (1996), 160-164.

368 Stolt, Birgit. – Deppe, Hans: Lu 67 (1996), 43 f.

421 Carvello, Carmelo. – Rostagno, Bruno: Pro 51
(1996), 84.

450 Globig, Christine. – Gelder, Katrin: ThLZ 120
(1995), 838 f.

467 Robbins, Jerry K. – Maschke, Timothy H.: LuD
4 (1996), 148-150.

487 Kiecker, James G. – Maschke, Timothy H.: LuD
4 (1996), 82-113.

521 Posset, Franz. – Posset, Franz; Hagen, Kenneth:
LuD 4 (1996), 215-218.

526 White, Graham. – Siehe LuB 1997, Nr. 591.

674 Fauth, Dieter. – Dienst, Karl: BlPfKG 63 (1996),
426 f = Ebernburg-Hefte 30 (1996), 174 f.

690 Gause, Ute. – Bunners, Michael: ThLZ 120
(1995), 1089-1091.

848 Savvidis, Petra. – Smid, Menno: ThLZ 120
(1995), 1099 f.

926 Schloemann, Martin. – Graf, Gerhard: ThLZ
121 (1996), 855 f; Haag, Norbert: BlWKG 94
(1994), 349; Junghans, Reinhard: LuJ 63 (1996),
133 f; Simon, Gerhard: Lu 66 (1995), 145 f.

965 Kolb, Robert. – Maschke, Timothy H.: LuD 4
(1996), 119-124.

1079 Altmann, Walter. – Söderlund, Rune: STK 71
(1995), 134 f.

1117 Ji, Won Yong. – Kiecker, J. G.: LuD 4 (1996), 76.

LuB 1996

020 Gottes Ehre ... – Waschke, Ernst-Joachim: ThLZ
120 (1995), 1064 f.

030 Kirche und Gesellschaft ... – Strohm, Christoph:
ThLZ 121 (1996), 564-566.

043 Peters, Albrecht. – Asendorf, Ulrich: LM 34
(1995), Heft 11, 43.

045 Rechtfertigung und Erfahrung. – Barth, Hans-
Martin: ThLZ 121 (1996), 345-348.

060 Zur Mühlen, Karl-Heinz. – Asendorf, Ulrich:
LM 35 (1996), Heft 3, 43; Hövelmann, Hartmut:
Lu 66 (1995), 144 f.

8 Lutherbibliographie (Benzing) II. – Junghans,
Helmar: LuJ 63 (1996), 135.

22 Luther, Martin. – Hägglund, Bengt: STK 72
(1996), 39 f; Junghans, Helmar: LuJ 63 (1996),
136.

23 Luther, Martin. – Hövelmann, Hartmut: Lu 66
(1995), 144.

24 Luther, Martin. – Gherardini, Brunero: Divinitas 40 (Roma 1996), 27-40.

122 Bayer, Oswald. – Körtner, Ulrich H. J.: LM 34
(1995), Heft 10, 44 f; Kreß, Hartmut: ThLZ 121
(1996), 735-737.

154 Blaumeiser, Hubertus. – Asendorf, Ulrich: LM
35 (1996), Heft 8, 41; Lohse, Bernhard: ThLZ
121 (1996), 689-691.

156 Nestingen, James Arne. – Kiecker, James G.:
LuD 4 (1996), 140-142.

162 Gherardini, Brunero. – Buzzi, Franco: La Scuola
Cattolica 123 (Milano 1995), 138-140.

190 Rehm, Johannes. – Hempelmann, Reinhard:
ThLZ 120 (1995), 834 f.

193 Trigg, Jonathan D. – Slenczka, Reinhard: ThLZ
120 (1995), 1120-1122.

206 Bielfeldt, Dennis. – Rossol, Heinz D.: LuD 4
(1996), 18 f.

215 Grislis, Egil. – Rossol, Heinz D.: LuD 4 (1996),
39 f.

228 Schwarzwäller, Klaus. – Rossol, Heinz D.: LuD
4 (1996), 151-154.

246 Hodler, Beat. – Fagerberg, Holsten: ThLZ 121
(1996), 566-568.

272 Frühneuhochdeutsches Wörterbuch 2 IV. –
Junghans, Helmar: LuJ 63 (1996), 136 f.

302 Streiff, Stefan. – Asendorf, Ulrich: LM 34 (1995),
Heft 8, 45.

303 Strohl, Jane E. – Rossol, Heinz D.: LuD 4 (1996),
165 f.

316 Guicharrousse, Hubert. – Kraege, Jean-Denis:
RHPhR 128 (1996), 105 f.

398 Lohse, Bernhard. – Posset, Franz: LuD 4 (1996),
129.

407 Pesch, Otto Hermann. – Asendorf, Ulrich: LM 35 (1996), Heft 2, 42.
441 Grane, Leif. – Selge, Kurt-Victor: ThLZ 121 (1996), 693-695.
503 Philipp Melanchthon. – Beyer, Michael: LuJ 63 (1996), 132 f.
516 Gielis, Marcel. – Vercruysse, J[os] E.: Ephemerides theologicae Lovaniensis 71 (Leuven 1995), 471-474.
527 Erasmus von Rotterdam. – Frenschkowski, M[arco]: BlPfKG 63 (1996), 424 f = Ebernburg-Hefte 30 (1996), 172 f.

528 Erasmus von Rotterdam. – Frenschkowski, M[arco]: BlPfKG 63 (1996), 424 f = Ebernburg-Hefte 30 (1996), 172 f.
537 Kopperi, Kari. – Pihkala, J.: TA 100 (1995), 456.
587 Bucer, Martin. – Junghans, Helmar: LuJ 63 (1996), 141.
682 Stupperich, Robert. – Moeller, Bernd: ThLZ 120 (1995), 677-679.
840 Beyschlag, Karlmann. – Dienst, Karl: Lu 67 (1996), 44 f.
844 Der du die Zeit ... – Mau, Rudolf: ThLZ 120 (1995), 917 f.

AUTOREN- UND TITELREGISTER